내 인생의
배경지식
한 권 교양

내 인생의 배경지식
한 권 교양

초판 1쇄 발행 2026년 4월 25일

지은이　　유선경

펴낸이　　한선화
디자인　　형태와내용사이
마케팅　　김혜진

펴낸곳　　앤의서재
출판등록　　2018년 10월 4일 제2026-000117호
주소　　서울시 마포구 동교로27길 53 209호
이메일　　annesstudyroom@naver.com
인스타그램 @annes.library

ISBN 979-11-94877-20-2 03100

모든 경험이 지식이 되는 질문 수업

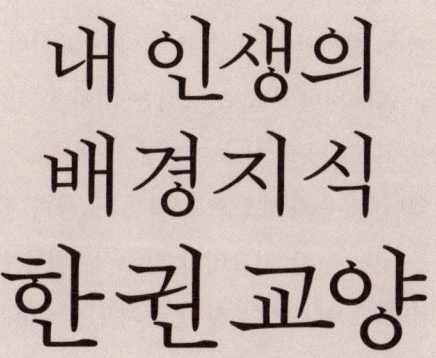

내 인생의
배경지식
한 권 교양

유선경 지음

앤의
서재

자기 고유의 것으로 지식을 융합하는 일

오래전 한 지인이 저에게 '뒤로 걷는 사람'이라고 표현했습니다. 앞으로 가기는 하지만 뒤로 걷고 있다는 표현이 썩 마음에 들었고 쓸쓸했습니다. 역방향으로 달리는 기차를 타본 적 있나요. 순방향일 때는 지나갈 곳들이 보이지만 역방향으로 갈 때는 지나온 곳들이 보입니다. 순차적으로 지나온 곳들이 차곡차곡 쌓여 한 눈에 들어옵니다. 정작 이르러야 할 곳은 뒤통수 너머에 두고 말이지요. 그러나 그 이르러야 할 곳조차도 곧 지나온 곳이 되어 눈앞에 펼쳐질 것입니다. 이는 추억이라기보다 기억에 대한 비유로서의 이야기입니다.

사실 인간이란 너 나 할 거 없이 뒤로 걷는 존재가 아닐까요. 경험한 모든 것들을 두뇌와 가슴, 근육과 혈관에 차곡차곡 쌓으며 나아가니까요. 이때 지켜야 할 사항이 있습니다. 지나온 곳, 그 한 지점만 응시하지 말고 지나온 곳 너머의 지나온 곳들과 함께 유기적으로 조망해야 한다는 것입니다. 그러면서 각각으로 구획 짓거나 구별하거나 구분하고, 혹은 끼리끼리 융합합니다. 이 결과물이 '지식'입니다. 혹은 '콘텐츠'라고 해도 좋겠습니다. 아니 단순히 지식이라든가 콘텐츠라는 말로는 부족합니다. 꾸밈말이 필요합니다. 바로, '자기 고유의'입니다.

자기 고유의 지식, 자기 고유의 콘텐츠. 뒤로 가면서 본 것들을 조망하고 구분하고 융합하는 '방식'에 자기 고유의 것인가, 남의 것인가를 가르는 지점이 달려있습니다. 그리고 이 모든 것에 우선하는 재료가 있습니다. '기억'입니다. 당연한 말로 기억이 없다면 할 수 없는 일입니다. 이에 대해 콜롬비아의 소설가 가브리엘 가르시아 마르케스가 "삶은 한 사람이 살았던 것 그 자체가 아니라, 현재 그 사람이 기억하고 있는 것이며 그 삶을 얘기하기 위해 어떻게 기억하느냐 하는 것이다"라고 한 말을 좋아합니다.

이 책의 원고를 정리하고 다듬으면서 새삼 발견한 것은 (물론 저만 알아차릴 수 있겠지만) 유선경이라는 사람이 지난 15년 동안 기억을 어떻게 다루고 전개했는지에 대한 궤적이었습니다. 차례에서 알아차릴지 모르겠으나 도저히 짧은 기간에 한꺼번에 쏟아낼 수 없는 질문들입니다. 그도 그럴 것이 5년 4개월 동안 〈문득, 묻다〉라는 라디오 방송 코너 원고를 통해 매일 한 질문들 1천4백여 꼭지, 2백 자 원고지로 만 매가 넘는 분량이 바탕이 되었기 때문입니다. 이 중 독자들에게 흥미로울 내용들을 추려 원고를 보정했습니다. 또한 이 책의 4분의 1가량은 새로 집필해 추가했습니다. 마치고 나니 마치 15년 전에 5년 넘게 꾸준히 뿌린 씨앗이 무럭무럭 큰 나무들로 자라 그 아래 숲속 길을 거니는 듯한 기분입니다. 기억과 세월의 형상화를 실감한다고나 할까요.

질문 하나를 툭 던졌습니다. 대부분 일상에서 무심히 넘기는 것들을 발 걸어 넘어뜨리는 데서 시작됐습니다. 〈문득, 묻다〉를 방송하는 동안 거의 매일이다시피 들은 질문이 "어떻게 이런 질문을 생각할 수 있느냐?"였는데 의외로 멍청히 있다가 떠오른 질문들이 많았습니다. 아마도 보고 들은 것들을 무심히 넘기지 않았고 나도 모르게 얼마간 숙성되다가 질문으로 구체화되는 것 같았습니다.

그 질문이 씨앗이 되어 지식의 대지에 콕 박힙니다. 자양분을 주기 위해 씨앗과 연관된 자료들을 끌어모읍니다. 저는 이 과정이 글의 뼈대를 세우는 데 주요한 역할을 한다고 믿고 있습니다. 정작 원고에서 다루지 않는다고 해도 말이지요. 그다음에는 앞서 말했듯 뒤로 가면서 본 것들을 조망하고 구분하고 융합하는 자기만의 방식을 발휘해 내용을 종횡무진으로 전개하는 것이 초고요, 그를 다듬어서 퇴고합니다.

재미없는 말만 한 것 같습니다. 그러나 이 책은 재미있습니다. 더 재미있게 읽는 방법을 소개합니다. 편의상 문학, 말, 자연, 과학, 역사, 예술, 신화 등으로 장 구분을 했지만 질문에 대한 답을 찾기 위해 전개하는 과정에서 융합되어 있는 경우가 많습니다. 그러나 모두 일상에서 출발합니다. 단지 궁금해한 적 없을 뿐이지요. 모든 제목이 질문으로 되어 있습니다. 그 질문에 상식적으로 혹은 직관적으로, 조금 더 시간을 들일 수 있다면 상상력을 펼치거나 지식을 보태 각자 답해 보세요. 그런 다음 책의 내용을 읽으며 비교해 보세요. 일치하거나 혹은 차이를 발견하는 재미를 느껴 보세요. 그런 다음엔 아마도 새로 혹은 새삼 얻은 지식을 잊지 못할 겁니다.

저에게 소망이 있다면 질문을 놓지 않는 것입니다. 더 이상 질문을 하지 않고 답만 하려 든다면 아아…… 얼마나 지루할까요. 열심히 질문을 궁글리고, 뒤집고, 던지고, 밀고, 놓고, 기대며 살아가고 싶습니다. 지난 15년 동안 그렇게 재미나게 가지고 논 질문과 그에 대한 답들을 세상에 내놓습니다.

2026년 당신의 봄에,
유선경

차례

2. 말로 묻다

3. 자연으로 묻다

4. 과학으로 묻다

5. 역사로 묻다

6. 예술로 묻다

7. 신화로 묻다

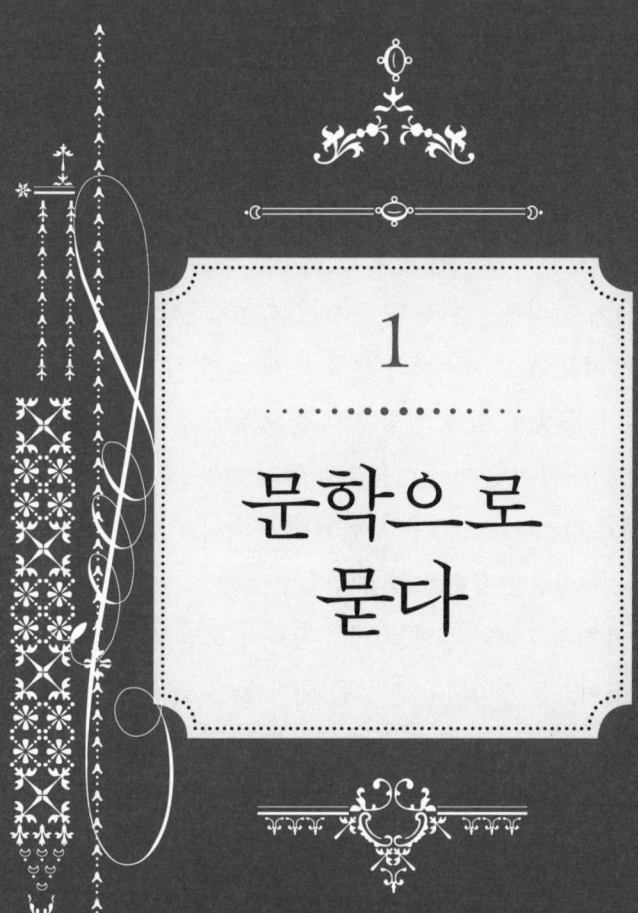

1

문학으로 묻다

심청이 타고 온 것이
왜 연꽃이었을까?

　『심청전』에서 심봉사는 눈먼 몸으로 젖동냥을 해가며 청이를 키웠고, 청이는 눈먼 아버지의 눈을 뜨게 하기 위해 인당수의 제물이 됩니다. 목숨을 바칠 만큼 지극한 효심에 감동한 용왕은 청이를 연꽃에 태워 저승에서 이승으로 돌려보내지요. 이승에 도착한 고귀하고 탐스러운 연꽃은 임금님께 바쳐지고 임금님은 연꽃 안에서 나온 심청을 왕비로 맞습니다.

　때는 바야흐로 7~8월 한여름, 시각은 대략 오전 열 시에서 오후 서너 시 사이였을 것입니다. 연꽃은 해가 뜰 무렵 꽃잎이 벌어지기 시작해 오전 열 시쯤 완전히 피고, 오후 서너 시부터 닫히기 시작해 다섯 시 반이면 완전히 오므라드니까요. 그런데 아무리 생각해도 알 수 없었습니다. 어떻게 사람이 연꽃을 탈 수 있느냐는 말이지요. 그 궁금증은 '진짜 연꽃'을 보자마자 풀렸습니다.

　경기도 양평에 소재한 세미원의 연못에서 자라는 연꽃의 크기는 우선 잎자루 높이가 어른 키 정도에 잎의 지름이 약 40cm, 꽃의 지름은 작은 것이 15~20cm, 큰 것이 40~50cm로 애초부터 커다란 식물이자 꽃이었습니다. 그 곱고 커다란 꽃봉오리의 꽃잎 여섯 장이 차례대로 벌어지며 그 사이로 심청이 나타났을 때, 세상 어떤 남자가 반하지 않을 수 있을까요. 그렇다고 설마 심청이 연꽃을 탄 이유가 다른 꽃보다 커서는 아닐 것입니다. 심청은 왜 연꽃을 타고 왔을까요?

심청이 다른 곳이 아닌 '물'에 빠졌기 때문입니다. 물에 피면서 물에 젖지 않고 물 위로 떠오르는 꽃이 연꽃이고, 그런 꽃이라야 심청을 무사히 물에서 건져올리고 태울 수 있으니까요. 뒤집어 생각해 볼 수도 있습니다. 심청을 연꽃에 태우기 위해서 인당수에 빠트리는 장면을 설정하지 않았는가 하고 말이지요. 연꽃은 다시 태어나기 위해 꼭 필요한 장치이기 때문입니다.

불교에서는 사람이 죽으면 연꽃을 타고 극락정토로 가서 다시 태어난다고 하는데 이를 '연화화생蓮華化生'이라고 합니다. 이에 대한 믿음은 고구려 고분벽화에서 발견할 수 있고 백제금동대향로의 문양에서 확인할 수 있을 만큼 오래됐는데요. 고대인들이 생을 다한 뒤 연꽃을 타고 좋은 세상에 가기를 소망했다는 사실을 알 수 있습니다.

그러나 심청은 연꽃을 타고 극락정토가 아닌 세상으로 다시 왔습니다. 이유는 한 가지, 자신을 인당수에 제물로 바쳤는데도 아직 눈 뜨지 못한 아비의 눈을 뜨게 해주기 위해서였지요. 돌아온 심청은 아비뿐 아니라 잔치에 모인 모든 이의 눈을 뜨게 해주었습니다. 숱한 시련 끝에 연꽃을 통해 다시 태어난 심청이 이전과 다른 신적인 존재, 구원의 존재가 되었음을 암시하는 대목입니다.

세미원이 조성된 배경도 흥미롭습니다. 오래전 이곳은 강의 상류에서 떠내려온 부유물들로 가득한 쓰레기장이나 다름없었다고 하지요. 주민과 환경단체가 쓰레기를 수거하고 연을 심은 이유는 연의 수질 정화능력이 뛰어나기 때문이었습니다. 이처럼 연은 더러운 곳에서 나왔으면서 더러움에 물들지 않고 주변까지 깨끗하게 만드는 성질을 가지고 있습니다. 기구한 운명을 타고 태어났으나 아비를 원망하고 세상에 불평불만을 쏟는 대신 저 스스로를 희생해 아비는 물론 잔치에 모인 모든 눈먼 이들을 새로운 삶으로 이끈 심청처럼요.

연꽃의 씨앗은 천 년이 지나도
어떻게 꽃을 피울까?

연꽃은 예쁘고 향기롭기도 하지만 씨앗이 천 년이 지난 뒤에
도 꽃을 피운다고 해서 신비롭습니다. 1951년 일본의 한 식물학
자가 도쿄대 운동장 지하에서 2천 년 전 씨앗을 발굴해 이듬해
싹을 틔우는 데 성공했고, 2002년에는 미국의 과학자들이 중국
에서 500년 묵은 씨앗에서 싹을 틔우는 데 성공했습니다. 우리
나라에서는 경남 함안군 성산산성에서 발견된 700년 전 고려시
대의 연씨가 찬란하게 꽃을 피운 적 있습니다.

경주 부운못에 피는 연꽃 이야기도 신기합니다. 2000년 준설
작업을 한 뒤 2003년부터 너덧 그루가 올라오기 시작하더니 2년
만에 전체 못 면적의 절반이 연잎으로 덮였습니다. 신라 때는 연
꽃이 만발했지만 고려 이후로는 전혀 없었다고 하는데 말이지요.
마을 주민들은 준설작업으로 땅속에 묻혀있던 천 년 전 씨앗이
싹을 틔운, '천 년 만에 환생한 꽃'이라고 입을 모았습니다. 어떻
게 이런 기적 같은 일이 가능할 수 있을까요?

연꽃은 오로지 태양의 뜨거운 기운만 받겠다는 듯이 해가 뜰
무렵부터 벌어지기 시작해 오전 열 시쯤 완전히 피고 오후 서너
시부터 닫히기 시작해 다섯 시 반이면 완전히 오므라듭니다. 이

러한 태양의 기운으로 지상에서 가장 단단한 열매로 불리는 '연밥'이 만들어집니다. 안에 든 씨앗이 얼마나 딱딱한지 싹이 트는 게 불가사의할 정도인데 조선시대 문신 강희안은 『양화소록養花小錄』에서 잠자는 연씨를 깨우는 방법을 이와 같이 소개했습니다. 〈연씨는 갈지 않으면 싹이 나지 않는다.〉 이렇게 단단한 껍데기 덕분에 땅속에서 썩지 않고 3천 년도 견딜 수 있고 천 년 이상 땅에 묻혀있어도 발아가 가능한 것입니다. 이러한 원리는 역설적으로 상처가 나야 꽃이 필 수 있다는 뜻을 품고 있기도 하지요. 전남 보성의 대원사 주지, 현장 스님이 말씀하셨습니다.

뿌리에 상처를 입어야만 증식할 수 있는 연꽃의 생리처럼 인간도 상처와 고통을 극복하는 과정에서 성숙할 수 있다는 교훈을 얻을 수 있다.

그렇게 핀 꽃은 중국 송나라의 주돈이가 《애련설愛蓮說》에 쓴 대로입니다.

진흙에서 나왔으나 더러움에 물들지 않고
맑고 출렁이는 물에 씻겼으나 요염하지 않고
속은 비었으나 겉은 곧고
덩굴지지도 않고 가지를 치지도 않은 채
향기가 멀리 퍼질수록 더욱 청아하다

진흙에서 나왔으면서도 깨끗하고, 출렁이는 물에 씻기면서도 요염함을 뽐내지 않고, 속이 비어 힘이 없는 것 같아도 곧고, 덩굴 지거나 가지를 치는 욕심을 내지 않으며 멀리 퍼질수록 더욱 청아한 향기. 참으로 닮고 싶은 그 생生의 비결은 단단한 껍데기에 난 상처와 고통을 극복하고 나서야 주어지는 이치에 닿아있지 않을까요.

「도깨비 방망이」에 나오는 개암은 무엇일까?

나무꾼이 산에서 나무하는데 개암이 톡톡 떨어졌습니다. "부모님 드려야지" 하면서 챙겼습니다. 개암이 또 톡 떨어졌습니다. 이번엔 "아내한테 줘야지" 하면서 챙겼습니다. 세 번째로 개암이 굴러왔을 때야 자기 몫으로 챙겼습니다. 날이 저물어 빈집에 들어가서 그저 자기 몫의 개암을 딱, 깨물었을 뿐인데 그 소리를 들은 도깨비들이 제풀에 놀라 방망이를 놓고 도망쳤습니다. 나무꾼은 도깨비 방망이를 가지고 집으로 돌아가 간밤에 도깨비들이 놀던 대로 "금 나와라 뚝딱!", "은 나와라 뚝딱!" 큰 부자가 됩니다.

이 사연을 듣고서 이웃 마을 나무꾼이 자기도 부자가 될 꿈에 부풀어 산에 올라갑니다. 개암이 톡톡 떨어졌습니다. "이건 내 거다" 하면서 챙겼습니다. 개암이 또 톡 떨어졌습니다. "내 마누라 거다" 하면서 챙겼습니다. 세 번째로 개암이 굴러왔을 때야 부모 몫으로 챙깁니다. 그리고 빈집에 들어가 도깨비들이 잔치를 벌이고 있을 때 개암을 깨물었습니다. 벼르고 있던 도깨비들은 자기네 방망이를 훔쳐간 도둑이라며 흠씬 두들겨 팹니다.

전래동화에 등장할 정도로 흔한 열매였습니다. 실제로 "그래,

맞아. 나 어렸을 땐 개암 많이 따먹었지." 하는 말도 들은 적 있습니다. 하지만 대부분은 "개암? 개암이 뭐야?" 하고 되묻겠지요. 개암은 몰라도 '헤이즐넛Hazelnut'은 귀에 익숙할 것입니다. 특히 커피의 한 종류로요. 그 헤이즐넛이 바로 개암입니다. 영어로 '헤이즐Hazel'이 개암나무이고 '헤이즐넛'이 개암나무 열매니까요. 그렇다고 둘이 완전히 같은 나무나 열매는 아닙니다. 서로 다른 종으로 헤이즐넛은 유럽 개암나무이고 개암은 야생 헤이즐넛인 셈입니다.

헤이즐넛 커피는 커피 원두에 헤이즐넛의 추출물을 섞어 만든 것으로 향이 좋아 특별히 가공한 커피입니다. 또 초콜릿, 아이스크림, 쿠키 등에 들어가 아삭하게 씹히는 맛과 고소한 풍미를 더해주는데요. 이처럼 제과제빵의 재료로 널리 사용되기 때문에 유럽에서는 지금도 개암나무를 많이 볼 수 있습니다. 산기슭 양지에서 자라는 특성이 있어서 우리나라에서는 성묘 가는 길에 많이 볼 수 있었습니다. 생김새는 도토리와 비슷하고 맛은 밤과 비슷하면서 더 고소합니다.

전래동화 「도깨비 방망이」에서 이해하기 힘든 점이 있습니다. 개암을 깨물어 봐야 얼마나 크다고 도깨비들이 대들보가 무너지는 소리로 알고 혼비백산해서 도망쳤을까요. 아무래도 과장해서 지어낸 이야기 같지만 숨은 뜻이 있습니다. 개암나무는 나무라고 하기에는 작은 키에 잎이 땅에 딱 달라붙은 것처럼 밑에서부터 빽빽하게 자랍니다. 그래서 옛날 사람들은 개암나무를 땅의 기운을 가진 나무, 도깨비 같은 존재들을 통제하는 나무라 믿었다고 합니다. 그러니 「도깨비 방망이」에 다른 나무가 아닌 개암이 등장한 것이 우연은 아니었습니다. 서양에서도 헤이즐을 신령하게 여겨서 가지로 울타리를 엮고 마술 지팡이를 만들었다고 합니다.

도깨비,
정체가 무엇일까?

　도깨비가 등장하는 전래동화 한 편을 더 이야기해 볼까요. 혹부리 영감이 산에 나무를 하러 갔다가 해가 저물자 빈집에 하룻밤 묵어가기로 했는데 혼자 심심해서 노래를 부르기 시작합니다. 노래를 듣고 도깨비들이 몰려왔고 마음에 쏙 들었던 도깨비 두목이 묻죠. "그 고운 노랫소리는 어디에서 나오는 거요?" 혹부리 영감이 얼떨결에 답합니다. "목에 달린 혹에서 나오는 거요." 그래서 혹도 떼고 도깨비가 준 재물로 부자가 되었다는 이야기. 여기에서 끝났으면 '혹 떼러 갔다 혹 붙여온다'는 속담이 유래하지 않았겠지요.

　이웃 마을 다른 혹부리 영감이 소문을 듣고 자기도 혹도 떼고 부자도 되려고 똑같이 따라합니다. 결과는 「도깨비 방망이」에서처럼 완전히 갈렸습니다. 도깨비 두목한테 거짓말한다고 호되게 혼이 나고 도리어 다른 편에 혹을 하나 더 붙여 돌아옵니다. 그런데 「혹부리 영감」이 말하려는 의도가 알쏭달쏭합니다. 착한 혹부리 영감은 혹을 떼고, 나쁜 혹부리 영감은 혹을 더 붙였다는데 둘 다 혹에서 노래가 나온다고 거짓말하기는 마찬가집니다. 단지 누가 먼저 도깨비를 속였느냐일 뿐인데요. 개암이 떨어졌을 때 누구 것을 먼저 챙겼느냐는 에피소드를 통해 착한 사람과 나쁜 사람의 구분을 명확히 한 「도깨비 방망이」와 달리 「혹부리 영감」은 딱히 권선징악이라기에 모호해 우리나라 전래동화의 특성에서 많이 벗어나 있습니다.

한국의 전통적인 민담은 아무리 상대가 악인이라도 거짓말로 위기를 모면한다거나 승리하는 경우가 거의 없습니다. 또 어떤 보상이 주어진다면 그에 합당한 착한 일을 했거나 착한 마음을 먹었기 때문입니다. 이렇게 볼 때 혹에서 노래가 나온다는 거짓말로 부자가 된 「혹부리 영감」은 한국의 전형적인 이야기 구조에서 한참 벗어나 있습니다.

「혹부리 영감」은 임진왜란 때 유학자이자 의병장이었으나 일본에 포로로 잡혀갔다가 돌아온 강항을 통해 처음 알려졌는데요. 그는 일본에 성리학을 전파해 에도 막부에 영향을 준 인물로도 평가받고 있습니다. 강항은 일본에서 유명한 이야기라면서 「혹부리 영감」을 전했지만 「도깨비 방망이」가 있는 조선에서 널리 퍼지지는 못 했습니다.

그랬다가 일본이 조선을 식민지배하고 내선일체를 내세우면서 재등장합니다. 1915년부터 20여 년 넘게 조선어독본에 삽화와 함께 지속적으로 수록했는데 바뀐 부분은 일본에서는 혹부리 영감이 춤을 추지만 조선에서는 노래를 부른다 정도입니다. 무엇보다 20여 년 넘게 교과서에 수록된 삽화가 한국의 도깨비를 지웠습니다. 덩치만 크고 무서울 뿐 우스꽝스럽고 경박한 도깨비는 한국의 도깨비가 아니라 일본의 괴수 '오니'입니다. 그렇다면 한국의 도깨비는 원래 어떤 모습이었을까요.

혹자는 귀면와鬼面瓦에 새겨진 얼굴이 도깨비라고 주장합니다. 악귀를 쫓기 위해 무서운 형상을 한 잡상을 조각 등으로 새겨 건축물을 장식하는 것은 오랜 전통이었습니다. 귀면와는 고구려 때 시작돼 통일신라시대 때 황금기를 이뤘는데요. 공통적으로 머리에 난 두 개의 뿔과 무섭게 부릅뜬 눈, 날카로운 송곳니를 가지고 있습니다. 그리고 이 형상은 2002년 한일 월드컵에서 한국 축구 국가대표팀을 응원하는 '붉은 악마'의 붉은 깃발이 돼서 휘날렸지요. 붉은 악마는 깃발에 새겨진 형상이 '치우'라고 밝혔습니다. 귀면와에 새겨진 형상이 치우이고, 그 형상을 캐릭터로 만들었다는 것입니다. 그렇다면 도깨비가 치우일까요?

그리스신화에 티타노마키아가 있다면 동양에는 탁록대전이 있습니다. 둘 다 그야말로 신들의 전쟁입니다. 티타노마키아는 제우스가 아버지 크로노스를 상대로 벌인 전쟁입니다. 아버지이긴 하되 명분이 있었습니다. 크로노스가 자식들을 죄다 잡아먹었기 때문이지요. 반란은 성공했고 새로운 세상이 열렸습니다.

탁록대전 역시 반란이지만 그리스신화와 달리 결과가 다소 비관적입니다. 그때, 세상은 바야흐로 염제의 통치로 평화로웠습니다. 그런데 황제가 세력을 규합해 전쟁을 일으켰고, 서양 같으면 이 전쟁의 엔딩을 착한 신 염제의 승리로 마무리 지었을 테지만, 동양에서는 야심이 큰 황제의 손을 들어줍니다. 이것이 끝이 아닙니다. 황제의 통치를 부당하게 여긴 세력이 반란을 일으켜 탁록에서 맞붙는데 이때 반란군의 수장이 바로 치우였습니다.

치우의 생김새에 대해서는 여러 가지 설이 있으나 중국에서는 치우를 구리로 된 머리에 철로 된 이마를 하고, 모래와 돌을 밥으로 먹었다고 표현합니다. 이것은 치우가 전쟁에서 철제무기를 도입하고 사용한 최초의 영웅이었음을 의미합니다. 그 덕에 황제의 군단과 맞붙은 처음 아홉 번의 전투에서 승리를 거둘 수 있었지요. 그러나 마지막 전투에서 황제가 가뭄의 여신 '발'을 부르면서 전세가 역전됐고 치우는 패하고 말았습니다.

처음부터 신이 신인 서양신화와 달리 우리나라를 비롯한 동양신화에서 신은 사람이 죽어서 되는 경우가 많습니다. 치우는 황제에게 죽임을 당했지만 죽었기에 전쟁의 신으로 부활할 수 있었습니다. 사람들은 용맹한 치우의 힘을 빌려 악귀를 쫓고자 기와에, 무기에 그의 모습을 새겨 넣었습니다. 다시 말해 귀면와에 새겨진 형상은 도깨비가 아니라 치우입니다.

도깨비는 본디 사람이 아니라 돌 같은 자연물이나 사람이 오랫동안 쓰던 물건이었습니다. 그것이 수명을 다하거나 버려지면 귀신이 됐는데 그 형상은 동물일 수도, 사람일 수도 있습니다. 사람에게만 영혼이 있다고 여기지 않은 옛사람들의 믿음을 들여다볼 수 있는 대목이지요. 우리나라에서 유독 구제품이 인기가 없고 골동품을 집 안에 들이기 꺼리는 것도 오래된 물건에는 혼이 붙어있다는 미신 때문일 것입니다.

도깨비가 처음 등장하는 문헌은 『삼국유사』의 「도화녀와 비형랑」 편입니다. 비형은 신라 제25대 진지왕과 도화녀 사이에서 태어난 아들입니다. 그의 출생은 그리스신화의 페르세우스를 연상시키는데, 진지왕의 혼령이 도화녀의 방에 들어 잉태된 아들이기 때문입니다. 페르세우스는 성에 갇힌 다나에를 빗물로 변신한 제우스가 범해서 생긴 아들이었지요. 출생부터 범상치 않더니, 자라서 하는 행동도 괴이했습니다. 매일 밤 언덕 위로 가서 도깨비들과 놀았다고 하는데요. 그들의 놀이는 절에서 종소리가 울릴 때까지 이어졌습니다.

소문을 들은 진평왕이 비형을 불러 도깨비들을 거느리고 노는 것이 사실인지 확인한 후 한 가지 명을 내립니다. "그렇다면, 네가 도깨비들을 시켜 신원사 북쪽 시내에 다리를 놓아라." 비형은 왕의 명을 받들어 도깨비들에게 돌을 다듬게 한 다음 하룻밤 사이에 큰 다리를 놓았습니다. 도깨비들의 실력을 확인한 왕은 그들 중 인간 세상에 나와 정치를 도울만한 자가 있냐고 물었고, 비형은 길달을 추천했습니다. 진평왕이 그를 받아들여 벼슬을 내렸는데, 과연 충직하기가 세상에 둘도 없었습니다.

또 아들이 없는 각간 임종에게 양자로 삼도록 했는데 어느 날 임종이 길달에게 흥륜사 남쪽에 누문을 짓게 했습니다. 길달은 매일 밤 그 문 위에 가서 자다가 어느 날, 여우로 둔갑해 달아나 버렸습니다. 그러자 비형이 도깨비들을 시켜 길달을 붙잡아 죽이고 말았고 그 후에 도깨비들은 비형의 이름만 들어도 벌벌 떨었습니다. 이 때문에 신라에서는 비형의 이름을 대문에 써 붙이는 벽사가 생겨났다고 합니다.

암호 같은 이 이야기에는 해석이 필요합니다. 도깨비 무리는 불평등한 사회에서 소외당한 젊은이들로, 비형과 길달은 이들을 조직으로 꾸려 이끈 리더로. 또 이들 중 특출난 인재인 길달이 도주한 것은 절반은 지배계급에 속해 있던 비형과의 갈등 때문인 것으로, 죽임을 당한 것은 비형에게 배신당한 것으로 말입니다. 소외당한 아웃사이더, 사람들은 그들을 일컬어 다리가 한 개뿐인 독각귀獨脚鬼, 도깨비라고 불렀습니다.

도깨비는 돌이나 나무 같은 자연물이 변해서 되었거나 빗자루나 부지깽이, 반닫이나 다듬잇돌 같은 집안의 가재도구가 변해서 된 것일 수도 있습니다. 실력을 갖추고도 사회에서 쓰임을 받지 못하고 소외당하는 청년들일 수도 있지요. 공통점이 있습니다. 쓸모없다고 낙인 찍혀 버림받았다는 것이지요. 세상의 불평등함에 눈물지으면서도 의지할 데 없었던 독각귀들이 괴력을 가지게 되었습니다. 그러나 오니처럼 숨어 사는 괴수가 아니라 착한 사람에게는 상을 베풀고, 못된 사람에게는 벌을 주었습니다. 마을에서는 길흉화복을 관장하는 당신堂神이 되었고 가정에서는 부의 신이 되었습니다. 이것이 한국의 도깨비입니다.

천고마비,
왜 가을에 말이 살찐다고 할까?

가을에 한 번쯤은 이 말을 듣습니다. '천고마비의 계절', 하늘은 높고 말이 살찌는 계절이라는 뜻인데요. 오곡백과가 무르익기에 좋은 절기라는 의미가 담겨있기는 해도 왜 일반 가정에서 흔히 볼 수 있는 소도, 개도, 닭도 아닌 다소 생소한 말일까요?

'천고마비지절天高馬肥之節'의 원말은 '추고새마비秋高塞馬肥, 가을 하늘이 높고 변방의 말이 살이 찐다'로 두심언의 시에서 유래합니다. 두심언은 시성으로 칭송받는 당나라 때 시인 두보의 할아버지로 그역시 시인으로 이름을 떨쳤습니다. 두심언은 친구인 소미도가 변방을 약탈하는 흉노를 무찌르기 위해 출정할 때 무사히 돌아오길 기원하는 마음을 담아 시 한 수를 써줍니다.

구름은 깨끗한데 요사스런 별이 떨어지고
가을 하늘 높고 변방의 말이 살찌는구나
안장에 걸터앉아 영웅이 칼을 휘두르니
붓을 들어 승전보를 띄운다

- 「소미도에게 부치다贈蘇味道」, 두심언

'가을 하늘 높고 변방의 말이 살찌는구나'라는 구절만 떼어놓고 보면 태평시절 같지만 현실은 정반대였습니다. 당나라와 국경을 접한 흉노는 가을만 되면 말을 타고 쳐들어와 곡식을 약탈하고 노략질을 일삼았습니다. 유목민인 흉노가 기나긴 겨울을 준비하는 방식이었습니다. 이 때문에 북방 변방에 사는 당나라인들은 가을만 되면 언제 흉노가 침략할지 몰라 불안에 떨어야 했습니다. 결국 '가을 하늘 높고 변방의 말이 살찐다'는 말은 흉노가 쳐들어올 수 있으니 경계하고 대비해야 한다는 의미로, 정작 오늘날 우리가 나타내려는 의도인 좋은 계절이라는 뜻과 동떨어져 있습니다.

그나저나 실제로 가을에 말이 살찔까요? 한국마사회에서 서울경마공원의 말들을 대상으로 가을이 되면 실제로 살이 찌는지 조사했더니 말들의 체중이 가장 많이 나가는 달이 10월인 것으로 집계됐습니다. 그러나 전문가들에 따르면 자연 상태의 말들이라면 몰라도 항상 훈련을 해야 하는 경주마들은 계절적 요인에 따른 체중변화가 거의 없는 편이라고 합니다. 하기는 어디 말뿐일까요. 자연 상태에서는 사람을 포함해 웬만한 동물들은 무사히 겨울을 나기 위해 가을에 살이 찝니다. 천고마비가 아니라 천고인비라고 해도 틀리지 않지만 정작 이 말이 탄생한 당시의 상황이나 위의 시에서는 맞지 않는 말이 되지요.

그런데 흉노에 시달린 중국의 왕조는 당나라뿐이 아니었습니다. 같은 연유에서 탄생한 유명한 고사성어가 있으니 바로 '춘래불사춘春來不似春, 봄이 와도 봄이 아니다'입니다. 계절로는 분명 봄이지만 봄 같지 않은 추운 날씨가 이어진다는 뜻으로도 쓰이지만 좋은 시절이 왔어도 상황이나 마음이 아직 여의치 못하다는 은유적인 의미로 더 자주 사용합니다. 이번엔 가을이 아니라 봄인데 흉노와 어떤 관련이 있을까요. 이 구절은 당나라의 시인 동방규가 쓴 「소군원昭君怨, 소군의 원망」이라는 시에 나오는데 소군은 전한 시대의 미인이었습니다.

> 오랑캐 땅에는 화초 없으니
> 봄이 와도 봄은 아니리
> 저절로 허리띠 느슨해지는 것은
> 허리 날씬하게 하려던 것 아니라네

시에서 일컬은 오랑캐는 흉노였습니다. 흉노는 유방이 한나라를 세우기 전부터 북방의 강국이었습니다. 대적해 전쟁을 치렀지만 참패했고 그 결과 술과 비단, 쌀 같은 공물은 물론 대대로 왕실의 공주를 흉노의 군주에게 시집보냈습니다. 한나라 11대 황제 원제는 공주 대신 궁녀를 공주로 속여서 보내기로 합니다. 평소 원제는 화공을 시켜 궁녀들 모두를 그려 화첩으로 만들도록 하고 이 중에서 마음에 드는 궁녀를 선택하고는 했는데 흉노에게 보낼 궁녀 역시 화첩에서 골랐습니다. 가장 못난 인물로 말이죠.

드디어 그 궁녀가 흉노로 떠나는 날, 실물을 본 원제는 깜짝 놀라고 말았습니다. 가장 못난 인물인 줄 알고 뽑은 궁녀가 실제로 보니 절세의 미인인 것입니다. 화공 모연수에게 뇌물을 준 궁녀는 실물보다 예쁘게 그려주었지만 그 여인은 한 번도 뇌물을 주지 않아 일부러 못나게 그린 것이었습니다. 화가 난 원제가 그 자리에서 땅을 치고 후회했던 것은 물론이고, 모연수의 목을 쳤다는 후일담까지 전해지는데요. 이렇게 억울하게 고향을 떠나야 했던 여인이 바로 중국 고대의 4대 미인* 중 한 명인 왕소군이었습니다.

그러나 그녀의 삶은 흉노의 땅에서도 기구했고 시인은 이러한 처지를 저절로 허리띠가 느슨해질 만큼 야위어간다고, 아무리 외롭고 그리워도 고향으로 돌아갈 수 없기에 봄이 와도 봄이 아니라고 표현했습니다. 만약 왕소군이 화공에게 뇌물을 넉넉히 주었더라면 인생이 달라져서 위와 같은 시가 나오지 않았을까요? 왕소군의 인생은 달라졌을지 모르지만 다른 여인이 왕소군과 같은 삶을 살았을 것입니다. 상황이나 처지를 비관할 수밖에 없는 '춘래불사춘'의 주인공만 바뀔 뿐이겠지요.

---

* 중국 고대의 4대 미인은 서시와 왕소군, 초선, 양귀비다.

백석과 윤동주가
똑같이 사랑한 시인이 누구일까?

백석은 스물다섯 살인 1936년 1월에 시집 『사슴』을 100부 한정판으로 발간했습니다. 워낙 적은 부수라 당시에도 희귀본이 었는데 신경림 시인은 대학시절 청계천의 고서점에서 백석의 이 시집을 발견했을 때 느낀 환희를 이렇게 고백했습니다. "나는 아 직도 『사슴』을 처음 읽던 흥분을 잊지 못하고 있다. 실린 시는 40 편이 못 되었지만 그 감동은 열 권의 장편소설을 읽은 것보다도 더 컸다는 느낌이다. 나는 읽고 또 읽었다. 저녁밥도 반 사발밖에 먹지 못했으며 밤도 꼬박 새웠다. 그 뒤 『사슴』을 가방에 넣고 다 니며 틈나는 대로 꺼내 읽고는 했으니, 실상 그것은 내가 시를 공 부하는 데 교과서가 되었던 셈이다."

그런가 하면 끝내 백석의 시집을 구하지 못해 손수 필사본을 만들어 밑줄까지 그어가며 탐독하면서 '그림 같다', '걸작이다' 등의 메모를 남긴 대학생이 있었습니다. 바로 윤동주입니다. 백석 과 윤동주, 이름만으로도 벅찬 한국인이 가장 사랑하는 시인들 이지요. 그런데 우연의 일치일까요. 백석과 윤동주의 시에 공통 으로 등장하는 인물이 있습니다.

하늘이 이 세상을 내일 적에 그가 가장 귀해하고 사랑하는 것들
은 모두
가난하고 외롭고 높고 쓸쓸하니 그리고 언제나 넘치는 사랑과
슬픔 속에 살도록 만드신 것이다
초생달과 바구지 꽃과 짝새와 당나귀가 그러하듯이
그리고 또 「프랑시쓰·쨈」과 陶淵明과 「라이넬·마리아·릴케」가
그러하듯이

- 「흰 바람벽이 있어」 중에서, 백석

어머님, 나는 별 하나에 아름다운 말 한마디씩 불러 봅니다. 小
學校때 冊床을 같이했던 아이들의 이름과, 佩, 鏡, 玉 이런 異國
少女들의 이름과, 벌써 애기 어머니 된 계집애들의 이름과, 가난
한 이웃 사람들의 이름과, 비둘기, 강아지, 토끼, 노새, 노루, 「푸
랑시쓰·쨈」 「라이넬·마리아·릴케」 이런 詩人의 이름을 불러봅
니다.

- 「별 헤는 밤」 중에서, 윤동주

공통으로 언급하는 인물을 찾았나요. (참고로 앞서 두 편의
시는 초판본에서 인용했습니다.) 백석은 프랑시쓰 쨈이라고, 윤동
주는 푸랑시쓰 쨈이라고 한 이는 동일 인물로 프랑스의 시인 프랑
시스 잠Francis Jammes, 그리고 프라하 출신의 오스트리아 문학가 라
이너 마리아 릴케Rainer Maria Rilke입니다. 백석과 윤동주는 일본어
로 번역된 릴케와 쨈, 혹은 쨈의 시집을 곶감 빼먹듯 두고두고 아

껴 읽으며 시를 향한 꿈과 사랑을 키웠을 것입니다.

백석과 윤동주에게 서울은 타향이었습니다. 백석은 평안북도 정주, 윤동주는 북간도 명동촌이 태어나고 자란 고향이지요. 둘은 1930년대에 같은 서울 하늘 아래 산 적 있으나 교류를 나눈 기록은 없습니다. 윤동주보다 다섯 살 위인 백석은 이미 유명한 시인이었고 윤동주는 백석의 열렬한 팬이었습니다. 그러나 백석이 1940년에 만주로 떠나면서 인연이 이어질 기회는 영영 사라졌습니다. 그 후 일제의 식민통치와 남북분단의 비극 속에 두 시인의 운명이 어떻게 희생됐는지는 알려진 대로입니다. 똑같이 프랑시스 잠과 라이너 마리아 릴케가 등장하는 구절을 읽을 때마다 이렇게나 닮은 취향을 가진 둘이 만났더라면 서로 얼마나 좋아했을까, 하루가 멀다 하고 무릎을 맞대고 마주 앉아 하늘과 바람과 별과 꽃과 당나귀에 대해서 이야기를 나누었을 텐데, 하는 슬픔을 느낍니다.

백석이 프랑시스 잠을 어떻게 생각했는지에 대해서는 알려져 있지 않습니다. '북한의 시인'인 영향이 크겠지요. 대신 윤동주가 잠에 대해서 어떻게 생각했는지는 잘 알려져 있습니다. 북간도 명동촌에서 함께 니고 자란 친구 문익환 목사의 회고 덕분입니다. 문익환 목사는 윤동주가 연희전문대학 시절에 프랑시스 잠의 시집을 소중하게 간직하고 읽었노라 하면서 시집의 제목까지 정확하게 기억해냈는데 바로 『밤의 노래』입니다. 이 시집은 나중에 국내에 『새벽의 삼종에서 저녁의 삼종까지』라는 제목으로 번역 출간됐고 서문에 이러한 구절이 있습니다.

나는 지금 장난꾸러기들의 조롱을 받으며 고개를 숙이는, 무거운 짐을 진 당나귀처럼 길을 가고 있습니다. 당신이 원하시는 때에, 당신이 원하시는 곳으로 나는 가겠나이다. 삼종三鐘의 종소리가 웁니다.

이를 통해 백석이 나타샤와 함께 그토록 사랑한 '흰 당나귀'가 어떤 당나귀인지 유추해 볼 수 있습니다. 프랑시스 잠은 19세기 말에서 1918년 1차 세계대전이 발발하기 전까지 이어진 '벨 에포크La belle époque, 아름다운 시대' 때 활동한 시인입니다. 경제적으로 풍요로웠고 일상은 화려했으며 미술과 음악, 문학이 활짝 피어나 훗날의 사람들은 그 시절을 '벨 에포크'라고 불렀지만 속을 들여다보면 오히려 공허하고 불안했습니다.

프랑시스 잠은 이 모든 것에 흔들림이 없었습니다. 파리의 풍요로움과 화려함으로부터는 물론 공허와 불안으로부터도 등을 돌려 평생 피레네 산맥 근처에 은거하며 단순하고 현실적인 삶, 자연과 종교에 뿌리를 둔 시를 썼습니다. 그 덕에 시는 군더더기 없이 정갈하며 다정합니다.

이런 프랑시스 잠의 시를 백석과 윤동주가 좋아한 또 다른 시인 라이너 마리아 릴케도 좋아했습니다. 릴케의 유일한 장편 소설 『말테의 수기』에는 덴마크 귀족 출신의 젊은 무명 시인 말테가 파리의 국립도서관에서 한 행복한 시인의 생활을 접하고 그 시인처럼 글을 써봐야겠다고 다짐하는 장면이 나옵니다. 그 행복한 시인이 프랑시스 잠이었습니다. 그러나 말테의 생활은 파리라는 화려한 도시에서 불안과 소외로 비참하기만 했지요.

　이런 말테를 아니, 릴케를 일으켜 세운 또 한 명의 위대한 예술가가 있었습니다. 바로 오귀스트 로댕Auguste Rodin입니다. 둘의 인연은 릴케가 출판사의 의뢰를 받아 로댕의 평전을 쓰면서 시작됐습니다. 1905년부터 이듬해까지는 로댕의 비서로 일했지요. 로댕은 릴케에게 사물과 새로운 관계를 만드는 데 있어 '바라보기'가 얼마나 중요한지 일깨워줬는데 그 가르침은 시각적인 관찰뿐 아니라 미학적 성찰까지 아울렀습니다. 또 릴케가 예술가로서 힘든 순간에는 어떻게 하는 것이 좋으냐고 조언을 구했을 때 끊임없이 일을 해야 한다고 강조했습니다. 철인 로댕이라 해도 한순간도 멈추지 않는 삶이 힘들지 않았을 리 없습니다. 로댕이 릴케를 만났을 때가 60대, 릴케에게 매일 해준 말이 있다고 합니다. 바로 "힘내라고!"였습니다.

> '힘내라고!' 밤에 헤어질 때, 아주 좋은 이야기를 나누었을 때에도 아무 관련 없이, 로댕은 곧잘 내게 이렇게 말하는 것이었습니다. 그는 알고 있었던 겁니다. 젊었을 때, 얼마나 이 말이 매일처럼 필요한 것인가를.
>
> － 『로댕론』, 라이너 마리아 릴케

　이 장면을 그리면 가슴에 뜨듯한 물살이 출렁이는 듯 뭉클합니다. 젊은 시절에 로댕이 얼마나 외롭고 고통스러웠는지, 그럼에도 아무도 그런 말을 들려주지 않았을 거 같아서입니다. 그래서 젊은 날의 자신에게 필요했던 말을 젊은 시인 릴케에게 주었을 것입니다. "힘내라고!"라는 격려의 말을요. 그 기운이 릴케에게로, 또 릴케에서 백석과 윤동주에게로 전해졌을 것입니다. 걸작을 빚어냈던 로댕의 묵직하고 따스한 손이 어깨를 보듬어 쓰다듬는 것 같은 이 말을 당신에게도 전합니다.

"힘내라고!"

백석이 이름자를 따온
일본인이 누구였을까?

    시인 백석의 본명은 백기행, 필명인 석石은 이 시를 쓴 시인의 이름에서 따왔습니다.

    나는 안다
    테러리스트의 슬픈 마음을
    말과 행동을 나누기 어려운
    단 하나의 그 마음을
    빼앗긴 말 대신에
    행동으로 말하려는 심정을
    자신의 몸과 마음을 적에게 내던지는 심정을
    그것은 성실하고 열심한 사람이 늘 갖는 슬픔인 것을
    끝없는 논쟁 후의
    차갑게 식어버린 코코아 한 모금을 홀짝이며
    혀끝에 닿는 그 씁쓸한 맛깔로
    나는 안다
    테러리스트의 슬프고도 슬픈 마음을

시의 제목은 「코코아 한 잔」, 시인의 이름은 이시카와 다쿠보쿠石川啄木, 1886~1912입니다. 공교롭게도 백석은 이시카와가 사망한 1912년에 태어났습니다. 일제강점기 시절에 일본의 시인을 존경했다는 사실을 두고 백석을 오해할 수 있지만 이시카와는 1910년 8월 29일 신문에서 한일병합조약*이 발효된다는 뉴스와 함께 새빨갛게 칠해진 조선의 지도를 보고 이런 시를 지은 인물이었습니다.

지도 위 조선국에
검디검게 먹을 칠하며
가을바람 소리를 듣는다
누가 나에게
피스톨이라도 쏴 주면
얼마 전 이토처럼 죽어보련다

- 「9월 밤의 불평」, 이시카와 다쿠보쿠

그리고 1년 뒤 「코코아 한 잔」을 발표했습니다. 스물일곱이라는 이른 나이로 사망하기 1년 전의 일입니다. '빼앗긴 말 대신 행동으로 말하려는 심정'이라는 시구가 조선인의 맺힌 분노와 한을 명중시키고 있기에 테러리스트의 국적이 조선임을 쉬이 짐작할 수 있습니다. 이 테러리스트의 정체에 대해서 일본 문학계에서는

---

* 1910년 8월 22일에 조인, 8월 29일에 발효되었다.

논란이 많습니다. 어쩌면 누군지 뻔히 알면서 인정하지 않는 것이 아닐까요. 일본에서는 여전히 테러리스트라 폄하하는 그 이름, 바로 독립운동가 안중근입니다.

안중근 의사는 1909년 10월 26일, 하얼빈 역사에서 일본 제국의 내각총리대신인 이토 히로부미를 사살했고 현장에서 체포되어 1910년 3월 26일 형이 집행됐습니다. 그리고 그해 8월 29일 한일병합조약이 체결됐습니다. 이시카와는 1년 전 신문을 통해 안중근 의사가 경찰에 체포되는 사진을 봤고 그가 그토록 목숨 바쳐 지키려 했던 조선이라는 나라가 지도에서 일본을 상징하는 빨간색으로 칠해져버린 것을 보았습니다. 이 두 사건은 자국의 제국주의와 갈등을 겪고 있던 그에게 '논쟁 후의 차갑게 식어버린 코코아 한 모금을 홀짝'이는 것밖에 할 수 없는 자괴감을 주었습니다. 훗날 독립운동가이자 문필가였던 함석헌이 이 시를 읽고 '한국의 마음이 일본의 마음'이라는 감상을 남겼다고 하지요. 여전히 일본에서는 테러리스트, 그러나 한국인에게는 지극한 영웅 안중근 의사가 옥중에 쓴 글 중 일부를 옮겨봅니다.

나는 천국에 가서도 또한 마땅히 우리나라의 회복을 위해 힘쓸 것이다. 너희들은 돌아가서 동포들에게 각각 모두 나라의 책임을 지고 국민된 의무를 다하여 마음을 같이하고 힘을 합하여 공로를 세우고 업을 이루도록 일러다오. 대한독립의 소리가 천국에 들려오면 나는 마땅히 춤추며 만세를 부를 것이다.

바람벽은
무엇일까?

앞서 백석의 「흰 바람벽이 있어」라는 시를 인용했습니다. '바람벽'이라는 단어를 이 시에서 처음 보았습니다. 바람이 술술 통할 만큼 허술하게 지은 벽이겠거니 짐작하고 넘어갔지요. 실제로 그렇게 지은 집이 하나둘이 아님을 알아서였습니다. 얼마나 벽이 허술한지 겨울이면 머리맡에 떠놓은 자리끼가 꽁꽁 얼어붙었고 그 탓에 겨울 내내 감기가 떨어지질 않았습니다. 옛날에는 이런 집을 '집장수 집'이라 불렀습니다. 1960년대부터 주택의 수요가 폭발적으로 증가하자 주택을 매각해서 영리를 취할 목적으로 집을 지어 파는 사람을 집장수라고 했고 이들이 지은 집을 집장수 집이라고 했는데, 대도시에서 1960년대 이후 지어진 단독주택, 특히 개량 한옥은 대부분 집장수 집이라 할 수 있습니다.

집장수는 일제강점기에 등장해서 1970년대까지 번창하다 어느 순간 사라졌습니다. 더 이상 수작업으로 집을 짓는 일이 타산에 맞지 않게 되면서였습니다. 문제는 집장수 집이 거의 날림집이었다는 사실입니다. 건축비를 절약해 이득을 취했기 때문이지요. 오죽하면 1967년 8월 19일자 경향신문에 '집장수의 집은 꼼꼼히 살피라'면서 판별하는 기준은 '가옥이 매매를 목적으로 건축된 것이냐 아니냐를 파악하는 것'이라는 요령을 게재했을 정도입니다. 그러니 백석이 집장수 집, 날림집에 살아서 몸도 춥고, 마음도 추웠구나 했습니다. 정말 백석은 집장수 집에 살았을까요? 이에 대한 답은 국어사전을 찾으면서 확신에서 모호함으로 바뀌었습니다.

바람벽의 바람은 '바람風'이 아니라 '벽壁'의 순우리말이었습니다. 그러니까 역전앞이나 처갓집, 상갓집, 해변가, 술주정, 매화꽃, 모래사장 등처럼 동어반복인 단어였습니다. 구체적으로는 '방이나 칸살의 옆을 둘러막은 둘레의 벽'으로 집의 둘레 또는 방의 칸막이를 하기 위해 널빤지, 돌, 콘크리트, 벽돌, 타일 등을 쌓고 흙이나 종이 따위를 발라 만든 벽을 지칭합니다. 결국 「흰 바람벽이 있어」를 읽으면서 떠올린 공간적 배경은 순전히 개인적 상상이었던 셈입니다.

집장수 집이 공간적 배경인 문학작품이 또 있습니다. 대략의 줄거리가 이렇습니다. 한 청년이 옆방에 사는 처녀를 남몰래 마음에 두었습니다. 너무 아름다워서 감히 말도 걸어보지 못한 사이였습니다. 그리고 사람들이 우정의 따스함과 기적을 간절히 필요로 하는 12월 31일이 되었습니다. 쓸쓸함과 절망에 몸부림치던 청년에게 벽을 통해 옆방에서 무슨 소리가 들렸습니다. 뭔가 삐걱거리고 덜컹거리고…… 관능적인 신음소리. 더할 수 없이 고독하고 애정의 결핍으로 가슴 저렸던 청년은 결코 상대하고 싶지 않은 추악한 세계를 더 이상 보지 않기 위해 아니 듣지 않기 위해 커튼 줄을 뜯어내 목을 매고 자살해버립니다.

청년의 사망 진단을 해달라는 호출을 받고 온 레이 박사는 벽에 귀를 기울여보지만 아무 소리도 들리지 않았습니다. 남녀가 사랑의 몸부림 끝에 기분 좋은 잠에 들었나 보다 짐작하고 밖으로 나가다가 호기심이 발동합니다. 그래서 방문을 노크하지만 아무 대답이 없습니다. 집주인 여자가 두세 번 문을 두드리면서 처녀의 이름을 불러도 아무 대답이 없자 열쇠로 문을 열고 들어갔다가 낯빛이 변해 방 밖으로 튀어나왔습니다. 전혀 예상치 못한 진실이 눈앞에 있었습니다.

그녀는 유서에 자살동기를 '고독과 인생에 대한 전반적인 싫증'이라고 썼습니다. 놀랍게도 청년의 자살동기와 같았습니다. 비소를 음독하고 고통스러워서 몸부림치며 신음했던 것입니다. 그 신음소리가 생생하게 들릴 정도로 얄팍한 벽 하나를 사이에 두고 두 사람은 똑같이 외로워하고 있었습니다.

저에게 백석의 「흰 바람벽이 있어」와 로맹 가리의 이 단편소설 「벽」의 공간적 배경은 여전히 날림으로 지은 집장수 집입니다. 찬바람도 막지 못하고 신음도 막지 못하는 벽 앞에서 백석과 청년들의 생이 갈렸습니다. 서로 닮은 외로움과 쓸쓸함이었지만 청년은 분노와 경멸에 차서 스스로 목숨을 버렸고 백석은 〈하늘이 이 세상을 내일 적에 그가 가장 귀해하고 사랑하는 것들은 모두 / 가난하고 외롭고 높고 쓸쓸하니 그리고 언제나 넘치는 사랑과 슬픔 속에 살도록 만드신 것이다 / 초생달과 바구지꽃과 짝새와 당나귀가 그러하듯이 / 그리고 또 '프랑시쓰 쨈'과 도연명과 '라이넬 마리아 릴케'가 그러하듯이〉라면서 스스로를 다독였습니다.

백설공주는 왜 자꾸
문을 열어줬을까?

    한 번 실수할 수 있어도 같은 실수를 두 번 하면 곤란한데 백설공주는 한 번도 아니고 몇 번이나 거듭합니다. 낯선 사람에게 문을 열어주는 실수였습니다. 처음에는 방물장수 할머니였습니다. 반갑게 문을 열어주고 집 안으로 불러들여서는 예쁜 레이스를 구경하다 허리가 조여 기절하는 변고를 당합니다. 일곱 난쟁이들이 때맞춰 집에 돌아와 다행이지 큰일 날 뻔했습니다. 그러면 다음부터 조심해야 하는데 얼마 지나지 않아서 또 다른 장사꾼에게 — 그래봐야 변장한 왕비지만 — 문을 열어줘서 독 묻은 빗으로 머리를 빗다 죽을 뻔합니다. 그런데도 정신 못 차리고 결국 세 번째에 독이 든 사과를 먹고 이번엔 정말로 죽은 듯 깊은 잠에 빠져버립니다. 백설공주는 왜 자꾸 문을 열어줬을까요?

    『백설공주는 왜 자꾸 문을 열어 줄까』(박현희 저, 뜨인돌)라는 책에서 저자는 많은 세월이 흐른 후에야 백설공주를 이해하게 됐다고 합니다.

    백설공주는 외로웠던 것이다. 난쟁이들과 함께 살게 된 백설공주의 하루는 어땠을까? 그는 난쟁이들이 일터로 나간 사이에 집

안일을 한다. 혼자서. 외로움은 난쟁이들이 백설공주에게 얼마나 잘해주었느냐와는 관계가 없다. 친밀한 경험을 공유한 사람과의 교류 없이 지내는 백설공주의 일상을 생각해 보라. 그러니 아무리 위험이 입을 벌리고 있다고 해도 백설공주는 열 번 스무 번 문을 열 수밖에 없었을 것이다.

백설공주의 일상에는 중요한 것이 빠져있었습니다. 바로 '관계', 구체적으로는 '친밀한 경험을 공유한 사람과의 교류'입니다. 그에 대한 결핍을 예쁜 레이스나 머리빗, 사과 같은 물건을 구매하는 소비로 채우려 했습니다. 두 번이나 죽을 뻔했으면서 또 문을 열어줬습니다. 흥미롭게도 외로울 때 (마음의) 문을 두드리는 낯선 자는 대개 지갑을 노리는 경우가 많지요. 심지어 이러면 안 되는 줄 알면서 빠져들기도 합니다. 외로워서요. 나를 외롭지 않게만 해준다면 무엇이든 다 받아들일 태세가 되어 있고 언제든 문을 열어줄 자세가 되어 있습니다. 이렇게까지 하는데도 외로움이 채워지지 않는다면 얼마 지나지 않아 공격적인 성향으로 돌변할 가능성이 큽니다. 난쟁이들에게 욕을 하거나 발로 걷어찰지 모르지요.

외로움을 느낄 때 많은 사람이 취하는 자세는 두 가지입니다. 채우려 하거나, 피하려 하거나. 우리는 그동안 외로움에 대해서 표현할 기회를 갖지 못했습니다. '인간은 누구나 외롭다'는 말로 적당히 얼버무리는 것이 다였습니다. 외로움은 일종의 금기였습니다. (나의 외로움을) 알려서도, (타인의 외로움을) 알아서도 안

되는 것. 설령 알더라도 모르는 체하는 것. 외로움은 실패와 동의어였습니다.

현실이 동화나 드라마와 다른 점이 있다면, 외로울 때 만나는 사람은 왕자님(혹은 공주님)이 아니라 예쁜 레이스나 독이 묻은 머리빗, 독사과의 연장선일 가능성이 높다는 것입니다. 그러니 외로울 때는 아무거나 사지 말아야 합니다. 아무거나 먹지 말아야 합니다. 아무나 만나지 말아야 합니다. '아무나'라는 섣부름이 더 양질의 것을 살 수 있고 더 맛있는 것을 먹을 수 있고 더 좋은 사람을 만날 수 있는 기회를 앞서 차단해버립니다. 외로움은 병이 아니라 신호입니다. 이제야말로 자신을 비롯해 타인이나 세상과 진실한 관계를 맺는 데 관심을 가져야 할 때라는 신호말이지요. 이를 잘못 해독해서 자꾸 엉뚱한 것으로 채우려 하니 채워질 리 없습니다. 갈증 나서 물 달라는 데 떡 먹이는 격입니다.

외로움을 어떻게 해소해야 할지 알기 위해서는 비록 두렵더라도 가장 먼저 자신의 외로움을 정면으로 마주해야 합니다. 그리하여 황동규 시인의 말처럼 '초강도의 외로움이 순간적으로 환한 홀로움*으로 바뀌는 체험'을 할 수 있다면 폐쇄공포증 같은 외로움에서 벗어나 탐스러운 독사과에 유혹당하지 않고 왕자님(혹은 공주님)을 기다릴 필요조차 없는 자유를 얻을 수 있을 것입니다. 그나저나 백설공주는 왕자님과 함께 오래오래 행복하게 살면서 더 이상 외롭지 않았으려나요.

---

* '홀로움'은 황동규 시인이 만든 시어로 '외로움을 통한 혼자 있음의 환희'라는 뜻이다.

후크 선장은 왜 피터 팬에게
패배할 수밖에 없을까?

피터 팬이 사는 나라 '네버랜드Neverland'는 잉글랜드 헨리 8세 시대의 정치가이자 인문주의자인 토마스 모어가 만든 말 '유토피아Utopia'와 같은 뜻입니다. 그리스어로 유는 '없다', 토피아는 '장소', 합성하면 '없는 장소'가 되어 어디에도 없는 땅이라는 뜻인 네버랜드와 동의어가 됩니다. 특히 영국 작가 제임스 매튜 베리James Matthew Barrie가 소설 『피터 팬』에서 그린 네버랜드는 어디에도 없는 땅이라는 뜻과 함께 어디에도 없는 시간, 어디에도 없는 삶을 의미하는데요. 그 덕에 피터 팬은 영원히 자라지 않고 늘 새로 태어난 아이처럼 살아갑니다.

'늘 새로 태어난다'를 주로 긍정적인 의미로 사용하지만 이면이 있습니다. 새로 태어난다는 것은 과거와의 결별을 전제로 하지요. 늘 새로 태어난다면 과거가 머물 새가 없을 것입니다. 실제로 피터는 후크를 죽이고도 기억하지 못해서 웬디에게 후크 선장이 누구냐고 묻더니 기억하지 못하는 걸 대수롭지 않게 여깁니다. 어디에도 없는 땅에서 피터 팬은 그렇게 어디에도 없는 시간, 어디에도 없는 삶을 살면서 모든 일을 다 잊어버립니다. 이쯤 되면 피터 팬이 그렇게나 용감하고 자유로운 비결이 기억과 추억이 없어서가 아닐까 싶을 정도입니다.

그에 비해 후크 선장은 가진 것이 많습니다. 음악을 사랑했고 하프시코드 연주 실력이 수준급이었습니다. 명문 사립학교 출신으로 예법과 품위를 가장 중요하게 여겼고 매일 스스로에게 묻는 질문도 "오늘 너는 품위를 지켰는가?"였지요. 음흉했지만 고독하고 고뇌에 찬 인물입니다. 이런 그가 피터 팬을 죽도록 미워하는 이유는 후크 선장의 팔을 잘라 악어 밥으로 던져서가 아니라 피터의 건들건들하는 태도 때문이었습니다. 얼마나 미워하는지 '후크의 쇠갈고리 손에 경련을 일으키고 밤이 되면 벌레처럼 꼬여 괴롭혀서 피터가 살아있는 한 참새가 알짱거리는 우리에 갇힌 사자로 사는 기분'이라고 표현할 정도입니다.

이쯤 되면 피터와 후크가 무엇을 상징하는지 눈치챘겠지요. 기억하는 자와 기억하지 못하는 자. 기성세대와 새로운 세대입니다. 최후의 대결에서 피터는 칼을 맞고 쓰러진 후크 선장을 악어가 입을 벌리고 있는 배 밖으로 걷어차면서 이렇게 말하죠. "그대 결코 잘 나가는 인생을 살지는 못 한 인물이여, 안녕." 살아나 다시 싸운다고 해도 질 것이 뻔한 후크 선장에게 작가 제임스 매튜 베리는 사기와 같은 이름을 붙였습니다.

제임스 매튜 배리가 '피터 팬'과 '네버랜드'를 구상한 배경에는 가슴 아픈 가정사가 있었습니다. 제임스가 여섯 살일 때 형 데이비스가 사고를 당해 사망했습니다. 제임스는 형의 옷을 입고 형을 흉내 내며 어머니를 위로했다고 하지요. 불행히도 어머니는 평생 그 절망과 슬픔을 극복하지 못했습니다. 아무리 세월이 흘러도 어머니와 제임스에게 형은 세상을 떠난 그 순간의 모습 그대로 영원히 어린이였지요. 그러나 어디에도 없는 어린이였습니다. 피터 팬은 형 데이비스였을지 모릅니다. 그리고 피터 팬에게 계속 패배하는 후크 선장에게 자기 이름을 붙였습니다.

기억하는 자가 기억하지 못하는 자를 이길 수 있을까요. 추억이 많은 사람이 추억이 없는 사람을 이길 수 있을까요. 이 모든 것이 어디에도 없는 땅, 어디에도 없는 시간, 어디에도 없는 삶을 사는 네버랜드에서만 벌어질 수 있는 승부……. 추억이나 기억이 없는 땅, 시간, 삶은 우리가 사는 여기에 존재할 수 없지요. (좋은 의미로든, 나쁜 의미로든) 추억이나 기억 때문에 못 견디게 괴로울 때면, 누가 네버랜드로 데려가 주었으면 좋겠습니다. 백만 개의 황금 화살이 가리킨다는 바로 그곳으로.

어떤 사람이
바보, 멍청이, 백치일까?

프랑스 소설가 마르탱 파주가 쓴 『나는 어떻게 바보가 되었나』라는 소설이 있습니다. 주인공 앙투안이 친구들을 모아놓고 바보가 되기로 결심했다고 선언합니다. 친구들은 경악했습니다. 왜냐하면 앙투안은 전도유망한 지성인이었으니까요. 그는 지성인을 '시체공사장 안에서 지내는 프랑켄슈타인 박사'에 비유합니다. 프랑켄슈타인 박사는 생명의 원리에 대해 열정적으로 탐구한 끝에 해부실과 도살장에서 사체를 조합해 인간을 창조하는 데 성공하지만 희대의 괴물이었지요. 이러한 비유는 지성인에 대한 날카로운 풍자라 할 수 있습니다.

앙투안이 바보가 되기 위해 선택한 방법은 이러합니다. 이해하기를 잊고 정치를 믿고 따지고 질문하기보다 눈앞의 현실을 그대로 받아들이기. 멋진 옷을 구입하고 책보다 TV를 즐겨보며 머리를 쓰기보다 감정과 본능에 충실하기. 결과는 어떻게 됐을까요. 아무런 꿈도 없으니 갈등 없이 자기 자신을 팔 수 있어서 큰돈을 벌었습니다. 그리고 그 때문에 감옥에 가지요. 앙투안은 바보, 그중에서도 행복한 바보가 되고 싶었는데 그마저 실패하고 맙니다. 자꾸 바보가 되고 싶다고 하니, 진지하게 바보가 무엇인지 궁금해져서 그 뜻을 물색해 보았습니다.

먼저 우리말에서 '바보'는 밥+보에서 'ㅂ'이 탈락한 형태입니다. '밥만 먹고 할 일 없이 노는 사람'이라는 뜻입니다. '멍청이'는 '뚝지'라고도 부르는 바닷물고기 '멍텅구리'에서 왔습니다. 수심 100미터보다 깊은 곳에서 서식하는데 얼마나 동작이 굼뜬지 수경을 쓰고 바닷속으로 들어가 손으로 잡을 수 있을 정도이고 사람이 다가가도 도망가지 못합니다. 느려서 도망가지 못하는 것으로 보일 수도 있지만 달리 생각하면 지금 도망가야 할 상황인지 아닌지에 대한 분별력이 없어서 가만히 있는 것 같기도 합니다. 밥보에서 유래한 바보, 멍텅구리에서 유래한 멍청이와 달리 '백치'는 한자입니다. 희다, 깨끗하다, 분명하다는 뜻을 가진 백白 자에 어리석다, 미련하다는 뜻을 가진 치痴 자를 쓰는데요. 뇌에 장애나 질환이 있는 사람을 낮잡아 부르는 말입니다.

유래와 관계없이 우리가 바보, 멍청이, 백치 등을 욕설로 여기는 것과 마찬가지로 영어권에서도 'fool(바보)', 'moron(멍청이)', 'imbecile(백치)', 'idiot(정신이 온전하지 못한 천치)' 등을 욕설로 받아들이는데요. 어원을 알고 나면 딱히 욕설 같지 않습니다. 'fool'은 당초 풀무처럼 주름이 져 바람이 들어갈 수 있는 공처럼 생긴 것을 지칭했습니다. 'imbecile'은 라틴어 '임베킬루스imbecilius'에서 유래했습니다. '목발, 혹은 지팡이를 가지고 있지 않은 사람'이라는 뜻으로 의지할 수 있는 보호자가 없는 사람을 비유했습니다.

가장 심한 욕이라 할 수 있는 'idiot'은 라틴어 '이디오테스

idiotes'에서 유래했고 특별하다는 뜻을 담고 있습니다. 그런데 이 특별함은 다른 사람과 다르게 생긴 것, 바로 장애인을 가리켰습니다. 외모의 아름다움을 숭상시킨 고대 그리스에서는 장애인을 사회적으로 따돌렸고 이들은 무리를 떠나 외톨이로 살 수밖에 없었습니다. 그런데 고대 그리스인들이 'idiot'이라고 지칭한 이들은 장애인 말고 또 있었습니다. 바로 '정치에 무관심한 사람'이었습니다. 국가라는 공동체 안에 살면서도 공동체에 관심이 없고 사회문제에 참여하지도 않으면서 외톨이를 자처하는 사람을 'idiot', 천치라고 불렀습니다.

이를 알고 『나는 어떻게 바보가 되었나』 이야기로 돌아가 봅니다. 앙투안이 바보가 되기로 결심한 결정적인 계기가 있습니다. 지성인으로서 관대함과 이해심을 베풀고 사회에 필요한 의문을 제기하고 원칙을 제시할수록 사람들이 점점 멀어졌습니다. 앙투안은 상처를 받았지요. 그래서 바보가 되기로 합니다. 이때의 바보는 고대 그리스인이 손가락질한 'idiot', 공동체와 사회문제, 정치에 무관심한 사람이라는 뜻에 정확히 부합합니다.

이와 달리 중국에 바보의 경지에 이르렀다며 존경을 받은 인물이 있습니다. 1911년 중국 산둥성에서 가난한 농부의 아들로 태어나 국학과 동방학의 대가가 된 '지셴린李羡林'입니다. 중국인들이 '인간 국보'라 부르며 존경을 표했는데요. 단순히 학문의 대가여서가 아니라 '난더후투難得糊塗, 난득호도'의 경지에 오른 인물이라서였습니다. 직역하면 '바보 되기가 더 어렵다'로 '똑똑함을 감추고 바보처럼 사는 것이 쉽지 않다'는 뜻입니다.

난더후투의 경지에 올랐다는 말은 학식이 뛰어나고 재물도 많지만 자신을 낮춰 행동하는 것을 가리켜, 중국에서 수양의 최고 단계로 꼽는 덕목이라고 하는데요. 지셴린은 그 단계에 이르렀다고 평가받은 학자였습니다. 그리고 그렇게 행동할 수 있었던 힘은, 도연명의 이 시에 있었죠.

> 커다란 조화의 물결 속에서
> 기뻐하지도 두려워하지도 말게나
> (중략)
> 끝내야 할 곳에서 끝내버리고
> 다시는 혼자 깊이 생각 마시게

- 「신석: 정신이 몸과 그림자에게」 중에서, 도연명

　　그리하여 평생의 좌우명으로 삼은 말은, "다 지나간다." 어떻게 하면 그런 자세를 가질 수 있느냐는 물음에 지셴린은 아흔여덟 살에 이 시로 답을 대신했습니다.

> 인생 백 년 사는 동안
> 하루하루가 작은 문제들의 연속이었네
> 제일 좋은 방법은 내버려두는 것
> 그저 가을바람 불어 귓가를 스칠 때까지 기다리세

　　'idiot'은 무관심한 사람이고, '후투'는 내버려두는 사람입니

다. 내버려둔다는 말에는 기다릴 줄 알고, 또한 끝내야 할 지점을
안다는 의미가 담겨있습니다.

프랑켄슈타인과
뱀파이어는 누구일까?

프랑켄슈타인이라고 하면 동명의 공포영화를 보지 않은 사람도 어떻게 생긴 괴물인지 잘 알고 있습니다. 거대한 체구에 커다란 머리, 툭 튀어나온 이마엔 스테이플러로 찍어 붙인 것 같은 흉터가 있고, 양쪽 관자놀이로 나사못이 비죽 튀어나와 있죠. 이 이미지는 1931년 할리우드 흑백 공포영화 〈프랑켄슈타인〉에 등장한 배우 보리스 칼로프의 얼굴입니다.

무엇보다 프랑켄슈타인은 그 괴물의 이름이 아니라, 그 괴물을 탄생시킨 박사의 이름입니다. 정확하게는 빅터 프랑켄슈타인, 그는 대체 어디서 생명의 원리가 발생하는지에 대해 열정적으로 탐구했고, 마침내 해부실과 도살장에서 사체를 조합해 인간을 창조하는 데 성공합니다. 그러나 수고와 정성을 들여 빚어낸 인간은 자신이 보기에도 끔찍한 괴물이라서 버려둔 채 도망가 버리지요. 프랑켄슈타인 박사는 자신의 손으로 빚어낸 아들 같은 존재를 단지 흉측하게 생겼다는 이유로 이름조차 지어주지 않고 무책임하게 버렸습니다. 그러니까 우리가 알고 있는 그 괴물에겐 이름조차 없습니다.

더 큰 불행은 사람과 똑같이 느끼고 생각한다는 데 있었습니다. 괴물은 흉측한 자신의 외모 때문에 착한 일을 해도 오해받는 운명에 괴로워하고 외로움에 몸부림치고 사랑에 목말라했습니다. 그래서 프랑켄슈타인에게 자기 혼자는 외로우니까 자기 같은 여자 괴물을 만들어주면 둘이 함께 멀리 떠나서 살겠노라고 하지요. 프랑켄슈타인은 그 조건을 들어줄 수 없었고 결국 사랑하는 사람들의 죽음이 이어집니다. 자신이 창조한 괴물 때문에 사람이 겪을 수 있는 모든 비극을 겪은 프랑켄슈타인은 괴물을 만든 원리를 묻는 사람에게 이렇게 말합니다.

"미쳤습니까, 친구? 내 불행에서 배우고, 당신의 불행을 자초하지 마십시오."

근-현대의 모든 SF 소설은 모두 프랑켄슈타인에 빚을 지고 있다고 해도 과언이 아닙니다. 과학을 맹신하는 자가 새로운 생명체를 창조하는 데 성공하지만 스스로를 파멸로 끌고 간다는 테마가 소설『프랑켄슈타인 또는 현대의 프로메테우스』(1818)에서 출발했기 때문인데요. 이 놀라운 이야기를 쓴 소설가는 메리 셸리Mary Shelley, 1797~1851, 19세기 영국 여성이었고 열여덟 살 때 쓰기 시작해서 스무 살 때 익명으로 발표했습니다. 본명을 밝힌 개정판이 출간된 것은 1831년의 일입니다.

그런데 프랑켄슈타인의 괴물과 같은 날, 같은 장소에서 함께 태어난 또 다른 괴물이 있습니다. 바로 '뱀파이어'입니다. 커다란 모기처럼 피를 먹어야 살 수 있다는 점에서 괴기스럽지만 뱀파이어는 프랑켄슈타인의 괴물과 큰 차이가 있습니다. 외모가 매혹적이지요. 또 같은 흡혈귀라도 '드라큘라 백작'보다 덜 음험하고 훨씬 낭만적입니다. 그도 그럴 것이 뱀파이어의 모델이 조지 고든 바이런George Gordon Byron, 1788~1824이었으니까요. 스물네 살에 장편 시집 『차일드 해럴드의 편력』을 출간했는데 4주 만에 7쇄를 찍는 대성공을 거뒀습니다. 이때 그가 한 말이 그 유명한 "어느 날 아침에 일어나 보니 유명해져 있었다"입니다. 런던 사교계는 천재 시인에 열광했습니다. 게다가 그는 매우 잘생긴 외모에 세련된 패션 감각, 무모할 정도로 열정적인 성미를 가진 젊은 귀족이었습니다.

1816년 여름, 스위스 제네바의 한 저택에 시인 조지 고든 바이런과 바이런의 주치의 존 폴리도리, 시인 퍼시 비시 셸리와 메리 셸리가 함께 자리했습니다. 그들은 제각각 자신들을 둘러싼 추문을 피해 런던 사교계를 떠나 여행 중이었습니다. 1816년 여름은 어둡고 추웠습니다. 1815년 4월 인도네시아 탐보라 화산 대폭발로 북반구 전역에서 먼지가 베일처럼 태양빛을 차단하는 현상이 나타나 이듬해까지도 여름 평균 기온이 섭씨 14도였습니다.

스산한 여름밤에 이들은 "우리 중 누가 가장 무서운 이야기를 쓸 수 있을까?" 내기를 걸었습니다. 그 결과로 훗날 세상에 나온 무서운 이야기가 메리 셸리가 쓴 『프랑켄슈타인 또는 현대의 프로메테우스』와 존 폴리도리가 발표한 『뱀파이어』입니다. 서양의 대표적인 고딕 소설 두 작품이 한 자리에서 잉태됐다는 점이 흥미롭지요.

『뱀파이어』가 출판됐을 때 독자들은 주인공 뱀파이어 클래런스의 창백하지만 우아한 모습에서 쉽게 바이런을 떠올렸습니다. 소설을 쓴 존 폴리도리가 바이런의 주치의이기도 했지만 당시에 바이런을 둘러싼 갖가지 소문의 영향이 더 컸습니다. 『뱀파이어』가 출판되기 2년 전, 캐롤라인 램이라는 여성이 바이런에게 버림받고 그 앙갚음으로 『글래나본』이라는 책을 써서 출간했습니다. 책에 나오는 뱀파이어의 외모와 성격은 누가 읽어도 바이런이었습니다. 그런데 연이어 바이런의 주치의가 본격적으로 『뱀파이어』를 발표하니 대중은 바이런이 수상하다고 여겼습니다. 그리고 소문이 퍼지기 시작했습니다. "바이런이 애인을 살해하고 피를 마신다!" 지금으로 말하면 톱스타를 괴롭히는 악성 루머였습니다.

당시에도 노이즈 마케팅이 통했는지 무섭고 흉흉한 소문은 호기심을 더욱 증폭시켰고, 독자들은 클래런스가 젊고 아름다운 여성을 유혹해서 피를 빠는 장면에 열광했습니다. 또, 소설에 나오는 치명적인 유혹과 잔인한 배신, 불멸 같은 장면이 소문난 바람둥이이자 천재적인 시인인 바이런의 삶을 은유적으로 표현한 것이 되면서 『뱀파이어』는 흥행에 성공합니다. 서구민담에서 난폭한 털북숭이 사내였던 뱀파이어가 에로티시즘과 공포가 기묘하게 뒤섞인 모습으로 변모하는 데 본의 아니게 바이런이 기여한 셈인데요. 정작 바이런 자신은 애인을 살해하고 피를 마시는 뱀파이어라는 악성 루머 때문에 꽤 괴로웠을 것 같습니다. 사실은 이런 시를 쓸 만큼 낭만적이었는데 말이죠.

단 한 번만 용기를 내서

당신을 보기 위해 눈을 들었다

그리고 그날부터 하늘 아래

내 눈은 다른 어떤 것도 볼 수 없었다

- 「어떤 사람에게」 중에서, 조지 고든 바이런

그것을 내게 묻다니 가혹하군요. 수많은 눈길을 읽으시고도

그대를 보는 순간 비로소 인생이 시작된 것을.

- 「어떻게 사랑하게 되었냐고 묻기에」 중에서, 조지 고든 바이런

엇! 오히려 이렇게나 낭만적이라 쉽게 여성을 유혹할 수 있었
으려니 싶어 점점 더 소문이 부풀었을지 모르겠습니다. 조지 고든
바이런은 영국 사교계를 떠나 그리스 독립전쟁에 참전했고 그곳
에서 말라리아로 숨을 거둡니다. 그의 나이 서른여섯이었습니다.

실제로 신사의 결투를 벌인 유명인이 있을까?

먼지가 흩날리는 공터에 총을 든 사내 둘이 간격을 두고 등을 돌린 채 서있습니다. 입회자가 신호를 하면 잽싸게 등을 돌려 총을 쏩니다. 서부영화라면 꼭 등장하는 장면인데요. 신사의 결투에서 유래한 것으로 보이는데, 정작 발생지인 유럽에서 전통적인 신사의 결투는 서로 마주보고 선 채 한 발씩 돌아가면서 사격했다고 합니다.

우선권은 결투를 신청받은 사람에게 있었습니다. 죽이는 것이 목적이고 죽어야 끝나는 서부영화와 달리 진짜 신사의 결투에서는 모욕당한 쪽이 명예를 회복했다고 여기면 끝났습니다. 죽이는 것이 목적이 아니라 명예회복이 목적이었지요. 18~19세기 유럽에서는 인신공격이나 모함, 악행 등으로 명예가 실추됐는데도 맞서지 않는 태도를 차라리 죽느니만 못하다고 믿었습니다. 이 때문에 가톨릭교회에서 엄격히 금지했는데도 19세기 중반까지 신사의 결투는 끊이지 않았습니다.

러시아 소설가이자 시인인 알렉산드르 푸시킨Aleksandr Pushkin은 톨스토이, 도스토옙스키보다 자국민들에게 더 큰 사랑을 받는 대문호입니다. 그가 살던 시대에 러시아의 왕족과 귀족은 러시아어 대신 프랑스어를 구사했습니다. 이런 상황이 오래 지속되다 보니 정작 러시아어는 말과 글이 서로 달라서 글을 읽어도 무슨 뜻인지 이해하기 힘들었습니다. 어쩐지 우리에게도 낯설지 않은 모국어의 역사지요. 푸시킨은 말과 글을 일치시켜 많은 사람들이 이해하기 쉽도록 글을 쓰기 시작한 시인이자 소설가입니다. 그는 러시아에서도 뼈대 있는 귀족 가문 출신이었습니다. 이런 그가 누구나 이해할 수 있는 러시아어로 글을 쓰기 시작한 것은 농노제로 고통을 겪고 있는 평민의 편에 서겠노라는 선언이기도 했습니다.

오레스트 키프렌스키Orest Kiprensky가 그린 그림 〈시인 알렉산드르 푸시킨의 초상〉을 보면 푸시킨이 소문대로 상당히 멋쟁이였다는 사실을 알려줍니다. 그런데 전형적인 러시아인의 생김새와 다소 거리가 있습니다. 피부는 까무잡잡하며 머리카락은 검고 구불거리는 데다 검은 눈동자에 코끝이 납작한 편인데요. 이런 그의 외모는 러시아 귀족들 사이에서 상당히 튀어 보였을 것입니다. 그러나 푸시킨은 자신의 외모를 매우 자랑스러워했다고 하지요. 그도 그럴 것이 외증조부가 표트르 1세 시절의 유명한 장군 아브람 한니발로 그의 외모가 곧 혈통을 증명했기 때문입니다.

아브람 한니발은 일곱 살에 에티오피아에서 노예로 끌려와 콘스탄티노플에서 술탄의 시중을 들었습니다. 여덟 살 때 러시아로 끌려가는데 남다른 총명함이 표트르 1세의 눈에 들었던 모양입니다. 흑인 노예 소년에게 카르타고의 명장인 한니발의 이름을 성姓으로 하사했고 스물한 살 때는 파리로 보내 예술과 과학, 군사 등 고급 교육을 받도록 했습니다. 러시아로 돌아와서는 군 입대 후 소장까지 진급해 군사기술자로 명성을 얻었는데요. 이 한 니발 장군의 손녀가 바로 푸시킨의 어머니입니다. '에티오피아에서 끌려온 노예에서 러시아제국의 장군까지', 차르와 소수 귀족에 맞서 다수 민중을 대변하는 것을 신념으로 삼았던 푸시킨이었으니 이런 자신의 혈통에 자부심을 가질만하지요. 그러나 서른여덟이라는 이른 나이에 맞은 죽음은 세간에 알려진 대로라면 너무나 어이없고 허무했습니다. 망명 온 프랑스군 장교 출신 조르주 단테스와 법으로 금지된 결투를 벌인 것이 죽음으로 이어졌기 때문입니다.

결투를 먼저 신청한 쪽은 푸시킨입니다. 푸시킨의 아내인 나탈리아 곤차로바는 러시아 사교계의 꽃으로 불릴 만큼 미모가 빼어났는데, 단테스가 그녀를 끈질기게 쫓아다니며 구애했다고 하지요. 신사의 결투에서 먼저 총을 맞은 이는 푸시킨이었습니다. 아직 숨이 붙어있는 상태에서 집으로 옮겨졌습니다. 사경을 헤매는 동안 저택 부근에 2만여 명의 군중이 모여들었습니다. 당시 러시아 사회에서 푸시킨의 위상이 어느 정도였는지 짐작할 수 있는 대목입니다.

많은 사람들의 기원에도 불구하고 푸시킨은 이틀 뒤 숨을 거둡니다. 그러자 니콜라이 1세가 푸시킨의 장례식에 앞서 다음과 같은 명을 내렸는데 내용이 수상쩍습니다. '장례식 장소를 비밀리에 변경할 것, 일반인의 장례식 참석 엄금, 가족과 친구들만 참석 가능, 군대는 비상 대기할 것, 황실 주치의를 보낼 것, 불법 결투를 벌였지만 사면할 것, 신문의 과격한 추모 기사는 엄금.' 푸시킨의 장례식이 민중의 시위로 이어질 가능성이 크다고 여긴 것입니다. 푸시킨이 왕족과 귀족에게 적잖이 껄끄러운 존재였다는 사실을 알려줍니다. 이 때문에 푸시킨을 죽음으로 몰고 간 문제의 결투가 사실은 러시아 궁정 세력의 푸시킨을 제거하기 위한 음모였다는 설이 나돌았습니다. 푸시킨이 결투를 신청하지 않을 수 없게끔 단테스가 빌미를 제공했다고 말이지요.

푸시킨처럼 신사의 결투를 신청한 예술가가 또 있습니다. 벨기에의 시인이자 희곡작가 모리스 마테를링크Maurice Maeterlinck입니다. 『파랑새』를 쓴 바로 그 작가지요. 두 주인공의 이름이 우리나라에서 '치르치르'와 '미치르'로 알려진 것은, 일본어 번역본을 우리말로 옮기는 과정에서 발생한 잘못이고, 원래 이름은 틸틸과 미틸입니다. 마테를링크는 이 작품을 발표하고 3년 뒤인 1911년에 노벨문학상을 수상했는데요. 『파랑새』에 등장하는 요정, 추억의 나라, 밤의 궁전, 미래의 왕국 같은 환상적인 분위기와 그것들이 함축한 의미를 떠올리면, 그를 왜 '영혼의 이야기'를 쓰는 상징주의 문학의 대가로 부르는지 알 수 있습니다.

『파랑새』를 쓰기 훨씬 전인 1892년에 발표한 희곡 『펠레아스와 멜리장드』도 크게 다르지 않습니다. 줄거리는 셰익스피어의 『로미오와 줄리엣』처럼 비극적인 사랑 이야기를 담고 있지만 주인공의 정체가 무엇인지 끝까지 알 수 없고, 분위기가 모호하고 신비로우며 무엇보다 대사가 참 아름답습니다. 이 작품은 프랑스의 작곡가 클로드 드뷔시의 마음에 쏙 들었고, 마테를링크로부터 오페라로 개작해도 좋다는 허가를 받습니다.

드뷔시는 10년에 걸쳐 『펠레아스와 멜리장드』를 서정극으로 개작했는데 원작의 내용을 거의 바꾸지 않았습니다. 그런데도 마테를링크는 드뷔시가 자신의 작품을 훼손했다고 분노했고, 급기야 1902년 4월 30일 초연을 앞둔 시점에서 결투를 신청하기에 이릅니다. 드뷔시는 결투 신청을 받지 않고 계속 거절했을 뿐인데 엉뚱하게도 그가 결투에 대한 압박감을 견디다 못해 자살했다는 소문이 파리 사교계에 파다하게 퍼졌습니다. 둘 사이에 도대체 무엇이 문제였을까요?

　　마테를링크는 자신의 원작이 무대에 오를 때 늘 아내인 조르제트 르블랑을 여주인공으로 써줄 것을 조건으로 달았는데 10년 전 드뷔시에게도 마찬가지였습니다. 그런데 드뷔시는 그 약속을 지키지 않았을 뿐 아니라 르블랑의 노래를 듣고 모욕적인 언사를 서슴지 않았다고 합니다. 그러니까 마테를링크가 드뷔시에게 결투를 신청한 것은 원작자로서가 아니라 남편으로서였습니다. 드뷔시가 결투를 받아주지 않으니 분한 마음을 분출할 길 없던 마테를링크는 『피가로』에 '나는 이 작품이 망하길 바란다'고까지 공개 글을 내기에 이르는데요. 이런 그의 바람과 달리 드뷔시의 서정극 「펠레아스와 멜리장드」는 대성공을 거뒀고, 20세기 현대 음악 걸작의 반열에 올랐습니다.

　　당시에는 이 작품이 '더듬거리는 유령'이라는 비평도 있었습니다. 드뷔시는 감각적이면서도 미묘한 원작의 느낌을 그대로 음악에 살리고 싶어서 멜로디를 확실하게 살리지 않았고 아리아를 비롯한 노래를 넣지 않았는데요. 한마디로 누군가는 걸작이라며 찬사를 보낼지 몰라도 누군가에게는 상당히 지루할 수 있다는 뜻입니다. 드뷔시보다 서른 살쯤 위였던 작곡가 카미유 생상스는 후자였던 모양입니다. 공연을 관람하다가 드뷔시에게 "언제까지 이런 식으로 연주되냐?"고 물었다가 "끝날 때까지!"라는 면박을 받았다는, 재미있는 후일담이 전해집니다.

우리로서는 드뷔시가 마테를링크의 결투를 받아들이지 않아서 참 다행입니다. 만약에 결투를 받아들여서 누구 한 사람 목숨을 잃기라도 했다면 『파랑새』를 읽지 못했든지, 아니면 드뷔시의 관현악곡 「바다」와 피아노곡 「달빛」을 듣지 못했을 테니까요.

소문을 가지고 명작 소설을
쓸 수 있을까?

1857년 소설 『마담 보바리』가 출간되고 주인공이 실제 인물이라는 소문이 파다했습니다. 귀스타브 플로베르Gustave Flaubert는 소설 속 인물들 모두 상상의 인물이라면서 완강하게 부인했지만 1880년 사망 후에 소문은 실체를 입고 더욱 구체적이 되어갑니다. 근거는 친구 막심 뒤 캉에게 있었습니다. 그는 플로베르 사망 후인 1882년 『문학적 회고』라는 회고록을 발간하는데 『마담 보바리』가 어떻게 탄생했는지에 대한 뒷이야기가 실려있었습니다.

이야기는 1849년으로 거슬러 올라갑니다. 플로베르가 3년에 걸쳐 생애 첫 작품이자 희곡 소설인 『성 앙투안느의 유혹』을 탈고한 뒤 막심 뒤 캉과 루이 부이예를 불렀습니다. 하루 여덟 시간씩 꼬박 나흘 동안 읽어주었다고 하지요. 결과는 어땠을까요. 친구들은 "불 속에 처넣어버리고 다시는 입 밖에 내지 않는 것이 좋겠다"며 진저리를 쳤습니다. 그리고는 충고를 해주었습니다. 지나치게 감상적인 성향을 포기할 수밖에 없는 주제, 예를 들어 중산층의 생활 속에서 흔히 볼 수 있는 사건들 중 한 가지를 다뤄보는 것이 어떨까. 그리고 이튿날 루이 부이예가 제안합니다.

"들라마르 이야기를 쓰면 좋지 않을까?"

들라마르는 플로베르가 살고 있는 루앙의 이웃 마을에 사는 시골의사입니다. 재산이 많은 줄 알고 연상의 여자와 결혼했다가 상처하고 재혼했는데 뒤 캉은 그들 부부에 대해서 회고록에 이렇게 적었습니다. 〈그녀는 잘난 체하고 남편을 경멸하며 그를 바보라고 생각했다. 들로네*는 아내를 몹시 좋아했지만 아내는 남편을 아랑곳하지 않은 채 바람을 피워대면서 만족할 줄 몰랐다. 사방에 빚을 져서 채무자들에게 시달리고 자신을 구타하는 애인들을 위하여 남편의 돈과 물건을 훔쳐내곤 하다가 심한 절망감에 못 이겨 음독자살하고 말았다. 들로네는 아내가 남긴 어린 딸아이를 나름대로 키워보려 했다. 그러나 아내의 빚을 다 갚지도 못한 채 재산을 바닥내고 파산하여 그 가련한 사내 역시 인생에 염증을 느낀 나머지 스스로 극약을 조제하여 잊지 못할 아내 곁으로 돌아갔다.〉 놀랍게도 『마담 보바리』의 줄거리와 똑같습니다. 플로베르가 이웃 동네에서 퍼지기 시작한 소문에 모티브를 얻은 것이 분명해 보이죠.

그러나 루이 부이예가 플로베르에게 아이디어를 주었다는 시점에 문제의 들라마르는 멀쩡히 살아있었습니다. 플로베르의 소설에서처럼, 뒤 캉의 회고록에서처럼 극약을 먹고 자살하지 않았지요. 플로베르의 소설은 허구였습니다. 플로베르 연구가들은 막심 뒤 캉의 회고가 허구 밖에서 만들어진 또 다른 허구라고 말합니다. 『마담 보바리』가 대히트하지 않았다면 만들어지지 않았을

---

* 뒤 캉은 자신의 회고록에 '들라마르'라는 본명 대신 '들로네'라는 가명을 썼다.

허구지요.

아마 플로베르라는 유명인이 내 친구인데 그의 최고 히트작이 우리들의 조언으로 탄생했노라는 말을 하고 싶었던 모양인데 플로베르는 과연 그들의 조언을 받아들였을까요. 플로베르는 『성 앙투안느의 유혹』을 불속에 처넣지 않았습니다. 25년간 세 가지 판본을 내면서 자신의 스타일과 구성, 문체를 끈질기게 실험했고, 이를 『마담 보바리』 집필에 반영했습니다. 그 과정이 얼마나 힘에 부쳤는지 어느 날 일기에 이렇게 썼습니다. 〈그 산 정상은 창공에서 순수함으로 빛나고 엄청난 높이는 공포를 주지. 우리*는 더듬더듬 바위에 손톱들을 찢겨가면서 외로움 속에 눈물을 흘리며 계속 걸어가지.〉

'소문으로 명작 소설을 쓸 수 있을까?'라는 질문을 하고 이 원고를 쓰기 시작했을 때 답을 정해놓지 않은 상태였습니다. 원고를 쓰면서 답을 찾았습니다. 소문으로 소설은 쓸 수 있다, 그러나 명작이 될지 여부는 '환상과 상상력, 혹은 플로베르의 표현을 빌리자면 스타일과 구성, 문체에 달려있다'고 말이지요.

플로베르 이야기를 하는 김에 조르주 상드George Sand와의 흥미로운 우정에 대해 덧붙여볼까 합니다. '인간에게 희망을 걸 수 있는가'라는 주제를 놓고 토론하면 조르주 상드는 마땅히 그럴 수 있다고 주장했던 낭만주의자였고, 귀스타브 플로베르는 희망을 단념했던 허무주의자였습니다. 플로베르가 『마담 보바리』로

---

* 예술가를 일컫는다.

문단의 주목을 받기 시작했을 때 상드는 이미 스타였습니다. 집 필하는 소설마다 일간지에 게재됐고 사생활에 대해서도 알만한 사람들은 다 알고 있었습니다. 본명은 '오로르 뒤팽', 남편의 성 인 뒤뒤방이 아니라 애인이었던 '쥘 상드'의 성을 따와 남성 이름 인 '조르주 상드'라는 필명을 지었고 영지나 다름없는 노앙에 성 이 있으며 알프레드 드 뮈세, 프레데리크 쇼팽처럼 뛰어난 재능을 가진 예술가들을 애인으로 두고 있다 등등……. 애인들뿐 아니 라 많은 예술가들이 상드가 살았던 노앙 성에 머물렀습니다. 이들 중에는 발자크와 투르게네프가 있었고, 화가인 들라크루아도 있 었습니다.

그런데 플로베르는 소설가로서의 조르주 상드를 썩 좋아하 지는 않았던 것 같습니다. 〈매일 조르주 상드를 몇 쪽씩 읽으면서 규칙적으로 잠깐씩 화를 내고 있다.〉는 기록이 있는 것을 보면 말 이지요. 상드가 먼저 호감을 나타냈습니다. 『마담 보바리』를 읽 고 호의가 담긴 서평을 썼고, 6년 뒤 플로베르가 발표한 역사 소 설 『살랑보』에 온갖 비판이 난무했을 때도 적극적으로 편을 들었 습니다. 플로베르가 감사의 뜻을 담은 편지를 보내자 상드가 답신 을 보냅니다. 〈사랑하는 형제여, 내게 고마워할 필요 없습니다. 해 야 할 일을 했을 뿐이니까요. 이제 당신의 적들을 나의 적으로 삼 는다 해도 저로서는 아무 상관이 없습니다.〉 전폭적인 신뢰와 지 지에 감동한 플로베르는 진심을 담은 순박한 글귀를 상드에게 보 냅니다. 〈솔직히 말해 저는 당신이 그냥 좋습니다.〉

1862년부터 시작된 우정은 1876년 상드가 세상을 떠날 때까지 이어졌습니다. 두 사람은 서로의 집을 왕래하면서 허심탄회한 대화를 끊임없이 나눴습니다. 신기하게 10년 넘게 대화를 나누었는데도 둘의 문학관이나 인생관이 끝까지 좁혀지지 않았습니다. 오죽하면 서로에게 "왜 좁혀지지 않는지 그 이유나 방법을 정말 모르겠다" 털어놓았을 정도입니다. 그러나 그 좁혀지지 않는 점이 활력이 되기도 했습니다.

1876년에 플로베르는 「순박한 마음」을 집필하기 시작하는데 상드를 위한 작품이었습니다. 안타깝게도 상드는 완성된 소설을 읽지 못하고 세상을 떠났습니다. 부고에 충격을 받은 플로베르는 이렇게 썼습니다. 〈나는 오로지 그녀를 기쁘게 하기 위해, 다만 그녀의 마음에 들기 위해 그 글을 시작했다. 내가 이 작품을 한참 쓰고 있을 때 그녀는 죽었다. 우리의 모든 꿈도 마찬가지이다.〉 귀스타브 플로베르, 그는 끝까지 상드와 다른 허무주의자였습니다.

왜 '위대한'
개츠비일까?

다른 남자의 아내가 된 여인에게 자신의 존재를 증명해 보이려고 타락한 시대의 흐름에 올라타 수단과 방법을 가리지 않고 거부가 됐습니다. 그가 사랑하는 여인은 단테의 베아트리체나 베르테르의 로테와 전혀 다른, 욕망과 허영덩어리입니다. 하기는 개츠비도 데이지가 그런 인간이라는 사실을 알았으니까 지난 5년 동안 맹목적으로 돈을 모았겠지요. 그렇게까지 했는데도 또다시 버림을 받고 어처구니없이 죽었으며 장례식에는 아무도 오지 않았습니다. 개츠비의 삶은 실패했습니다. 파멸했습니다. 이렇게나 지리멸렬한 삶이었는데 피츠제럴드는 소설 속 화자 '닉'을 통해 '결국 개츠비는 옳았다'고 강조합니다. 제목도 『위대한 개츠비The Great Gatsby』입니다.

프랜시스 스콧 피츠제럴드Francis Scott Fitzgerald가 쓴, 아직 『위대한 개츠비』가 되기 전 상태의 원고를 읽은 편집자 맥스웰 퍼킨스의 반응은 이러했습니다. "개츠비라는 인물이 너무 모호해서 독자 입장에서 집중할 수가 없다. 개츠비에게 분명한 배경을 설정해줘야 한다." 피츠제럴드는 편집자의 의견을 받아들여 초고를 수정했고 최종 원고를 송고하면서 덧붙였습니다. 〈풀러-맥기 사건에 관한 자료를 샅샅이 뒤져보고, 젤다*에겐 손가락이 저릴 때까지 그림을 그리게 했다. 그 결과 개츠비를 내 어린 시절보다 더 잘 알게 되었다.〉

수정 원고에 '풀러-맥기 사건'과 관련한 이야기가 반영됐음을 짐작할 수 있는데요. 풀러는 피츠제럴드와 한 동네에 사는 이웃이었습니다. 1920년대 연평균 9% 이상 성장했던 호황기에 증권회사를 창업하고 부자들의 돈을 끌어모으는 데 성공해 뉴욕 상류사회에 진입하지만, 고객이 투자한 돈을 불법 도박으로 탕진하면서 회사는 파산하고 체포돼 재판을 받습니다. 그 과정에서 뉴욕의 내로라하는 정치인과 사업가들, 도박사까지 거론되면서 일파만파를 몰고 왔는데요. 풀러가 퍼킨스의 충고대로 개츠비라는 캐릭터의 모호함을 벗기고 분명한 배경이 되었음을 알 수 있습니다.

그러나 그런 인물을 두고 반어법이라면 모를까, 결코 '위대하다'고 할 수 없지요. 피츠제럴드의 생각도 비슷했던 것으로 보입니다. 그래서 다른 제목을 쓰고 싶어 했습니다. 그렇지만 편집자 맥스웰 퍼킨스는 처음부터 끝까지 '위대한 개츠비'를 고집했습니다. 피츠제럴드가 쓰고 싶어 한 제목은 무엇이었을까요. 소설의 첫 장에 나오는 이 시에 나옵니다.

그러면 황금 모자를 써라
그래서 그녀의 마음을 움직일 수 있다면

_____
* 아내인 젤다 피츠제럴드를 말한다.

높이 뛰어오를 수 있다면

그녀를 위해 높이 뛰어올라라

그녀가 이렇게 외칠 때까지

"사랑하는 이여,

황금 모자를 쓰고 높이 뛰어오르는 사랑하는 이여,

당신을 가져야겠어요!"

피츠제럴드는 시인의 이름을 '토머스 파크 딘빌리어스'라고 출처를 밝히면서 인용했습니다. 토머스 파크 딘빌리어스는 피츠제럴드의 첫 소설인 『낙원의 이쪽』에 등장합니다. 실존 인물 같지만 피츠제럴드가 창조한 인물이라는 얘기지요. 그러니 시 역시 당연히 피츠제럴드 자신이 창작한 것입니다. '인용'이라는 권위를 이용해 아는 사람만 알게끔 감쪽같이 독자를 속였습니다. 그가 미련을 버리지 못한 제목은 '황금 모자를 쓴 개츠비'였습니다. 그렇다고 개츠비가 위대하지 않았다는 소리는 아닙니다. 피츠제럴드는 분명 '위대한 개츠비'를 썼습니다. 간혹 자신이 정작 무엇을 썼는지 모를 때가 있습니다. 특히 재능이 넘치고 아직 경험이 부족한 젊은 작가들이 그러하지요. 이때 유능한 편집자라면 그 무엇을 명확하게 포착해 작가와 조율하고 대중에게 어필하는 역할을 합니다.

개츠비가 사랑한 데이지가 어떠한 인간인지는 중요하지 않습니다. 그 사랑이 환상에 불과했다는 사실도 그다지 중요하지 않지요. 개츠비가 간절히 바란 단 하나의 꿈이자 이상이 데이지였다는 진실만이 중요합니다. 많은 이들이 언제인지 모르게 꿈을 잊어버리고 부패하고 타락한 세상에 적당히 물들어갑니다. 개츠비는 꿈을, 그 꿈을 이루면 행복해질 수 있다는 환상을 끝까지 놓지 않았습니다. '불가능한 꿈을 꾸면서 스스로 가능하다고 믿고 그로 인해 스스로 파멸한다'라는 테마는 언제나 낭만의 극치지요.

피츠제럴드는 말하고 싶었을지 모릅니다. 물질주의의 광풍이 휩쓰는 부조리하고 무의미한 삶에 이상과 환상이야말로 의미와 질서를 부여해 줄 수 있다고. 왜 '위대한' 개츠비일까, 하는 물음에 대고 다시 묻습니다. 실패하거나 파멸한 사람은 위대할 수 없을까요. 우리가 혹시 실패나 파멸, 위대함을 재는 잣대를 잘못 잡고 있는 것은 아닐까요.

고전 소설에서 서울은
어떤 모습일까?

역사적인 사실이나 실존 인물에 상상력을 덧붙인 허구를 '팩션Faction'이라고 합니다. 근래에 생긴 장르 같지만 한국 고전 문학에 적지 않고 그중 한 작품이 『운영전』입니다.

'소설小說'이라는 한자어를 직역하면 '작은 말씀'이고 의역하면 하찮은 이야기, 혹은 떠도는 이야기입니다. 우리나라에서 소설이라는 말이 처음 쓰인 책은 고려 고종 때 문장가 이규보의 『백운소설』입니다. 시론과 시평, 시와 관련한 일화를 수록했는데 근-현대문학에서 에세이로 분류할 법한 장르가 예전엔 소설로 불렸다는 사실을 알 수 있지요. 실제로 괴상한 이야기나 사람들 사이에 떠도는 이야기, 수필 따위의 가벼운 글을 소설로, 현재 우리가 소설이라고 하는 이야기는 전할 '전傳' 자로 표기했습니다.

국문학에서는 '전' 자가 들어간 이야기를 고전 소설로 분류하는데 여러 편이 떠오르지요. 『홍길동전』, 『춘향전』, 『심청전』, 『장화홍련전』, 『흥부전』…… 『운영전』의 전도 같은 전입니다. 그런데 앞서 열거한 전들과 뚜렷한 차이가 있습니다. 권선징악의 구도가 아니라 비극적인 사랑 이야기입니다. 작자 미상, 연대 미상이지만 국문학자들은 작품에 드러난 내용을 들어 대략 17세기 초에 쓰였으리라 추정합니다. 또 한국 고전 문학에서 걸작으로 꼽힐 만큼 주제의식과 표현력이 탁월한데 어쩌면 이름만 대면 알 만한 문장가가 남녀의 비극적인 사랑 이야기를 쓴 사실이 알려지는 것이 민망해 이름을 숨겼을지도 모르겠습니다.

화자는 청파에 사는 선비 유영입니다. 평소 경치가 아름답다는 말을 하도 많이 들어 궁금했던 수성궁에 놀러가는데 때는 1601년 3월 16일이었습니다. 이곳에서 김선비와 운영을 만납니다. 운영은 안평대군의 궁녀였고, 안평대군은 세종대왕의 셋째 아들입니다. 유영이 살던 때로부터 무려 150년 전 사람들인데요. 유영은 이러한 사실(?)에 놀라지도 않지요. 그러고는 운영과 김선비의 비극적인 사랑 이야기가 아름다운 문장으로 펼쳐집니다. 액자식 구조지요.

이 이야기 속 이야기에 두 명의 실존 인물이 등장합니다. 안평대군과 성삼문입니다. 둘은 1418년생 동갑내기였고 실제로 갓 스무 살 적부터 친분을 나누었습니다. 세종대왕이 성삼문을 집현전 학사로 발탁한 것도 안평대군에게 추천받아서였다고 하지요. 『운영전』에서 둘은 어울려 시문을 나누는데요. 특히 안평대군은 시문은 물론 그림과 음악에도 조예가 깊었고 당대에 손꼽히는 명필에 예술가들과 두루 교류가 깊었으며 소문난 수집광이었습니다.

『운영전』에는 실존 인물뿐 아니라 현재도 서울에 존재하는 지명이 곳곳에 등장하면서 공간적 배경이 되어줍니다. 같은 공간을 두고 수백 년 전 그곳을 상상하는 재미를 주는데요. 작품의 첫 문장이 이렇게 시작합니다.

수성궁은 안평대군의 옛집으로, 서울 서쪽 인왕산 아래에 있다.

'수성궁', 문종의 후궁이 거처하던 별궁이었다가 세종대왕이 안평대군이 열세 살 되던 해에 사궁으로 하사했고 안평대군을 따르는 선비와 문인들이 이곳에 모였습니다. 궁은 흔적 없이 사라졌지만 동네는 지금도 있습니다. 종로구 수성동이지요. 지금으로부터 400여 년 전, 수성동에서 내려다 본 서울은 어떤 풍광이었을까요.

이곳은 산천이 수려하며, 용이 서리고 호랑이가 웅크린 형상을 하고 있다. 그 남쪽에 사직이 있고 동쪽에는 경복궁이 있다. 인왕산의 한 줄기가 굽이굽이 휘돌아 내려오다 수성궁 앞에 이르러 우뚝 일어선다. 비록 높고 험준하지는 않으나 산에 올라 내려다보면 큰길에 늘어선 시장이며 성 가득 으리번쩍한 집들이 바둑판의 바둑돌 모양, 하늘의 별들 모양 펼쳐져 있어 하나하나 손가락으로 가리킬 수 있고, 베틀에다 실을 가로세로로 짜놓은 것처럼 구획이 뚜렷하다. 동쪽으로는 아득히 궁궐이 바라보여 구름다리가 하늘을 가로지르고 있고, 구름 안개가 쌓여 내는 비췻빛이 아침저녁으로 자태를 드러내니 참으로 경치가 빼어난 곳이라 할만하다.

당시 서울이 구획정리가 잘 된 계획도시였다는 사실을 알려 줍니다. 어느 날, 수성궁에서 지내던 안평대군이 꿈에 몽유도원에서 노닐더니 잠에서 깨자마자 안견을 불러 꿈의 내용을 소상히 일러주고 그림으로 그리도록 했습니다. 그러고는 꿈에서 보았던 몽유도원 같은 곳을 찾아다니는데요. 몽유도원夢遊桃源이란 '복숭아 동산에서 노니는 꿈'이라는 뜻으로 중국과 우리나라 사람들에게 복숭아 동산은 이상향을 의미했지요. 그리하여 드디어 발견한 동네는 해마다 4월이면 연분홍 복사꽃이 꽃구름처럼 피어나는 그야말로 복숭아 동산이었습니다. 수성궁에서 멀지 않은 창의문 밖이었고 별서를 지었습니다. 그리고 '비해당匪懈堂'이라는 현판을 거는데 '비해'는 『시경』의 「대아」 편에 나오는 구절이자 아버지 세종대왕이 직접 지어준 호로 '게으름을 가둬둔다'는 뜻입니다.

안평대군은 자신의 호를 당호로 삼았습니다. 안평이라는 이름도 세종대왕이 지어주었을 텐데 '안평安平, 걱정이나 탈이 없이 평안함'과 '비해匪懈, 게으름을 가둬둔다'라니, 상반되는 이름자를 차례대로 지어 내린 것을 보면 이래도 저래도 자식을 염려하는 마음이 세종대왕이라고 다르지 않았던 모양입니다. 안평대군은 비해당을 짓고 별서와 그 주변의 아름다운 경치와 사물 등에서 48경을 찾아냈습니다. 그리고 이를 소재로 최항, 신숙주, 성삼문 등 문사들과 함께 시를 지어 「비해당사십팔영시匪懈堂四十八詠詩」를 완성했는데, 비해당이 얼마나 아름다운 곳이었는지는 둘째 치고 안평대군의 흡족한 기쁨이 전해지지요. 비해당은 '무계정사'로도 불렸는데 무계는 무릉계곡을 가리킵니다. 기록에 따르면 안평대군이 비해당(무계정사)을 지은 것이 1451년의 일이고 현재 종로구 부암동에 그 터가 남아있습니다.

『운영전』에는 그 밖에 '탕춘대'와 '소격서동', '삼청동'이 언급되는데 안평대군이 궁녀들과 함께 나들이 가는 경치 좋은 장소로 등장합니다. 탕춘대는 연산군이 1506년에 세검정 물가(지금의 홍제천)에 지은 누대입니다. 청기와로 장식해 화려했고 손수 지은 이름인 탕춘蕩春, 봄을 방탕하게 즐긴다는 뜻에 버금가게 흥청들과 질펀하게 놀았는데요. 그해에 연산군은 중종반정으로 퇴위했지만 많은 풍류객들이 탕춘대에서 절경을 즐겼습니다. 그렇지만 15세기 사람 안평대군이 살던 때는 탕춘대가 없었지요. 저자의 오류인지 의도인지 알 수 없습니다.

소격서동은 일월성신에 제사를 지낸 소격서가 있어 붙은 이름입니다. 소격서는 고려시대부터 있었지만 도교의 영향을 받은 제사를 지내는 관청이라 성리학의 나라 조선에서 위상이 늘 애매했습니다. 임진왜란 이후 제사를 지내지 않았고 완전히 사라졌는데 대신 그 흔적이 소격동이라는 이름으로 남았습니다. 소격동 옆에 있는 삼청동도 등장합니다. 그 지명 또한 도교에서 유래했음을 암시하는 내용이 운영이 지은 시 속에 언급됩니다.

만일 훗날 다른 것으로 환생한다면
비구름 타고 삼청궁에 오르지 않겠나

삼청은 도교의 세 신인 태청, 상청, 옥청을 일컫고, 삼청궁은 이들이 사는 하늘에 있는 궁궐 이름입니다. 이들을 모시는 사당, 삼청전이 있다고 해서 붙여진 이름이 지금의 종로구 삼청동입니다. 그리고 이 모든 이야기를 수성궁의 옛터에서 깜빡 잠이 든 사이에 겪은, 선비 운영이 사는 동네 이름이 '청파'입니다. 고려시대 때부터 있던 지명으로 현재 용산구 청파동이지요.

운영과 김진사, 안평대군이라는 삼각관계 속에 펼쳐지는 고전 소설 속 공간, 수성동, 부암동, 세검정, 소격동, 삼청동, 청파동…… 지금 우리가 언제든 마음만 먹으면 찾아갈 수 있는 장소들이라는 점이 새삼 신기한데요. 얽힌 이야기를 알고 거니는 것과 그렇지 못할 때 느끼는 감정의 진폭은 크게 다르겠지요. 같은 장소에서 과거와 현재를 체험한 이들은 어떻게 느낄까요. 이야기를 마무리하는 김진사의 감회를 옮겨봅니다.

다만 오늘 밤 서글퍼하는 것은 다른 이유에서입니다. 대군이 몰락하여 궁궐에 주인이 없어지자 새들이 슬피 울고 사람들의 발길도 끊어졌으니, 이것만 해도 참으로 슬픈 일이지요. 게다가 새로 전쟁*을 겪은 뒤 화려하던 집은 잿더미가 되고 고운 담장은 무너져 내려 오직 섬돌의 꽃과 뜨락의 풀만 우거져있습니다. 봄빛은 예전 모습 그대로이거늘 사람 일은 이처럼 바뀌었으니, 이곳에 다시 와 지난날을 추억하매 어찌 슬프지 않겠습니까?

---

* 임진왜란(1592~1598)을 말한다.

비해당을 짓고 불과 2년 뒤 계유정난이 일어납니다. 김종서 등이 안평대군을 왕위에 올리기 위해 역모를 꾀했다는 무고를 당해 비해당은 쑥대밭이 되고 안평대군은 강화도로 귀양을 갔다가 교동도로 이배되어 사약을 받습니다. 그의 나이 서른여섯이었습니다. 우리는 시대와 공간이 쉴 새 없이 바뀌는 것에 아쉬움을 느낀다고 여기지만 사실은 '사람의 일이 바뀌는 것'에 대한 슬픔일지 모르겠습니다.

+

인용한 구절은 돌베개에서 출간한 '천년의 우리소설 시리즈' 중 첫째 권인 『사랑의 죽음』에 수록된 『운영전』에서 발췌했습니다. 한문소설이라서 번역이 중요한데 서울대 국문학과 박희병 명예교수, 조선대학교 한문학과 정길수 교수의 훌륭한 번역 덕분에 한층 묘미를 느낄 수 있습니다.

구보 씨가 다녔던 경성, 그대로인 곳은 어디일까?

『소설가 구보 씨의 일일』은 박태원이 1934년에 발표한 소설입니다. 구보는 박태원의 필명입니다. 구보 씨는 젊은 지식인으로 소설가 지망생입니다. 사실상 룸펜, 요즘 말로 백수지요. 어머니는 동경 유학까지 다녀온 아들이 아무리 일자리를 구해도 취직하지 못한다는 사실을 도무지 믿을 수 없지만 크게 타박하지 않습니다. 이래저래 자의 반 타의 반으로 도시산책자가 돼서 경성의 거리를 하릴없이 배회하는데요. 1930년대 경성의 풍경이 생생하게 담겨있습니다.

청계천변에 있는 구보 씨 집에서 출발해 광교로 향합니다. 광교는 조선 건국 초에 흙으로 만든 다리였지만 1410년에 홍수로 무너져 떠내려갔습니다. 이에 튼튼한 돌다리를 새로 만들기로 하고 태종은 석재를 모두 계모인 신덕왕후의 묘지(정릉)에서 가져와 쓰게 했습니다. 태종의 사무친 원한과 망자에 대한 복수를 알 수 있는 대목이지요. 명칭도 광교에서 광통교로 바뀌었고 광교는 광통교 일대를 일컫는 지명이 됐습니다. 광통교는 조선시대에 청계천에 놓인 다리 중 가장 큰 돌다리였습니다. 1930년대 구보 씨가 살던 시절에는 원래의 모습 그대로였을 테지만 1958년 서울시가 청계천을 복개하면서 묻혔다가 2005년 청계천 복원사업 때 원래 있던 자리에서 150여 미터 떨어진 곳에 복원됐습니다.

구보 씨가 광교에서 '아무렇게나 내어놓았던 바른발이 공교롭게도 왼편으로 쏠렸기 때문에' 종로 네거리 방향으로 걸어와 화신상회에 들어갑니다. 화신상회는 한국인 박흥식이 한국 자본으로 세운 한국 최초의 백화점으로 종로 보신각 맞은편에 있었습니다. 지금은 종로타워가 들어서 있지요. 나와서는 보신각 앞에서 전차 타고 종로를 통과해 동대문까지 갔다가 되돌아와 조선은행 앞에서 내립니다. 그리고 '장곡천정'으로 향하는데요. 이름이 생경하지요. 1930년대에는 조선어 탄압정책에 따라 모든 지명이 일본어로 불렸습니다.

생뚱맞은 장곡천정이라는 지명은 제2대 조선총독 '하세가와 요시미치長谷川好道, 장곡천호도'의 이름에서 유래했습니다. 그의 관저가 있는 땅이라고 해서 일대를 장곡천정町이라 했는데 이곳에는 당연히 원래의 지명이 있었습니다. 소공동입니다. 태종의 둘째 딸인 경정공주의 저택이 있어서 붙은 이름 '작은 공주골'이라는 뜻이었지요. 당시 경성에서 가장 번화한 거리였는데요. 구보도 좋아했던지 소설에 자주 등장합니다.

그는 명동은 일본인의 거리라서 피했고, 광화문도 좋아하지 않아서 광화문 네거리를 황토마루 네거리라고 낮잡으며 '멋없이 넓고 또 쓸쓸한 길'이라고 합니다. 구보 씨의 산책은 계속 이어집니다. 소공동에서 경성역으로 가고, 남대문을 안에서 밖으로 나가보기도 하고, 다시 소공동으로 돌아와 조선호텔 앞을 지나면서 경성우편국 3층 건물을 바라봅니다. 조선호텔은 일제가 1913년에 환구단을 헐고 세운 총독부 철도호텔이 전신이었습니다. 그리고 경성우편국 3층 건물은 현재 포스트타워라고 불리는 거대한 건물로 바뀌었습니다.

그 밖에도 경성의 많은 곳이 등장하는데요.『소설가 구보 씨의 일일』에 등장하는 그때 모습 그대로인 건물은 딱 세 곳입니다. 바로 조선은행, 경성부청, 경성역입니다. 순서대로 현재 이름은 한국은행 화폐박물관, 서울시청 서울도서관, 옛 서울역사입니다. 구보 씨 시절에는 그야말로 서구식 신축들이었지요. 구보 씨는 경성의 변화와 함께 인심의 변화도 사무치게 느낍니다.

사람들은 그곳에 빽빽하게 모여있어도, 그들의 누구에게서도 인간 본래의 온정을 찾을 수는 없었다. 그네들은 거의 옆의 사람에게 한마디 말을 건네는 일도 없이, 오직 자기네들 사무에 바빴고, 그리고 간혹 말을 건네도, 자기네가 타고 갈 열차의 시각이나 그러한 것에 지나지 않는다.

지난 백여 년 동안 인심이 변하지 않은 걸까요. 21세기 서울 풍경과 다르지 않은 것 같으니 말입니다. 그때나 지금이나 새로운 문물과 문화는 갑작스럽게 밀려들고 사람들은 기존의 것과 새로운 것 사이에서 혼란스러워합니다. 이제 구보 씨는 오늘의 도시 산책을 마치고 '예쁜 여자는 못 얻어도 좋으니 생활인이 되어 좋은 소설을 써야겠다'고 다짐하면서 집으로 돌아갑니다. 그런데 소설가 지망생이라면서 1930년대 경성의 예술가들이 즐겨 찾던 장소에는 들르지 않았습니다. 더구나 『소년중앙일보』에 『소설가 구보 씨의 일일』을 연재할 때 삽화를 그린 하융이라는 친구도 즐겨 가던 곳인데 말이지요. 하융은 이상의 필명입니다.

이상의 단편소설 「날개」, 채만식의 장편소설 『탁류』, 박완서의 장편소설 『나목』 등에 등장할 정도로 유명한 장소가 있습니다. 바로 미쓰코시 백화점 경성점입니다. 특히 「날개」의 마지막 문장, 〈날자. 날자. 날자. 한 번만 더 날자꾸나. 한 번만 더 날아 보자꾸나.〉라고 했던 곳이 미쓰코시 백화점 옥상이었습니다. 옥상정원이 있어서 커피를 마시면서 담소를 나누는 경성 시민들로 늘 북적였습니다. 1930년에 개점했고 해방 뒤 동화백화점으로 바뀌었다가 적산으로 처리됐고 한국전쟁 때 미군 PX로 사용됐습니다. 현재는 신세계백화점 본점입니다. 여러 차례 보수공사를 거쳤지만 외관을 비롯해 특히 중앙 계단은 1930년대 그대로의 모습이라고 합니다.

한국 소설사에서 뛰어난 모더니즘 작가로 꼽히는 구보 박태원, 한국전쟁 중에 친구인 상허 이태준을 만나러 간다면서 큰딸 설영 씨만 데리고 북으로 간 뒤에 소식이 끊겼습니다. 그리고 정전협정과 함께 북위 38도에 군사분계선이 그어졌지요. 남은 가족은 생계가 어려워지자 집을 팔기 위해 사망신고를 냈습니다. 그러다 미국 국적을 취득한 아들이 평양을 방문해서야 아버지의 정확한 생몰연도를 확인했다고 합니다. 1986년 7월 10일이었습니다.

생전에 남은 자식들에 대한 그리움과 회한을 편지로 남겼는데 그중 이런 문장이 있습니다. 〈어디 이름들이나 한번 불러보자. 소영이, 일영이, 재영이, 은영이, 내 그지없이 사랑하는 아들딸들아!〉 여기에서 차녀, 소영이 봉준호 감독의 어머니가 됩니다. 2006년 금강산에서 이산가족 상봉이 이루어졌을 때, 북에 살고 있던 설영과 남매들이 만나 화제가 되었지요. 구보는 두 번 다시 자신이 나고 자란 고향에 돌아오지 못하리라는 것을 상상조차 하지 못했겠지요. 오랜 세월 『소설가 구보 씨의 일일』에 나오는 경성의 구석구석을 얼마나 수없이 떠올리며 가슴 저린 상상의 산책을 했을까요.

장 발장은 왜
평생 자베르 경감에게 쫓겼을까?

『레 미제라블Les Misérables, 비참한 사람들』은 프랑스 소설가 빅토르 위고Victor Hugo가 20여 년에 걸쳐 집필한 대하소설입니다. 1862년도 발간 작품이지만 현대에 동명의 영화와 연극, 드라마, 뮤지컬 등으로 리메이크된 덕분에 내용과 줄거리가 친숙합니다. 무엇보다 축약본의 역할이 컸지요. 어느 장르에서든 자베르 경감이 집요하게 장 발장을 추적하는 이야기가 주요 줄기를 이룹니다. 그런데 장 발장은 왜 평생 자베르에게 쫓겼을까요? 자베르는 왜 끈질기게 장 발장을 추적했을까요? 이에 대한 답은 오로지 빅토르 위고의 원작, 방대한 분량의 대하소설에서만 발견할 수 있습니다.

익히 아는 대로 '가석방 조건을 어기고 신분을 속이고 산 죄'가 아닙니다. 방대한 분량의 원작에서 장 발장은 19년의 형기를 마친 다음 "너는 자유다"라는 말을 듣고 출소합니다. 가석방이 아니라 석방이었습니다. 그런데도 자베르는 장 발장을 끈질기게 추적하지요. 영화나 뮤지컬에서 자베르는 번번이 강조합니다. "너 같은 사람은 변하지 않는다." "한 번 도둑은 영원한 도둑이다." 마치 프랑스 영화 〈암흑가의 두 사람〉에 나오는 형사 그와트로*와

흡사합니다. 또 장 발장이 미리엘 신부에게 은촛대를 받고 감동해서 개과천선한다는 스토리도 원작과 다릅니다. 다시 죄를 짓고 이 죄가 원칙주의자 자베르에게 쫓기는 분명한 이유가 됩니다.

원작 『레 미제라블』은 주인공 장 발장이 아니라 미리엘 주교의 이야기로 시작합니다. 그는 국가에서 받는 1만 5천 프랑의 주교 봉급과 부자들에게 받은 헌금을 가난한 사람들에게 아낌없이 베풀고, 모든 '레 미제라블', 가난하고 비참하고 불행한 사람들에게 언제나 너그러웠습니다. 미리엘 주교가 말합니다. "여자와 어린이와 하인과 약한 자와 가난한 자와 무지한 자의 과실은 모두 남편과 어버이와 주인과 강한 자와 부자와 학문 있는 자가 잘못하는 탓이다. 사회는 스스로가 만들어내는 암흑에 책임을 져야 한다. 우리의 영혼에 그늘이 가득 차 있게 되면 거기서 죄가 이루어진다. 죄인은 죄를 저지른 자가 아니라 영혼 속에 그늘을 만들어준 자이다." 『레 미제라블』의 주제가 드러나는 대목입니다.

미리엘 주교는 가진 것을 베푸느라 늘 가난했는데 딱 한 가지 사치품이 있었습니다. 여섯 벌의 은그릇과 두 개의 커다란 은촛대였지요. 손님을 초대했을 때 비록 음식은 소박해도 은그릇에 대접하면 기분만큼은 따뜻하게 해줄 수 있어서였습니다. 장 발장에게

---

* 알랭 들롱이 연기한 지노는 은행 강도죄로 10년 동안 복역하고 가석방돼서 성실하게 살며 소박한 행복을 누리는데 형사 그와트로는 전과자의 개과천선을 결코 믿지 않는다. 지노를 수사 중인 범죄의 주범으로 단정하고 집요하게 추적해오자 견디다 못 한 지노가 그와트로를 우발적으로 살해하는데, 결국 사형선고를 받고 길로틴(단두대)에 오르는 장면으로 막을 내린다. 알랭 들롱의 잊기 힘든 처연한 눈빛이 깊게 각인되면서 영화는 대성공을 거두었고 프랑스에서 사형제 폐지 캠페인에 불씨를 당겨 4년 뒤 길로틴이 사라졌으며, 1981년 사형제가 폐지됐다.

식사를 대접할 때도 다르지 않았습니다. 장 발장이 자발적으로 보여준 노란색 통행증에 이렇게 쓰인 것을 보고서도 말이지요.

장 발장, 석방된 죄수, 19년 동안 징역살이를 했음.
주택 침입, 절도죄로 5년, 네 번의 탈옥 기도로 14년, 굉장히 위험한 자임.

그렇습니다. 단순히 빵 한 조각을 훔쳐서가 아니라 빵을 훔치기 위해 가게의 유리창을 깨서 들어갔기 때문에 주택 침입 죄가 성립돼서 5년형을 선고받았습니다. 굶주릴 조카들 걱정에 탈옥을 시도했지만 번번이 실패해서 19년까지 형기가 늘어났고 가슴에 증오심만 가득 차 정말로 위험한 인물이 되었습니다. 그러나 미리엘 주교에게는 불쌍하고 불행한 사람일 뿐이었지요. 그래서 자신의 유일한 사치품을 몽땅 도둑맞고도 오히려 두 개의 은촛대를 더 내주면서 이렇게 말합니다. "내 형제인 장 발장, 당신은 이제 악에 사는 게 아니라 선에 사는 것이오. 나는 당신을 위해 당신의 영혼을 샀소. 나는 당신의 영혼을 암담한 생각과 파멸의 정신에서 끌어내어 하나님께 바칩니다."

장 발장은 차라리 헌병들에게 붙잡혀 유치장에 들어가는 편이 나았을 거라고 느낄 정도로 큰 충격을 받습니다. 난생처음 겪어보는 인간의 호의에 마음이 고통스러울 정도로 요동쳐서였지요. 그렇다고 지난 19년 동안의 결과로 냉혹해진 마음이 단박에 풀리지 않았습니다. 덤불 그늘에 앉아 전력을 다해 미리엘 주교의 호의에 맞서 싸우고 있을 때 저만치 열 살쯤 된 귀여운 소년이 흥겨운 노래를 부르면서 걸어옵니다. 손에는 일해서 모은 동전들이 있었고 거기에 40수 짜리 은화 한 닢이 섞여있었습니다. 노래를 부르면서 은화를 공중으로 던져 올렸다가 한쪽 손등으로 받아내는 놀이를 하는데 던져 올린 동전이 미끄러져 떨어지면서 장 발장한테 굴러갔습니다. 장 발장은 어떻게 했을까요?

동전에 발을 얹었습니다. 가난한 소년이 힘겹게 일해서 겨우 번 돈이었습니다. 소년이 천진난만하게 돈을 달라고 하지만 꿈쩍도 하지 않습니다. 울면서 애원하지만 장 발장이 무시무시한 목소리로 꺼져버리라고 합니다. 소년은 무서워서 부들부들 떨다가 흐느껴 울면서 도망갑니다. 미리엘 주교가 장 발장의 영혼을 하나님께 봉헌한 지 하루도 지나지 않아 일어난 일입니다. 이윽고 정신을 차린 장 발장이 미친 듯이 소년의 뒤를 쫓아가지만 이미 모습이 보이지 않았지요. 이때 장 발장이 부르짖습니다. "아, 나는 불쌍한 인간이다!" 그리고 지난 19년간 단 한 방울도 흘러나오지 않았던 눈물이 그의 눈에서 흐르고 오열이 터져 나옵니다. 장 발장은 깨닫습니다.

앞으로 훌륭한 인간이 되지 않는다면 가장 악한 인간이 되고 말 것이라는 것을, 이제 그는 주교보다 더 높이 오르거나 죄수보다 더 아래로 떨어지지 않으면 안 된다는 것을, 선량한 인간이 되려면 천사가 되지 않으면 안 된다는 것을, 나쁜 인간으로 머물러 있으려면 악마가 되지 않으면 안 된다는 것을.

장 발장은 가슴을 치고 울부짖으며 새로운 사람으로 태어납니다. 그렇지만 소년의 은화를 절도한 죄는 피할 수가 없었지요. 8년 뒤 또 다른 전과자인 샹마티외가 장 발장으로 오인받아 체포돼 재판정에 섰을 때 기소 내용은 다음과 같았습니다.

피고는 당국에서 오래전부터 수배 중이던 장 발장이라 불리는 악인으로, 8년 전 뚤롱 형무소에서 나오자 쁘띠 제르베라는 소년의 금품을 대로상에서 강도질했다. 피고는 이번에 또 새로이 절도죄를 범했으니 이는 재범에 해당된다.

자베르 경감이 끈질기게 장 발장을 추적한 이유는 성격파탄자라서가 아니라 '전과자가 또 절도죄를 저질러서 수배 중이었기 때문'이었습니다. 그는 법을 신뢰했고 법대로 집행한 원칙주의자였습니다. 그렇다고 자베르의 잘못이 전혀 없다고 할 수 있을까요. 미국의 연방대법관을 역임한 저명한 법학자 올리버 웬들 홈스 주니어가 한 강연에서 남긴 말에서 답을 찾을 수 있을 것 같습니다. "법의 생명은 논리가 아니라 경험에 있다."

인간도, 사회도, 법도 완벽할 수 없습니다. 그런데도 맥락을 짚으려 하지 않고 법대로 했으니 무조건 따르라고 하면 반드시 불만이 생깁니다. 더 이상 법을 신뢰할 수 없고, 판결에 승복할 수 없습니다. 그래서 결론도 중요하지만 결론에 이르는 과정과 절차가 승복할 수 있게끔 이루어져야 합니다. 무엇보다 사회와 삶을 지탱하는 것은 법이 아니라 미리엘 주교의 말처럼 '선善에 사는 사람들'이지요. 이들은 각자의 양심에 따른 선을 지키기 위해 용기를 내고 희생하고 사랑하며 함께 합니다. 자베르가 장 발장을 통해 이 진실을 깨달았을 때 그는 딜레마를 견디지 못하고 평생 지켜온 신념과 함께 자기 자신을 센 강의 급류 속에 던집니다.

어떻게 복수해야
마땅할까?

　무시당하거나 거부당하지 않으려고 노력하지만 평생 한 번도 겪지 않기란 누구라도 불가능합니다. 사랑하는 사람에게 고백했는데 보란 듯이 거부당하거나 직장에서 능력이 없다고 무시당하는 등의 거창한 상처만 있는 것이 아니지요. 엘리베이터나 지하철역에서 차례대로 줄 서있는데 나를 떼밀고 새치기하는 사람은 언제든 나타나고, 웃으며 인사했더니 보고도 못 본 척하는 사람이 있는가 하면, 어쩌다 저지른 사소한 실수 하나 가지고 사람들 보는 앞에서 고래고래 소리 지르며 야단하는 사람도 있습니다. 이럴 때마다 떠오르는 툴루즈 로트렉의 한 마디!

　"인생이 이대로라면 복수를 꿈꿀 수밖에!"

　그러나 귓가에 앵앵거리는 모기소리 같은 속엣말일 뿐 속수무책으로 당할 때가 대부분입니다. 이럴 땐 나보다 더한 모욕을 겪은 사람의 이야기를 들추는 것도 뭐, 찌질하긴 해도 나쁘지 않지요. 그의 이름은 '한신', 만약 유방에게 한신이 없었다면 항우를 꺾고 한나라를 세우기 힘들었을지 모릅니다. 한신은 본래 항우를 섬겼지만 번번이 중용되지 못했습니다. 귀족 출신에 힘도 장사였고 군사적인 능력도 뛰어나 백전백승을 거두고 있는 항우에게 한신은 처음부터 눈에 들어오지 않았습니다. 천민이었기 때문입니다. 한신이 어떻게 살았는지 사마천도 『사기』에 이렇게 썼습니다. 〈돈도 배경도 없어서 관리가 되지도, 장사를 하지도 못 해늘 남의 밥을 빌어먹으며 살았다.〉제 입 하나 제대로 풀칠하지 못해 빌어먹는 처지였지만 늘 큰 칼을 차고 다닐 만큼 기개는 좋았고 품은 뜻은 컸습니다.

오늘날 파출소 소장에 해당되는 정장亭長 집에서 기거할 때의 일입니다. 한신이 도통 나갈 생각을 안 하자 정장의 아내가 밥을 주지 않았습니다. 너무 배가 고파 물고기라도 잡으려고 낚싯대를 드리우고 있는데 빨래하던 여인이 그의 배고픔을 알아보고 밥을 주었습니다. 한신이 이에 감동해 "출세하면 반드시 이 은혜를 후히 갚겠다"고 하자 여인은 기가 차다는 듯 쳐다보며 대꾸합니다. "멀쩡한 대장부가 배곯는 게 불쌍해 밥을 줬을 뿐 무슨 보답을 바라겠소?" 여인의 눈에 한신은 사지 멀쩡해서 제 밥도 못 벌어먹는 한심한 남자일 뿐이라는 이야깁니다. 배는 채웠지만 굴욕적이지요.

어느 날엔가는 저잣거리를 지나는데 불량배가 시비를 걸었습니다. "네가 비록 키가 크고 늘 칼을 차고 다니지만 속은 겁쟁이일 뿐이야. 네가 죽을 용기가 있으면 날 찌르고 죽을 용기가 없으면 내 가랑이 밑으로 기어라!" 한신은 그를 한 번 쳐다보더니 주저 없이 몸을 구부려 그의 가랑이 밑을 기어갔습니다. 사람들이 한신을 겁쟁이라며 비웃고 손가락질했습니다. 이런 굴욕을 당하고도 속이 멀쩡할 이가 과연 얼마나 될까요.

세월이 흘러 한신은 유방을 도와 한나라를 세웠고, 초나라 왕에 봉해졌습니다. 한신은 오래전의 모욕을 결코 잊지 않았습니다. 힘이 없어 무력하게 당했던 모욕, 이제 힘이 생겼으니 어떻게 복수했을까요. 자신에게 밥을 주고 모욕적인 말을 했던 여인에게는 천금을 주었습니다. 여기서 나온 고사성어가 '일반천금一飯千金', 한 끼니 밥을 얻어먹고 천금을 주어 은혜 갚았다는 뜻입니다.

가랑이 밑을 기어가게 한 불량배도 찾았습니다. 한신을 보고 벌벌 떠는 그를 자신의 경비병으로 삼았습니다. 이유를 묻는 장수들에게 말했습니다. "그 시장 바닥에서 나는 그를 죽일 수도 있었다. 하지만 순간의 분을 참지 못했다면 나는 살인자가 되었을 것이다. 그로부터 받은 모욕이 나로 하여금 겸손함과 신중한 처신을 일깨워 주었다. 오늘날 내가 공을 이룬 것은 그 일이 시작이다." 여기에서 나온 고사성어가 '과하지욕袴下之辱', 가랑이 밑을 기어가는 치욕을 참는다는 뜻입니다.

한신은 모욕을 결코 잊지 않았을 뿐 아니라 자기 탓도 남 탓도 하지 않았습니다. 그만큼 자신의 능력을 믿었기 때문이었습니다. 그 능력은 출세의 동력이자 훗날 유방에게 토사구팽 당하는 빌미가 됩니다. 이들이 등장하는 『초한지』는 오늘날에도 참 흥미진진하게 읽히는데요. 한신이 토사구팽 당한 원인이 능력을 과신해 겸손하지 못해서라고 하지만 공신들 사이에 세력 다툼이 벌어지면서 빌미 잡힌 것이 진실에 가깝지요. 무엇보다 앞서 소개한 일반천금과 과하지욕을 비롯해 배수진背水陣, 금의환향錦衣還鄕, 토사구팽兎死狗烹, 성동격서聲東擊西, 사면초가四面楚歌, 표모진식漂母進

食…… 이 유명한 고사성어들이 모두 한 사람, 한신에게 나온 걸 보면 책략가로서 대단한 인물이었던 것만은 분명해 보입니다.

다른 사람에게 무시당하거나 거부당하는 등의 모욕을 겪지 않고 살기란 참으로 요원합니다. 이럴 때 애써 잊으려 하거나 자책하거나 엉뚱한 데 화풀이하기 쉽지요. 한신처럼 삶의 동력으로 삼는 방법이 있습니다. 복수란 그렇게 하는 것이며 이런 복수라면 얼마든지 꿈꿔도 좋겠습니다.

추사는 왜 수선화가
매화보다 한 수 위라고 했을까?

　　우리 선조들의 매화 사랑은 유별했습니다. 시·서(글)·화(그림) 등에 두루 언급하는데요. 퇴계 이황은 '매화치梅花痴, 매화 바보'라는 농을 들을 정도로 매화를 사랑했고 실제로 "내 평생 즐거움이 많지만 매화를 혹독하리 만큼 사랑한다"고 고백했습니다. 「한성의 집에 있는 분재 매화와 주고받다」라는 시에서는 아예 매화를 '매형梅兄'이라고 받들며 대화를 나눕니다.

　　고맙게도 그대 매화 나의 외로움 함께하니
　　나그네 쓸쓸해도 꿈만은 향기롭네
　　귀향길 그대와 함께 못 가 한스러우나
　　서울 세속에서도 고운 자태 간직하게

　　이에 분재 매화가 답하는 시구가 이어집니다.

　　듣건대 선생도 우리처럼 외롭다 하니
　　그대가 돌아오면 향기를 피우겠네
　　바라건대 그대 언제 어디서나

옥과 눈처럼 맑고 참된 정신 잘 간직하게

　퇴계가 왜 외로웠는지, 왜 그토록 매화를 사랑했는지 읽혀 애
틋하지요. 옥과 눈처럼 맑고 참된 정신을 간직하기 위해서. 매형
이 그 마음을 위로하고 다잡아주는 동안 퇴계는 매화와 관련해
107편이나 되는 시를 남겼습니다. 선조들은 매화 중에서도 늙은
나무의 뒤틀린 가지에 간간히 꽃봉오리가 맺혀 아직 활짝 피지
않은 상태인 모습을 최고로 여겼습니다. 이때의 매화를 '납매'라
고 구분해 불렀는데 음력 섣달을 한자로 납臘이라고 하니 납매는
섣달에 피는 매화라는 뜻입니다. 양력으로 1월경이지요. 동장군
의 기세가 한창 기승일 때입니다. 그런데도 선비들은 이때를 놓치
고 싶지 않아 탐매探梅하고 심매尋梅했습니다. 탐매나 심매는 추위
속에 매화를 찾아나서는 행위를 뜻합니다.
　여러 화가들이 '탐매도', 혹은 '심매도'라는 제목으로 화폭에
그 풍경을 담았습니다. 그중 심사정의 〈파교심매도〉라는 그림이
있는데 온통 눈으로 덮인 기암괴석을 배경으로 한 선비가 나귀를
타고 시종과 함께 이제 막 파교를 건너려 하고 있습니다. 뜻을 모
르고 보면 저들이 이 추위에 왜 점점 더 깊은 산 속으로 들어가려
는지 이해할 수 없지요. 이에 대한 답을 김명국의 〈탐매도〉가 보
여줍니다. 선비와 시종 앞에 매화 꽃봉오리가 하얗게 드문드문 맺
혀있습니다. 그런데 이들이 서있는 곳이 아무래도 깊은 산 속 절
벽 끝으로 보입니다. 이들은 기어이 여기까지 왔습니다. 겨울이라
는 역경에 굴하지 않고 견디면서 기품 있게 핀 매화 앞에. 여기라

면 '귀로 듣는 향기'라는 매화 향을 맡을 수 있을 것입니다.

　'귀로 듣는 향기'라는 수식은 바늘이 떨어지는 소리도 들릴 만큼 마음을 가다듬어야 진정한 향기를 느낄 수 있다고 해서 생겼습니다. '매화는 일생을 추운 겨울에 살지만 결코 향을 팔지 않는다梅一生寒不賣香'. 사람으로 말하면 고난을 해결하거나 원하는 것을 얻기 위해 아부하거나 굽히지 않는다는 뜻입니다. 그러나 성정이 그러해서든 신조를 지키기 위해서든 참으로 외로운 길입니다. 이럴 때 매화를 주제로 하는 시·서·화를 곁에 두고 들여다보면 너의 길이 잘못되지 않았노라 뭉근하게 지지해 주는 것을 느낄 수 있습니다.

　그런데 이러한 지지를 세한삼우歲寒三友*도, 사군자四君子**도 아닌 꽃에게서 받은 성현이 있습니다. 추사 김정희입니다. 심지어 매화보다 한 수 위라고까지 했지요. 바로 수선화입니다. 매화에 살짝 앞서 한겨울에 피는데요. 조선시대 때만 해도 중국에 다녀오는 사람들에게 알뿌리를 겨우 얻어 키울 만큼 귀했습니다. 그런데 추사가 유배를 간 제주에서는 하도 흔하게 나서 보이는 대로 뽑혀 버려지는 신세였습니다. 제주 사람들에게는 꽃보다 양식을 지을 땅이 훨씬 귀하고 아까워서였지요. 추사는 뭍에서 말로만 듣던 귀한 꽃이 푸대접 받는 신세를 안타까워하면서 직접 본 감동을 시로 남겼습니다.

――――――

* 추운 겨울의 세 벗이라는 뜻으로 소나무, 대나무, 매화나무를 일컫는다.
** 덕과 학식을 갖춘 네 군자라는 뜻으로 매화나무, 난초, 국화, 대나무를 가리킨다.

한 점 찬 마음처럼 늘어진 둥근 꽃

그윽하고 담담한 기품은 냉철하고 준수하다

매화가 고상하다지만 뜰을 벗어나지 못하는데

맑은 물에서 진실로 해탈한 신선을 본다

- 「수선화」, 추사 김정희

추사는 제주의 수선화에서 해탈한 신선을 보았습니다. 벌도 나비도 활동하지 않는 차가운 계절에 기어이 구근(땅속줄기)에서 꽃대를 올리고 향기로운 꽃을 피워내는 수선화, 구근의 생명은 꽃이 져도 스러지지 않아 한 알이 80년 가까이 살 수 있다고 하니 놀랍도록 신통한 생명력입니다. 그래서일까요. 서양에서 수선화의 꽃말은 '부활'입니다. 추사가 수선화의 꽃말을 알았을 리 없지만 제주 유배생활에서 간절했던 심정 역시 이 모든 어려운 상황을 헤치고 부활하는 것 아니었을까요. 뽑히고 또 뽑혀도 해마다 어김없이 황금빛으로 피어 봄이 멀지 않았음을 알리는 수선화처럼……

선조들의 이 모든 바람을 아우르는, 어지러운 시대를 살았던 조선 선조·인조 대의 문장가 신흠의 시 한 수를 끝으로 전합니다.

오동나무로 만든 악기는 천 년을 묵어도 자기 곡조를 간직하고

매화는 일생을 추워도 그 향을 팔지 않는다

달은 천 번을 이지러져도 본바탕은 변치 않으며

버드나무 가지는 백 번 꺾여도 새 가지가 돋아난다

- 〈야언野言〉, 문정공 신흠

2

말로
묻다

태블릿은 처음에
무엇이었을까?

2000년대 초에 태블릿 컴퓨터(탭)가 처음 등장했을 때 책 한 권 크기 정도로 작은 터치스크린에서 키보드 대신 손가락으로 대부분의 컴퓨터 작업을 할 수 있다는 사실이 무척 신기했습니다. 영어로 '태블릿Tablet'은 정제나 알약이기도 하지만 '메모장'이라는 뜻도 있습니다. 메모장, 즉 태블릿은 인류의 역사와 함께 나무, 상아, 점토, 돌 등으로 만든 평판이나 서판에 정보를 기록한 형태로 다양하게 변화했는데 시작은 '흙'이었습니다. 어디서나 가장 흔하고 쉽게 얻을 수 있는 재료니까요.

고대 주요 문명이 발생한 일명 '비옥한 초승달'의 하부(현재의 이라크 지역)에 자리 잡은 수메르에서는 기원전 3500년경부터 쐐기문자라고도 하는 설형문자를 사용하기 시작했습니다. 생산물과 교역량이 폭발적으로 증가하자 기억력에 의존하는 데 한계가 왔기 때문이었지요. 기원전 26세기경부터는 습한 점토에 갈대 가지를 잘라 뾰족하게 만든 도구를 사용해 설형문자를 기록한 다음 햇볕에 말리거나 가마에 넣고 구웠습니다. 이렇게 완성한 점토판은 물에 취약하고 무거운 대신 불에 강하고 단단해서 보존성이 높았는데 이것이 최초의 태블릿이라고 할 수 있겠지요. 담은 내용은 주로 영수증이나 차용증, 장부 등이었으니 말 그대로 태블릿, 메모장이었습니다. 그랬던 점토판이 세월이 흘러 세계 최초의 도서관을 탄생시킵니다.

기원전 7세기 아시리아의 왕이었던 아슈르바니팔(재위 기원전 669~631년)이 수도 니네베에 세운 왕립 도서관입니다. 그는 테베를 공략하고 바빌론을 폐허화하는 등 서아시아 전체를 전쟁의 소용돌이로 몰아넣었지만 한편으로 엄청난 문화와 예술의 후원자였습니다. 이 시기에 아시리아는 군사적·문화적으로 최전성기를 구가하는데요. 아슈르바니팔은 그때까지 나온 모든 점토판을 수집해서 역사, 시, 과학, 의학, 천문학, 수학, 신화와 설화, 예언 등 항목별로 분류하고 사본을 만들어 왕립 도서관에 보관토록 했는데 그 전체 개수가 50여만 점에 이르렀습니다.

이 중에는 수메르의 역사를 홍수 이전과 이후로 나눈 수메르 왕조표를 비롯해 천일야화의 원형으로 보이는 이야기들, 인류 최초의 영웅 서사시로 불리는 「길가메시 서사시」의 일부도 있었는데요. 19세기 중반 영국 탐사팀이 200,720개의 점토판과 파편들을 발굴했고 현재 영국 박물관The British Museum에 보관돼 있습니다. 이를 통해 기원전 2800~2500년경 우루크에 실재했던 길가메시 왕의 이야기를 우리가 읽을 수 있게 되었지요.

『함무라비 법전』역시 점토판에 쐐기문자를 새기는 방식으로 기원전 1755년~1750년경 바빌로니아에서 제작했습니다. 전란이 잦았던 이 지역의 특성을 감안하면 불에 타지 않는, 혹은 불에 타더라도 더 단단해지는 점토판이었기 때문에 보존이 가능했을 것입니다. 고대 메소포타미아 지역에서 수천 년 동안 정보를 담은 노트이자 책의 역할을 했던 점토판이나 밀랍판, 최초의 태블릿이었다고 해도 손색이 없지요.

점토판으로 「길가메시 서사시」를 읽는 모습을 상상하면 떠오르는 소설 속 장면이 있습니다. 덴마크 소설가 카렌 블릭센이 1937년에 발표한 장편 소설 『아웃 오브 아프리카』에서인데요. 카렌 블릭센은 실제로 1913년 케냐로 이주해서 남편과 함께 커피 농장을 꾸렸고 20년을 살았습니다. 이 자전적 소설에서 카렌이 주로 하는 일은 타자기를 두드리는 것입니다. 아프리카 원주민인 하인들이 신기하게 쳐다보면서 뭘 하는 거냐고 물으면 책을 쓰는 중이라고 답하는데요. 하루는 집안 요리사인 카만테가 주의 깊은 눈길로 한참을 바라보더니 "책을 쓸 수 있다고 생각하냐"고 묻고는 카렌의 대답을 듣기 전에 자기가 답합니다. "저는 그렇게 믿지 않아요." 그리고는 작정한 듯 등 뒤에 감추고 있던 호메로스의 『오디세이』를 카렌 앞에 내려놓습니다. 이렇게 강조하면서요.

"보세요. 이건 훌륭한 책이에요. 한쪽 끝부터 다른 쪽 끝까지 전부 붙어있어요. 이 책은 위로 들어 올리고 세게 흔들어도 한 장씩 안 떨어져요. 이 책을 쓴 사람은 굉장히 똑똑한 거예요. 하지만 당신이 쓰는 책은 여기저기 흩어져 있어요. 사람들이 깜빡 잊고 문을 안 닫으면 바람에 날려서 바닥에 떨어지고, 그러면 화를 내시잖아요. 그러니 훌륭한 책이 될 수 없죠."

카렌은 종이를 한데 묶어 책을 만드는 기술이 있다고 설명하지만 카만테는 본 적 없으니 이해하지 못하지요. 책에 대한 천진

난만하면서도 기발한 기준이지만 틀리지 않습니다. 책이라고 하면 자고로 한쪽 끝부터 다른 쪽 끝까지 전부 붙어있고, 위로 들어 올리고 세게 흔들어도 한 장씩 안 떨어져야지요. 이쯤에서 질문할까요. 점토판은 책일까요, 아닐까요? 아! 적어도 문을 안 닫는다고 바람에 날릴 일은 없겠네요.

'화촉을 밝힌다', 화촉이 무엇일까?

축의금 봉투에 '축 결혼'이라고도 쓰지만 '축 화혼'이라고 쓰기도 합니다. 화혼華婚은 남의 결혼을 아름답게 이르는 말입니다. 또 결혼한다는 말을 '화촉華燭을 밝힌다'는 말로 에둘러 표현하는데요. 화혼과 화촉의 '화'는 빛날 화華입니다. 여기에 나무 목변을 더하면 자작나무 화樺가 됩니다. 실제로 자작나무를 화나무, 혹은 백화나무라고 부르기도 하는데요. 그래서 '산골집은 대들보도 기둥도 문살도 자작나무다'로 시작하는 백석의 시 제목역시 「백화白樺」지요. 남녀의 아름다운 만남과 자작나무, 어떤 연관이 있을까요?

자작나무 껍질은 하얗고 얇은 종이를 여러 겹 붙여놓은 것처럼 차곡차곡 붙어있습니다. 한 장 한 장 매끄럽고 잘 벗겨져서 옛날 옛적에는 여기에 불경을 새기거나 그림을 그렸습니다. 경주 천마총에 있는 〈천마도〉도 자작나무 껍질을 펴서 그렸다고 하지요. 또 기름기가 많아서 잘 썩지 않는 데다 얇게 벗겨내서 불을 붙이면 기름 성분 때문에 불이 잘 붙고 '자작자작' 소리를 내며 오랫동안 잘 탑니다.

전깃불이 없던 옛날에는 자작나무 껍질을 작게 잘라 끝에 유황을 바른 다음 부싯돌로 이 부분을 쳐서 불꽃을 만들고 등불을 밝혔습니다. 일종의 성냥 구실을 했던 셈이지요. '자작'이라는 이름은 껍질이 탈 때 나는 '자작자작' 소리에서 따온 의성어입니다. 자작나무 껍질에 불을 붙여 어둠을 물리치고 밝음과 행복을 불러오는 일, 남녀의 만남에 이만한 덕담이 없겠지요. 그래서 결혼을 '화촉을 밝힌다'고 표현했습니다.

그럼에도 우리에게 자작나무는, 닥터 지바고와 라라가 썰매를 타고 달린 설원이나 안데르센의 동화에서 카이를 태운 썰매가 달렸던 설원의 배경처럼 이국적일 수밖에 없습니다. 그도 그럴 것이 자작나무는 겨울에 영하 20~30도까지 떨어지는 북위 45도 위쪽, 한반도의 개마고원과 백두산 일대, 그리고 러시아와 핀란드 등에서 잘 자라기 때문입니다. 백두산이 북위 42도쯤이니 사실상 남한에서 자생하는 자작나무는 없는 셈이지요. 그러다 강원도 태백산 일대에 자작나무 숲이 생겼는데 사람이 심고 길러 조성한 것입니다.

그런데 신기하게도 자작나무가 자생하는 나라에는 우리네의 '화촉을 밝힌다'와 비슷한 믿음이 있습니다. 러시아의 슬라브족은 자작나무를 '사랑의 나무'라고 부릅니다. 새하얀 껍질을 잘 벗겨 순수한 사랑의 편지를 보내면 사랑이 이뤄진다는 속설 때문입니다. 또 자작나무를 신이 사람을 보호하기 위해 내린 선물로 여겨 많이 심으면 액운을 막을 수 있다고 믿는다고 하지요.

새하얀 껍질을 벗겨 글을 쓰고, 태워서 불을 밝히고, 태우고 남은 숯으로 그림을 그리고, 나무로는 각종 생활용품과 가구를 만들고……. 북위 50도 이상 자작나무가 많은 곳에 사는 사람들의 삶은 조선 국적이든, 러시아 국적이든 크게 다르지 않던 모양입니다. 그래서 평안북도 정주가 고향인 백석은 〈산골집은 대들보도 기둥도 문살도 자작나무다 / 밤이면 캥캥 여우가 우는 산도 자작나무다 / 그 맛있는 모밀국수를 삶는 장작도 자작나무다 / 그리고 감로같이 단샘이 솟는 박우물도 자작나무다 / 산 너머는 평안도 땅도 뵈인다는 이 산골은 온통 자작나무다〉라고 시를 지었고, 러시아의 대문호 도스토옙스키는 '자작나무 타는 소리에 감동이 없으면 인간이 아니다'라고 했나 봅니다.

자작나무 타는 소리, 화촉을 밝히는 소리, 사랑이 시작되는 소리…… 자작나무가 가장 아름다울 때는 잎이 모두 떨어지고 회백색의 줄기(몸통)만 남을 때라고 합니다. 헐벗을수록 빛이 나는 나무라니 여러 면에서 사랑의 속성을 닮았습니다.

왜 '비엔나'
커피일까?

오스트리아 대공국으로 불리던 시절(1453~1804년)에 빈 Wien, 비엔나은 외적에 적잖이 시달렸습니다. 특히 오스만 제국이 열세 차례나 침략했는데요. 이 전쟁들이 오스트리아에 크고 작은 문물을 남겼습니다. 우선 야사에 따르면 무사히 도시를 방어할 수 있었던 데는 빵집 주인들의 역할이 컸습니다.

첫 번째 빵집 주인은 1529년 오스만 제국이 침략하려 했을 때(제1차 빈 공방전) 등장합니다. 한 프레첼Pretzel 제빵사가 새벽에 일어났다가 적군의 공격을 눈치 채고 비엔나 전체에 경보를 울렸습니다. 곧 군대가 비상출동해서 오스만 군대는 육지에 상륙도 못 하고 바다에 억류됐는데요. 합스부르크 왕가는 이 제빵사의 기지를 치하하면서 프레첼 모양이 장식된 특별한 봉인을 하사했다고 합니다. 참고로 정사에서는 오스만 제국의 제1차 빈 공방전이 실패한 원인을 보급품 부족과 겨울 추위 때문인 것으로 기록하고 있습니다.

두 번째 빵집 주인은 1683년 제2차 빈 공방전 때 등장합니다. 오스만 제국이 14만 대군을 이끌고 침략해서 석 달이나 포위한 상황이었습니다. 적군이 땅굴을 파 폭약을 설치하는 소리를 듣고 신고해서 격퇴하는 데 일조했다고 하지요. 전쟁이 끝나고 빵집 주인은 크루아상을 구울 수 있는 특별 허가 권리를 상으로 받았습니다. 크루아상의 생김새가 초승달과 닮았는데 당시 오스만 군대의 군기에 그려진 문양이었습니다. 오늘날 튀르기예의 국기에도 그려진 바로 그 문양이지요. 그러니까 당시 빈에서 '크루아상'을 먹는 행위는 '오스만을 먹어버린다'는 의미였습니다. 오죽 시달렸으면 그랬을까 싶은데 신성로마제국의 영주들을 비롯해 기독교 국가들이 총 출동해서 9만의 군사로 물리치기는 했지만 빈에 있는 아름다운 궁전, 쇤부른 궁전이 모두 파괴됐을 정도로 피해가 심각했습니다. 오스만의 문양뿐 아니라 페이스트리 제법까지 받아들여 만든 크루아상은 세월이 흘러 공주 마리 앙투아네트가 프랑스로 시집가면서 프랑스에 전해졌고 대표적인 아침 식단이 되었습니다.

빵에 커피가 빠질 수 없겠지요. 커피를 처음 음료로 마신 곳은 오스만 제국, 지금의 튀르기예입니다. 커피와 카페라는 단어도 튀르기예어 '카베Kaveh'에서 유래했는데요. 앞서 언급한 1683년 제2차 빈 공방전에 승전하고 크루아상과 함께 생겼습니다. 이때 승전에 크게 기여한 이가 튀르키예 말에 능통한 폴란드인이라고도 하고 세르비아인이라고도 하는 스파이 '게오르크 프란츠 콜시츠키'였습니다. 오스만 군인들이 퇴각하면서 온갖 물건들을 놓아두었는데 여기에 정체를 알 수 없는 검은 건조 식량 500자루가 있었습니다. 카베였지요. 빈 사람들 아무도 그게 무엇인지 몰랐지만 오스만 문화에 정통했던 콜시츠키는 알았습니다. 그래서 전리품이라고 해야 할지 장물이라고 해야 할지 애매모호한 원두 500자루로 장사를 시작했는데 이것이 빈에 처음으로 등장한 커피하우스였습니다.

그렇다고 유럽 최초의 커피하우스는 아니었습니다. 이보다 30여 년 앞서 1652년 영국에서 최초의 커피숍이 생겼다는 기록이 있으니까요. 그렇지만 크림과 설탕을 얹은 커피가 처음 등장한 것은 1683년 빈에서입니다. 오스만 사람들이 마시는 카베를 보고 본떠 만들었기 때문이지요. 진한 에스프레소를 생크림으로 덮은 '비엔나커피'의 등장입니다. 간혹 '빈에는 비엔나커피가 없고, 아인슈페너가 있다'고 하는데요. 둘 다 있습니다. 에스프레소와 크림의 조합이라는 점에서는 같지만 아인슈페너의 크림이 더 진하고 달콤합니다. 참고로 '아인슈페너Einspänner'라는 명칭은 '마차를 끄는 사람Spänner'에서 유래했는데, 마부가 커피를 따뜻한 온도로 유지하기 위해 뚜껑처럼 두껍게 크림을 얹은 데서 시작됐습니다.

전쟁은 또 일어납니다. 1866년 프로이센이 침공합니다. 프랑스의 도움으로 7주간의 전쟁이 끝났지만 패전의 후유증이 너무 컸습니다. 이때 요한 슈트라우스 2세가 카를 베크의 시에 곡을 붙여 합창곡을 완성했는데 「아름답고 푸른 도나우」입니다. 이듬해 관현악곡으로 편곡해서 더욱 인기를 끌었는데요. 빈 사람들은 이 곡에 맞춰 왈츠를 추면서 전쟁의 상처를 잊을 수 있었다고 하지요. 그 후 제2의 국가로 불릴 정도로 오스트리아의 상징이 되었습니다.

크루아상과 비엔나커피, 그리고 왈츠. 오스트리아를 상징하는 맛과 멋이 잔혹한 전쟁에서 생겨난 사실을 생각하면 어떠한 상황에서도 끝내 긍정을 향해 나아가는 인간의 생명력에 새삼 경외심을 보내게 됩니다.

클래식이란
무엇일까?

오스트리아 빈은 15세기 중반 신성로마제국의 황제를 배출한 합스부르크가가 실질적 수도로 삼으면서 유럽 문화 예술의 중심이 됩니다. 특히 고전주의(1750~1820년)와 낭만주의(1820~1900년) 때 프란츠 요제프 하이든, 볼프강 아마데우스 모차르트, 루트비히 판 베토벤, 프란츠 페터 슈베르트처럼 음악사에 길이 남을 작곡가들이 활동하면서 '빈이 곧 클래식(음악)'이라는 등식을 만들었습니다.

클래식Classic(영)·Klsaaik(독), 세월 이기는 장사 없다는 진리에 유일하게 예외입니다. 클래식은 세월을 이겼지요. 이렇게나 힘이 센 클래식의 어원은 무엇일까요.

고전이라는 말은 클라시스classics, 즉 전함이나 함대에서 유래합니다. 고전은 질서정연한 책입니다. 배를 탈 때는 모두 그래야 합니다.

- 『칠일 밤』 중, 호르헤 루이스 보르헤스

고전주의라는 말은 원래 라틴어 클라시스classis에서 온 것으로 알려져 있다. 이 말은 고대 로마 시민 6계급 중에서 세금을 가장 많이 내는 제1급의 시민을 가리키는 말이었는데, 그것을 2세기경의 문법학자인 아울루스 갤리우스가 최초로 문학적인 사건에 적용했던 것이다. 그와 귀족사회의 소수를 상대로 하는 교양과 수입이 높은 작가를 구분하면서 후자를 '제1급의 작가scriptor classicus'라 했다.

- 『문예사조사』 중, 이선영

'클래식'이 라틴어 '클라시스Classis'에서 유래했다는 사실을 알 수 있습니다. 그런데 보르헤스는 전함이나 함대에서, 이선영은 로마 시민 중 제1급의 시민으로부터 유래했다고 합니다. 과연 서로 다른 얘기일까요.

기원전 1세기, 고대 로마의 초대 황제 아우구스투스가 수도에서 북동부로 5km 떨어진 라벤나를 군사적 요충지로 강화하기 위해 항구와 해군기지를 건설하고 '클라시스'라고 명명했습니다. 이때 클라시스는 함대를 의미했습니다. 함대는 최소 군함 두 척 이상으로 구성된 부대를 일컬으니 해군기지를 의미하는 이름으로 적합하지요. 고대 로마에서는 전쟁과 같은 국가위기 시에 부자들이 함대를 구성하는 군함을 기증했고 이들에게 '클라시쿠스Classicus'라는 명예를 수여했습니다. 클라시쿠스는 클라시스의 형용사로 '최고 계급을 가진'이라는 뜻이었습니다. 그러다 세월이 흐르면서 '최고급의 무엇'을 가리킬 때 쓰는 말이 됐고 중세 말 고대 그리스-로마의 문화예술을 계승하는 사조가 됩니다. 바로 '고전주의Classicism'였지요. 이는 르네상스로 이어집니다.

　최초에 전함을 뜻했고, 이 전함을 기부할 정도로 세금을 많이 내는 최고의 시민을 가리켰고, 한참 세월이 흘러 고대 그리스-로마의 문화예술을 통칭했으며 이제는 '서양의 전통적 작곡 기법이나 연주법에 의한 음악, 흔히 대중음악에 상대되는 말로 쓴다(국립국어연구원)'라는 뜻으로 정착했습니다. 클래식을 흔히 고전이라고 해석하는데 국어사전에서 고전의 뜻풀이는 클래식보다 범위가 넓어 '오랫동안 많은 사람에게 널리 읽히고 모범이 될만한 문학이나 예술작품'입니다.

　역사와 시간은 무심하고 견고하게 굴러가는 강철 수레바퀴와 같습니다. 다 밟고 지나가며 다 밟혀 먼지처럼 사라집니다. 여기에서 살아남은 인간의 정신이 있다는 사실은 얼마나 놀라운가요. 기적입니다.

작심삼일이
좋을까, 나쁠까?

작심作心이라는 말을 처음 쓴 이는 맹자로 문자 그대로 마음을 다잡는다는 뜻이었습니다. 맹자가 긍정적인 의미로 쓴 말이 우리나라에서는 삼일만 붙으면 반대의 뜻이 됩니다. '작심삼일作心三日', 굳게 먹은 마음이 사흘을 못 가 흐지부지된다는 뜻으로 결심을 끝까지 지키지 못하는 사람을 비아냥거릴 때 사용하는데요. 작심삼일이라는 말은 어떻게 나왔을까요?

고려 때 '고려공사삼일高麗公事三日'이라는 속담이 있었습니다. 고려에서 하는 정책이나 법령이 사흘 만에 바뀐다는 뜻입니다. 이 속담은 조선시대로 내려오면서 '조선공사삼일朝鮮公事三日'로 변하는데 둘 다 한 번 시작한 일을 오래 지속하지 못할 때를 꼬집는 표현이지요.

이와 관련해 조선 중기의 문신 유몽인이 『어우야담於于野談』에서 유성룡의 일화를 들려줍니다. 한번은 그가 공문을 각 고을에 발송하라는 명을 내렸다가 실수가 있어 회수했습니다. 그런데 역리가 진작 발송했어야 할 공문을 그대로 가져옵니다. 아예 발송하지 않았던 거지요. 유성룡이 크게 화를 내자 역리가 대꾸합니다. "속담에 '조선공사삼일'이란 말이 있어 어차피 사흘 후 다시 고칠 것을 예상했기 때문에 사흘을 기다리느라고 보내지 않았습니다.”

　유몽인이 이 일화를 후세에 남긴 이유는 명재상인 유성룡조차 그런 실수를 할 수 있으니 ‘무턱대고 떠오르는 대로 하지 말고 사흘 동안 신중하게 생각하고 결정하라’는 뜻에서였습니다. 하도 빠른 속도로 엎치락뒤치락 변하는 세상이라 매 순간 신속한 결정을 요구합니다. 그러나 신속하기‘만’ 한 결정은 실수와 잘못을 부르기 마련이지요. 필요한 것은 오히려 ‘작심삼일’일지도 모릅니다. 굳게 먹는 마음이 사흘도 가지 못한다는 뜻이 아니라 사흘 동안 신중하게 생각하고 결정해서 그 마음이 오래 지속될 수 있도록 하자는 뜻으로 말이지요.

　결정한 것을 오래 지속하려면 목표를 현실적으로 설정하는 것도 방법입니다. 퓰리처상을 수상한 E. L. 닥터로는 소설을 쓸 때 이런 식으로 목표를 잡았습니다. “소설을 쓰는 것은 밤에 자동차를 운전하는 것과 같다. 당신은 차의 헤드라이트가 비춰주는 데까지만 볼 수 있을 뿐이다. 그런 식으로 목적지까지 갈 수 있다.” 한 번에 멀리까지 욕심을 내거나 미리 걱정하지 말고 오늘 할 수 있는 만큼 하고 거기에 집중하기. 그렇게 매일 가면 어느덧 목적지에 도착할 수 있을 것입니다. 목적을 달성하기보다 그렇지 못하는 경우가 많은 까닭은 할 수 있는 것조차 제대로 하지 않아서가 아닐까요. 우선 작심삼일부터 말이지요.

'자다가 봉창 두드린다'에서 봉창은 무엇일까?

'자다가 봉창 두드린다'는 속담이 있습니다. 이치에 맞지 않는 엉뚱한 말이라는 뜻인데요. 다른 때도 아닌 하필이면 '자다가' 두드리는 것도 희한한데, 봉창은 무엇일까요?

한옥에서 '창호'는 창窓과 호戶의 합성어입니다. 17세기 이전까지 방에 드나드는 구조물을 '호'라고 칭했습니다. 오늘날의 방문과 같은 개념이지요. 그런데 이때 문은 건물을 드나드는 구조물을 뜻합니다. 오늘날에는 방, 창, 현관 할 것 없이 문을 붙여 방문, 창문, 현관문이라고 하지만 옛날에는 건물을 드나드는 문 말고는 모두 호라고 했습니다. 그래서 창호지라고 하면 창과 호에 바르는 종이라는 뜻이 됩니다.

창호지는 한옥의 품격을 높이는 데 일품입니다. 선조들은 겨울을 앞두고 잘 말린 국화를 창호지와 함께 바르는 감각을 발휘했지요. 물론 아무것도 더하지 않아도 살의 문양 자체로 곱습니다. 무엇보다 달빛 가득한 밤, 달빛을 따라 창호지에 일렁이는 나무의 그림자며 날아가는 새의 그림자는 적막함 속에 은은한 운치를 더해주지요.

한옥에 익숙하지 않다면 창이나 호나 달라 보이지 않을 수 있습니다. 그 결과 호로 드나들어야 하는데 창으로 넘나드는 결례를 범하기도 하지요. 그런데 집 안에 창호지를 바르지 않은 창이 있습니다. 봉창입니다. 벽에 자그마하니 구멍을 뚫은 형태로 그저 날짐승이 드나들지 못하도록 살대를 엮을 뿐 따로 창호지를 바르지는 않았습니다. 봉창은 주로 부엌 등에서 연기를 배출시키기 위해 만든 작은 환기창입니다.

한옥에서 부엌은 대체로 방과 멀리 떨어져 있기 때문에 웬만하면 자다가 갈 일이 없지요. 그러니 자다가 봉창을 두드리는 것은 누가 봐도 엉뚱한 행동일 수밖에요. 이렇게 한 줄짜리 속담이 옛날 주택의 구조와 연관되어 있다는 점이 재미있습니다. 사는 공간이 달라지면 뜻은 알아도 모습을 구체적으로 그려내기 힘든 속담이 적지 않지요.

귀신 씻나락 까먹는 소리,
개 풀 뜯어먹는 소리는 어떤 소리일까?

'자다가 봉창 두드린다'는 속담과 비슷하게 사용하는 말이 있습니다. '귀신 씻나락 까먹는 소리', '개 풀 뜯어먹는 소리'가 그 것인데 모두 이치에 맞지 않는 말을 한다는 뜻입니다. 자다가 봉 창 두드리는 것이 엉뚱한 행동인 것처럼, 개가 풀을 뜯어먹는 것 도 있을 수 없다는 전제가 포함돼 있는데요. '호랑이는 굶주려도 풀을 먹지 않는다'와 같은 잘못된 상식이지요.

오랫동안 호랑이나 사자, 개 등의 육식동물은 풀을 먹지 않는 다고 여겼습니다. 그런데 아프리카 초원에서 많은 육식동물이 풀 을 뜯어먹는 모습이 포착됐습니다. 이에 대해 육식만 하는 동물 들이 부족한 영양분을 풀에서 섭취하는 것이라는 분석이 나왔는 데요. 반려견의 경우에는 영양분이 부족해서라기보다 속이 좋지 않거나 상한 음식을 먹었을 때 풀을 뜯어먹는다고 합니다. 사람 으로 치면 일종의 구토제인 셈이지요. '개 풀 뜯어먹는 소리', 얼 토당토않은 말을 한다는 뜻이지만 사실은 개도 풀을 뜯어먹을 때 가 있고 그러는 데는 나름대로 이유가 있는 것입니다.

이처럼 속담이나 관용어구가 새로운 사실이 밝혀짐에 따라 틀린 말이 되기도 하는데요. 그나저나 '개 풀 뜯어먹는 소리'는 어떤 소리일까요? 언젠가 한 온라인 커뮤니티에서 개 풀 뜯어먹는 소리를 담은 동영상을 본 적 있습니다. 보자마자 웃음이 터지지 않을 수 없었습니다. 말 그대로 강아지 두 마리가 채소를 뜯어먹고 있는데 그 소리가 '아삭아삭' 아주 맛있게 들렸습니다.

이에 비해 '귀신 씻나락 까먹는 소리'는 그다지 맛있게 들리지 않을 것 같습니다. '씻나락'은 사투리로 '벼의 종자'입니다. '개 풀 뜯어먹는 소리'처럼 이치와 소용에 닿지 않는 말을 뜻하기도 하나 남이 알아듣지 못하게 우물우물 말하거나 소곤거리는 소리를 지적할 때도 쓰는데요. 아닌 게 아니라 씻나락을 아무리 맛있게 먹는다 한들 우물우물 먹을 수밖에 없겠습니다. 그렇잖으면 입 밖으로 다 튀어나올 테니까요.

그리고 어떤 경우에도 그렇게 먹어 치우면 안 되는 것입니다. 농부들에게 씻나락은 가장 중요한 재산이며 이것이 있어야 내년에 다시 농사를 지을 수 있으니까요. 지금 당장 배가 고프다고 씻나락까지 다 먹어버리면 내년 농사를 포기하겠다는 소립니다. 그런데 이렇게 중요한 씻나락을 귀신이 다 까서 먹어버리면 당하는 농부 입장에서 얼마나 황당할까요. 그처럼 실속 없는 말이나 행동을 하지 말라는 뜻입니다.

때로는 농부의 열심과 무관하게 귀신 씻나락 까먹는 일이 벌어지기도 합니다. 봄에 씻나락을 못자리판에 뿌렸는데 제대로 발아가 되지 않을 때지요. 농부들이 이유를 도무지 찾아낼 수 없을 때면 이렇게 말하곤 했다고 하지요. "귀신이 씻나락을 까먹었기 때문이다." 조건과 환경이 맞아떨어졌고 열심까지 더했는데 결과가 합당하지 않은 날이 있습니다. 제힘을 벗어난 일에 골머리를 앓기보다 이렇게 내뱉고 출발점으로 돌아가는 것도 괜찮겠지요.

"귀신이 씻나락을 까먹었다."

호랑이와 양반,
왜 제 말 하면 올까?

자리에 없는 사람에 대해 얘기하다가 당사자가 딱 나타났을 때 하는 말이 있습니다. "호랑이도 제 말 하면 온다더니." "양반은 아니네." "양반은 못 되네." 자주 쓰는 말이지만 왜 호랑이고, 양반인지 오리무중입니다.

이 말은 다산 정약용이 중국과 우리 속담을 엮어서 편찬한 『이담속찬耳談續纂』에 등장하는데 원문을 해석하면 이렇습니다. 〈호랑이도 제 말 하면 오고, 사람도 제 말 하면 온다. 이것은 그 사람이 그 자리에 없다고 해서 그 사람에 대해 왈가왈부하는 것은 옳지 않음을 일컫는 것이다.〉 이 구절이 우리말식 속담이 되면서 호랑이도 제 말 하면 온다, 양반은 아니네가 되었다고 합니다. 그런데 호랑이도 제 말 하면 온다는 원문을 그대로 옮기면서 사람도 제 말 하면 온다는 왜 양반은 아니네 혹은 못 되네로 바뀌었을까요.

신분제도가 엄격했던 당시에는 '사람도 제 말 하면 온다'에서 사람을 양반의 반대 개념, 양반이 아닌 이들로 받아들였다고 합니다. 그래서 제 말 하면 오는 사람은 양반이 아니다가 줄어서 양반도 아니네 식의 변천사를 겪은 셈이지요. 흥미롭게도 비슷한 속담이 중국과 일본에도 있습니다.

일본에는 '남의 말을 하면 그 사람의 그림자가 비친다', 즉 '남의 말을 하면 그 사람이 나타난다'는 속담이 있고 중국에는 '조조 얘기를 하니 조조가 온다'는 속담이 있는데요. 난데없이 조조가 등장하는 배경은 또 이렇습니다. 한나라 마지막 황제인 헌제를 해하려는 군벌세력들이 많아지자 황제의 측근들이 조조에게 힘을 빌리자는 의견을 내놓았습니다. 그런데 황제가 조조에게 사람을 보내기도 전에 조조의 군대가 나타나 군벌들을 처치하고 황제를 보호했습니다. 그래서 생긴 말이 '조조 얘기를 하니 조조가 온다'는 속담이라고 합니다.

그러나 어느 나라 속담이든 뒷맛이 개운치 않습니다. 호랑이, 양반, 조조. 다들 딱히 반가운 느낌이 아니라서지요. 그들의 정체가 무엇인지 실감나게 와 닿는 영어 속담이 있습니다. 'Speak of The Devil, and he is sure to appear(악마 이야기를 하라, 그러면 악마가 나타날 것이다).' 심장이 쿵 하니 내려앉습니다. 비록 나라도 언어도 표현도 다르지만 뜻은 같습니다. 말, 특히 남의 말을 함부로 하지 말라는 것이지요. 그러다가 호랑이나 악마에게 혼쭐이 나는 것처럼 곤혹스러운 일이 생길 수 있으니까요.

'주름잡는다'는 말은
어디에서 나왔을까?

예전에 누군가 등을 쫘악 펴고 "내가 왕년에 말이야" 혹은 "내가 옛날에 말이야"로 말을 시작하면 이어지는 내용은 대개 고릿적에 주름잡던 이야기였습니다. 어디부터 진실이고 어디까지 허풍인지 알 길 없고 확인할 수 없는, 그야말로 나 홀로 향수에 젖는 이야기……. 그러다 '주름잡는다'는 말이 어디에서 나왔는지 궁금했습니다. 사실 '주름'이라고 하면 다리미로 다려서 잘 세운 바지 주름 빼고는 대개 달갑지 않으니까요. 대표적으로 팔자주름, 이마주름, 목주름이 있겠습니다.

알고 보니 예전의 '복덕방'에서 나온 말이었습니다. 공인중개사 시험이 따로 없던 시절이라 주먹구구식으로 토지나 가옥을 알선했을 것 같지만 꼼꼼하고 섬세한 자질이 요구됐는데요. 유난히 풍수지리를 따지는 한국인이다 보니 집터를 볼 줄 아는 풍수쟁이 자질도 있어야 했고 그 집안 사정은 물론이고 동네 사정까지 훤히 꿰뚫어야 했습니다. 전에 살던 사람이 그 집에서 입신양명해서 떠났는지, 천장에서 물이 새는지, 연탄가스 중독은 없는지, 집주인의 성질이 고약하진 않은지, 이웃은 어떤 사람들인지……. 단순히 집만 사고파는 것이 아니라 '복'과 '덕'을 사고팔 수 있도록 알선했고 그래서 이름도 '복덕방福德房'이었습니다.

그런데 동네 사정을 그 정도로 자세히 파악하려면 어느 정도 연륜이 필요했습니다. 그래서 복덕방 다음에 자연스럽게 와서 붙은 말이 '영감'이었습니다. 하지만 복덕방 영감이 직업이나 직함이 될 순 없겠지요. 따로 고유명사가 있었는데 '집주름'입니다. 표준어로는 '집주릅'인데 발음이 입에 붙지 않아 '집주름'이라고 불렀습니다. 그러니까 '주름잡는다'고 할 때는 옛날에 복덕방 영감이 동네 사정 뻔히 꿰듯이, 그 집안 사정을 손금 훤히 보듯이 해서 사람들이 복과 덕을 사고파는 걸 알선해줬다는 말과 연관되는데요. 하지만 자기 입으로 하는 주름잡는 이야기는 다른 사람들이 복과 덕을 얻을 수 있도록 알선하는 일과 무관할 때가 대부분이지요.

멘토는
누구일까?

10년에 걸친 트로이 전쟁을 그리스 연합군의 승리로 끝낸 주역은 단연 이타카의 왕 오디세우스였습니다. 그가 고안한 거대한 목마가 트로이를 멸망시키는 데 결정적 역할을 했지요. 뛰어난 책략가니 전쟁을 선동했을 것 같지만 오디세우스는 출전하지 않으려고 했습니다. 페넬로페와 달콤한 신혼생활에 빠져있었고 아들 텔레마코스가 태어난 지 얼마 되지 않을 때이기도 했습니다. 트로이 왕자 파리스에게 아내 헬레네를 도둑맞은(?) 스파르타 왕 메넬라오스가 거듭 도움을 요청하지만 도무지 움직이려 하지 않았습니다.

그런데 오디세우스는 오래전 헬레네에게 구혼했던 많은 남자 중에 한 사람으로서 그녀가 위험에 처하면 다른 구혼자들과 함께 힘을 합쳐 보호하기로 약속한 적이 있었습니다. 그리스인에게 약속이란 신에게 하는 것이었으니 메넬라오스의 요청을 거절하는 것은 신에 대한 맹세나 다름없는 약속을 어기는 것이었습니다. 그래서 미친 사람 행세를 합니다. 소에다 쟁기를 매고 밭을 간 후에 모래나 소금을 뿌리는 식이었지요.

이에 오디세우스 못지않게 뛰어난 지략가가 출동합니다. 훗날 트로이 전쟁의 또 다른 영웅이 되는 팔라메데스였습니다. 그는 아직 갓난아기인 텔레마코스를 안아다 밭 한가운데 내려놓았습니다. 미쳤다고 하지만 미치지 않은 오디세우스는 아들을 피해 밭을 갈았고 이로써 연극이 들통나버렸습니다.

오디세우스는 자신을 기어이 참전케한 팔라메데스를 용서하지 않았습니다. 전쟁 중에 함정에 빠뜨려 적과 내통했다는 누명을 씌우고 돌팔매질을 당하는 형벌을 받아 죽게 만들지요. 오디세우스의 성격을 보여주는 동시에 얼마나 트로이 전쟁에 참전하기 싫어했는지 알려줍니다. 그러나 인간이란 도무지 앞뒤 맞지 않는 행동을 하기 마련이라 이런 그 역시 참전을 피하기 위해 숨어 있던 아킬레우스를 찾아내 끝까지 설득해 출전시켰습니다. 반인반신이었던 아킬레우스는 파리스가 쏜 화살에 맞아 전사하지요.

'멘토는 누구일까?'라고 질문하고 서두가 길었습니다. 오디세우스는 기약 없는 원정을 떠나면서 어린 아들 텔레마코스를 친구 멘토르Mentor에게 부탁합니다. 그 멘토가 이 멘토르입니다. 오디세우스가 트로이 전쟁 10년, 이타카로 귀환하는 길에 포세이돈의 아들 폴리페모스를 죽이는 바람에 포세이돈의 노여움을 사서 지중해에서 떠돌기를 10년, 도합 20년 동안 멘토르는 텔레마코스를 아버지로서, 스승으로서, 상담자로서 이끌었습니다. 덕분에 텔레마코스는 훌륭한 청년으로 성장합니다. 그리고 그의 이름은 '한 사람의 인생을 지혜와 신뢰로 이끌어주는 사람'을 뜻하는 보통명사가 되었지요.

텔레마코스는 전쟁이 끝났는데도 아버지가 돌아오지 않자

행방을 찾아 길을 떠납니다. 이 험한 여정에서 올바른 방향으로 이끌고 위험에서 지켜준 이가 멘토르, 아니 멘토르로 변신한 지혜와 전쟁의 신, 아테나였습니다. 멘토르로 변신한 이유는 텔레마코스가 가장 신뢰하는 인물이 멘토르였기 때문이었겠지요. 오디세우스가 함께 할 수 없을 때는 멘토르가, 멘토르가 없을때는 멘토르로 변신한 아테나가 방향을 이끌어주고 위험에서 지켜주었습니다.

우리는 어떤 순간에 간절히 멘토를 필요로 할까요. 한 대기업의 설문조사 결과에 따르면 '중요한 결정을 내릴 때'라는 응답이 가장 많았습니다. '불확실한 미래로 두려울 때', '지식이나 노하우가 부족할 때', '마음속 이야기를 털어놓고 싶을 때'라는 답이 뒤를 이었는데요. 이러한 어려움은 텔레마코스가 살던 시절에도 있었고 앞으로도 다르지 않을 것입니다. 우리에겐 늘 멘토가 필요합니다. 그리고 멘토와 멘티 사이에 가장 중요한 덕목은 신뢰입니다. 아테나가 다른 누가 아닌, 텔레마코스가 가장 신뢰하는 멘토르의 모습을 하고 나타난 장면이 알려주듯 멘토와 멘티 사이에 신뢰가 없으면 아무리 뛰어난 지혜나 지식이라도 힘을 발휘할 수 없지요.

그렇다면 어디에서 멘토를 찾아야 할까요. 가까이에서 지혜와 용기를 주며 이끌어주는 인물일 때가 많을 것입니다. 그러나 길에서 우연찮게 만나는 낯선 누군가일 때도 적지 않습니다. 짧은 인연을 통해 순간적인 깨달음을 얻고, 성숙해지는 일이 곧잘 있으니까요. 그렇게 여기면 지금의 내가 되기까지 길 위에 얼마나 많은 멘토들이 있었을까요. 그들 모두 사실은 아테나가 각기 다른 모습으로 변장하고 나타난 멘토였을지 모릅니다. 그리고 앞으로도 종종 만날 수 있겠지요. 사람의 형상으로, 자연의 형상으로, 혹은 책이나 예술작품의 형상으로 나타나 올바른 방향으로 이끌고 위험에서 보호해 줄 진정한 멘토 말입니다.

청출어람이
왜 어려울까?

남색과 감색의 차이를 아시나요. 같은 파랑 계열이지만 남색藍色은 푸른빛을 띤 자주색이고, 감색紺色은 어두운 남색입니다. 국어사전의 풀이지만 와닿지 않지요. 귀에 익숙한 말로 해보겠습니다. 남색의 순우리말은 '쪽빛', 감색은 일본어로 '곤색'입니다. 영어로는 각각 인디고Indigo, 네이비Navy입니다. '청출어람靑出於藍'이라는 고사성어에서 쓰인 람이 쪽 '람'이니 '파란색은 쪽에서 나온다'는 소리입니다. 이 말이 얼마나 신기한 현상인가 하면 여느 풀과 마찬가지로 쪽도 초록빛입니다. 그런데 파란색을 낼 수 있다고 합니다.

실제로 쪽은 인류 역사상 식물 염료로 가장 먼저 사용됐습니다. 7월에 꽃대가 올라오기 시작하면 꽃이 피기 전에 서둘러 베어냅니다. 이파리에 든 인디칸 성분이 가장 풍부할 시기라서지요. 쪽을 베어 물에 담그면 초록색이 우러나옵니다. 아직 장인의 무수한 손길이 필요합니다. 그 손길을 따라 연두색, 적갈색, 보라색, 청록색의 단계를 거쳐야 마침내 쪽빛이 나옵니다. 초록색 이파리에서 보랏빛이 감도는 짙은 파랑이 나오는 쪽 염색에 대한 이야기는 아무리 들어도 진기합니다. 초록색이니까 초록색이 나와야 하는데 말 그대로 청출어람, 파란색이 나오니까요. 그러기까지 무수한 손길과 정성, 시간은 필수입니다. 그러니 '청출어람'이라고만 하고 '제자가 스승보다 뛰어나다'는 뜻으로 나가면 아무리 고사성어라고 해도 뭔가 빠져있는 것 같지요.

원래 문장은 '청취지어람 이청어람靑取之於 而靑於藍'으로 순자의 『권학편勸學篇』에 나옵니다. 기원전 200년대 전국시대 유학자 순자는 맹자의 '성선설'을 비판하며 '성악설'을 주장했는데, 그에 따르면 인간의 본성은 악하고 한없는 욕망을 가지고 있는데 여기서 악하다는 것은 다듬어지지 않은 상태를 뜻합니다. 때문에 선해지기 위해서 악한 본성을 배움으로 다듬어야 하고 포기하지 말고 끊임없이 수양해야 한다고 강조했습니다. 이러한 주장을 담은 책이 『권학편』으로 이 글이 등장합니다.

배움을 그쳐서는 안 된다(學不可以已)
파란색은 쪽에서 취하지만(靑取之於藍)
쪽보다 더 파랗고(而靑於藍)
얼음은 물이 만들지만(氷水爲之)
물보다 더 차다(而寒於水)

청취지어람이 청출어람과 같은 뜻이니 '파란색은 쪽에서 나온다'만 쓰고 정작 중요한 뒷말 이청어람, '쪽보다 더 파랗다'를 생략한 셈입니다. 여기서 쪽은 물론 식물 상태의 쪽을 말합니다. 끊임없이 배워야 한다는 이야기를 강조하기 위해 비유로 '쪽'을 가져온 것은 순자가 쪽 염색의 지난한 과정을 알고 있었다는 뜻이 됩니다.

청靑, 블루Blue, 파랑. 친숙하고 흔한 색이지만 오래전 서양에서는 '편견'의 색이었습니다. 라틴어에는 명확하게 파란색을 규정하는 단어가 없고, 영어 'Blue'는 게르만어 'Blau'에서 왔는데 파란 눈을 가진 사람은 어리석다는 속뜻이 있었다고 합니다. 그러나 그 속내를 들여다보면 게르만족이 얼굴에 파란색을 칠하고 침략했기 때문이라고 하지요.

오랫동안 유럽에서 파랑은 사람이 인위적으로 만들 수 없는 색이었습니다. 그러다 12세기부터 남동석, 코발트, 인디고를 이용해 파란색을 내는 기법을 알아내기는 했지만 동양의 쪽에 비해 선명하지 못했습니다. 무엇보다 원재료가 귀해서 왕실과 귀족을 상징하는 색이 되었습니다. 회화에서 하늘이나 바다를 파랗게 칠한 것은 불과 16세기부터입니다. 이에 비해 동양에서는 순자의 글을 통해 기원전부터 쪽에서 인디칸을 뽑아 파란색을 내는 기술이 있었다는 사실을 알 수 있지요. '청취지어람 이청어람' 단순히 스승보다 뛰어난 제자를 넘어 그렇게 되려면 얼마나 많은 노력을 해야 하는지 일러주는 글입니다. 아마 스승이나 멘토로서도 가장 마음이 쓰이고 자랑스러운 제자일 테지요.

어떻게 하면
시니컬해질 수 있을까?

마케도니아의 왕 알렉산드로스가 그리스 도시국가연합의 총 사령관으로 선출되자 명예와 부를 가진 내로라하는 이들이 코린 토스로 몰려와 축하했습니다. 알렉산드로스가 기다리는 사람은 따로 있었지요. 철학자 디오게네스였습니다. 그는 이해하기 힘든 인물이었습니다. 둥근 나무통 속에 들어가 굴러다니는가 하면 대 낮에 등불을 켜고 다니며 사람을 찾는다고 외치고 햇살을 쬐며 뒹굴었습니다.

알렉산드로스가 직접 찾아와 도와드릴 일이 없겠냐고 정중 하게 물었을 때는 햇살을 가리니까 조금만 비켜서라고 했지요. 함 께 온 이들이 철학자를 비웃었지만 왕은 철학자를 부러워했습니 다. 만약 그때 디오게네스가 알렉산드로스를 따라나섰다면 인생 이 완전히 달라졌겠지요. 나무통 속이 아니라 대저택에 살면서 푸성귀 대신 고기를 먹고, 옷도 일생 한 벌이 아니라 수백 벌을 고 급스럽게 차려 입었을 것입니다.

아리스티포스가 바로 그런 삶을 사는 철학자였습니다. 그가 안타깝다는 듯이 디오게네스에게 말했습니다. "고개 수그리는 법을 조금만 알아도 호의호식할 수 있는 것을……." 이에 디오게네스가 응수했다고 하지요. "거칠게 먹고 험하게 입는 법을 조금만 알면 고개 숙이지 않아도 되는 것을……."

인생의 목적 자체가 달랐습니다. 아리스티포스에게 인생의 목적이 쾌락이라면 디오게네스에게는 행복이었습니다. 구체적으로 아리스티포스는 육체적 쾌락이 정신적 쾌락보다 우위에 있다고 주장했고, 디오게네스는 아무것도 필요로 하지 않는 상태, 즉 필요한 것이 적을수록 행복이라고 했습니다. 이런 디오게네스를 두고 사람들은 '개처럼 사는 철학자'라고 불렀습니다.

'개처럼 사는 철학자'들은 학파를 이루었고 이후에 스토아학파에 영향을 주었습니다. 이들은 자족하는 데 멈추지 않고 최종적으로 부끄러움이 없는 상태인 '무치無恥'를 지향했는데 맹자의 '수오지심羞惡之心, 의롭지 못함을 부끄러워하고 착하지 못함을 미워하는 마음'과 비슷한 맥락이라고 할 수 있지요. 그리고 '개처럼'이라는 뜻의 그리스어 '키니코스Cynicos'가 오늘날 냉소주의라고 불리는 '시니시즘Cynicism'의 어원이 되었고 '시니컬Cynical, 냉소적'이 파생되었습니다.

흔히 무엇을 보아도 부정적으로 반응하는 것을 두고 시니컬하다고 표현하는데요. 시니컬의 어원은 디오게네스가 주장한 견유주의, '삶은 개 같은 것'에서 유래했습니다. '개 같은 것'이라고 하니까 어감이 좋지 않지만 진정한 의미는 디오게네스가 아리스티포스에게 했던 말에 들어있습니다. '거칠 게 먹고 험하게 입는 법을 조금만 알면 고개 숙이지 않아도 되는 것을…….' 아무것도 필요하지 않는 상태, 필요한 것이 적을수록 행복하며 부도 권력도 명예도 행복의 걸림돌에 불과한 것, 그래서 부끄러움이 없는 삶.
진짜 시니컬은 거기에서 나올 수 있습니다.

어쩌다 '맹목적'이
되었을까?

당송팔대가 중 한 명으로 불세출의 시인이었고 중국 문인화풍을 확립한 화가였으며 사후 공자의 사당에 함께 제사를 지낼만큼 존경받는 유학자였습니다. 게다가 백여 가지에 달하는 요리를 개발한 요리사였지요. 그중 아마도 가장 유명한 음식은 '동파육', 그의 호를 따서 지은 돼지고기 요리 이름입니다. 남들은 하나만 가지기도 어려운 재주를 여럿, 그것도 최고의 수준으로 갖고 있던 팔방미인이었지만 한평생 좌천과 유배의 연속이었습니다. 북송 시대의 사람 소식(1037~1101년)의 이야기입니다.

소식은 작정한 말이 있으면 참지 못했습니다. 1079년, 그가 쓴 시가 황제를 모욕하고 비방하고 있다는 참소를 받아 넉 달이 넘도록 감옥에 갇혀 고문을 받고 유배를 당하는 지경에 이르는데요. 유배 시절 초기에는 인생무상에 빠져 붓을 놓았을 뿐 아니라, 외부와 완전히 관계를 끊고 내면을 성찰하는 시간을 가졌습니다. 그러기를 5년, 유배지인 호북성 황주(후베이성 항저우)의 동쪽 산비탈의 황무지를 사서 '동파'라고 이름 붙이더니 스스로 일컬어 '동파거사東坡居士'라고 칭했습니다.

다시 태어난 소동파는 호방하고 재미있는 성격에 요리까지 잘해서 어디를 가든 인기 만점이었다고 합니다. 특히 돼지고기를 즐겨 먹다 돼지고기를 예찬하는 시까지 지었습니다.

> 황주의 맛 좋은 돼지고기
> 값은 진흙처럼 싸지만
> 부자는 거들떠보지 않고
> 가난한 이는 요리할 줄 모르네
> 적은 물에 돼지고기를 넣고
> 약한 불로 충분히 삶으니 그 맛 비길 데 없어
> 아침마다 배불리 먹네
> 그 누가 어찌 이 맛 알리오
>
> - 「식저육시食猪肉詩, 돼지고기를 먹자」, 소식

지금이야 다르지만 당시에 중국인들은 돼지고기를 잘 먹지 않았고 양고기를 즐겨 먹었습니다. 동파거사는 우연히 '적은 물에 돼지고기를 넣고 약한 불로 충분히 삶는' 요리법을 발견한 것으로 보입니다. 자칭 '늙은 식탐꾼'으로서 차곡차곡 요리 실력을 쌓아 『동파주경』이라는 책까지 쓰기에 이르는데 각종 요리법은 물론이고, 차와 술을 빚는 방법이 다양하게 등장하는데요. 불세출의 문장가가 쓴 새로운 메뉴의 요리책이라…… 요즘 같으면 틀림없이 베스트셀러가 되었겠지요.

동파거사는 〈술은 시를 낚는 바늘이요 / 근심을 쓰는 빗자루〉라는 근사한 시를 지을 정도로 술을 사랑했지만 주량이 한 홉

반 정도로 요즈음 소주 한 병 분량에 미치지 못했습니다. 대신 다양한 맛으로 술 빚는 일을 흥미로워했습니다. 또 지인들을 불러 자신이 개발한 요리와 술을 대접하고 시문을 나누기를 즐겼는데요. 어느 날, 하양에서 기르는 돼지가 맛이 좋다는 소문을 듣고 하인을 시켜 몇 마리 사오도록 했습니다. 하인이 돼지를 사서 돌아오는 길에 그만 술에 취해 곯아떨어지는 바람에 돼지를 모두 잃어버리고 말았지요. 하인은 주인에게 혼날 일이 두려워 가까운 농가에 가서 자기 돈을 털어 하양 돼지가 아니라 동네 돼지를 사가지고 옵니다.

그런 줄도 모르고 동파거사는 지인들에게 이것이 하양의 돼지고기라면서 대접했습니다. 지인들은 곧이곧대로 믿고 덮어놓고 고기 맛이 좋다고 입에 침이 마르도록 칭찬합니다. 이때 촌로 몇 사람이 찾아옵니다. 하인이 잃어버린 돼지를 한 마리씩 안고서 말이지요. 진상을 알아차린 동파거사와 지인들이 얼마나 무안했을까요. 여기서 나온 말이 '맹목적盲目的'입니다. 문자대로 해석하면 '눈이 먼 것처럼'이라는 소리고, 사전의 뜻풀이는 '주관이나 원칙이 없이 덮어놓고 행동하는 것'입니다. 사람이 어처구니없을 정도로 맹목적이 되는 상황은 여러 가지겠지만 최근 유행어인 '포모FOMO('Fear Of Missing Out'의 약자, 유행에 뒤처지거나 기회를 놓칠까 두려워하는 심리)'일 때도 빼놓을 수 없습니다. '포모'라는 말이 있었을 리 없지만 하양 돼지 사건 때 동파거사와 지인들의 심리도 다르지 않아 보입니다.

동파거사는 생의 대부분을 가난한 오지나 열대지방에서 유배형을 살았습니다. 그런데도 당시로선 장수했다고 할 수 있는 예순다섯까지 건강하게 살았습니다. 그 건강비결이 산 좋고 물 좋고 공기 좋은 데서 유기농 식재료로 손수 술을 빚고 차를 제조하고 요리를 만들어 먹은 덕분인지도 모르겠습니다. 그러나 그가 돼지고기나 술보다 더 사랑한 것이 있습니다.

> 식사에 고기가 없는 건 괜찮아도
> 사는 곳에 대나무 없을 수 없네
> 고기 없으면 사람 야위게 하지만
> 대나무 없으면 사람 속되게 한다네
> 사람이 야위면 살찌울 수 있으나
> 선비가 속되면 고칠 수가 없다네
>
> ─ 「녹균헌綠筠軒, 푸른 대나무가 있는 방」, 소식

선비가 속되면 고칠 수 없다는 믿음과 실천이 없었다면 유배 생활이 억울함과 분노, 욕망과 미련으로 끝까지 괴로웠을 것입니다. 어차피 인생이란 기러기가 눈길 밟는 것과 같은 것*, 그 눈길 걷는 동안 요리와 술이 허망함을 달래는 데 참으로 따스한 위안이 되었을 것입니다.

---

* '설니홍조(雪泥鴻爪, 눈 위에 난 기러기의 발자국이 눈이 녹으면 없어진다)', 동파 소식이 동생 소철에게 보낸 시에 나오는 시구이다.

'척 보면 안다', '한 치 앞도 모른다'에서 척과 치는 얼마만큼일까?

척 보면 안다. 척 보면 알 수 있다. 척 보면 몰라? 이때의 척은 마치 의태어 같지만 '자'라는 뜻입니다. 표준화된 도량형이 없던 시절에 손으로 물건의 길이를 쟀는데 가장 간편한 방법이 손바닥을 펴서 엄지손가락부터 가운뎃손가락까지의 길이로 한 뼘, 두 뼘 하는 식으로 재는 것이었습니다. 그 한 뼘을 한 자라 했고 한문으로 옮긴 말이 척尺입니다. 처음에는 대략 18cm가량이었습니다. 그러다 사람이 커졌는지 어쨌는지 점점 길어져 조선 초기에 32.21cm, 세종 때는 31.22cm, 구한말에 30.303cm로 통일됩니다. 이를 기준으로 '8척이 넘는 장수'라고 하면 240cm가 넘는다는 소린데 실제로 그런 거인이었을 리 없고 당당하고 건장한 체구를 8척이라고 표현한 것으로 보입니다.

하지만 '월척을 낚았다'고 할 때 월척은 1척, 즉 30cm가 넘는다는 뜻으로 오늘날에도 물고기를 낚았을 때 월척의 기준에 그대로 적용됩니다. 그러니 '척 보면 안다'는 말은 월척의 크기 정도인 30cm만 봐도 전체를 다 알 수 있다는 뜻이 되겠지요. 진위 여부는 보고 있는 사물이나 대상의 크기가 어느 정도의 크기냐에 따라 달라질 것입니다. 잘못하면 코끼리 다리만 만져놓고 코끼리를 아는 척하는 우스운 꼴이 될 수 있습니다. 그런데 대상이 사람이라면 과히 틀리지 않을 것 같습니다. 사람의 얼굴 크기는 모아이 석상이라면 모를까, 아무리 커도 1척을 넘길 수 없으니까요.

미국의 심리학자 앨버트 메러비언 박사에 따르면 우리가 대화를 나눌 때 말이 차지하는 비중은 8%에 불과했습니다. 가장 중요한 요소는 시각으로 55%, 절반 이상을 차지하는데요. 이 중 20%가 태도와 동작, 나머지 35%가 표정이었습니다. 그런가 하면 우리나라에서 남녀 직장인을 대상으로 첫인상을 결정하는 가장 큰 요인이 무엇이냐는 설문조사를 한 적 있는데 1위가 표정으로 무려 74.5%를 차지했습니다.

우리가 이처럼 무의식중에 상대의 표정에 민감하고, 또 중요하게 여기는 이유는 표정을 통해 얼과 꼴, 즉 영혼의 생김새를 짐작할 수 있기 때문입니다. 더구나 이목구비는 성형을 한다고 해도 얼굴 근육은 의식적으로 통제하기 힘들어서 인위적으로 표정을 고치는 것은 어렵다고 하는데요. '얼굴'이 영혼을 의미하는 '얼'과 생김새를 의미하는 '꼴'을 합친 단어 얼꼴에서 유래했다고 하니 영혼의 생김새가 얼굴에 나타난다는 뜻입니다. 그리고 이 얼굴의 크기는 아무리 큰 사람이라도 1척을 넘지 않지요.

그렇다고 모두가 자신이 사물이나 상대를 '척 보면 안다'고 자신하면 곤란할 것 같습니다. 대표적으로 제인 오스틴의 소설 『오만과 편견』이나 동명의 영화를 떠올려보세요. 엘리자베스와 다아시의 사랑이 우여곡절을 겪은 원인, 척 보고 안다고 자신했는데 그것이 편견이었던 데서 비롯되지 않았겠습니까. 척 보고 알 수도 있지만 척 보고 편견을 가질 수도 있습니다. 그래서 나온 말은 아니지만 이럴 때 할 수 있는 말이 '한 치 앞도 모른다'입니다. 한 치는 1척의 10분의 1, 대략 3cm입니다. 30cm만 봐도 알 수 있는가 하면 바로 3cm 앞도 알 수 없는 것…… 아마도 그것이 사람 마음이고, 세상살이겠지요.

'사이비'는
속어일까 아닐까?

어떤 진지한 단어도 그 앞에 '사이비'가 붙으면 참을 수 없는 가벼움이 되어버립니다. 적지 않은 경우 분노를 일으키기도 하지요. 언뜻 속어 같지만 이 말이 가진 뿌리는 꽤나 깊습니다.

사이비는 한자어입니다. 같을 '사似', 어조사 '이而', 아닐 '비非', '같아 보이지만 아니다'라는 뜻인데요. 이 말을 처음 한 사람은 놀랍게도 공자입니다. '나는 사이비한 것을 미워한다孔子曰 惡似而非者'고 했는데, 인仁의 대명사인 공자가 대놓고 미워한다며 세상에 공표한, 사이비한 것은 바로 향원鄕愿이었습니다. 향원에 대해서는 여러 해석이 있습니다. 일단 공자가 살던 시대에 향원은 마을에 한둘쯤은 있을 법한, 대인관계도 원만하고 인상도 후덕하고 어떤 일에도 모나지 않고 동네에서 평판도 좋은 사람을 일컬었습니다. 이런 향원을 공자는 왜 미워한다고 했을까요? 백여 년 후 맹자가 여기에 대해 언급합니다.

제자 만장이 맹자에게 물었습니다. "마을 사람이 향원을 모두 훌륭한 사람이라고 칭찬하면 훌륭한 사람일 텐데 유독 공자만 '덕을 해치는 사람'이라고 한 이유가 무엇인지요?" 맹자가 답을 들려줍니다. "그를 비난하려고 해도 딱히 비난할 것이 없고, 일반 풍속에 어긋남도 없다. 집에 있으면 성실하고 세상에서는 청렴 결백한 것 같아 사람들이 모두 그를 따르며 스스로 옳다고 생각하지만 요순의 도에 들어갈 수 없기 때문에 덕을 해치는 사람이라 한 것이다."

무슨 뜻인지 알쏭달쏭합니다. 그래서 다시 공자가 향원을 그토록 미워한 시점으로 돌아가 봅니다. 공자가 향원을 사이비라고 비난한 이유는 이러했습니다. "사이비는 겉으로 보기엔 그럴듯하지만 본질은 전혀 다른, 즉 겉과 속이 전혀 다른 것을 의미하며 선량해 보이지만 실은 질이 좋지 못하다."

비슷한 의미로 강아지풀을 미워한다는 말도 했는데 사람들이 벼와 혼동할까 봐서였지요. 향원을 미워한 이유도 같습니다. 선량하고 덕이 있는 것처럼 보이는 것은 단지 처세술로 위장했기 때문인데 사람들이 실제 선량하고 덕이 있는 자와 혼동합니다. 한 술 더 떠 훌륭한 사람이라고 입을 모아 칭찬하기까지 합니다. 일이 이렇게 되어가면 거짓이 진실을, 사이비가 진짜를 조롱하는 사태가 벌어질 수 있지요. 우리가 흔히 쓰는 말 '사이비', 이 말에 담긴 공자의 뜻이 만만치 않습니다.

심봉사는 나면서부터 '봉사'였을까?

심봉사의 이름은 심학규입니다. 심청이 왕비가 된 뒤에 임금에게 이렇게 털어놓지요. "저는 용궁 사람이 아니라 황주 도화동에 사는 심학규의 딸입니다." 황주는 백령도 북쪽에 있는 황해도 황주이고, 도화동은 복사꽃이 많은 마을이라는 뜻인데, 황주뿐 아니라 서울에도 있습니다. 봄에 복사꽃이 많이 피는 동네면 으레 부르던 지명이란 뜻이죠.

심봉사의 차림새를 보면 비록 남루하기는 해도 양반이라는 사실을 알 수 있습니다. 실제로 원전에서는 심학규가 양반 출신이고 과거에도 합격했지만 그만 눈이 멀어 관직을 받지 못하고 이름 대신 심봉사로 불리게 되었다는 이야기가 나오는데요. 흥미롭게도 조선시대에 봉사는 종 8품 벼슬이었습니다. 참봉이 종 9품이니 그보다 높은 벼슬이었지요.

또 시각장애인을 흔하게 일컫는 말인 '장님'은 '지팡이 짚은 어르신'이라는 뜻이라고 합니다. 다시 말해 봉사와 장님이라는 호칭이 시각장애인을 우대해 부른 말이었다는 사실을 알 수 있는데요. 이런 호칭이 생긴 배경을 살피면 옛날에는 나이가 들어 노인이 되면 정도의 차이는 있어도 앞을 잘 보지 못하는 경우가 흔했기 때문입니다. 그래서 노인이 앞을 보지 못하는 것을 장애로 여기지 않았던 것으로 보이는데요. 그렇더라도 단순히 시력저하가 아니라 심봉사처럼 아예 보지 못한다면 큰 불행이 아닐 수 없습니다. 심봉사는 어쩌다 눈이 멀고 말았을까요?

청은 심봉사가 마흔이 다 되어 얻은 딸이고 청이 태어났을 때 이미 눈이 먼 상태였다고 하니 마흔 즈음에 시력을 잃은 것으로 보입니다. 지금이야 마흔도 젊은 나이라고 하지만 평균 수명이 마흔다섯이었던 조선시대에 마흔은 거의 노인이나 다름없었습니다. 그리고 노화과정에서 흔히 앓는 안질환이 '백내장'이지요.

우리 눈의 수정체는 얇아지고 두꺼워지는 등의 변화로 빛의 굴절률을 조절하는 역할을 합니다. 수정체가 없어도 보이기는 하지만 지독한 원시에 온통 파랗게 보일 겁니다. 모네의 그림이 말년으로 갈수록 파란 색채가 강해지는 것은 백내장을 앓던 끝에 수정체 적출술을 받은 것과 연관이 있다는 설도 있습니다. 백내장은 수정체가 투명함을 잃고 뿌옇게 얼룩지는 현상인데요. 옛날에는 흔한 질병이라 백내장이라는 말을 알지 못해도 눈에 백태가 끼었다는 말이 흔히 오갔습니다. 아무런 시술을 하지 않고 방치하면 심봉사처럼 시력을 완전히 잃게 됩니다.

그렇다면 심봉사는 어떻게 앞을 보게 됐을까요? 『심청전』에서는 〈딸을 보고 싶은 마음에 눈을 비비고 힘을 주고 하다가 울부짖다가 갑자기 박이 터지듯 눈이 떡 떠졌다.〉고 나옵니다. 그래서 혹자는 눈을 너무 심하게 비벼서 그 충격으로 수정체가 터졌고 그 사이로 빛이 들어와 앞을 보게 됐을 거라고 추측하기도 하는데요. 글쎄요. 설령 그것이 사실이라도 진실은 심청의 효심과 딸을 너무 보고 싶은 아비의 간절함이 하늘에 닿아 기적을 일으킨 것이라고 이야기를 마무리하고 싶습니다.

기사도와 젠틀맨의
정체가 무엇이었을까?

'현실에 매이지 않고 감상적이고 이상적으로 사물을 대하는 태도나 심리. 또는 그런 분위기.' 표준국어대사전의 '낭만'의 뜻풀이입니다. 낭만보다 영어인 로맨틱Romantic이 흔히 사용되는데요. 12~13세기 유럽에서 발생한 운문체 소설을 아우르는 '로망Roman'이 어원입니다. 대체로 용감한 기사와 아름다운 귀부인의 사랑 이야기가 무용담과 함께 어우러지고, 『트리스탄과 이졸데』가 대표적인 작품입니다.

로망에서 기사는 귀부인을 헌신을 다해 섬세하게 보살피며 사랑하는 것으로 자신의 존재를 드러냅니다. 여기에서 나온 사조가 '기사도 정신'이고 여성을 특별하게 대우하는 예절을 강조했습니다. 자신이 사랑하는 여성뿐 아니라 모든 여성을 정해진 예의와 절차에 따라 대우할 수 있도록 방법을 구체적으로 규정했는데 여기에는 여성에게 인사하는 법부터 대신 물건을 들어주기, 드레스 자락이 걸리지 않도록 문을 잡아주기에 이르기까지 여성의 생활과 관련된 모든 부분을 세세히 담고 있을 정도라고 합니다.

'낭만적 사랑은 12세기 유럽에서 발명된 것'이라는 유명한 말이 있는데요. '발명'이라는 어휘 선택이 의미심장하지요. 맥락을 살피면 12세기 이전에는 사랑을 남녀 간의 것으로 여기지 않았고, 중요하게 여기지도 않았다는 사실을 알 수 있습니다. 이렇게 12세기에 발명된 로맨틱한 사랑은 사실과 고전에 묻혀 잊혔다가 19세기에 문학과 미술, 철학 등의 분야에서 '낭만주의'라는 사조로 부활합니다. 로망은 로맨스Romance, 남녀 간의 사랑 이야기로 변화하고, 기사도 정신은 젠틀맨으로 새롭게 탄생하지요. 오늘날 젠틀맨은 품위 있고 예절 바른 성인 남성쯤으로 비치지만 원래는 영국의 계급 중 하나를 가리켰습니다.

영국 사회의 계급은 왕족과 귀족, 젠트리Gentry, 요만Yeoman, 노동자로 구성돼 있고 이 중 젠트리가 젠틀맨입니다. 귀족인 아버지가 사망하면 장남이 작위를 세습 받고 차남은 농장을 차려 독립했는데 이들을 젠틀맨이라고 불렀습니다. 젠틀맨은 종교탄압을 피해 영국으로 이주한 기술자들을 받아들여 공장과 시장을 일궜습니다. 산업혁명을 거치는 동안 엄청난 부를 키우고, 왕족이나 귀족의 토지를 매입하면서 대지주가 되었으며 의회에도 큰 영향력을 행사하게 됩니다. 이에 따라 젠틀맨은 귀족보다 아래지만 유복한 평민인 요만보다 높은 신분 계층을 가리키는 말이 되는데요. 이들은 산업혁명의 기수였을 뿐 아니라 청교도 혁명의 불길을 당겼고, 노블레스 오블리주Noblesse Oblige를 실천했으며 품위를 중시하고 멋 내기에도 관심이 많았습니다. 젠틀맨이 차려입기 시작한 옷차림은 세계 남성의 유니폼, 오늘날 남성 슈트의 기본 모델이 되지요.

흔히 '영국 신사'라고 하는데 영국 남성이 특별히 신사적이라서가 아니라 영국에 젠틀맨이 있었기 때문입니다. 젠틀맨은 우리나라로 건너와 신사로 번역되는데 한자어로 '신사' 역시 중국에서 상류층 관료를 일컫는 말이었기 때문입니다. 이처럼 상류계급 중 하나를 가리키는 고유명사가 '사람됨이나 몸가짐이 점잖고 교양이 있으며 예의가 바르다'는 뜻으로 자리 잡은 까닭은 동서양을 막론하고 상류층이라면 으레 그러리라는 기대 때문이었을 것입니다. 19세기에 젠틀맨이 등장했을 때 진정한 젠틀맨(신사도 정신)이 무엇인지에 대해 논란이 있었던지 19세기 초 영국의 수필가 찰스 램이 그에 대해 날카롭게 짚었습니다.

신사도란 여성에게, 여성이라는 이유만으로 일종의 아첨이나 공손한 존경심을 표하는 것이다. 우리의 예의범절이 시작된 19세기에 들어와서야, 여성을 극악무도한 남자 범죄자와 똑같이 여러 사람들 앞에서 툭하면 매질하는 따위의 흔한 행위가 사라지기 시작했다는 사실이 잊힐 때, 그때야 비로소 나는 이 신사도가 발동하게 되었다고 믿을 것이다. 영국에서 아직도 여자들이 때때로 교수형을 당한다는 사실을 외면해버려야 그것이 영향력이 있음을 믿을 것이다. 여배우가 신사들에게 야유를 받고 무대에서 쫓겨 내려오는 일이 없게 될 때 비로소 나는 그것을 믿을 것이다. 멋쟁이 신사가 생선 장수 마누라 손을 잡아 도랑을 건너 준다든지, 재수 없이 짐마차하고 박치기를 해서 쏟아져 흩어진 과일을 주워 담는 사과 장수 아낙을 도와준다면 나는 그것을 믿을 것이다.

— 『찰스 램 수필선』 중 「오늘날의 신사도」, 찰스 램 지음, 김기철 옮김, 문예출판사

징크스가
정말 징크스일까?

축구에 문외한인 사람으로서는 넓은 골대 안에 골을 넣는 것보다 가느다란 골대를 맞히는 것이 더 어려워 보이는데 골대를 맞히면 경기에 진다는 사실이 신기합니다. 이런 골대 징크스가 우리나라뿐 아니라 세계적으로 통한다는 사실은 더 신기하고요. 문제는 다음부터입니다. 이 징크스를 알고부터 응원하는 팀의 선수가 골대를 맞히면 골을 못 넣은 안타까움보다 경기에 질 것 같은 불길한 예감이 듭니다. 구경하는 사람도 이런데 선수는 오죽할까요. 그래서 문득 이런 생각이 들었습니다. 혹시 징크스 때문에 좋게 나올 결과도 나쁘게 나오지는 않을까? 실제로 징크스가 생기면 거기에 매이든 깨기 위해서든 심리적으로 압박을 받을 수밖에 없는데요. 도대체 징크스의 정체는 무엇일까요?

딱따구리과의 '개미잡이'라는 새입니다. 한국에서는 여름철 새로 개미를 먹는다고 해서 개미잡이라는 이름이 붙었지만 개미뿐 아니라 딱정벌레와 벌, 나비, 거미 등도 잡아먹습니다. 고대 그리스에서는 이 새를 '윤그스Junx'라고 부르며 마술을 부릴 때 '사람의 힘으로 어찌할 수 없는 운명'을 상징하는 용도로 사용했습니다. 이때 그리스인이 부르던 새의 이름이 현재 학명인 '징크스

Jynx'가 됐습니다. 고대 그리스에서 노력해도 어쩔 수 없는 운명을 상징했던 새가 불길한 징조를 뜻하는 용어가 된 것은 언제부터였을까요?

1868년 윌리엄 린가드William Lingard가 만든 「기병 대장 징크스Captain Jinks of the Horse Marins」라는 노래가 있습니다. 기병 대장 징크스가 훈련에 나가서 나팔소리만 들으면 병이 나고 말에서 떨어지는 등 불운한 일이 계속된다는 내용의 가사로 이어지는데요. 1900년대 초반 미국 프로야구계에서 이 노래 속 기병 대장의 이름인 징크스를 사용하기 시작했고, 1911년 미국 영어사전에 정식으로 등재되면서 널리 퍼졌습니다.

징크스를 우리 국어사전에서는 '재수 없는 일, 불길한 징조, 또 고대 그리스에서처럼 그렇게 될 수밖에 없는 악운으로 여겨지는 것'으로 풀이합니다. '여겨지는 것'이라고 덧붙인 말이 의미심장하지요. 어쩌다 우연히 그 상황에서 서너 번 안 좋은 일이 생겼을 뿐인데 그 상황이 되면 늘 재수 없다고, 불길하다고, 그렇게 될 수밖에 없다고 여기는 순간부터 징크스가 되니까요.

우리나라에서는 대표적인 징크스 중 하나로 '미역국을 먹으면 떨어진다'가 있습니다. 미역국은 산모가 출산 후에 먹는 음식으로 고려시대 문헌에 등장할 만큼 오랫동안 내려온 관습입니다. 실제로 산모의 어혈을 풀어주고 모유가 잘 나오게 하는 데도 탁월한 효능이 있다고 하지요. 그런데 이 좋은 미역국이 '미역국을 먹었다'는 관용구로 사용되면 엉뚱하게도 해고당했다, 시험에 떨어졌다, 퇴짜 맞았다 등의 좋지 않은 뜻이 되고 맙니다. 이런 뜻으로 사용되기 시작한 것은 생각보다 오래전으로, 1957년 한글학회가 발간한 『큰 사전』에 등재됐을 정도인데요. 사전은 '미역국 먹다'를 이렇게 설명하고 있습니다. '무슨 단체가 해산되거나 또는 어디에서 떨려나오는 것을 이르는 변말이다.' 여기에는 구한말 비극적인 사건이 반영되어 있습니다.

1907년 8월 1일 오전 11시, 서울 동대문 밖 훈련원에서 맨손 훈련을 한다고 병사들을 집합시키고 군부협판 한진창이 '군대 해산 소칙'을 낭독했습니다. 일본 헌병들이 중무장한 채 둘러섰고 조선 병사들은 그 자리에서 계급장을 뗀 후 강제 해산됐습니다. 이 소식을 들은 황실 근위부대 제1대대장 박승환 참령이 격분해서 권총으로 자결했고, 병사들이 무기고를 열어 총을 들고 나가 남대문 밖 일본군 주둔지를 공격하는 것을 시작으로 격전을 치렀지만 도리어 78명이 전사하고 말았습니다. 충격을 받은 사람들은 두려움을 느껴 '군대 해산解散'이라는 말조차 대놓고 하지 못했습니다. 그래서 빌려온 말이 아이를 낳는다는 뜻의 '해산解産'이었습니다. 한자는 서로 달라도 소리가 같아서였지요. 강제 해산 당한 데다 동료까지 잃은 조선의 병사들은 해산하고 미역국을 먹는 풍속과 연관지어 자신들의 처지를 비관했습니다. "우리더러 미역국이나 먹으란 말이냐."

뜻도 어원도 참 슬픈 말 '미역국을 먹다', 징크스와는 아무런 관련이 없습니다. 나라가 망해서 벌어진 일이었지요. 그런데도 후세의 사람들은 중요한 일을 앞두고 미역국을 먹으면 좋지 않은 결과가 생길 것이라는 징크스로 만들었습니다. 이처럼 징크스의 원인을 캐고 보면 아무런 관련이 없거나 서너 번 반복된 우연의 일치, 그로 인한 학습효과가 대부분입니다. 하지만 사람의 뇌는 원인을 알 수 없는 결과를 받아들이지 못하는 습성이 있지요. 그래서 어떻게든 원인을 만들어냅니다. 문제는 그렇게 한 번 뇌에 새겨지면 서로 아무런 연관이 없는 원인-결과 관계가 진실처럼 굳어져 지우기 힘들어진다는 것입니다. 징크스, 처음부터 만들지 않는 것이 최선이고 이미 생겼다면 원인-결과 관계를 깰 수 있는 것을 새로 만들어봐야겠습니다.

'도리도리 까꿍'은 무슨 뜻일까?

평생이 백 일 조금 넘은 아기가 미용실에 이발을 하러 왔습니다. 무려 세 명의 어른이 동원됩니다. 아기 엄마는 미용 가운을 입고 아기를 안고, 미용사가 아기의 머리카락을 자르는 동안 다른 미용사가 아기의 시선을 끌려고 재롱을 부립니다. "도리도리 까꿍!" 그러자 신기하게도 아기가 방긋거립니다. 문득 궁금했습니다. '도리도리 까꿍'은 무슨 뜻일까, 뜻이 있기는 할까, 하고 말이지요.

우리 선조에게는 오랫동안 내려온 전통 육아법이 있었는데 '단동십훈檀童十訓'이 그것입니다. '단동치기십계훈檀童治基十戒訓'의 줄임말로 '단군왕검의 혈통을 이어받은 배달의 아이들이 지켜야 할 열 가지 가르침'이란 뜻입니다. 0세에서 3세까지의 아기를 어르는 방법이 들어있지요. 단동십훈이라는 말이 생소하지만 담긴 내용은 이미 알고 있는 것입니다. 의성어이거나 의태어인 줄 알았던 '도리도리', '곤지곤지', '죔죔', '짝짜꿍'이 모두 여기에 나옵니다.

머리를 좌우로 흔들면서 아기를 어르는 '도리도리道理道理'는 길 도道에 다스릴 리理를 쓰고, 까꿍은 '각궁覺躬'에서 나왔는데 깨달을 각覺에 몸 궁躬입니다. '천지만물이 하늘의 도리로 생겼으니 너도 하늘의 도리에 따라 생겼음을 깨달으라'는 뜻이지요. 오른손 집게손가락을 왼손바닥 가운데에 찧는 동작을 하는 곤지곤지는 하늘 건乾, 땅 곤坤을 쓰는 '건지곤지乾知坤知'로부터 유래했습니다. '하늘과 땅의 이치를 깨달으면 천지간 무궁무진한 조화를 알게 된다'는 뜻입니다.

두 손을 쥐었다 폈다 하는 쥠쥠은 '지암지암持闇持闇'에서 왔습니다. '쥘 줄 알았으면 놓을 줄도 알라'는 깨달음을 은연중에 가르치는 것이라고 하지요. 또 아기 아빠가 아기를 손바닥 위에 올려 세우는 것을 '섬마섬마'라고 하는데 '남에게 의존하지 말고 스스로 일어서 굳건히 살라'는 뜻이 담겨있습니다. 그런가 하면 아기가 위험한 데로 가려거나 손을 대려고 하면 '어비어비' 하면서 못 가도록 하지요. 이는 한자 '업비업비業非業非'에서 왔습니다. '일함에 도리와 어긋남이 없어야 한다'는 뜻입니다.

우리가 어렸을 적에 들었고, 자라서는 똑같이 아기에게 들려주고 있는 도리도리 까꿍, 곤지곤지, 쥠쥠, 섬마섬마, 어비어비. 이 모든 말에는 이렇듯 인생을 통찰하는 철학이 깃들어있습니다. 우리 모두 이 좋은 말들을 많이 듣고 자랐지요.

아가, 하늘과 땅의 이치를 깨달으면 인생에 어려움을 겪더라도 쉬이 견딜 수 있을 테니 앎에 대한 노력을 게을리하지 말거라. 아가, 가지려고만 애쓰지 말고 내려놓는 법도 알아야 한단다. 아가, 남에게 의존하지 말고 스스로 일어서거라. 아가, 무슨 일을 할 때는 성과에 집착하지 말고 도리에 어긋남이 없도록 해야 한단다. 아가, 도리도리 까꿍, 너는 하늘의 도리에 따라 생긴 귀한 존재란다.

언제
철들까?

　씨앗에서 싹이 트고, 곡식으로 자라고, 수확하고, 사라지고. 고대 그리스인들은 이 모든 과정을 여신 데메테르가 주관한다고 믿었습니다. 싹이 트고, 자라고, 수확하는 열 달 동안은 딸 페르세포네가 곁에 있습니다. 하지만 나머지 넉 달 동안엔 페르세포네가 곁에 없습니다. 명부의 신 하데스의 아내인 페르세포네는 어머니 곁을 떠나 하계로 내려가고, 데메테르는 슬픔에 잠겨 대지를 돌보지 않지요. 이 때문에 대지는 아무것도 자랄 수 없는 불모의 상태가 되는데요. 이 유명한 신화에서 페르세포네는 '씨앗'을 상징합니다.

　이에 따라 페르세포네가 하계로 내려가는 것은 씨앗을 땅에 묻는 것, 지상으로 올라오는 것은 싹이 트기 시작해 곡식으로 자라는 것을 의미합니다. 그리고 페르세포네가 어머니 곁을 떠났다 돌아오기를 되풀이하는 것처럼 대지의 모든 생명이 순환합니다. 떠났던 것이 돌아오고, 죽은 것처럼 보였던 것이 다시 태어납니다. 이 계절이 '봄'입니다.

　봄을 위해 농부들은 지난해 가을, 최고로 잘 여문 씨앗을 골라 서늘한 그늘에 바짝 말린 다음 갈무리해두었습니다. 벌레 먹지는 않았는지, 상하지는 않았는지 틈틈이 살폈고, 한두 차례 맑은 날 바람에 잘 말려 다시 보관하는 과정을 되풀이했습니다. 먹을 게 없어서 아무리 굶주려도 먹지 않았습니다. 여기에서 나온 사자성어가 '석과불식碩果不食', 직역하면 큰 과일은 다 먹지 않고 남긴다, 이고 의역하면 종자로 쓸 씨과실은 남긴다는 뜻입니다. 석과는 단순한 씨앗이 아니라 수십 개, 수백 개의 열매가 들어있는 희망이니까요.

지금이야 먹을거리가 풍성한 시대라서 씨과실 남기는 일이 뭐가 어렵냐고 할 수 있지만 식량이 없어 배곯기가 다반사였던 시절에 나온 말임을 염두에 둘 필요가 있습니다. 이토록 어렵게 지킨 씨앗인데 때를 모르고 뿌리면 늦추위에 얼어 죽거나, 때 아닌 비를 맞으면 맥없이 썩어버릴 수 있습니다. 그래서 농부가 되려면 언제 씨앗을 뿌려야 많은 열매로 거둘 수 있는지 아는 것이 필수였고 계절의 변화와 농사의 이치를 아는 때가 되면 '철들었다'고 했습니다.

일단 잘 갈무리해둔 씨앗이 필요합니다. 때를 살펴 심어야지요. 부지런히 오며 가며 물도 주고 잡초도 뽑고 벌레도 잡고 거름도 주고 돌봐야 하지만 하늘의 운도 작용하지 않는다고 할 수 없습니다. 모든 씨앗이 가는 길입니다. 그 끝은 제각각이겠지만 한 가지는 분명합니다. 아무리 크고 탐스러운 열매라도 한 개의 작은 씨앗에서 시작됐습니다.

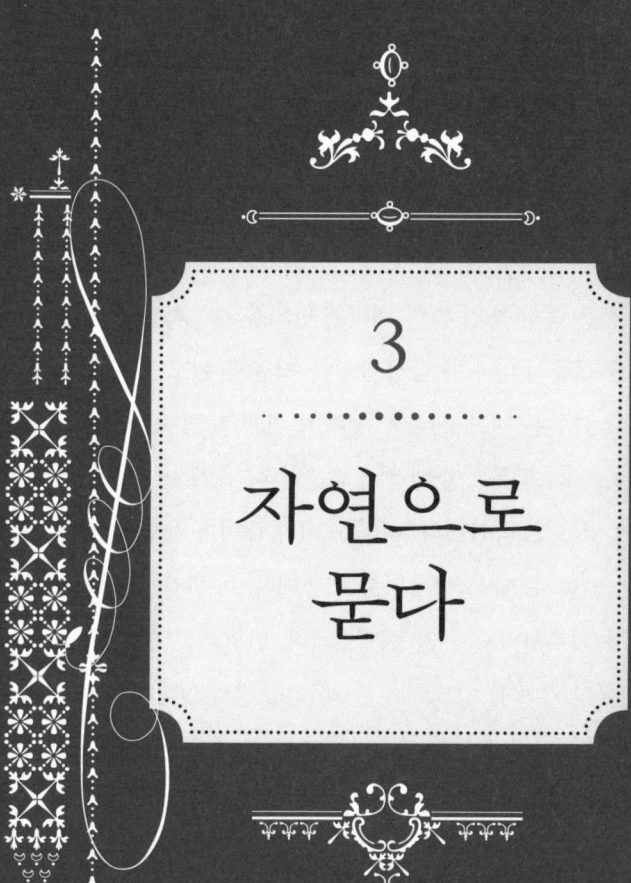

3

자연으로 묻다

비가 내리면 새의 깃털이
무거워져서 떨어지지 않을까?

이 글을 쓰는 동안 제법 많이 내리는 단비를 보노라니 문득 오늘 아침에 본 새들의 안부가 궁금합니다. 창문을 열고 누워 하늘을 바라볼 때 그들은 날개를 활짝 펼치며 내게 하얀 배를 보여주고 날아갔지요. 새의 둥지엔 지붕이 없으니 이 많은 비를 고스란히 맞을 것입니다. 궁금합니다. 이렇게 비가 내리면 새의 깃털이 무거워지지 않을까. 답은 짐작하고 있습니다. 아무리 비를 맞아도 새의 깃털은 무거워지지 않을 것입니다. 만약에 그렇다면 비 오는 날 깃털의 무게를 감당하지 못해 하늘에서 떨어지는 새들이 수도 없이 많을 테니까요. 비 오는 날 우산 위로 떨어지는 것이 새들이라면…… 상상만 해도 아찔합니다. 설마 이 세상이 그런 식으로 허술하게 설계됐을 리 없다고 믿고 싶습니다. 그러니 궁금한 것은 답이라기보다 이유이고, 결론이라기보다 과정입니다. 또한 이유나 과정보다 중요한 것은 질문 그 자체입니다.

2014년에 발간한 『문득, 묻다─첫 번째 이야기』에서 여는 글로 썼던 대목입니다. 이제 그 궁금증을 풀어보려고 합니다. 아무리 많은 비가 내려도 새가 하늘에서 떨어지지 않는 이유, 강이나 호수 같은 물 위에서 유유자적 헤엄치던 새가 젖지 않고 가뿐하게 하늘을 날 수 있는 비결. 이 궁금증에 대해 생각하면 「소금장수와 솜 장수」라는 전래동화가 떠오릅니다.

소금장수와 솜 장수가 등에 짐을 잔뜩 짊어지고 강을 건너갑니다. 강이 깊어지면서 등에 짊어진 짐이 점점 물에 잠기기 시작하지요. 똑같이 등에 짐을 졌지만 한 사람은 무사히 강을 건넜고 다른 한 사람은 그만 강에 떠내려가고 맙니다. 누가 살아남았을까요? 소금이 물에 녹으니 당연히 소금장수가 살아남았을 것 같은데, 답은 솜 장수입니다. 솜 장수는 짐이 점점 무거워지자 더 이상 감당할 수 없음을 받아들이고 강물에 던져버렸지만, 소금장수는 짐이 점점 가벼워지니까 소금이 물에 녹는 것이 안타까워 어떻게든 간수하려고 허둥거리다 힘이 빠져서 강에 떠내려가고 말았지요.

어렸을 적에 이 이야기가 남긴 교훈은 '짊어진 짐이 버거우면 내려놓는 것도 지혜다'가 아니라, '아! 솜이 물에 젖으면 상당히 무거워지는구나'였습니다. 새도 솜털을 지니고 있습니다. 정확히는 '솜 깃털'입니다. 만약 새에게 솜 깃털이 없다면 우리는 겨울에 단 한 마리의 새도 볼 수 없을 것입니다. 추위를 견디는 데 솜 깃털이 절대적인 역할을 해서 깃털 안쪽과 바깥쪽의 체온이 수십 도나 차이 날 정도라고 하지요. 대신 습기에 약합니다.

태어난 지 얼마 안 된 어린 새들은 아직 솜털에 쌓여있습니다. 이 상태에서 비를 맞으면 얼어 죽을 수 있습니다. 그래서 어미 새가 날개 아래 어린 새들을 포근하게 품지요. 어미 새의 날개를 비롯한 겉 깃털은 신기하게도 비에 젖지 않습니다. 우산 같은 방수 기능을 가진 덮개라고나 할까요. 이 덮개가 없으면 새는 워낙 체질량이 적어서 아무리 솜 깃털이 따뜻해도 체온을 유지할 수 없습니다. 실제로 새의 겉 깃털에 물을 뿌리면 방울져 흘러내리는 것을 볼 수 있는데요. 그 비결은 겉 깃털의 성분이 케라틴으로 이루어져 있고, 새의 꼬리샘에서 지방 성분의 분비물이 나와 이것으로 하루에도 몇 번씩 깃털 단장을 한다는 것, 그리고 결정적으로 깃가지 사이사이에 미세한 공기주머니가 달려있어서 물방울을 밀어내는 구조에 있습니다.

이처럼 새의 깃털이 물에 젖지 않고 무거워지지 않는다는 답은 나와 있지만, 어떻게 그것이 가능한지에 대해서는 많은 공학자들이 아직도 연구 중이라고 합니다. 밝혀낸다면 세계적으로 수십억 달러 시장이 걸려있는 방수 소재도 개발해낼 수 있겠지요. 그러니 질문에 답을 안다 해도 곱씹을수록 신통합니다. 아무리 많은 비를 맞아도 새의 깃털이 무거워지지 않는다는 사실이요.

나비가 바다를
건널 수 있을까?

태풍이 부는 날이면 세상에 하고많은 작고 여린 것들의 안부가 궁금합니다. 이제 막 패기 시작한 벼와 붉게 물들기 시작한 감이며 영글기 시작하는 사과며 그리고 나비, 태풍에 작고 여린 날개를 가진 데다 집도 없는 나비의 안부가 궁금합니다. 꽃잎 같은 날개를 가지고, 이 꽃에서 저 꽃으로 달콤한 꿀을 따러 다니는 나비는 뭐니 뭐니 해도 꽃밭에 가장 어울립니다. 한없이 가볍고 부드럽고 연약한 날개로 도무지 다른 험한 일은 잘 해낼 수 있을 것 같아 보이지 않으니까요.

그런데 믿을 수 없게도 바다를 나는 나비가 있습니다. 그 이름은 '왕나비'입니다. 몸집이 10cm가량으로 나비치고 큰 몸집이라서 왕나비라 불리고 자주와 검정, 갈색이 조화를 이룬 멋진 날개를 갖고 있습니다. 따뜻한 지역에서 사는 남방계 나비로 나비 중 유일하게 여행을 하고 우리나라에서는 제주에서 겨울을 나기 때문에 특별히 '제주왕나비'라고 부릅니다. 제주에서 겨울을 난 제주왕나비는 겨울이 끝나면 한라산을 넘고 남해를 건너 육지로 올라옵니다.

당연한 이야기지만 바다 위를 나는 동안에는 날갯짓을 쉴 수 없습니다. 나비치고 몸집이 크다고 해도 10cm에 불과한 나비가 거의 쉬지 않고 날아 그 막막한 바다를 건너는 것입니다. 그 덕에 7월에서 9월 사이 한여름에는 중부지방에서도 제주왕나비를 만날 수 있는데요. 겨울이 시작될 무렵엔 다시 바다를 건너 제주로 돌아가 겨울을 날 것입니다. 왕나비가 왜 이렇게 멀고 힘겨운 여행을 하는지 곤충 생태학자들은 번식을 위해서라고 추정할 뿐 아직 확실한 것은 밝혀내지 못했습니다.

제주왕나비와 비슷하게 아메리카 대륙에는 제왕나비가 있습니다. 제주왕나비처럼 바다를 횡단하지는 않지만 캐나다에서 멕시코까지 무려 3,000km 이상 이동합니다. 제왕나비가 무리를 지어 북미대륙을 가로질러 이동하는 광경은 경이로울 정도라고 하지요. 꽃잎 같은 날개를 가지고 쉬지 않고 날아 바다를 횡단하고, 대륙을 횡단하고…… 마치 동화의 한 장면처럼 비현실적으로 들립니다. 그리고 나비 때문에 차라리 거짓이라면 좋을 세상을 산 인물이 있습니다.

19세기 조선에서 '남나비'로 통했습니다. 어렸을 적부터 얼마나 나비를 좋아했는지 열여섯 살 때 집에서 발견한 나비를 보고 10리(약 4km)를 쫓아갔을 정도입니다. 남나비라는 별명이 붙은 것은 하도 나비 그림을 많이 그려서였습니다. 그는 조선시대를 통틀어 나비 그림의 일인자로 꼽히는데 사실적인 묘사가 특징입니다. 백여 년 전 이 땅의 나비가 어떤 모습이었는지 궁금하다면 그의 그림을 보면 맞을 만큼 과학적인 관찰과 세밀한 묘사로 그려 실사에 가깝습니다. '알면 곧 참으로 사랑하게 되고 사랑하면 참으로 보게 되고 볼 줄 알게 되면 모으게 되니 그것은 한 갓 모으는 것이 아니다(조선 정조 대의 문장가 유한준)'라더니 과 연 그 말대로입니다.

그가 나비에 관해 얼마나 풍부한 지식을 가졌는지 국립중앙 박물관에 있는 〈군접도〉를 보면 알 수 있습니다. 네 폭에 그려진 나비가 150여 마리. 모양이나 문양, 색깔은 물론 날개의 분가루 질감까지 세밀하게 화폭에 옮겼는데 너무나 사실적이라서 오히 려 비현실적입니다. 백여 년 전 그림인데도 여태 색상이 선명한 비 결은 나비의 노란색은 금가루, 흰색은 진주가루를 사용해 마티에 르 기법*으로 그린 데 있습니다. 그야말로 나비에 미친 사람이 아 니고서는 완성할 수 없는 작품입니다.

'남나비'라고 불린 그의 본명은 남계우, 김홍도나 신윤복처럼 화원이 아니라 명문가의 사대부였습니다. 5대조가 숙종 대 서인 의 영수이자 영의정을 지낸 남구만으로 우리에게는 '동창이 밝았 느냐 노고지리 우짖는다'로 시작하는 시조의 지은이로 친숙합니 다. 남계우도 정 3품 벼슬까지 올라 권력의 중심에 섰지만 흥선대 원군이 집권하면서 주변으로 완전히 밀려났고 형편이 어려워지자 나비 그림으로 생계를 꾸렸습니다.

나비 그림을 그려달라는 사람이 줄을 이었고 공통적으로 이 런 주문을 했다고 하지요. "이왕이면 나비를 많이 그려주소~" 남 계우는 자신이 나비를 좋아하면서도 나비를 많이 그려달라는 사

---

* 두껍게 겹쳐 올려 화면에 재질감을 만드는 기법이다.

람들의 속성을 그리 좋아하지 않았습니다. 누구보다 나비를 좋아하면서 왜였을까요. 이런 시를 지었습니다.

> 매미야 귀뚜라미야, 아유 가엾기도 하여라
> 처량하고 메마르고 또 바람까지도 겁을 내는구나
> 가장 번화함을 좋아하는 이 나비는
> 일생 동안 꽃 밑에서 진궁같이 지내고 있네

진궁은 한나라 때 권세가에게 아부해 호사를 누렸던 실재 인물이고, 처량하고 메마른 매미와 귀뚜라미는 음모와 계략에 희생된 이를 은유합니다. 남계우에게 나비를 많이 그려달라는 사람치고 매미처럼 청빈하게, 귀뚜라미처럼 애처롭게 살고 싶은 사람은 아무도 없었습니다. 부정과 권력을 이용해서라도 나비처럼 화려하게 살고 싶어 했습니다. 이것이 남계우의 그림이 흥행에 성공했던 비결이자 스스로의 운명을 자조한 이유였습니다. 나비가 바다를 건너고 산맥을 넘는다는데 사람이 인생고해를 건너기가 참으로 쉽지 않습니다.

왜 매미를
본받으라고 했을까?

한여름 이른 아침에 해가 뜨기 시작하면 거의 동시에 집 안으로 물살처럼 쏟아져 들어오고 햇볕이 뜨거워질수록 맞서기라도 하듯 점점 커다래집니다. 한낮에 대로변의 가로수 아래 서있노라면 정신이 아찔해질 정도입니다. 매미 소리는 잘 알려진 것처럼 수컷이 구애할 때 내는 소리고, 큰 소리로 울수록 암컷에게 인기가 많다고 하지요. 여름의 태양 못지않게 뜨겁게 작열하는 그 소리를 들으면서 나도 모르게 이 말이 나왔습니다. 열렬하다, 참으로 열렬하다.

어떻게 그리 열렬할 수 있을까 했더니 매미는 입으로 소리를 내는 게 아니라 몸통 안의 얇은 막을 떨어서 소리를 냅니다. 그런데 수컷 매미의 뱃속은 텅 비어있어서 공명효과로 큰 소리를 낼 수 있다고 하지요. 저렇게 울다가 속이 텅 비겠다…… 했더니 속이 텅 비어서 저리도 크게 울었습니다. 속이 텅 비어서 그리도 열렬했습니다.

도시에 사는 이들에게는 천덕꾸러기 취급을 받지만 앞서 남계우가 시에서 청빈의 상징으로 매미를 언급한 것처럼 조선시대 선비들은 매미에게서 벼슬아치의 덕목을 읽었습니다. 사모관대는 조선시대 벼슬아치들이 정무를 볼 때 갖춰 입은 모자와 의복입니다. 사모를 살피면 머리에 쓴 부분의 양옆으로 뿔처럼 돋은 것이 있는데 재질이 다른 부분보다 얇습니다. 또 조선시대 임금이나 세자가 쓰는 모자를 '익선관'이라고 하는데 위로 난 두 개의 뿔 역시 마찬가지로 만들어졌습니다. 익선관의 위나, 사모의 양옆을 장식하고 있는 두 개의 뿔(?)은 다름 아닌 '매미의 날개'를 형상화한 것입니다. 익선관이라는 말도 날개 익翼 자에 매미 선蟬 자를 쓰고 있는데요.

임금이나 세자, 벼슬아치들의 머리를 장식하고 있는 것이 다름 아닌 매미의 날개를 형상화했다는 사실이 의외지요. 매미는 애벌레기를 거쳐 성충이 될 때까지 축축하고 어두운 땅 속에서 6~7년 동안 굼벵이로 살면서 무려 열다섯 번의 허물을 벗습니다. 드디어 나래를 달고 나무에 오르지만 그래봐야 여름 한철, 고작 2~3주밖에 살지 못하지요. 이런 매미한테서 어떤 본받을 점이 있어 머리에 쓰고 다녔을까요.

중국 진나라의 시인 육운은 매미에게 다섯 가지 덕이 있다고 했는데, 문文, 청淸, 검儉, 염廉, 신信입니다. 임금과 세자, 벼슬아치들은 매미의 다섯 가지 덕을 염두에 두고 나랏일을 해야 한다는 뜻으로 관에 매미 날개를 달았는데요. 매미의 오덕을 풀면 이렇습니다.

첫 번째 덕은 학문文으로 매미의 곧게 뻗은 입모양이 선비의 갓끈과 비슷한데, 배우고 익혀 선정을 베풀라는 뜻입니다. 두 번째 덕은 맑음淸, 매미는 이슬이나 수액을 먹고 살기 때문입니다.

세 번째 덕은 검소儉, 다른 곤충들과 달리 집이 없기 때문이고, 네 번째 덕은 염치廉, 농부가 가꾸어놓은 과일이나 채소를 해치지 않기 때문입니다. 마지막으로 다섯 번째 덕은 신의信, 울 때를 알고 죽을 때를 안다는 뜻입니다.

임금과 세자, 벼슬아치들이 쓰는 관冠에는 이와 같은 매미의 다섯 가지 덕을 항시 염두에 두고 나랏일을 해야 한다는 경계의 의미가 들어있었습니다. 남계우가 나비를 그렸다면 심사정과 겸재 정선은 매미를 그렸습니다. 특히 정선의 손자 정황이 그린 〈매미도〉는 실사에 가까우리 만치 관찰력이 뛰어나고 붓놀림이 섬세해 참매미 그림 중 수작으로 꼽힌다고 하지요.

진주는 조개가 고통을 극복한
결과물이 맞을까?

진주는 예나 지금이나 고가의 보석입니다. 게다가 여느 보석처럼 광산이 아닌 조개라는 생물에 있던 것이라 단백질과 필수아미노산이 풍부하게 들어있다고 하지요. 그래서 옛날에는 만병통치약처럼 여겨 왕이나 귀족, 부자들이 갈아 먹고는 했는데 이것이 진주가 부와 건강, 장수를 상징하는 보석이 된 배경입니다. 무엇보다 다른 보석에 없는 역경과 고난을 극복하고 최고로 대우받는다는 스토리를 가지고 있습니다.

조개는 수관을 통해 물을 빨아들여 먹이를 걸러내는 방식으로 섭식을 하고 이 과정에서 모래나 이물질이 있으면 밖으로 내뱉습니다. 그런데 미처 뱉지 못한 모래알이 있어 속살로 파고 들어 상처가 생기면 일종의 자가 치료처럼 점액질을 분비하는데 수년 동안 이 과정을 반복해서 만들어진 것이 진주라는 이야기입니다. 진주는 조개가 오랫동안 속살에 난 상처를 견디고 만들어낸 영롱한 결과물이라는 이야기지요.

이런 진주와 비슷한 맥락으로 언급되는 것이 '떠다니는 황금'이라 불리는 '용연향'입니다. 일반인들은 거의 접할 기회가 없어 생소한데요. 사람의 피부에서 오래도록 향기를 지속시키는 기능을 하는 향수의 원료로 600g에 1억여 원 가까이 호가합니다. 용연향은 수컷 향유고래가 오징어나 생선 등을 먹고 소화하지 못한 부분이 굳으면서 생긴 위석입니다. 그렇게 평생 윗병을 앓다 죽으면 돌처럼 딱딱하게 굳어 썩지 않는 위석이 바다에 떠다닌다는 이야기인데요. 어째 이야기가 조개나 고래의 지독한 고통이 사람한테만 좋은 일 하는 쪽으로 흐르는 느낌이네요. 이런 개인적인 느낌과 관계없이 진주나 용연향을 비유로 가져올 때 대개의 맥락은 '역경과 고난을 극복하고 성장한다'일 것입니다. 타당한 비유일까요.

먼저 진주의 경우는 조개가 병들어 생겼다기보다 병들지 않기 위해 생겼다는 말이 더 정확합니다. 조개는 모래처럼 소화하기 힘든 이물질이 들어오면 상처가 생기지 않도록 우윳빛 화학물질을 분비하는데 한 번이 아니라 여러 차례에 걸쳐 동그랗게 감싸 겹겹이 층을 만듭니다. 이런 활동은 조개뿐 아니라 홍합도 합니다. 또 그렇게 우윳빛 화학물질로 감쌌다고 모두 그 안에 진주가 든 것은 아니지요. 무엇보다 모체가 건강해야 진주도 아름답습니다.

'앰버그리스Ambergris'로도 불리는 용연향은 향유고래가 죽으면서 남긴 것이 아니라 왕오징어처럼 딱딱한 것을 먹고 소화를 못 해 배설한 것이 원료입니다. 짧게는 10년에서 길게는 수십 년 동안 바다를 떠다니면서 바닷물과 햇볕에 의해 서서히 희고 광택이 있는 형태로 변하는데 이것이 용연향입니다. 향유고래의 배설물을 바닷물과 햇볕, 그리고 세월이 용연향으로 만들어주는 것이지요.

　결국 진주는 조개가, 용연향은 향유고래가 뭘 잘못 먹고 탈이 나거나 체해서 병이 생겼는데 스스로 치유할 수 있을 만큼 자생력이 좋다는 뜻이 됩니다. 진주나 용연향이 조개나 향유고래가 고통을 견딘 끝에 만들어낸 결과물이라는 스토리는 정확한 사실이라기보다 인간의 시선에서 해석한 것이라고 할 수 있는데요. 무엇보다 하도 많은 이가 사용한 표현이라 이제는 식상한 비유로 보입니다.

하루살이 같은 인생,
하루살이는 하루만 살까?

염소가 어미의 환갑잔치를 마련하고 모든 동물을 불렀습니다. 왕개미, 하루살이까지 하객으로 왔으니 왁자지껄 식장은 난장판이었습니다. 나이 순서대로 상석부터 앉히기로 합의를 보았는데, 불여우가 불쑥 나와 말하기를 "세상에서 나처럼 아니 본것이 없고, 아니 간 곳이 없고, 알지 못하는 것이 없으니 나만치나이 많은 자가 없을 것이오" 하고는 상석에 앉아버리니 어처구니없는 노릇이었습니다.

이때 넙죽 거북이가 뱀 같은 목을 쭉 뽑고 흐느끼며 말합니다. "잠시 내 말을 들어보시오. 내 자식이 어릴 때 저곳에 은행나무 두 그루를 심어 수천 년 동안 잘 자랐는데, 천지개벽이 일어난다는 소문을 듣고 자식들이 은행나무를 베어 하늘의 둑을 막는공사를 하다가 그만 지쳐서 죽었다오. 그 후에 저 나무 뿌리에서다시 싹이 나서 몇천 년을 자라더니 저처럼 커졌다오. 저 나무를바라볼 때면 죽은 자식 생각에 그만 실례를 하게 된 것이오. 하여간 내 나이를 아는 것은 저 나무뿐이라오." 이 말을 듣자 모든 동물이 나이 많은 어른을 몰라봤다고 하면서 여우란 놈을 쫓아버렸습니다.

동물들이 나이 다툼을 벌이는 설화를 읽고 있자니 거북이가 참 의뭉한 노인네로 보입니다. 이런 자리에 하루살이는 명함도 못 내밀겠지요. 하루살이로서는 환갑이 무엇인지, 붕어우나 거북이가 하는 말이 무엇인지 감도 잡지 못할 것입니다. 그 이름대로라면 오늘 아침에 태어났고 조금 있으면 죽을 테니까요. 그래서 흔히 하는 말이 '하루살이 같은 인생'입니다. 그런데 하루살이는 정말 하루만 살까요?

하루살이는 오해를 많이 받는 곤충입니다. 여름에 강이나 하천을 걷다 보면 어떻게 생겼는지조차 제대로 보이지 않을 만큼 작은 곤충들이 얼굴로 마구 날아드는데요. 보통 하루살이로 알고 있지만 깔따구입니다. 하루살이는 깔따구보다 훨씬 커서 1cm쯤 되고 삼각형 모양으로 생긴 두 쌍의 날개와 두세 개의 긴 꼬리를 갖고 있습니다. 무엇보다 하루살이에게 씌워진 오해는 해충이라는 점입니다. 그러나 반갑잖은 불청객이기는 해도 해충은 아닙니다. 2급수 이상의 수질에서 유충으로 서식하는 수질지표종이니 하루살이를 볼 수 있다면 물이 오염되지 않았다는 좋은 증거지요.

저녁에 하루살이가 떼 지어 날아다니는 것은 하루살이 생애의 처음이자 마지막 비행입니다. 하루살이의 수컷들은 황혼 무렵 일제히 하늘로 날아올라 큰 무리를 지어 군무를 춥니다. 이때 암컷이 군무 속으로 뛰어들어 직선으로 날아가면 수컷이 잡아 멀리 날아가며 혼인비행을 합니다. 그런 뒤에 평균 1천5백 개에서 3천 개가량의 알을 낳는데, 물 표면에 떨어뜨리는 종부터 일부러 물속에 들어가 알을 숨겨놓는 종까지 다양합니다. 이렇게 산란한 다음 바로 죽습니다. 단 하루 동안 관혼상제를 다 치르는 격이지요.

그럼에도 하루살이가 결코 하루살이가 아닌 까닭이 있습니다. 하루살이가 낳은 알이 유충이 되어 물속에 사는 기간은 짧게는 1년에서 길게는 3년, 유충은 열 번에서 서른 번에 걸쳐 탈피한 후에 주로 봄부터 여름 사이에 성충이 됩니다. 그런데 성충에게는 입이 없습니다. 먹지 못한다는 소리지요. 그래서 오래 살고 싶어도 살 수가 없습니다. 물속에서 2~3년 동안이나 애벌레로 살다가 겨우 껍데기를 벗고 성충이 되어 물 위로 날아올랐지만 주어진 시간은 짧게는 한 시간에서 길게는 이삼일. 매미보다 더 기막힌 생을 살다 가는 곤충이 바로 하루살이입니다. 하루살이를 하루살이라고 하는 것은 어디까지나 성충으로서의 삶을 뜻합니다. 전체의 삶을 보면 결코 하루살이가 아니었습니다.

개미나 꿀벌이
사람보다 부지런할까?

부지런한 사람을 흔히 개미와 꿀벌에 비유해서 '부지런하기가 개미 같다', '바쁜 꿀벌은 슬퍼할 시간도 없다'고 하는데요. 사실 여부를 알아내려면, 하도 바빠서 슬퍼할 시간도 없다는 꿀벌 중에서도 제일 바쁜 일벌의 생애를 살펴봐야 할 것 같습니다.

일벌은 꿀을 찾으면 주둥이를 길게 뻗어 꿀은 빨아먹고, 짧고 보드라운 털이 난 온몸에 꽃가루를 잔뜩 묻힙니다. 어찌나 바쁜지 날아가면서 꽃가루를 둥글게 뭉치는 작업을 하는데요. 머리에 붙은 꽃가루는 앞다리로, 가슴 부분은 가운뎃다리로, 배 부분은 뒷다리로 문질러 둥글게 뭉친 다음 뒷다리에 붙은 꽃가루 통에 넣어둡니다. 벌집으로 돌아온 일벌은 꽃가루 통에 넣어둔 꽃가루를 꺼내고, 뱃속에 넣어둔 꿀을 토합니다. 아직은 작은 방울 상태입니다. 이것을 다른 일벌이 앞다리로 납작하게 누른 다음 날갯짓을 되풀이해서 수분을 증발시킵니다. 이렇게 먹고, 토하고, 날갯짓을 하는 작업을 수없이 되풀이하면 수분 함량이 18%밖에 되지 않는 끈적끈적한 화학물질로 변화하는데, 이것이 바로 꿀이지요.

꿀은 극한 상황에서도 오래 보존되는 것으로 유명합니다. 고대 이집트의 피라미드에서 발견된 꿀도 상태가 양호했을 정도인 데요. 왜 영어권에서 사랑하는 사람을 '허니Honey'라고 부르는지 유래를 짐작하게 합니다. 그러나 달콤한 것은 꿀일 뿐, 일벌의 삶은 고단하기 그지없습니다. 꽃가루와 꽃꿀을 수거하고 토하고 날갯짓하는 수순을 반복할 뿐 아니라 벌집을 짓고, 수리하고, 청소하고, 지켜야 하고, 여왕벌을 먹이고 돌봐야 합니다.

이런 고된 노동 때문인지 일벌은 태어나 백 일도 살지 못하고 생을 마치는데요. 이에 비해 가만히 앉아 로열젤리만 먹는 여왕벌은 3년에서 6년을 삽니다. 여기까지 들으면 일벌이 하루 종일 일만 하는 것 같지요. 그런데 과학자들이 벌들에게 일일이 꼬리표를 붙여 관찰한 결과, 일하는 시간이 해가 떠있는 시간의 20%에 불과한 것으로 나타났습니다. 하루 중 해가 떠있는 시간을 15시간으로 길게 잡아도 3시간밖에 일하지 않는 셈입니다.

그렇다면 나머지 긴긴 시간을 대체 뭐하면서 지내는지 살펴보았더니 아무 일도 안 하고 가만히 있더랍니다. 더 흥미로운 사실은 일 년 내내 꿀을 채집할 수 있는 열대지방에 사는 꿀벌들입니다. 벌집에는 벌들이 가득한데 꿀이 없다고 합니다. 꿀을 모으지 않고 밖으로만 놀러 다닌다는 거지요. 결국 벌들이 하루에 두세 시간이라도 일하는 것은 태생적이라기보다 겨울에 굶어죽지 않기 위해서라고 볼 수 있는데요. 이런 생활방식은 개미도 비슷합니다.

그렇다고 개미와 벌을 하루에 두세 시간만 일하고 빈둥거리는 게으름뱅이라고 흉보면 곤란하겠습니다. 그만한 이유가 있으니까요. 개미와 벌은 태어날 때 일정량의 에너지를 갖고 태어나는데 다 쓰면 충전이 되지 않는다고 합니다. 사람처럼 잘 먹고 잘 잔다고 새로운 에너지가 생기지 않는다는 뜻이지요. 그러니 열심히 많이 일할수록 빨리 죽을 수밖에요. 또 어린 여왕개미나 여왕벌이 성장해서 분가할 때를 대비해서 에너지를 아껴둬야 합니다. 이쪽 집이든 저쪽 집이든 전체 노동력이 절반으로 줄면 집중적으로 써야 하기 때문인데요. 그 때문에 베짱이처럼 노래하고 여행 다니며 살고 싶어도 그럴 수가 없습니다. 에너지는 한정돼 있는데 노래하고 놀러 다니는 데 써버리면 재충전은커녕 다 닳아 없어져버릴 테니까요.

결국 개미가 아무리 부지런한들 사람보다 부지런하지 않고, 꿀벌이 아무리 바쁜들 사람보다 바쁘지 않습니다. 뭐니 뭐니 해도 사람이야말로 지구상에서 가장 오랜 시간 일하고, 심지어 겨울에도 일하는 거의 유일한 생물체입니다. 게으름을 죄악시하면서 '부지런하기가 개미 같다', '바쁜 꿀벌은 슬퍼할 시간도 없다' 같은 말을 지어내야 할 정도로 말이지요. 심지어 우리 선조들은 무생물체한테서도 부지런함을 발견해 '돌쩌귀에 녹이 슬지 않는다', '부지런한 물방아는 얼 새도 없다', '홈통은 썩지 않는다'와 같은 속담을 만들어내기까지 했는데요. 앞으로는 개미, 꿀벌, 돌쩌귀, 물방아, 홈통 등과 경쟁하지 않아도 됩니다. 그(것)들보다 우리가 압도적으로 부지런하고 바쁘니까요.

사람도 겨울잠을
잘 수 있을까?

곰은 겨울잠을 잡니다. 그런데 동물원의 곰은 거의 겨울잠을 자지 않는다고 합니다. 곰이 겨울잠을 자는 이유는 추워서가 아니라 먹이가 부족해서인데 동물원에서는 매일 일정한 양의 먹이를 주니 구태여 겨울잠을 잘 이유가 없는 것입니다. 개구리와 뱀이 겨울잠을 자는 이유는 다릅니다. 개구리와 뱀은 외부 온도가 떨어지면 체온도 같이 떨어지는 변온동물입니다. 혹독한 추위는 생존 자체를 위협하지요. 그래서 땅속으로 들어가 겨울잠을 자는 방편으로 추위를 이겨냅니다. 겨울잠을 자는 이유는 저마다 달라도 공통으로 하는 일이 있습니다. 겨울잠을 자기 전에 닥치는 대로 먹어서 체중을 두 배 이상 늘리는 것이지요. 혈액 속에 대량의 포도당을 비축해야 혈액의 어는점을 낮출 수 있기 때문입니다. 겨울이 오는지 이렇게 미리 알고 그렇게 많이 먹어두는지 생각힐수록 신통합니다. 그런데 물고기도 겨울잠을 잘까요?

오랫동안 물고기는 겨울잠이라는 생존전략을 구사하지 않는다고 알려져 있었습니다. 어느 해 늦가을쯤 강변의 국도를 달리다 보면 종종 이런 문구를 적은 현수막을 보고 깜짝 놀랐습니다. "바다 미꾸라지 짱뚱어, 겨울잠 들기 전에 맛보세요."

짱뚱어는 등에 지느러미가 있고 유난히 큰 머리에 두 눈이 툭 불거진 물고기입니다. 가슴에 난 지느러미를 이용해서 갯벌을 잽 싸게 기어다니며 먹이사냥을 하는 모습이 마치 물고기가 뛰어다 니는 것 같아 재미있지요. 그런데 곰처럼 겨울잠까지 잡니다. 짱 뚱어라는 이름도 '잠퉁이'에서 연유했는데 곰이나 개구리, 뱀보 다 빨리 겨울잠에 들어 10월 초에서 이듬해 4월까지 잡니다. 과 연 잠퉁이라고 부를만합니다.

짱뚱어만 겨울잠을 자는 게 아니라 우리나라 민물에 사는 물 고기들은 겨울에 먹을 것이 부족해서 대부분 겨울잠을 잡니다. 붕어도 자고 쉬리도 자고 쏘가리도 잡니다. 개펄 속에서 자고 모 래 속에서 자고 돌 틈 사이에서도 잡니다. 그렇게 겨울잠을 자다 가 천적에게 들키면 어떻게 될까요. 예를 들어서 사람이 돌 틈 사 이에서 자는 물고기를 발견해서 포획한다면 말이지요. 깜짝 놀라 서 깰 거 같은데 갈고리로 끌어내도 반응이 없다고 합니다.

겨울잠을 자는 바닷물고기도 있습니다. 남극에 사는 남극대 구입니다. 남극의 물고기들은 다른 물고기들보다 신진대사를 훨 씬 적게 하고, 동결방지 단백질이 피에 포함돼 있어서 얼기 직전 의 수온까지 견딜 수 있는데요. 남극대구는 겨울이 되면 수온이 떨어지지 않아도 겨울잠에 듭니다. 남극대구가 어떻게 겨울이 온 줄 알고 겨울잠에 드는지 신기한데 남극 바다의 조도는 계절에 따라서 변화가 큽니다. 여름에는 종일 빛이 있지만 겨울에는 수개 월 동안 암흑세계가 되지요. 그러니까 남극대구는 추워서라기보 다 컴컴해지면 겨울잠을 잡니다.

물고기조차 자는 겨울잠, 나도 자고 싶다고 할지 모르겠습니다. 그러나 인간은 진화과정에서 '겨울잠'이라는 생존전략을 채택하지 않았습니다. 못 했다는 말이 더 정확하겠지요. 겨울잠을 잤다가는 얼어 죽으니까요. 그 결과 인간은 겨울에 기온이 떨어지든, 햇볕이 줄어들든 관계없이 활동할 수 있도록 진화하는 대신 열심히 각종 난방 기기와 도구 등을 발명했습니다.

그런데 최근 많은 과학자와 의학자들이 인간이 겨울잠을 잘 수 있는 방법을 모색하고 있습니다. 바로 우주여행 때문인데요. 지구에서 다른 행성에 가기까지 오랜 시간이 걸리기 때문에 냉동 캡슐에서 긴 수면을 취해야 하는데 체온이 섭씨 2도만 떨어져도 위험하지요. 이들이 주목하는 동물은 북극땅다람쥐입니다.

시베리아의 툰드라 지역은 한겨울에 최저 영하 50도까지 떨어지는데 여기에 사는 북극땅다람쥐는 8월부터 땅을 파고 겨울잠에 들 준비를 해서 무려 8개월 동안 겨울잠을 잡니다. 일생의 절반 이상을 겨울잠으로 보내는 셈인데요. 겨울잠을 잘 때 북극 땅 다람쥐의 체온은 섭씨 영하 2도, 영점 이하로 떨어지는데도 동사하지 않습니다. 낮아진 체온 때문에 뇌에 공급되는 산소량이 미미한데도 문제없이 겨울잠을 자는데요. 비결을 밝혀내면 인간의 우주여행이 가능해질 수 있다고 기대하고 있습니다.

글쎄요. 우주여행은 아직 실감나지 않고, 동물들이 겨울잠을 잘 수밖에 없는 절박한 이유가 더 와닿습니다. 먹을거리도 없고 땅속에서 잔뜩 웅크리고 잠을 자는 것이 살아남기 위한 최선의 선택이기 때문이지요.

먼지가
나쁘기만 할까?

저녁 하늘에 퍼지는 노을은 황홀함을, 때로는 처연함을 자아내 눈과 마음을, 발걸음을 붙잡아둡니다. 노을은 다시 돌아오지 않을 오늘이 우리에게 보내는 작별 인사입니다.

많은 시인이 노을에 대한 찬가를 지었습니다. 흥미로운 점은 노을이 꼭 붉기만 하지 않는데 대부분의 시가 붉은 노을을 찬미한다는 것입니다. 조병화 시인은 '해는 온종일 스스로의 열로 온 하늘을 핏빛으로 물들여놓고'라고 했고, 김규동 시인은 '노을은 신이 나서 붉은 물감을 함부로 칠하며 북을 치고 농부들같이 춤을 춘다'고 했습니다. 또 김광균 시인은 '보랏빛 색지 위에 마구 칠한 한 다발 장미'라고 했지요.

매일 뜨고 지면서도 이처럼 매번 강렬한 인상을 남기는 붉은 노을의 정체는…… 낭만을 걷어내고 사실대로 말하자면 햇빛이 수증기나 미세먼지 등 하늘에 있는 부유물질과 부딪치며 생기는 현상입니다. 일주일만 청소하지 않아도 눈에 보일 정도로 쌓이는 먼지, 일흔여섯 살까지 살면 평균 두 컵 반 분량을 먹는다는 먼지, 바로 그 먼지가 많을수록 더욱 붉은 빛을 연출합니다. 더구나 해가 뜨고 질 때는 햇빛이 투과되어 오는 빛의 경로가 낮보다 훨씬 길어져서 파장이 짧은 파란색과 보라색은 일찍 사라지고 파장이 가장 긴 붉은색이 우리 눈에 잘 보이게 됩니다.

노을은 저녁에만 있지 않고 아침에도 있는데 아침노을을 한자어로 '여명', 순우리말로 '갓밝이'라 부르고, 저녁노을을 한자어로 '석양', 순우리말로 '어둑발'이라 부릅니다. 여명보다 석양이, 갓밝이보다 어둑발이 더 뚜렷하고 붉게 보이는 이유는 아침보다 저녁에 먼지가 더 많아서입니다.

먼지가 없다면 풍경의 아름다움 역시 상당수 사라질 것입니다. 붉은 노을, 파란 하늘, 구름이라는 장관을 연출하고 비와 눈을 내리게 하는 것 역시 먼지니까요. 20세기 이후의 천문학은 '모든 생명체가 별의 먼지'라고 주장합니다. 먼지에는 지구상의 토양, 모래, 공기 중의 먼지, 사람의 피부에서 떨어지는 먼지, 지구로 쏟아지는 우주 먼지 등이 있는데, 우주 먼지는 별이 연소하거나 빛을 내는 과정에서 만들어지고 우주를 떠다니다 지구로 쏟아집니다.

과학자들은 이 우주 먼지에 생명의 기원이 될 수 있는 단백질이 들어있고, 이것이 생명의 기원이 되었으리라 추정합니다. 하기는 그보다 더 머나먼 과거로 거슬러 올라가면 우리가 사는 이 지구 또한 우주를 떠도는 먼지들이 서로 뭉쳐 생겨난 별이지요. 인간을 포함한 모든 생명의 시작과 끝을 한 문장으로 압축한다면 먼지에서 먼지로. 이 말은 가장 종교적이면서도 과학적입니다.

몸이 사라진 다음에 우리의 기억은, 추억은 어떻게 될까요. 이 또한 먼지에서 먼지로, 그렇게 태어나고 사라질까요. 아니면 먼지가 쌓여 흙이 되고 거기에 씨앗이 떨어져 꽃이 피듯, 그렇게 누군가의 가슴에서 또 다른 생명을 이어갈까요.

저것은 안개일까,
구름일까?

산간지대에서는 이른 아침이면 앞산이나 뒷산이 안개에 감싸 있는 풍경을 자주 볼 수 있습니다. 그렇게 으레 안개라고 여기다 가 어느 날인가 궁금했습니다. 저것은 안개일까, 구름일까.

안개와 구름, 둘 다 수증기로 이루어졌다는 점에서는 같지만 엄연히 다른 현상입니다. 구름이 단열팽창, 즉 열의 출입 없이 부 피가 커졌다면 안개는 지표가 열을 방사하거나 하천에서 발생하 는 냉각 등으로 생깁니다. 이 둘을 쉽게 구분할 수 있는 기준은 지 표면에 닿아있으면 안개, 떠있으면 구름입니다. 산을 겹겹이 둘러 싼 안개, 라고 여겼던 것의 이름은 '안개 모양 구름', 기상학에서 는 '층운'이라 부릅니다.

구름에 이름을 붙일 때는 규칙을 따릅니다. 가장 높이 뜬 구 름에는 '권', 중간에 떠있는 구름에는 '고'를 붙입니다. 2,000m 이하에 떠있는 구름에는 '권'자도 '고'자도 붙이지 않고 모양으로 구분해서, 덩어리 모양의 구름에는 '적', 수평으로 펴진 구름에는 '층'을 붙입니다. 이에 따라 '층운'은 2,000m 이하의 낮은 곳에 형성되는, 수평으로 펴진 구름이라는 사실을 알 수 있지요. 그렇 다면 하늘에 다양한 표정을 만들어주는 구름의 종류는 몇 가지일까요?

세계기상기구가 정한 분류에 따르면 열 가지 종류가 있고 이를 '10종 기본 운형'이라고 합니다. 이를 다시 제각각 열 개의 구름으로 세분화해서 모두 백여 개가 되는데요. 구름이라고 해봐야 '미루나무 꼭대기에 조각구름 걸려있네'의 조각구름, '뭉게구름 흰 구름은 마음씨가 좋은가 봐'의 '뭉게구름', 그 밖에 양떼구름, 새털구름 정도밖에 모르는데 백 개나 되는 형태의 구름이 있다는 사실이 놀랍습니다. 이 백 개의 구름 이름에 적용된 규칙은 이러합니다.

첫 번째 규칙은 앞서 이야기한 높이입니다. 좀 더 구체적으로 설명하면 6,000m 이상 가장 높이 떠있는 구름에는 맨 앞에 '권' 자를, 2,000m~6,000m 사이에 떠있는 구름에는 '고' 자를 붙입니다. 2,000m 이하 구름은 모양에 따라 이름을 붙입니다. 덩어리 모양이라면 '적', 수평으로 퍼졌다면 '층'을 붙입니다. 세 번째 규칙은 비나 눈을 동반하는 두꺼운 구름에는 '난'이라는 글자를 붙입니다. 이에 따라 뭉게구름, 양떼구름, 조각구름, 새털구름을 세계기상기구가 정한 규칙에 따라 부르면 적운, 고적운, 권적운, 권운이 되지요.

이처럼 구름에 고유의 이름을 부여한 이는 영국의 기상학자 루크 하워드Luke Howard인데요. 요한 볼프강 폰 괴테가 하워드의 구름론에 찬사를 보냈지요. "머무르지 않는 것, 닿을 수 없는 것을 그는 붙잡았고, 거기에 형상을 부여했다." 명명의 규칙을 알면 구름이 하늘의 어느 높이쯤 떠있는지, 또 어떤 모양인지 쉽게 알 수 있으니 괴테의 찬사가 무색하지 않습니다.

가을 하늘에서 쉽게 볼 수 있는 새털구름은 뭉게구름이나 양 떼구름처럼 덩어리가 아니라 마치 커다란 싸리 빗자루가 하늘을 쓸고 난 흔적 같은데 정식 이름이 '권운'입니다. 앞서 가장 높이 떠있는 구름에 '권'자가 들어간다고 했지요. 높이 떠있기 때문에 수증기가 아니라 작은 얼음결정으로 형성돼 있습니다. 그리고 이 얼음결정이 빛을 받으면 하얗기만 하던 구름이 마치 속에 보석을 품은 것처럼 다채로운 색을 내비칩니다.

그런가 하면 인공적으로 만들어지는 구름도 있습니다. 비행 기가 날아간 후에 하늘을 보면 긴 궤적을 그린 구름을 볼 수 있는 데 '비행운'이라고 합니다. 금방 사라지기도 하지만 하늘에 수증 기가 많을 때는 다양한 형태의 구름을 만들어냅니다. 비행기가 많이 날아다녀서 비행운이 많이 남으면 실제로 그 지역의 날씨가 나빠질 수도 있다고 하는데 날씨뿐 아니라 비행기도 하늘이 다양 한 표정을 연출하는 데 한몫한다는 사실이 흥미롭습니다.

흔히 좋은 날씨를 일컬어 '구름 한 점 없이 하늘이 파랗다'고 하지만 실상을 알고 나면 꼭 그렇지만은 않습니다. 구름은 공기 가 상공으로 밀려 올라가면서 생기는 현상인데 계속 구름 한 점 없다면 대기오염 물질이 공중으로 올라가지 못해 공기오염이 가 속화될 수 있으니까요.

풍류를 좋아하는 사람에게는 노을과 함께 오랜 세월 낭만적 인 벗이었고 기상학자들에게는 날씨를 예측할 수 있게 해주며 기 상학을 몰라도 하늘에서 다양한 표정을 읽어내는 재미를 주는 구름. 그러나 구름은 결코 붙잡을 수 없는 것의 대명사이기도 하지요. 영화음악계의 세계적인 거장 사카모토 류이치가 작곡하고 연주한 「A Flower Is Not A Flower」는 당의 시인 백거이가 지은 「화비화花非花」에서 영감을 받아 지은 음악으로 이 시에서도 구름은 붙잡을 수 없는 것을 넘어 흔적 없이 사라지는 것들의 상징으로 등장합니다.

> 꽃은 꽃이 아니고 안개는 안개가 아니로다
> 깊은 밤 찾아와 날이 밝아 떠나간다
> 찾아올 땐 봄날 꿈처럼 잠깐이건만
> 떠나갈 땐 아침 구름처럼 흔적도 없다
>
> - 「화비화花非花」, 백거이

밤송이에 왜
가시가 있을까?

밤꽃의 향기는 노골적인데 정작 그 결실로 생긴 밤송이에는 가시가 돋쳐있습니다. 대부분의 과실은 "나를 많이 먹어줘. 과육은 맛있으니까 맛있게 먹고 대신 씨앗은 딱딱하고 맛없으니까 뱉어줘."라고 당부하듯 달콤한 향기를 풍기며 동물을 유혹하기 마련인데요. 밤은 달콤한 향기가 나지 않을뿐더러 가시가 잔뜩 달린 송이에 싸여있습니다. 이래서야 맨손으로 만질 엄두가 나지 않습니다. 멋모르고 집어 들었다가는 가시에 찔려 상처를 입을 수 있고, 밤송이를 벗겼다고 해도 껍질을 벗기고 보니까지 벗기는 번거로운 절차를 거쳐야 겨우 먹을 수 있으니까요. 밤송이에는 왜 가시가 있을까요.

대부분의 열매는 과육 속에 딱딱한 씨앗이 들어있지만 밤에는 따로 씨앗이 없습니다. 그 자체가 열매이자 새로운 식물로 자랄 수 있는 씨앗이지요. 다른 동물에게 씨앗이 먹히면 미래를 잃어버리는 셈이니 잔뜩 가시가 돋친 송이로 보호합니다. 반면 그 자체가 열매이자 씨앗인 또 다른 열매 도토리는 가시 대신 맛없기로 자신을 보호합니다. 작은 도토리가 데굴데굴 굴러다니면서 "내게는 밤송이처럼 무서운 가시가 없지만 함부로 먹지 마. 먹으면 굉장히 떫어서 아주 혼날걸!" 하는 것 같습니다.

그런데도 다람쥐와 청솔모는 도토리를 먹습니다. 미각이 둔 감해서가 아니라 도토리에는 전분이 풍부해서 겨울철 비상식량이 될 수 있기 때문입니다. 그래서 가을철에 열심히 도토리를 모아 여기저기 묻어두는데 가끔 어디에 묻었는지 까맣게 잊어버립니다. 혹은 열심을 다해 도토리를 모아놓은 다람쥐나 청솔모가 다른 동물의 먹이가 되는 불상사가 벌어지기도 하지요. 그 덕에 먹히지 않은 도토리가 다람쥐의 땅속 먹이 창고에서 뿌리를 내리고 자라서 참나무가 됩니다. 가시로 무장하든가, 맛이 없든가. 밤나무와 참나무의 생존방식은 인간 세상의 시각으로 보면 소극적이고 방어적으로 보일지 몰라도 스스로 움직일 수 없는 식물의 세계에서 최선의 방법일 것입니다.

이런 식물 세상의 규칙이 적용되지 않는 곳이 있습니다. 바로 정상입니다. 여름에 산에 오르면 정상에 가까울수록 꽃, 나무의 색과 모양이 달라지는 진풍경을 구경할 수 있습니다. 초식동물이 많은 산 아래쪽에는 가시와 덤불, 억센 잎을 가진 나무들이 많지요. 그런 나무를 볼 때면 걸핏하면 짖어대던 이웃집 개가 떠오릅니다. 그런 개는 대개 덩치가 작고 겁이 많습니다. "나한테 다가오지 마. 물어버릴 거야." 그 속내는 이럴 것입니다. '쟤가 나를 공격하면 어떡하지? 내가 당하기 전에 미리 겁을 줘서 도망가게 해야겠다.' 그래서 빈 수레처럼 큰 소리로 요란을 떱니다. 그런 허장성세가, 가시가, 정상에는 없습니다.

정상에 사는 나무와 꽃들은 작은 대신 한결 온유하고 부드러운 모습입니다. 초식동물 대신 새와 나비가 날아드는 정상에서는 더 이상 안간힘을 쓰며 스스로를 보호할 필요가 없으니까요. 또 가시가 많은 나무라도 나이를 먹으면 가시가 없어지는데 초식동물이 닿을 수 없는 높이로 자라기 때문이지요.

가시는 상대를 공격하기 위한 목적이 아니라 스스로를 보호하기 위해 있습니다. 인간의 세상에서도 크게 다르지 않지요. 그러니 가시 돋친 것처럼 말하고 행동하는 이를 만나면 이렇게 이해하기로 마음을 먹어봅니다. 나를 공격하려는 것이 아니라 스스로를 보호하기 위해서 저렇게 말하고 행동하는 거라고. 그럴 때는 맞받아치지 말고 모르는 척 뒤로 물러서 주자고.

독사가 자기 혀를
깨물면 죽을까?

세계보건기구WHO의 엠블럼은 세계지도를 배경으로 두고 막대기를 휘감은 뱀 문양입니다. 또 유럽의 병원이나 약국에서는 뱀두 마리가 서로 감고 있거나 똬리를 튼 뱀을 문장으로 사용하는 모습을 볼 수 있어서 뱀이 치료와 의술의 상징으로 통용되고 있다는 사실을 알 수 있습니다. 이는 '뱀같이 슬기롭고 비둘기같이 양순하라'고 했던 신약성서의 예수님 말씀이 아니라 그리스신화에 기원을 두고 있습니다.

그리스신화에 나오는 의술의 신 아스클레피오스(로마신화의 아이스쿨라피우스와 동일인)는 아폴론과 플레기아스의 딸 코로니스의 아들로 죽은 사람도 살려낼 정도로 의술이 뛰어났습니다. 그런데 사람이 죽지 않는다면 더 이상 사람이 아니지요. 세상의 질서가 무너질 수 있었습니다. 이를 두려워한 제우스가 번개를 쳐서 아스클레피오스를 죽여 하늘의 별자리인 오피우크스Ophiuchus, '뱀주인자리'로 만들어버렸습니다.

뱀주인자리라는 별자리가 생소하지요. 그도 그럴 것이 우리가 알고 있는 12개의 별자리는 무려 고대 바빌로니아(기원전 1895~1595년)에서 나왔습니다. 지난 3천 년 사이 변한 것이 지구의 삶뿐일 리 없습니다. 우주도 변해서 지구와 태양의 위치가 이동했고 그 결과 별자리도 이동했습니다. 그래서 2011년에 열세 번째 별자리로 바로 이 뱀주인자리가 추가됐는데 11월 30일에서 12월 17일에 태어난 사람의 별자리가 뱀주인자리에 해당합니다. 이에 따라 다른 별자리도 새롭게 변경됐으며 내용은 다음과 같습니다.

염소자리: 1.20~2.16

물병자리: 2.17~3.11

물고기자리: 3.12~4.18

양자리: 4.19~5.13

황소자리: 5.14~6.21

쌍둥이자리: 6.22~7.20

게자리: 7.21~8.10

사자자리: 8.11~9.16

처녀자리: 9.17~10.30

천칭자리: 10.31~11.23

전갈자리: 11.24~11.29

뱀주인자리: 11.30~12.17

사수자리: 12.18~1.20

아스클레피오스가 뱀주인자리가 된 것은 생전에 한 마리 뱀이 칭칭 감고 있는 지팡이를 들고 다녀서입니다. 그리고 이 지팡이가 오늘날 병원과 약국을 상징하는 엠블럼이 됐는데요. 이처럼 유혹과 타락의 상징이자 동시에 재생과 순환의 상징이라는 정반대의 이미지를 갖고 있는 뱀, 그러나 대부분의 사람에게는 물리지나 않으면 다행인 파충류입니다. 혹시 독사한테라도 물리면 정말 큰일이지요. 문득, 궁금했습니다. 우리도 밥을 먹다가 혀를 깨물 때가 있는데 만약에 독사가 개구리를 먹다가 자기 혀를 깨물면 그 독사는 죽을까요, 살까요?

넌센스 퀴즈 같지만 정답은 '죽는다'입니다. 독사가 개구리를 먹다가 자기 혀를 깨물어도 죽고, 독사들끼리 싸우다가 물려도 죽습니다. 그렇다면 독사를 먹는 것은 어떨까요? 뱀의 천적인 독수리와 매, 올빼미를 비롯해 사람에 이르기까지 독사를 먹어도 생명에는 아무런 지장이 없습니다. 그 비결은 독을 분해할 수 있는 간에 있습니다. 뱀의 독은 목구멍을 통해 넘어갈 때는 간에서 분해할 수 있어서 괜찮지만, 물리면 간을 거치는 것이 아니라 피의 흐름을 따라 23초 만에 몸 곳곳으로 침투하기 때문에 위험합니다. 이 원리는 독사가 자신의 혀를 깨물거나 다른 독사를 물었을 때도 똑같이 적용됩니다.

실제로 자기 혀를 깨무는 바람에 죽는다면 정말이지 세상에서 제일 재수 없는 독사라고 해도 지나치지 않을 것 같습니다. 그런데 이처럼 자기 독 때문에 죽을 수도 있다는 이야기가 어딘지 우리 모습과 닮았지요. 증오, 분노, 적의처럼 독한 감정도 그렇지만 사람의 감정은 그 어떤 것이라고 해도 지나치면 몸을 상하게 할 수 있으니까요. 한의학에서는 감정의 흐름을 잘 이해하면, 마음의 한 부분이 지나치게 한 곳으로 치달을 때 스스로 감정을 조절할 수 있는 비방이 될 수 있다면서 이렇게 설명합니다.

분노가 심하면 간이 상한다. 우울함은 분노를 이긴다.
우울함이 심하면 폐가 상한다. 기쁨은 우울함을 이긴다.
기쁨이 심하면 심장이 상한다. 공포는 기쁨을 이긴다.
공포가 심하면 신장이 상한다. 골똘히 생각하는 것은 공포를 이긴다.
골똘히 생각하면 비장이 상한다. 분노는 골똘히 생각하는 것을 이긴다.

마치 꼬리를 문 뱀처럼 서로 맞물린 채 돌고 도는 우리의 감정과 몸. 몸의 건강만큼이나 감정도 잘 관리하는 것이 필요합니다.

너도밤나무와 나도밤나무도
밤나무일까?

　'너도밤나무'라는 재미있는 이름을 처음 안 것은 초등학생 때 셜록 홈즈의 추리 소설에서였습니다. 시리즈 중 「너도밤나무 집」 편에 이런 구절이 나옵니다.

　루캐슬 씨의 너도밤나무 집은 정말 아름다운 곳이었어요. 물론 그 저택은 오래되고 낡았습니다만, 주위가 모두 너도밤나무 숲 이기 때문인지 매우 경치가 좋았어요.

　'세상에! 나무 이름이 너도밤나무라니, 외국에는 참 이상한 이름을 가진 나무도 있구나' 했습니다. 지금 생각하면 참 어린이 다운 발상입니다. 너도밤나무는 우리말인데 외국이라서 그런 이 상한 이름이 있다고 제풀로 상상했습니다. 셜록 홈즈의 나라에서 는 너도밤나무를 'Beech', 밤나무를 'Chestnut'으로 부릅니다.
　마치 손가락으로 가리키며 '너도!' 하는 것처럼 앞에 '너도' 가 붙는 식물은 밤나무 말고도 꽃에서 여럿 볼 수 있습니다. 대표 적으로 '너도바람꽃', '너도양지꽃'이 있습니다. 우리말에는 '너 도'의 짝꿍이 있지요. '나도'입니다. 그래서 '너도'로 시작하는 식물에는 대부분 짝꿍처럼 '나도'가 있습니다. 너도밤나무가 있으니 나도밤나무가 있고 나도바람꽃, 나도양지꽃 식으로요. 대체 이들의 관계는 어떻게 될까요?

겉으로 보기에 비슷하게는 생겼습니다. 그렇지만 '너도'로 시작하는 식물이 '나도'로 시작하는 식물보다 본래에 가깝게 생겼습니다. 밤나무를 예로 들면 너도밤나무도 나도밤나무도 밤나무는 아니고 셋 다 다른 나무이며, 그나마 너도밤나무가 나도밤나무보다 밤나무를 닮았습니다. 열매를 살피면 너도밤나무에는 밤하고 비슷한 열매가 열리지만 나도밤나무에는 밤이 아니라 다른 열매가 열립니다. 사람으로 치면 밤나무와 너도밤나무는 사촌지간이지만, 나도밤나무는 아예 다른 집 아이인 셈이지요. 그런데 이 다른 집 아이가 난데없이 밤나무 집안에 들어와 '나도'라고 억지 주장을 합니다. 이런 이름을 얻게 된 연유가 울릉도에서 설화로 전해집니다.

울릉도는 우리나라에서 너도밤나무의 유일한 서식지입니다. 옛날 울릉도에 사람들이 처음 살기 시작할 때입니다. 산신령이 나타나 마을 사람들에게 밤나무 백 그루를 심지 않으면 큰 재앙을 내리겠다고 경고했습니다. 그래서 마을 사람들이 열심히 밤나무 백 그루를 심었습니다. 얼마 뒤 산신령이 찾아와서 세는데 그만 아흔아홉에서 멈추고 말았습니다. 딱 한 그루가 모자랐습니다. 마을 사람들은 재앙이 내려질 거라는 두려움에 벌벌 떨고, 산속의 모든 나무와 새들도 벌벌 떨었습니다. 화가 난 산신령이 밤나무를 다시 셌습니다. 이번에도 아흔아홉에서 멈췄습니다. 마을 사람들이 이제 죽었구나 싶은 순간! 밤나무 옆에 서있던 작은 나무가 이렇게 외쳤습니다.

"나도 밤나무!"

산신령이 "너도 밤나무냐?"고 재차 묻는데 그 작은 나무는 계속 자기가 밤나무라고 고집했습니다. 결국 산신령은 "그래, 너도 밤나무다!" 인정해주었고 그래서 그 나무에 붙은 이름이 '너도밤나무'라고 합니다. 참 재미있고도 귀여운 설화지요.

나도밤나무에 얽힌 설화는 강원도 강릉에 있는 율목치라는 마을의 설화로 전해집니다. 흥미롭게도 율곡栗谷 이이와 관련이 있는데 율곡의 율이 '밤 율栗'이지요. 율곡이 강원도 강릉에 있는 노추산의 이성대에서 공부를 했던 시절의 일입니다. 도사가 그 앞을 지나가다 율곡의 관상을 보더니 곧 죽을 운명이라고 했습니다. 율곡이 어떻게 해야 좋겠냐고 물으니 도사가 비책을 알려줍니다. "밤나무 천 그루를 심으면 연명할 수가 있습니다."

도사가 떠난 후에 율곡은 열심히 밤나무 천 그루를 심었습니다. 그리고 얼마 뒤 도사가 다시 찾아와서는 밤나무를 한 그루씩 세기 시작했지요. 그런데 이럴 수가! 천 그루에서 딱 한 그루가 모자랐습니다. 도사는 "한 그루가 모자라니 약속과는 다릅니다" 하더니 호랑이로 변신했습니다. 그리고 율곡을 잡아가려는 순간 옆에 있던 나무 한 그루가 "나도 밤나무!" 하고 나서주었습니다. 덕분에 율곡은 호랑이에게 붙잡혀가지 않고 무사할 수 있었다고 합니다.

이렇게 해서 '나도 밤나무'가 된 나도밤나무에 관한 설화는 여러 가지로 전래되었습니다. 약간씩 내용은 달라도 나도밤나무가 율곡을 살렸다는 마무리는 같습니다. 이 대목에서 율곡이 정말로 밤나무 999그루를 심었느냐 하고 따지기는 무의미하지요. 전설이나 설화에서 중요한 것은 진위 여부가 아니라 담긴 뜻이니까요. 울릉도의 산신령이 너도밤나무가 밤나무가 아니라는 사실을 몰라봤을 리 없고 강릉의 호랑이 역시 마찬가집니다. 그런데도 '너도 밤나무'라고 인정해 주고 조용히 사라져 준 까닭은 무엇일까요.

아무리 뛰어난 사람이라도 벅찬 위기를 겪을 수 있습니다. 그런 위기의 순간에 나를 위해 나서는 이가 단 한 사람이라도, 설령 사람이 아니라 그 어떤 존재라도 있다면 운명도 내 편으로 돌아서게 해서 무사히 위기를 넘어설 수 있다는 뜻이 아니었을까요. 그리고 그 어떤 존재란 앞서의 설화처럼 평소에 눈여겨보지 않았고 애써 스스로 심지도 않은 그저 작은 나무, 사소한 존재일 수 있습니다.

양귀비와 개양귀비는
무엇이 다를까?

양귀비꽃의 빛깔은 선명한 주홍빛으로 단번에 시선을 사로 잡을 만치 화려합니다. 길고 가느다란 줄기에 얹힌 둥글고 커다란 꽃잎이 바람이 불 적마다 나비가 날개를 파르르 떨듯 흔들리는 모습은 자못 선정적이기까지 하지요.

20여 년 전까지만 해도 양귀비꽃은 풍문으로만 전했습니다. 한 시골 주민이 그저 꽃이 예뻐서 길렀는데 어느 날 영문도 모르고 경찰서에 붙잡혀 갔다더라, 아편의 원료가 되는 꽃이 있다더라…… 등의 다소 무서운(?) 내용이었습니다. 그러다 시청이나 구청에서 조성하는 화단에 버젓이 양귀비꽃이 등장하기 시작했습니다. 처음에 이 사실을 알았을 땐 매우 혼란스러웠습니다. 양귀비꽃은 아편의 재료인데 공공기관에서 기른다? 도대체 어떻게 된 영문인지 짧은 지식으로 이해하기 힘들었지요.

공공기관 화단에서 피는 양귀비는 양귀비가 아니라 개양귀비입니다. 우리나라에서는 마약 성분이 없는 관상용 양귀비를 '개양귀비'라고 부르는데, 옛날 사람들은 비슷해 보이지만 원래와 다른 것의 이름을 지을 때 접두사로 '개' 자를 붙였습니다. 옛날 사람들이 진짜와 가짜, 쓸모 있는 것과 쓸모없는 것을 가르는 기준은 참 명료했습니다. 사람이 먹을 수 있느냐 없느냐였으니까요. 그렇게 지어진 이름 중에 대표적으로 '개꽃'이 있습니다. 철쭉을 가리키는데요. 진달래에 참꽃이라는 지위를 부여하고 철쭉을 개 꽃이라 하대한 이유는 진달래는 먹어도 좋지만 철쭉은 독성 때문에 먹을 수 없어서였습니다.

그런가 하면 오리지널과 비슷하게 생겼지만 오리지널은 아니라는 의미로 '개'를 붙이기도 합니다. '개떡'이 그런 경웁니다. 요즘이야 쌀가루에 쑥을 버무려 만드니까 쑥떡이라 불러도 틀리지 않지만 옛날에는 보릿가루나 메밀가루에 쑥을 버무려 만들었기 때문에 쑥떡이 아니라 쑥떡 흉내를 낸 개떡이었습니다. 쑥이 날 즈음이면 보릿고개여서 집 안에 쌀 한 톨 없는 경우가 허다했으니까요. 그렇게 만든 개떡은 떡은 떡이되 떡이 아닌, 떡처럼 맛있고 배를 채우기엔 충분한 음식이었습니다.

개양귀비도 비슷한 맥락에서 이름이 지어졌을 것입니다. 오리지널인 양귀비꽃처럼 아편 성분은 없지만 양귀비꽃만큼 아름답고 예쁘다는 이유로 말이지요. 그럴더라도 이렇게나 미모가 빼어난 꽃의 이름이 '개양귀비'라니 어감이 좋진 않은데요. 아니나 다를까 개양귀비에는 다른 예쁜 이름이 있습니다. 바로 '우미인초虞美人草'입니다. 양귀비꽃이 당 현종이 사랑한 여인의 이름에서 온 사실은 잘 알려져 있지요. 우미인은 초나라의 영웅, 항우가 사랑한 여인입니다.

항우가 유방의 군대에 쫓기다 사방으로 포위됐을 때 일입니다. 항우는 어떻게든 적진을 뚫고 나간다지만 문제는 우미인이었습니다. 항우가 마지막 술잔을 들며 우미인을 걱정하는 시를 읊자 우미인은 그의 아픈 마음을 헤아려 답가를 한 뒤 스스로 목숨을 끊었습니다. 훗날 우미인의 무덤에는 예쁘고 가녀린 꽃이 피었는데 사람들은 그 꽃을 우미인초라고 불렀습니다.

양귀비꽃과 우미인초. 중국을 대표하는 미인들의 이름을 따온 유래를 통해 옛날 옛적 사람들도 우리와 보는 눈이 크게 다르지 않아 얼마나 어여쁘게 여겼는지 알 수 있는데요. 양귀비꽃의 꽃말은 '위안'과 '망각', 우미인초의 꽃말은 '속절없는 사랑'입니다. 두 미인에 얽힌 사연에 어울리는 꽃말들이지요. 한편으로는 사랑의 속성을 품은 듯도 합니다. 사랑하고 사랑받는 동안에는 위안을 얻고 세상살이 시름을 잊을 수 있지만 인연이 다하면 속절없어지는 바로 그 사랑……

배롱나무는 정말
간지럼을 탈까?

　한여름 녹음 짙은 계절에 〈비단 같은 꽃이 노을빛에 곱게 물들어 사람의 혼을 빼앗는 듯 피어있으니 품격이 최고이다〉*라고 찬사 받은 꽃이 핍니다. 배롱나무꽃입니다. 아무리 들어도 희한한 이름입니다. 처음 들으면 저처럼 바로 알아듣지 못해 되물을 것입니다. "뭐라고? 뭔 롱?" 같은 나무를 두고 누구는 배롱, 누구는 배기롱, 누구는 백일홍이라고 합니다. 한자어로는 자미화라고 하지요. 이 다양한 이름은 어떻게 나왔을까요?

　배기롱과 배롱은 백일홍의 구음입니다. 그렇다면 원이름이 백일홍이라는 뜻인데요. 봄에 피는 한해살이 풀 백일홍과는 '붉은 꽃이 백 일 동안 피어있다'는 뜻을 가진 이름만 같을 뿐 모양이나 생태가 달라 아무 관계가 없습니다. 그나저나 꽃이 백 일 동안이나 피는 것이 가능할까요.

　　어제저녁 꽃 한 송이 지고
　　오늘 아침 꽃 한 송이 피어
　　서로 백 일을 바라보니

---

* 조선시대 문신 강희안이 쓴 『양화소록』에서.

내 네가 좋아 한잔하리라

사육신의 충신, 성삼문이 지은 시입니다. 생전에 이처럼 여유롭게 운치를 누리며 시를 짓는 모습을 상상하면 뭉클하지요. 아마도 한여름에 지었을 이 시를 통해 백일홍의 어원이 '붉은 꽃이 백 일을 간다'에서 왔음을 짐작게 합니다. 그러나 우리말에서 백일은 숫자가 아니라 '오랫동안'이라는 함의로 사용될 때가 많습니다. 봄에 피는 백일홍은 한 번 핀 꽃이 그나마 오래 가는 편이지만 백일홍 나무의 꽃은 꽃대 아래에서 위로 꽃이 피어 올라가면서 피고 지기를 이어달리기처럼 반복하는 덕분에 오랫동안 피어있는 것처럼 보일 뿐이지요. 그렇다면 '간지럼 나무'라는 이름은 어떻게 나왔을까요?

백일홍나무의 줄기는 마치 나무가 옷을 벗고 속살을 드러낸 것처럼 옅은 갈색에 매끈하고 반질반질해서 원숭이도 배롱나무에서 미끄러진다는 믿거나 말거나 한 말이 전해집니다. 게다가 이 줄기에 간지럼을 태우면 나무가 '까르르 까르르~' 간지럼을 타느라 온몸을 흔들어 '간즈름 나무'라는 이름이 붙었는데요. 글쎄요. 낭만을 지운 눈으로 볼 때 나무가 실제로 간지럼을 탈 리는 없고, 수피가 너무 얇다 보니 줄기를 건드리면 그 움직임이 가지로 전달되는 것이 아니냐는 추측이 있을 뿐입니다. 그런데 상상하면 참 절로 유쾌해집니다. 간지럼을 태우면 간지럼을 타는 나무라니, 혹시 모를 일입니다. 그 웃음소리를 들을 수 있을지도요.

해달은 왜 함께
손을 잡고 잘까?

동그란 얼굴에 까맣고 동그란 눈, 보노보노를 닮은 귀여운 해달을 아시나요? 수달과 혼동할 수 있지만 수달은 강과 같은 민물에서 살고 해달은 바다 연안에서 서식합니다. 수달은 물에서 머리를 밖으로 내놓고 뜨지만 해달은 수달과 달리 배를 바깥으로 내놓고 뜹니다. 수달은 물고기를 손으로 잡고 먹지만 해달은 배에 조개를 올려두고 돌로 깨서 먹지요. 모든 해달은 자기만의 돌멩이를 가지고 다니면서 오랫동안 사용합니다. 그러니까 만약에 어디에선가 물 위에 발랑 누워서 배 위에 조개를 올려놓고 쉼 없이 먹고 있는 족제비과의 포유류를 본다면 해달입니다.

해달은 주로 물속에서 지내기 때문에 체온 유지를 위해 쉼 없이 먹습니다. 그렇게나 소중한 조개지만 사람을 보면 헤엄쳐서 뭍으로 나와 손으로 조개를 내밀었다고 합니다. 말을 할 줄 알았다면 아마도 이랬겠죠? "이거 가지세요. 맛있어요." 해달의 조개 선물은 인간을 좋아해서이기도 하지만 자신에게 가장 소중한 선물을 줄 테니 해치지 말아달라는, 복종의 의미가 담겨있다고 하는데요. 이런 해달의 정성에도 아랑곳없이 인간은 해달을 마구잡이로 포획했고, 해달은 이제 더 이상 인간에게 조개를 선물하지 않습니다. 인간만 보면 놀라서 멀리 도망가 버립니다. 짓밟힌 순정을 보는 것 같아 마음이 아프지요.

해달의 독특한 행동은 그뿐만이 아닙니다. 인간의 신혼부부도 웬만하면 잘 때는 손을 놓는데, 해달은 잘 때 서로의 손을 꼬옥 잡고 잡니다. 이 동물이 왜 이리도 정이 많을까 했더니 나름대로 고충이 있었습니다. 해달은 바다에 사는 포유류지만 고래는 아니지요. 인간을 비롯해 동물은 부력이 큰 편이라 헤엄을 치지 않고 가만히 있으면 파도에 떠내려갈 수 있습니다. 그래서 해달은 잠을 잘 때나 쉴 때, 또 먹이를 먹을 때 바다 밑에 뿌리를 둔 해초 다발을 몸에 감는데 그마저 없을 땐 서로의 손을 꼬옥 잡고 잠을 잡니다. 하지만 아무리 그렇게 노력해도 잠을 자는 사이 자기도 모르게 손을 놓쳐버린 어미나 새끼, 친구 해달들이 적지 않았을 것입니다.

거센 파도에 휩쓸리지 않기 위해, 바다에 떠밀리지 않기 위해 오늘도 서로의 손을 잡고 있을 해달의 모습을 보며 생각합니다. 우리는 서로의 손을 잡기 위해 얼마나 애쓰고 있을까. 육체적으로 한없이 연약한 인간이 오늘날까지 존재할 수 있는 것도, 이만한 문명을 이룰 수 있었던 것도 서로의 손을 잡을 수 있었기 때문일 텐데……

인간은 왜 다른 포유류만큼 털이 없을까?

인간은 포유류 중 드물게 털이 거의 없다시피 합니다. 그렇다고 갑각류나 파충류처럼 단단한 피부를 가진 것도 아니지요. 이 때문에 피부에 상처를 입기가 쉽다는 약점을 가지고 있는데요. 인간, 정확히는 현생인류인 호모 사피엔스 사피엔스Homo sapiens sapiens에게 털이 없는 이유는 무엇일까요?

피부는 중요한 감각기관 중 하나입니다. 바로 '촉각'이지요. 가장 무거운 감각기관으로 약 3kg에 이르며 신경세포의 수용체로 차 있습니다. 촉각은 인간이 태어나 가장 처음 느끼는 감각이자 다른 감각기관이 퇴화한 다음에도 마지막까지 남습니다. 만약 인간의 피부가 온통 두툼한 털이나 단단한 껍질에 뒤덮여있다면 지금처럼 촉각에 예민하기가 불가능했겠지요. 바꿔 생각하면 인간은 피부에 상처를 입을 수 있는 위험을 무릅쓰면시까지 털을 없애고 대신 촉각이 예민해지는 방향으로 진화했다는 뜻이 됩니다.

1940년대 오스트리아의 정신분석학자 르네 스피츠Rene Spitz 박사는 감옥에서 태어나 길거리에 버려진 아기들을 돌봤습니다. 위생적인 환경에서 충분히 영양공급을 하는데도 아기들의 전염병 감염율과 사망률이 높았습니다. 멕시코로 여행을 갔다가 우연히 근처에 있는 고아원의 아이들이 매우 건강한 데다 잘 울지도 않는 것을 발견했습니다. 비위생적이고 영양공급도 형편없는 고아원이었는데도 말이지요. 비결은 이웃 마을 여성들이 매일 고아원에 와서 아기들을 안아주고 이야기와 노래를 해주는 데 있었습니다. 여기에 큰 깨달음을 얻은 스피츠 박사가 병원에 돌아와 아이들과의 피부 접촉을 늘렸더니 아이들은 전보다 훨씬 더 건강하게 자랐습니다. 그는 자신의 책에 〈접촉을 가진 아이는 건강하게 자랐지만, 피부 접촉 없이 유모차에서 자란 아이들은 점점 약해졌다.〉고 썼습니다.

피부를 일컬어 '밖으로 돌출된 뇌'라고 합니다. 현대의학에서 마음을 관장하는 기관이 뇌인 것처럼 피부도 마음의 상태에 큰 영향을 준다는 뜻입니다. 피부에는 일정한 속도와 압력이 작용해야 활동을 하는 C-촉각 신경섬유가 있고 피부 접촉 행동을 통해 활성화되면 뇌에서 엔도르핀과 옥시토신을 분비시켜 행복하고 안정된 기분을 끌어냅니다. 이를 '접촉 위안Contact comfort'이라고 합니다. 엄마가 아기를 안고 쓰다듬으면서 마음을 달래주는 행위를 대표적인 접촉 위안이라고 할 수 있지요. 그런데 우리는 이 사실을 선험적으로 알고 있었습니다. 아주 오래전부터 나지막이 흥얼거리면서 아이의 배를 살살 둥글게 문질러주었으니까요. "할머니 손은 약손~"

여러 대학 연구팀에서 접촉 위안과 관련해 실험을 했는데 미국 캘리포니아대학 연구팀에서는 사랑하는 사람과 껴안거나 손을 잡는 신체 접촉이 통증을 완화하고 스트레스를 줄여준다는 연구결과를 발표했습니다. 단, 낯선 사람과의 신체 접촉은 별 효과가 없다고 합니다. 스웨덴 예테보리대학과 미국 노스캐롤라이나대학 공동연구팀은 쓰다듬음의 절대 기준을 제시했습니다. '기분 좋으라고 쓰다듬을 때는 엄마가 아기 쓰다듬듯 속도는 초당 4~5cm가 적당하다.' 접촉 위안의 힘은 나를 쓰다듬어줄 때뿐 아니라 남을 만져줄 때도 똑같이 발휘됩니다.

이로써 왜 인간이 피부에 상처를 입을 수 있는 위험을 무릅쓰면서까지 털을 포기했는지 유추해 볼 수 있지요. 인간은 다른 인간과 더불어 공동사회를 이루어야 생존이 가능한데 타인과 친밀감을 형성하고 깊은 관계를 맺는 방법으로 피부 접촉만 한 것이 없습니다. 하다못해 악수가 그렇지요. 인류의 조상은 털에 뒤덮인 안전한 몸으로 살기보다 비록 털이 없어서 상처받기 쉬운 몸이 되더라도 타인과 피부 접촉을 많이 하는 것이 생존에 더 이롭다고 판단했을 것입니다.

그런데 문화와 문명이 발달할수록 피부를 접촉할 수 있는 기회가 줄어드는 현상이 나타납니다. 프랑스 소설가 미셸 투르니에가 말했습니다. 〈우리들의 위생적인 청교도 사회는 촉각의 체험과 만족에는 날이 갈수록 부적절한 모습이 되어가고 있다. 잡지, 영화, 텔레비전이 눈만 포식하게 하고 인간의 그 나머지 감각들은 무용지물로 만든다.〉* 혹시 그 결과가 건강하기에 부족함이

---

* 『짧은 글, 긴 침묵』 미셸 투르니에 지음, 김화영 옮김, 현대문학

없는 환경에서 살면서도 이유 없이 몸과 마음이 아픈 증세로 이어지는 것은 아닐까요. 미국의 한 조사 결과에 따르면 가출 청소년의 90% 이상이 접촉 결핍증에 걸려있는 것으로 나타났다고 합니다. 피부 접촉이 정서에 어떤 영향을 끼치는지 알 수 있는 대목입니다.

체온이야말로 사람이 사람에게 줄 수 있는 가장 좋은 선물입니다. 구체적으로는 털이 없고, 딱딱한 껍데기가 없는 피부 덕분에 더 따뜻하게 느낄 수 있는 사람의 '온기' 말이지요. 인류의 조상이 위험을 무릅쓰고 털을 포기한 피부를 우리는 관계에 어떻게 활용하고 있을까요.

펭귄의 다리는
정말 짧을까?

비록 날지도 못 하고 다리도 짧은 새지만 이 지구에서 백만 년 넘게 생존했습니다. 턱시도를 입은 것처럼 보이는 것은 하얀 배 때문인데요. 원래 펭귄은 모두 검은색이었습니다. 이 때문에 물에 들어가면 펭귄의 검은 배를 쉽게 알아보는 바다표범한테 많이 잡아먹혔습니다. 하지만 몇몇 펭귄은 돌연변이처럼 하얀 배를 가졌는데 바다표범이 신기하게도 하얀 배를 가진 펭귄들은 잘 보지 못했습니다. 그래서 배가 하얀 펭귄들이 점점 더 많이 살아남았고, 배를 하얗게 만드는 유전자를 후손에게 물려주었고, 시간이 흘러 흘러 펭귄들은 모두 하얀 배를 갖게 되었다는 이야기. 펭귄이 입은 턱시도는 알고 보니 살아남기 위한 자연선택설의 결과물이었습니다.

펭귄은 남극의 신사로 불리지요. 턱시도를 입어서만이 아닙니다. 앞서 진정한 신사의 정체가 무엇인지 얘기했었지요. 신사와 로맨틱을 떼어놓을 수 없듯 남극의 신사 펭귄은 프로포즈를 할 때 공들여 고른 자갈을 자기의 발 위에 놓는데(손이 없으니까요) 마음에 드는 암컷을 위한 선물입니다. 특히 아델리펭귄은 이 자갈에 대한 집착이 더 강해서 최대한 반짝반짝 윤이 나는 아름다운 자갈로 고른다고 합니다. 프로포즈가 성공해 암컷이 알을 낳고 먹이를 구하러 가면 수컷은 이제 발 위에 자갈 대신 알을 올려놓고 정성껏 품습니다. 암컷의 여정은 수백 킬로미터까지 돼서 심한 경우 수컷이 남극의 매서운 눈보라 속에서 꼬박 넉 달 동안 굶어가며 알을 품고 서있는 장면은 감동적인데요. 이런 지극한 가족애와 동료애가 백만 년 동안 생존할 수 있도록 해준 비결이었을 것입니다.

그런데 남극 신사의 다리가 참 짧습니다. 펭귄에게 다리가 있나? 그냥 발만 있는 거 아닌가, 싶을 정도인데요. 그 덕분에 뒤뚱뒤뚱 걷는 모습이 귀여워 보이기는 하지만 조금만 길었더라면 살기에 편하지 않았을까 싶은 안타까움이 있습니다. 그런데 순전히 표시 나지 않아서 몰라본 것이었습니다. 언젠가 '펭귄 실제 다리 길이'라는 제목으로 올라온 두 장의 사진을 보고 깜짝 놀랐습니다. 한 장은 펭귄의 골격을, 다른 한 장은 펭귄의 겉모습을 담고 있는데 놀랍게도 겉으로 보기에 무참하게 짧은 펭귄의 다리를 엑스레이를 투과해 찍어본 결과 길었습니다. 그것도 아주 길었습니다. 사람으로 치면 무릎을 90도로 구부린 모양새였는데 짧은 줄 알았던 펭귄의 다리는 단지 쭈욱 펴지 않았을 뿐이었습니다.

다리만 긴 게 아니었습니다. 목도 미인처럼 길었습니다. 생각보다 꼿꼿하고 길쭉한 목. 아, 펭귄의 실체여! 감탄이 절로 나왔습니다. 그러나 펭귄은 다리가 길다는 사실을 알아주든 말든 지금까지 그래온 것처럼 앞으로도 계속 두툼한 턱시도 속에 숨은 긴 다리로 성큼성큼 걷는 게 아니라 겉으로 드러난 짧은 다리로

종종거리며 남극의 차가운 얼음 위를 걸어 다니겠지요. 우리가
이처럼 잘못 알고 있는 진실이 세상에는 얼마나 많을까요.

대나무는 왜
속이 비었을까?

나모도 아닌 거시 풀도 아닌 거시

곳기는 뉘 시기며 속은 어이 뷔연난다

뎌러코 사시에 프르니 그를 됴하 하노라

　고산 윤선도가 「오우가」에서 이렇게 노래한 대상은 죽竹, 대나무였습니다. 나무도 아닌 것이, 풀도 아닌 것이라고 했지만 대나무는 아열대 식물로 나무가 아니라 풀입니다. 곧게 자라기는 누가 시켰냐고 물었는데 굳이 답해야 한다면 매듭이 시켰습니다. 마디마다 단단하게 매듭을 짓는 덕분에 쑥쑥, 공중에 뿌리를 둔 듯 30m까지 높이 자랄 수 있습니다. 그 모습이 마치 잠시 쉬어 과거를 정리하면서 내려놓을 것은 내려놓고 붙잡아야 할 것은 붙잡아 미래를 향해 뻗어가는 모습 같아 보입니다.

　고산은 또 물었습니다. 속은 어째서 비었냐고요. 대나무는 풀이고, 풀이라서 빨리 자랍니다. 일 년이면 다 자랍니다. 이렇게 빨리 자라다 보니 쉽게 말하면 속을 채울 여유가 없고, 어렵게 말하면 줄기의 벽을 이루는 세포는 빠른 속도로 분열하지만 속은 세포 분열하는 속도가 더딥니다. 그래서 속이 텅 비었는데도 단단할 뿐 아니라 꼿꼿합니다. 속이 꽉 차야 단단할 수 있다는 말은 대나무한테만큼은 예외입니다. 아니, 비웠기에 더 단단할 수 있을지도요. 그래서 강한 비바람이 휘몰아칠 때도 부러지지 않고 그저 흔들리다가 말뿐일지도요. 혹 흔들린다 해도 대나무 탓이 아니라 바람 탓입니다. 고려의 시인 백운거사 이규보가 풍죽을 보며 노래했습니다.

흔들리어 몸을 가누지 못하는 것은 바람이 시킨 것일세
이도 또한 본래 빈 것인데 누가 이것을 흔들까

바람도 속이 비었고 대나무도 속이 비었다고 합니다. 속이 빈 것이 속이 빈 것을 흔들어대니 과연 누구 탓이라고 해야 할까요. 세상에 벌어지는 일들이나 내 마음에서 벌어지는 일들도 그와 같을 때가 적지 않지요. 다른 숱한 것들은 바람에 뿌리가 뽑힐 테지만 공중에 뿌리를 둔 대나무는 그저 흔들릴 뿐입니다. 꼿꼿이 버텨도 좋고 와들와들 흔들려도 좋습니다. 이랬다가 저랬다가 그러면서 인생의 고비를 넘어가는 것 아니겠습니까. 단지 '때'만큼은 현명하게 판단해야겠지요. 언제 버텨야 하는지, 언제 흔들려도 좋은지.

대나무 이야기가 나온 김에 이런 질문을 해보겠습니다. 대나무꽃을 본 적이 있나요? 대나무꽃을 본 적도 없을뿐더러 말 자체도 생소하고 대나무에서 꽃이 피긴 피나, 의문이 생길지도 모르겠습니다. 그도 그럴 것이 대나무는 평소에 꽃으로 번식하지 않으니까요. 대나무의 줄기는 땅 위로만 뻗는 것이 아니라, 땅 속으로도 뻗다가 옆으로 뻗어나갑니다. 그러다 마디에서 뿌리와 순을 틔우는데, 바로 판다가 제일 좋아하는 죽순입니다. 죽순이 자라는 속도는 하루에 1m가 넘을 정도로 아주 빨라서 쑥쑥 크는 아이들을 빗대어 '죽순 자라듯이 자란다'는 말이 있을 정도지요.

꽃의 가장 큰 목적이 번식에 있고 보면 대나무의 경우, 딱히 꽃이 필요하지 않다는 뜻이 되는데요. 그럼에도 불구하고 대나무에도 꽃이 핍니다. 60년에서 120년 사이에 딱 한 번. 그리고 대나무의 수명은 100~150년입니다. 그렇습니다. 죽기 전에 딱 한 번 꽃을 피웁니다. 그렇게 한 개의 대나무가 꽃을 피우면 모든 대나무가 일제히 꽃을 피우고, 일제히 죽음에 듭니다. 이처럼 꽃이 핀 다음에 말라죽는 현상을 개화병開花病이라고 합니다. 꽃이 피는 병이라니, 세상에 이런 말도 있구나 싶었어요. 대나무와 조릿대류는 대부분 개화병으로 죽는다고 합니다.

그런데, 죽을 때 한꺼번에 꽃을 피우는 이유는 뭘까요. 많은 대나무가 한 곳에서 오랫동안 번식하면 땅속의 영양분이 부족해집니다. 죽순은 하루에 1m도 넘게 자라니 그만큼 많은 영양분이 필요하고, 결국 땅속의 영양분이 모두 고갈되고 말겠지요. 더 이상 죽순으로 번식하는 것이 불가능해지면, 대나무는 마지막으로 안간힘을 써서 꽃을 피웁니다. 죽순 대신 씨앗으로 번식하기 위해 꽃을 피우고 떠납니다. 일생에 딱 한 번 피어나는 꽃이니 마지막 촛불처럼 화려할 거 같지만, 대꽃은 꽃이라고 하기엔 그저 푸르기만 합니다. 세상에는 참…… 이런 꽃도 있습니다.

수억 년 전에 살았고 지금도
우리 곁에 살아있는 것은 무엇일까?

먼저 1억 년 전(백악기)쯤 공룡과 함께 살았던 나무를 소개하겠습니다. 공룡과 함께 멸종한 줄 알았던 이 나무가 세상에 존재를 드러낸 것은 중일전쟁을 치르던 1941년 양쯔강 상류지역에서였습니다. 사람들은 세쿼이아Sequoiq를 넘어서Meta, 즉 세쿼이아 나무보다 앞선 시대에 살았던 나무라는 뜻에서 '메타세쿼이아'라고 불렀습니다. 한국에서도 가로수로 유명한 나무가 공룡이 살던 시절에도 있었다니 경이롭지요.

그런데 "흥! 1억 년? 그쯤은 아무 것도 아니야"라고 말하는 나무가 있습니다. 앞에 나왔던 「하루살이 같은 인생, 하루살이는 하루만 살까?」 편에서 가장 나이 많은 어른입네 해서 상석을 차지한 넙죽 거북이가 했던 말에 등장합니다. '내 자식이 어릴 때 저 곳에 은행나무 두 그루를 심어……' 은행나무야말로 지구상에서 가장 오래 생존한 식물입니다. 오랜 기간에 걸친 화석기록을 가지고 있어 '화석식물'로도 불리는데 그 오랜 기간이 무려 2~3억 년입니다. 그런데도 전혀 모습이 변하지 않아 진화론 학자들에게 난감함(?)을 주고 있다고 하지요. 전혀 진화하지 않아서 말입니다. 그리고 보면 한국에서 가장 수령이 오랜 나무의 수종도 은행나무가 압도적으로 많습니다. 강원도 원주 반계리 은행나무는 수령 1,320년, 경기도 양평 용문사의 은행나무도 1,100년입니다.

은행나무는 '서로 바라만 보고 있어도 아기가 생기는 나무'로 불립니다. 이 표현이 절묘한 것이 대부분의 나무는 암꽃과 수꽃이 한 나무에서 피거나 암술과 수술이 한 꽃송이 안에 있는 경우가 많아서 서로 바라볼 필요가 없습니다. 그런데 은행나무는 암꽃이 피는 암나무, 수꽃이 피는 수나무가 따로입니다. 이처럼 암수가 있는 나무를 암수딴그루(자웅이주)라고 부릅니다. 봄에 각각 꽃을 피워 수나무가 꽃가루를 날려 보내면 암나무의 꽃가루받이가 이루어져서 가을에 열매를 맺는데요. 말 그대로 '서로 바라만 보고 있어도 아기가 생기는' 셈입니다. 게다가 바라만 보는 거리가 바로 옆이나 길 건너가 아니라 수백여 미터 떨어져 있어도 가능합니다. 하기는 나무는 눈이 없으니 서로 바라본다는 기준을 사람하고 달리 두기는 해야 할 것 같습니다.

더욱 신기한 사실은 은행나무의 수꽃가루는 꽃가루 중에 유일하게 편모를 달고 있어서 스스로 원하는 곳으로 이동할 수 있다는 점입니다. 바람이 미는 대로 떠다니다가 멈추는 데서 떨어지는 다른 꽃가루들에 비하면 상당히 진화했다고 볼 수 있는데 바로 이 점이 은행나무를 '화석식물'로 만드는 데 크게 기여했을 것입니다. 이러한 은행나무의 생장을 알고 나면 동서양에서 은행나무의 잎과 열매가 사랑을 상징했다는 것이 상당히 타당해 보입니다. 조선시대에는 만물이 겨울잠에서 깨어난다는 경칩에 남녀가 은행 열매를 서로의 입에 넣어주며 은행나무처럼 천년을 가는 사랑을 약속했다고 합니다. 그런가 하면 독일의 대문호 요한 볼프강 폰 괴테가 연인 마리안네 폰 빌레머에게 은행나무 잎과 함께 이 시를 지어 동봉했습니다. 〈본래 하나의 잎새인 것이 둘로 나뉘었 을까? 딱 어울리는 두 잎이 맞대어 놓여 하나처럼 보일까?〉

나무는 아니지만 은행나무보다 먼저 살았던 식물이 있습니다. 무려 고생대(5억 4,100~2억 5,190만 년 전)로 우리의 상상이 가닿기도 힘든 까마득한 시대에 존재했고 지금도 존재합니다. 제 사상에 꼭 오르고 비빔밥에 빠지지 않으며 우리가 즐겨 먹는 나물, 바로 고사리입니다. 나중에 석탄의 원료가 되기도 했던 고생대 고사리는 지금의 고사리보다 훨씬 커서 줄기의 직경이 1m 이상, 높이도 수 미터에 이르러 고사리 나무라고 해야 할 것 같은데 화석을 보면 지금의 고사리와 모양이 비슷합니다.

그만큼 고사리는 지구에서 가장 오래된 식물이자 우리에겐 나물입니다. 특히 정월대보름에는 묵나물로라도 챙겨 먹는 것입니다. 고사리, 호박, 가지, 시래기, 버섯, 도라지, 고구마순, 곤드레, 삼나물, 취나물 등을 제철에 수확해서 말려두었다가 해를 넘긴 것을 묵은 나물, 줄여서 묵나물, 한자로는 진채陣菜라고 합니다. 묵은 나물은 겨울에 싱싱한 채소와 과일을 먹을 수 없었던 선조들의 지혜였지요.

서양에서는 고사리를 식재료로 사용하지 않습니다. 그래서 산간지역에 가면 고사리가 지천으로 깔린 것을 쉽게 볼 수 있는데 서양에서 고사리는 먹을거리가 아니라 잡초나 다름없습니다. 기후가 험하기로 유명한 스코틀랜드 북부 산악지대에서도 잘 자라고, 수억 년 동안 생존이 가능했던 비결은 짝이 없어도 홀로 번식이 가능한 포자식물이기 때문일 것입니다.

　고사리, 앞으로 이 나물을 먹을 때는 수억 년 전부터 존재했던 지구의 식물 중에서도 가장 오래 살아남은 DNA를 섭취하고 있노라며 상상력을 펼쳐보면 좋겠습니다. 인류가 없던 시절이었습니다. 그때 세상이 어떤 곳이었는지, 무슨 일이 있었는지 기록조차 전무한 옛날 옛적에 이 식물이 있었노라 생각하면서요. 그리고 그때 '이것'이 창공을 날고 있었습니다.

　만지면 바스라질 것처럼 연약한 날개지만 순간적으로 180도 회전이 상하좌우로 가능합니다. 그 날개로 여름 내내 날고 날고, 또 납니다. 왜냐고 묻는다면 물론, 짝을 만나기 위해서지요. 짝을 만나서 두 몸이 허공에 하트 모양을 그려내고, 수컷의 호위 아래 연못 위에 산란을 하면 그것으로 잠자리의 짧은 이생이 끝납니다. 그렇게 3억 년을 반복했습니다. 3억 년 전 고생대에 살았던 잠자리의 고대곤충 '메가네우라'는 양쪽 날개를 펼쳤을 때 길이가 70cm, 그 커다란 몸집으로 1억 5천 년 동안 자유롭게 하늘을 날았습니다.

　그러다 익룡이 등장하고, 맹금류가 나타나고…… 메가네우라는 커다란 몸집으로 포식자들을 피하기 어려웠습니다. 그래서 선택했습니다. 작아지기로. 조금씩 조금씩 작아지기 시작했습니다. 작아져서 눈에 잘 띄지 않으려고, 눈에 띄더라도 도망가기 쉽도록. 그렇게 3억 년 동안 진화해서 우리 눈앞에 나타났습니다. 잠자리, 그 속에는 3억 년 동안 살아남은 DNA가 들어있습니다.

산란을 끝낸 잠자리는 더 이상 힘차게 비행하지 못합니다. 한 순간에 늙어버려 허공에 바람에 힘없이 나부낍니다. 그 몸은 한없이 가볍습니다. 소파 방정환이 지은 「늙은 잠자리」라는 동시가 가슴 짠합니다.

수수나무 마나님
좋은 마나님
오늘 저녁 하루만
재워주세요
아니 아니 안 돼요
무서워서요
당신 눈이 무서워 못 재웁니다
잠잘 곳이 없어서
늙은 잠자리
바지랑대 갈퀴에
혼자 앉아서
추운 바람 서러워
한숨 짓는데
감나무 마른 잎이
떨어집니다

가냘픈 꽃 코스모스에 왜 '우주'라는 이름이 붙었을까?

"벌써 코스모스가 피었네. 가을에 피어야 할 꽃이 이상 기온으로 여름에 피었군" 하는 말은 해마다 듣는 것 같습니다. 우리나라에서 코스모스는 파란 가을 하늘, 가을 운동회, 가을 소풍을 연상시키는 대표적인 가을꽃이지만 사실 멕시코가 원산지라서 6월부터 피기 시작합니다. 그런데도 계속 코스모스를 가을꽃으로만 여기는 건 가을에야 이 꽃이 눈에 들어온다는 얘기일까요. 가을이 되어 미풍만 불어도 휘어질 듯 흔들리는 그 모습이 말이지요. 그래서 이 꽃에 붙은 순우리말 이름이 '살살이', 가냘프게 살랑살랑 흔들리는 모양을 뜻합니다. 반면 서양에서는 재채기만 해도 놀라 달아날 것처럼 생긴 이 꽃에 버겁게도 '코스모스'라는 거창한 이름을 붙였습니다. 코스모스Cosmos, 우주라는 뜻이지요.

우주를 코스모스라고 처음 부른 사람은 기원전 6세기 그리스의 철학자이자 수학자인 피타고라스입니다. 그는 우주를 저마다 다른 음을 내는 악기들이 펼치는 화음과 선율의 조화로 바라봤고, 그래서 '조화로운 질서'라는 뜻을 가진 단어 코스모스Κόσμος/kosmos를 우주에 붙였습니다. 피타고라스가 우주를 질서 있는 세계로 인식했다는 사실을 알 수 있지요. 이렇게 말하고 보니 재채기에도 금방 날아갈 듯 가냘픈 꽃을 코스모스라고 부르는 것이 더욱 의아하게 느껴집니다. 어떤 이유에서였을까요.

신화에 따르면 이전에는 다른 꽃이 아무것도 없었기 때문이라고 합니다. 신이 세상을 아름답게 만들기 위해 제일 처음 만든 꽃이 지금의 코스모스였는데 여기서 중요한 대목은 '아름답게 만들기 위해서'입니다. 그것이 그리스인들이 생각한 질서, 코스모스였으니까요. 그 증거가 화장품을 가리키는 말, 코스메틱Cosmetic에 남아있습니다. 코스메틱은 '코스모스의 명령'이라는 뜻을 가진 그리스어 'κοσμητικός(kosmetikos)'가 어원입니다. 우주의 명령, 아름답게 만들라, 이것이 코스메틱에 숨은 뜻입니다. 그리고 이때 아름다움의 기준은 질서입니다.

고대에 화장은 사회적인 신분이나 소속된 집단을 드러내고 신체와 피부를 보호하기 위한 목적이 더 컸습니다. 그들에게 사회적인 신분이나 소속된 집단이란 신이 인간에게 부여한 역할이었고 그 역할을 충실히 해내는 인간을 훌륭하다고 평가했습니다. 그것이 조화롭고 질서 있는 세계라고 믿었기 때문이지요. 반대로 이를 지키지 않는 것은 카오스Kaos, 무질서하고 아름답지 않은 것이었습니다.

고대 그리스인들이 질서를 얼마나 중요하게 여겼는지는 현대 과학을 통해 입증되고 있습니다. 그들이 만든 미술품, 조각, 음악, 시 등을 과학적으로 연구했더니 비율, 수치, 운율 등으로 말할 수 있는 질서가 존재한다는 사실이 밝혀졌기 때문인데요. 이처럼 질서와 조화, 한마디로 균형미가 아름다움의 중요한 조건이라고 믿었던 고대 그리스의 미학은 서양에서 오랫동안 아름다움의 기준이 됐으며 특히 르네상스 미술에 큰 영향을 주었습니다.

그러나 카오스의 상태를 거치지 않은 채 기계적으로 답습하는 질서와 조화라면 아무리 완벽하다 한들 사람의 마음을 움직일 수 없지요. 그에 대한 이야기를 코스모스 꽃이 보여줍니다. 완벽하지 않습니다. 신이 세상을 아름답게 해주려고 만들었지만 처음 만든 탓인지(?) 연약하게 완성되어 입김만 불어도 살랑살랑 흔들립니다. 그 바람에 우리의 마음도 옛 추억으로 날아가 흔들립니다. 코스모스의 아름다움, 가을에 보는 코스모스는 카오스입니다.

4

과학으로
묻다

별도
소리를 낼까?

하늘의 해와 달, 별을 올려 보다 자신을 의심하고는 합니다. 저 해와 달, 별들이 분명히 어떤 말을 들려주고 있는데 혹시 내 귀가 막혀서 못 듣는 것은 아닐까.

프랑스 소설가 미셸 투르니에는 『사랑의 야찬』이라는 책에서 아담과 하와가 에덴동산에서 해와 달, 별들의 음악을 들었노라 풀어놓습니다. 그러다 뱀의 유혹에 빠져 신이 금지한 음악나무의 열매를 깨물었고 더 이상 천체들의 음악이 들리지 않게 되어버렸습니다. 선악과가 사실은 음악나무였고, 신의 명령을 어겨 더 이상 해와 달, 별들이 내는 소리를 듣지 못하게 되었다는 가정이 그럴 듯합니다. 투르니에는 음악의 역사에 대해 말한 것이었습니다. 귀가 막힌 인간이 천체들의 음악을 그리워하고 상상하며 만들어낸 소리, 그것이 음악이라고요.

천체들의 음악을 상상한 것은 음악가만이 아니라, 여러 시인들도 별들이 내는 소리를 상상했습니다. 박남준 시인은 '쨍쨍거리는 소리가 들릴 듯한 푸른 별들(시 「겨울편지를 쓰는 밤」 중)'이라고 했습니다. 박재삼 시인은 '여기도 성좌 한자락 / 도란도란거리고나(시 「가을에」 중)'라고 읊었고 마종기 시인은 '손이 담길 것 같이 가까운 은하수 속에서 편안히 누워 잠자고 있는 맑은 별들의 숨소리도 정겨웠다(산문 「별, 아직 끝나지 않은 기쁨」 중)'고 체험을 털어놓았지요. 쨍쨍, 윙윙, 숨소리…….

이렇게 음악가와 시인들이 별의 소리를 상상하는 한편으로, 별의 소리를 실제로 듣기 위한 노력도 꾸준히 이어져 '항성 진동 전파학'으로 발전했는데요. 별들(항성)은 고유의 진동을 가졌고, 진동에 따라 특유의 소리를 내는데 별의 나이와 크기, 화학적 원소 구성에 따라 소리가 다르다는 사실을 밝혀냈습니다.

2008년 파리 천문관측소가 '코로' 우주망원경을 이용해서 3개의 항성을 관측했고 별의 소리를 녹음해서 홈페이지에 공개했는데요. 별의 소리를 들은 네티즌들의 반응은 대략 이러했습니다. "SF에 등장하는 음악 같다." "에이리언이 만든 음악 같다." 쉽게 말해서 들어주기 힘든 소리라는 반응인데요. 그러나 정확히 말하면 파리 천문관측소가 녹음한 별의 소리는 별이 진동하면서 발산하는 미묘한 빛의 변화 신호를 우리가 들을 수 있는 소리로 바꾼 것입니다. 우주는 진공상태라서 소리가 전달될 수 없지요.

그런데도 천문학자들은 우주망원경으로 별에서 방출하는 파동을 관찰하거나 예측해 사람이 들을 수 있는 소리로 바꾸는 실험을 계속하고 있습니다. 그러는 이유는 그 소리의 주파수를 통해 별의 내부 상황을 추정할 수 있기 때문이지요. 그렇다고 별이 소리를 내지 않는 것은 아닙니다. 진실은 앞서 언급한 투르니에의 글 속에 있습니다. 〈천체들의 음악은 두 번 다시 인간의 귀에 들려오지 않았다.〉 별이 내는 소리는 10억Hz 이상의 주파수로 인간의 귀에 들리지 않으며 들으려고 노력해 봐야 '쉬익', '쏴' 하는 잡음 정도로 들릴 뿐입니다. 인류의 조상이 뱀의 유혹에 굴복해 신의 허락 없이 음악나무의 열매를 따먹어 귀가 막혔노라는 투르니에의 말이 영 턱없지 않습니다.

피아노 건반은
왜 88개일까?

피아노를 처음 배울 때 선생님은 건반을 누르는 손가락의 모양을 가르쳐 주시면서, '달걀 쥐는 것처럼'이라고 말씀하셨었습니다. 달걀 하나의 무게는 50g, 피아노 건반 하나를 누를 때 필요한 무게도 50g이라고 하지요. 그러나 소리를 내는 데 최소한의 무게일 뿐 우리는 여든여덟 개의 건반을 그보다 더 무겁게 혹은 더 가볍게 누를 수 있고, 그에 따라 부드럽게도 강하게도 음을 조절할 수 있습니다. 그래서 붙은 이름이 피아노Piano, 강약의 소리가 자유롭게 나는 악기라는 뜻을 가진 '피아노포르테Pianoforte'*의 줄임말입니다.

쥬세페 토르나토레 감독의 영화 〈피아니스트의 전설〉에는 배에서 태어나 줄곧 배에서 살았던 천재적인 피아니스트 나인틴 헌드레드가 등장합니다. 그에게 배 밖의 세상이란 이런 것이었습니다. "피아노는 시작과 끝이 있지. 어떤 피아노나 건반은 88개야. 그래서 무섭지 않아. 무서운 건 세상이지. 배에서 막 내리려 했을 때 수백만 개의 건반이 보였어. 너무 많아서 그걸론 연주할 수가

---

* 악보에서는 기호 pf로 표기되며 '처음은 여리게, 차츰 세게' 연주하라는뜻이다.

없어. 피아노를 잘못 선택한 거지. 그건 신이나 가능한 거야."

수백만 개의 건반을 가진 피아노를 연주하는 일은 신만이 가능합니다. 인간은 여든여덟 개의 건반을 가진 피아노를 연주할 뿐입니다. 어떤 피아노든 건반은 88개. 흰 건반 52개, 검은 건반 36개. 나인틴 헌드레드가 세상에서 보았던 수백만 개의 건반에 훨씬 못 미치지만 피아노는 클래식 악기 중에서 가장 많은 음들을 동시에 표현할 수 있습니다. 아쉬운 마음에 이렇게 생각해 볼 수도 있겠습니다. 건반을 더 많이 만들면 더 많은 음들을 표현할 수 있는데 피아노 건반은 왜 88개일까.

'가청주파수'와 관련이 있습니다. 가청주파수는 사람의 귀로 들을 수 있는 소리의 범위로 20~20,000Hz를 가리키지만 실제로는 40~16,000Hz 정도입니다. 틴벨의 주파수가 1만 7000~1만 8,000Hz라는 사실로 짐작할 수 있는데요. 틴벨은 공장 근처에서 빈둥거리는 불량한 아이들을 내쫓기 위해 개발한 소리였습니다. 초창기에 '모스키토 버즈'라고 불렸던 걸 보면 모기소리처럼 아주 작지만 도저히 참고 계속 들을 수 없는 종류의 고주파 소리였던 모양입니다.

틴벨은 십 대들만 들을 수 있는 소리의 주파수였습니다. 실제로 나이가 들수록 고음이 점점 들리지 않아 십 대 때까지만 해도 19,000Hz까지 들을 수 있다가 점점 줄어 고령이 되면 15,000Hz 이상의 주파수는 안 들린다고 합니다. 그러니까 틴벨이 울리면 어른의 귀에는 들리지 않는데 십 대들 귀에만 들려서 도저히 그 자리에 계속 있을 수 없게 되는 것입니다. 실제로 가장 편안하게 들을 수 있는 표준음이 100Hz에서 2,000Hz, 바로 피아노의 중간 부분입니다. 88개의 피아노 건반음을 기준으로 할 때 최저음 27.5Hz, 최고음 4,186Hz라고 하니까요.

이야기를 정리하면 피아노의 건반이 세계 어디에서나 88개인 이유는 더 아래로 내려가거나 더 위로 올라가 봐야 사람의 귀에 들리지 않기 때문입니다. 그러니 피아노의 건반 끝에서 끝까지 자유롭게 활주하는 연주는 사람이 들을 수 있는 소리의 영역을 모두 아우른다는 의미입니다. 수백만 개의 피아노 건반은 애초에 우리한테 필요하지 않지요.

88개 건반을 더욱 매력적으로 만드는 요소가 있습니다. 흰 건반의 음을 반음 낮추거나 반음 올리면서 음을 풍부하게, 혹은 혼란스럽게 만드는 검은 건반입니다. 프레데리크 쇼팽은 검은 건반만 연주하는 곡을 만들었습니다. '흑건'이라는 별명으로 더 유명한 「에튀드 5번 내림 G장조 Op.10」인데요. 처음부터 끝까지 플랫 여섯 개가 들어있어서 오른손으로 검은 건반만 연주할 수 있도록 되어있습니다. 실제로 이 곡에 대해 쇼팽이 제자에게 이런 편지를 보냈다고 하지요. "연습곡은 잘 치고 있어? 이 곡이 검은 건반을 위해 작곡됐다는 사실을 모르면 재미가 없단다."

에튀드Étude는 연습곡이라는 뜻이지만 쇼팽이 만든 에튀드 스물네 곡은 모두 완벽한 독주곡이나 다름없는 작품들로 평가받고 있습니다. 특히 에튀드 5번은 영화 〈말할 수 없는 비밀〉에서 그 유명한 피아노 배틀 장면에 등장하는데 배우 주걸륜이 흑건과 백건을 바꿔 연주하면서 이 곡에 대한 편견을 깨트렸습니다.

인간은 얼마나
많은 색을 볼 수 있을까?

낙엽, 자갈돌, 빛줄기…… 그것들의 미세한 색조와 뭐라 표현하기 어려운 형상을 식별하게 될 때 나는 신비와 환희에 가득 찬 기쁨을 맛본다. 그리고 여태까지 한 번도 사물을 제대로 본 적이 없음을 깨닫는다. 한 번도.

- 클로드 모네

클로드 모네Claude Monet는 모든 사물을 '빛'으로 인식한 '빛의 화가'입니다. 이런 인식은 11세기 이슬람의 과학자 이븐 알하이삼을 거쳐, 17세기 영국의 과학자 아이작 뉴턴Isaac Newton이 있었기에 가능했습니다. 알하이삼이 주장하기 전까지 사람들은 '우리가 볼 수 있는 것은 눈에서 빛이 나와 사물을 밝히기 때문'이라고 믿었습니다. 그러나 알하이삼은 빛의 반사와 굴절, 착시현상 등을 과학적으로 증명하면서 '우리가 볼 수 있는 것은 사물에서 나온 빛이 우리의 눈으로 들어오기 때문'이라고 주장했지요.

뉴턴은 프리즘 실험을 통해 빛이 무색이 아니라 여러 색으로 이루어져 있으며, 각각의 빛이 지닌 파장의 크기에 따라 색이 달라 보인다는 사실을 발견했습니다. 다시 말해 우리가 보는 색은 물체 고유의 색이 아니라 고정관념의 색이고 이 고정관념은 간단하게 깨뜨릴 수 있습니다. 아무리 빨간 사과라도 어두운 방에서 초록이나 파란 빛을 비추면 검게 보입니다. 우리 눈에 빨갛게 보인다는 것은 그 물체가 빨간 빛만 반사하고 다른 빛을 모두 흡수해버린다는 뜻인데 인위적으로 특정 빛을 반사할 수 없도록 조건을 부여해 모든 빛을 다 흡수해버리면 우리 눈에 아무 빛도 들어오지 않아 검게 보입니다.

이처럼 빛을 바꾸면 모든 물체의 색이 달라집니다. 우리가 물체의 색에 대해 내리는 정의는 자연광선 아래서 일상적으로 경험하며 생긴 고정관념일 뿐이지요. 모든 물체는 빛의 특정 파장을 흡수하는 성질을 가지고 있고, 흡수하지 못한 나머지가 색으로 나타납니다. 검정색은 모든 빛을 흡수한 결과이며, 흰색은 반대로 거의 모든 빛을 반사한 결과입니다. 그러니 "인간은 얼마나 많은 색을 볼 수 있을까?"라는 질문은 이렇게 바꾸어야 옳겠지요. "인간은 빛을 어디부터 어디까지 볼 수 있을까?"

흔히 빛을 묘사할 때 투명하다고 합니다. 우리가 빛의 지극히 일부밖에 볼 수 없어서 나온 표현입니다. 빛은 여러 가지 색깔이 혼합돼 있고, 우리가 볼 수 있는 빛을 '가시광선可視光線, 인간의 눈으로 지각할 수 있는 파장 범위에 있는 빛의 스펙트럼'이라고 하며 다양한 파장의 길이를 가진 빛으로 이루어져있습니다. 인간의 눈(원추세포)은 이 중 가장 긴 파장, 중간 파장, 짧은 파장 세 가지만 인지할 수 있고 그 결과가 빛의 3원색인 빨강(570~590㎚), 초록(535~550㎚), 파랑(440~450㎚)으로 나타납니다. 그 밖에 보이는 수많은

색은 우리의 뇌가 원추세포에서 받아들인 정보를 바탕으로 빛의 3원색을 혼합해서 만들어냅니다.

반면에 아예 볼 수 없는 빛이 있습니다. 빨간색 너머에 존재하는 빛(적외선)은 가시광선보다 파장이 짧아서, 보라색 너머에 존재하는 빛(자외선)은 길어서 볼 수 없고, 이를 비가시광선非可視光線이라고 합니다. 햇빛에서 가시광선이 차지하는 비율은 단지 33%, 나머지는 비가시광선인 적외선 60%와 자외선 7%로 구성돼 있습니다. 이 말대로라면 우리는 빛의 일부인 33%가 전달하는 색만 볼 수 있고 나머지 63%의 빛이 전달하는 색은 미지의 세계라는 뜻이 되지요.

어디까지나 인간의 일일 뿐입니다. 꿀벌을 비롯한 곤충, 새, 파충류, 양서류는 자외선을 볼 수 있어서 인간이 보는 색과 완전히 다른 색을 봅니다. 예를 들어, 우리 눈에는 똑같이 하얗게 보이는 배추흰나비 암수지만 그들이 서로를 볼 때 암컷은 희게, 수컷은 검게 보인다고 합니다. 심지어 한 가지 색으로 보이는 꽃 한 송이에 달린 꽃잎조차 테두리 쪽과 수술이 달린 중앙의 색이 그들(?)에게는 다르게 보인다고 합니다.

우리가 보는 색이 사실은 빛의 파장으로 생겨나는 것이며, 그조차 33%만 인지할 수 있을 뿐이라는 사실이 자못 철학적입니다. 내가 보는 세상은 단지 일부일 뿐이고 평생 그러하리라. 그러니 전부를 본 것처럼 착각하면서 함부로 단언하지 마라……

스트레스를 받으면
왜 설탕과 지방이 당길까?

스트레스가 쌓이면 어떻게 해소하나요. 외로우면 무엇으로 채우나요. 이 대목에서 산책이나 운동을 한다, 친구와 만나서 대화한다, 음악을 듣거나 책을 읽는다고 해야 바람직하다는 것을 압니다. 그렇지만 스트레스를 받은 뇌는 아무것도 하기 싫어합니다. 더구나 더 손쉽고 간편하게 스트레스를 풀 수 있고 친구나 연인보다 가까이에서 외로움을 채워주는 존재가 있지요. 바로 음식입니다. 맛있는 음식을 먹으면 삶의 짐이 가벼워지고 세상이 조금은 밝아지는 것 같습니다. 그래서 배고프지 않아도 먹게 됩니다. 화가 나고 외롭고 우울하면 더 많이 먹습니다. 왜 그럴까요?

우리는 모유를 먹거나 분유나 우유를 먹으며 자랐습니다. 우유에 들어있는 트립토판이란 성분이 편안하고 나른하게 만드는 세로토닌의 재료가 되도록 화학작용을 해주었지요. 무엇보다 우유를 먹는 동안 엄마(혹은 꼭 엄마가 아니라도) 품에 안겨있는 과정을 수백 번, 수천 번 반복하면서 음식을 만족감, 편안함, 안정감과 연결해 인식하게 됐습니다. 그러니 화가 나고 외롭고 우울할 때 음식을 먹고 싶은 욕구는 어떻게든 심리적 안정을 찾고 싶은 갈구일 것입니다.

그럴 때 먹고 싶은 것이 두부나 콩, 데친 브로콜리나 양배추, 삶은 생선 같은 음식이라면 얼마나 좋을까요. 유감스럽게도 스트레스 받을 때 입에 당기는 것은 설탕과 지방으로 버무려진 과자나 파이, 케이크, 피자 등이지요. 그럴만한 이유가 있습니다. (지금이 글을 쓰는 동안 '두쫀쿠' 먹어봤냐는 질문을 받았고 먹고 싶어 하지 않고 싶다고 답했습니다.)

스트레스를 받으면 우리 몸의 부신 피질에서 스트레스를 무디게 하기 위해 코르티솔을 생산하고, 코르티솔은 신경펩티드라는 화학물질을 분비하도록 만듭니다. 문제는 신경펩티드가 탄수화물을 갈망하게 만든다는 것입니다. 그래서 신경펩티드가 원하는 대로 탄수화물, 혹은 탄수화물로 변화하는 설탕과 지방을 섭취하면, 앞서 말한 것처럼 엄마 품에 안겨 우유를 먹을 때와 비슷한 기분을 느낄 수 있게 세로토닌의 생산을 증가시킵니다. 그러니어떻게 설탕(탄수화물)과 포화지방이 잔뜩 들어간 음식을 먹지않을 수 있을까요. 음식은 '사랑'인데 말이지요.

그런데 이 대목에서 '나는 스트레스를 받으면 단 음식이 아니라 매운 음식을 먹는데?' 하는 사람이 있습니다. 땀을 뻘뻘 흘리면서 매운 음식을 먹고 나면 속이 후련해지고 스트레스가 풀린다고 말하는데요. 매운 음식을 먹으면 정말 스트레스가 풀릴까요?

일단 매운맛은 맛이 아닙니다. 인간의 기본 미각은 단맛, 신맛, 짠맛, 쓴맛, 이 네 가지이고 여기에 매운맛은 들어있지 않지요. 매운맛은 미각味覺이 아니라 통각痛覺입니다. 고추의 매운맛은 캡사이신이라는 성분에서 생기는데 한국에는 식욕을 촉진시켜

주고 항암작용이 있다고 알려졌지만, 미국에서는 통증 완화용 연고제에 사용되는 활성성분으로 식품의약국FDA의 승인을 받았습니다. 캡사이신이 맛을 느끼는 신경에 작용하는 것이 아니라 통각세포에 작용한다는 증거입니다.

매운 음식을 먹어 캡사이신이 통각세포와 접촉하면 그 신호가 척수를 거쳐 대뇌로 전달되고 그 결과 맵다는 통증을 느낍니다. 입 안이 붉어지고 화끈거리는 증세로 이어지고 심한 경우 귀와 머리까지 아픕니다. 그러면 응급처치를 하기 위해 대뇌에서 엔도르핀을 분비합니다. 엔도르핀은 코르티솔과 같은 항스트레스 호르몬으로 행복감을 느끼게 해주지요.

스트레스를 받거나 외롭고 우울할 때 단 음식이나 매운 음식을 먹으면 풀리고 기분이 좋아지는 것은 사실입니다. 문제는 '중독'이지요. 정제된 탄수화물을 섭취하는 데 길들여지면 다른 스트레스 없이도 혈당이 떨어지면 스트레스를 받습니다. 스트레스를 받으면 앞서의 악순환이 반복되고 그 결과 세계보건기구가 규정한 '비만'이라는 질병에 걸릴 수 있습니다.

한국에 설탕공장이 들어선 것은 1953년, 음식을 만들 때 설탕이 들어가기 시작한 것은 1960년대부터였으니 소금에 비교하면 역사가 노루꼬리만큼 짧지요. 설탕은 신선하게 보관하는 데 필요한 것도 아니고 생명 유지와는 더욱 관계가 없습니다. 음식을 만들 때도 그다지 필요하지 않습니다. 이처럼 설탕 없이 진화해왔기 때문에 인간의 몸이 많은 당을 처리하는 데 적합하지 않다고 합니다.

중독으로 치면 매운 음식도 다르지 않습니다. 매운맛에 내성이 생기면 엔도르핀이 더 많이 분비되길 기대하면서 점점 더 매운 음식에 집착하게 됩니다. 결국 단맛이든, 매운맛이든 아무리 음식이라도 마약이나 알코올, 흡연 등과 비슷한 중독에 빠질 수 있다는 이야기지요.

그렇다면 방법은 세 가지가 남은 것 같습니다. 스트레스의 원인을 찾아내 제거하는 것, 몸과 정신은 하나이니 정신을 단련시켜 몸을 건강하게 만드는 것, 혹은 규칙적인 운동으로 몸을 단련해서 스트레스에도 강한 정신으로 만드는 것. 그러나 역시나 문제는 스트레스를 받은 뇌가 아무것도 하기 싫어한다는 것이겠지요. 아무래도 이것부터 이겨내야 할 것 같습니다.

그는 왜
브로콜리를 싫어했을까?

조지 허버트 워커 부시George Herbert Walker Bush, 아들과 구분해서 아버지 부시라고 부르는 인물인데요. 미국 대통령에 취임하고 이듬해인 1990년 3월, 대통령 전용기 내 브로콜리 금지령을 내립니다. 이 소식이 알려지자 영양학자들이 미국 어린이들에게 나쁜 모범이 되지 않을까 걱정했고, 브로콜리 주산지인 캘리포니아주 농부들이 브로콜리 10톤을 신선한 상태를 유지하도록 포장해서 트럭에 실어 워싱턴으로 보내는 등 미국이 다른 무엇도 아닌 브로콜리 때문에 떠들썩했습니다.

기자들이 해명을 촉구하자 아버지 부시는 굽히지 않고 계속 브로콜리를 비난했고 이유인즉 이러했습니다. "나는 브로콜리가 싫습니다. 어린 시절부터 싫어했는데 어머니가 억지로 먹게 했어요. 하지만 이제 나는 미국 대통령이니 더 이상 브로콜리를 먹지 않겠습니다!" 그러자 기자들이 소리쳐 물었다고 하죠. "콜리플라워는요? 리마콩은요? 방울양배추는 어떻습니까?" 참고로 브로콜리와 방울양배추는 같은 배추과 채소인데요. 아버지 부시는 방울양배추도 싫다며 먹지 않겠노라 선언했습니다. 브로콜리도 싫어요, 방울양배추도 싫어요. 이 말을 할 때 아버지 부시의 나이가 예순여섯이었는데 편식은 평생 가는 모양입니다.

그런데 더 신기한 일이 생겼습니다. 2001년에 미국 대통령에 취임한 조지 워커 부시, 아들 부시의 첫 해외 방문지가 멕시코였습니다. 당시 멕시코 대통령 비센테 폭스는 공교롭게도 브로콜리를 재배하는 농부이기도 했습니다. 자동차 행렬이 비센테 폭스의 광활한 브로콜리 농장에 도착했고 차에서 내린 아들 부시에게 기자들이 소감을 물었습니다. 그는 잠시 망설이더니 엄지를 아래로 향하면서 이렇게 말했습니다. "차라리 콜리플라워였으면 좋겠군요." 아버지와 똑같이 브로콜리를 싫어했던 것입니다.

그렇다면 브로콜리를 싫어하는 유전자라도 있다는 걸까요. 넌센스처럼 들리지만 답은 '있다!'입니다. 그리고 이 유전자야말로 험난한 세상에 연약하기 그지없는 육체를 가지고 태어난 인류가 생존하는 데 크게 기여했는데요. 부시 부자가 한사코 브로콜리를 싫어하던 이유는 '쓴맛 민감도'가 남들보다 높아서였습니다. 그리고 약 10만 년 전 아프리카에 발현한 최초의 현생인류 역시 쓴맛에 대해 민감했고 오늘날의 아프리카 사람들 역시 그렇다고 하는데요. 쓴맛 유전자는 진화 과정에서 아주 중요한 역할을 했습니다. 몸에 독소가 들어오는 것을 막기 위한 '생물학적 경보 시스템'으로 작용하면서 생존확률을 높여온 것이지요. 인간뿐 아니라 해파리와 초파리, 심지어 세균도 쓴맛을 감지하고 토해낼 수 있다고 하니까 가히 몸을 지키기 위한 파수꾼이라고 할 수 있습니다.

그런데 현재 영국 동북부에 사는 사람들 3분의 1은 쓴맛을 거의 느끼지 못한다고 합니다. 쓴맛이 강한 맥주를 아무렇지 않은 듯 마시는 배경을 짐작할 수 있죠. 쓴맛 민감도는 동쪽으로 가면서 높아집니다. 중국의 일부 지역에서는 전체 인구의 95%가 쓴맛을 느끼는데 이 수치는 한국인도 비슷할 거 같습니다. 신기한 점은 북아메리카에 사는 원주민 역시 쓴맛에 민감한데 그들의 조상은 아시아에서 이주해왔습니다. 반면에 그린란드에 사는 이누이트는 쓴맛을 거의 느끼지 못하는데 그들의 조상 역시 아시아에서 이주해왔지만 생선과 물범을 주식으로 하면서 쓴맛을 감지하는 능력을 잃었습니다.

이 이야기는 최초의 현생인류는 쓴맛에 민감했고 그것이 생존확률을 높였으나 진화 과정에서 쓴맛을 느끼는 사람과 느끼지 못하는 사람으로 나뉘면서 DNA에 프로그래밍됐다는 사실을 알려줍니다. 그렇게 나뉜 결정적인 원인은 정착한 곳이 쓴맛에 민감한 것이 생존에 유리하냐, 둔감한 것이 유리하냐에 따른 거였지요.

쓴맛을 싫어하는 유전자를 가졌다고 쓴맛 나는 음식을 다 싫어하지는 않습니다. 대표적으로 커피와 맥주, 고추냉이가 그러한데 쓴맛은 다른 향미를 가진 식재료와 결합할 때 훌륭한 맛을 냅니다. 밋밋하고 부드러운 맛에 톡 쏘는 맛을 더해 활기를 주기 때문인데요. 이런 쓴맛에 대한 믿음은 다양한 음식을 먹어봐야 생기는 거죠. 퓰리처상을 수상한 저널리스트 존 매쿼이드는 저서 『미각의 비밀』에서 쓴맛에 대해 이렇게 정의했습니다. 〈우리 몸에 있는 많은 것과 마찬가지로 맛감각은 유전자와 인생 경험 사이에서 펼쳐지는 일종의 변증법이다. 모순을 수용하는 이 능력, 즉 혐오스러운 것도 받아들이는 기묘한 열망은 요리에 생명의 숨결을 불어넣는 원천이다.〉

더불어 미식가의 주요 자질이 무엇인지 알 수 있습니다. '모순을 수용하는 능력', 예를 들어 단맛을 좋아하지만 쓴맛도 수용할 수 있는 그런 사람이요. 한사코 브로콜리가 싫다면서 절대 먹지 않겠다고 했던 아버지 부시는 맛의 모순을 수용할 의사가 없었고, 그러한 성향이 갈등 없이 '악의 축' 발언으로까지 이어지지 않았을까요.

현대인의 주거양식을
설계한 사람은 누구일까?

20세기 이후 전 세계 건축물의 99%가 철근콘크리트 구조이거나 철골콘크리트 구조인 것은 산업혁명과 무관하지 않습니다. 도시에 폭발적으로 인구가 집중되면서 공동주택의 필요성이 절실해졌기 때문인데요. 다행히 산업혁명은 철의 발달도 함께 가져와서 주철보다 훨씬 견고한 강철이 등장했고 여기에 콘크리트를 덧씌우면 구조적으로 아주 우수해서 대규모 건축물을 튼튼하게 세울 수 있다는 사실을 알게 됐습니다. 이것을 주택에 적용해 우리가 살고 있는 현대건축의 밑그림을 설계한 건축가가 스위스 태생의 프랑스 건축가 르 코르뷔지에Le Corbusier, 1887~1965입니다.

1920년대에 르 코르뷔지에가 제안한 현대 건축의 다섯 가지 주요원리는 '필로티, 옥상정원, 구조체로부터 자유로운 평면, 수평으로 이어진 창을 채택한 자유로운 외관, 골조와 벽의 기능적 독립'이었습니다. 최근의 공동주택을 예로 들면 1층은 기둥만 세우고 비워놓고 2층부터 거주공간이 시작되는 곳이 많은데 1층에 세운 기둥이 바로 필로티입니다. 철근콘크리트 기둥으로 르 코르뷔지에가 처음 설계했습니다. 건물을 위로 띄우고 1층을 빈 공간으로 남겨 자유롭게 활용하자는 의도였는데요. 이런 개념은 우리 한옥에서 그리 낯설지 않습니다. 마룻바닥을 기둥으로 받쳐 위로 올린 누정을 많이 볼 수 있으니까요.

그러나 르 코르뷔지에의 설계가 나오기 전에 서양주택은 벽이 건물의 하중을 지지하는 형태였습니다. 이러다 보니 벽체가 두꺼워질 수밖에 없고 창도 크게 낼 수 없었지요. 또 창이 작으니까 햇볕이 적게 들어와 실내가 침침하고 답답했습니다. 르 코르뷔지에가 제안한 철근콘크리트 기둥은 이 모든 문제를 해결할 수 있었습니다. 더 이상 벽체가 건물의 하중을 지지하는 형태가 아니라서 실내 구조를 보다 다양하고 자유롭게 구성할 수 있었으니까요. 그는 또 건물이 들어서면서 없어진 정원을 옥상정원이라는 형태로 제안했는데요. 1920년대에 그가 제안했던 현대건축의 원리가 현재까지 그대로 구현되고 있다는 점이 놀랍습니다. 그렇다면 이렇게나 대단한 건축가는 가족을 위해 어떤 집을 설계했고 또 본인은 어떤 집에서 살았을까요.

1923년 서른여섯 살 때, 은퇴하신 부모님을 위해 집을 지었습니다. 집의 총 면적이 60㎡, 스무 평도 되지 않는 18.15평입니다. 경제적으로 넉넉지 못해 작은 집을 지을 수밖에 없었습니다. 그래서 최소한의 예산으로 최대한 행복할 수 있는 작은 집을 설계했고 도면을 주머니에 넣고 다니면서 설계에 맞는 대지를 찾아다녔습니다. 드디어 찾은 곳이 스위스 레만 호숫가 근처에 자리한 작은 마을이었고 완성된 '레만 호숫가의 작은집Petite villa au bord du lac Léman'은 실내 폭이 4m에 불과하지만 욕실과 침실, 거실 전체 길이에 해당하는 11m의 긴 창으로 레만 호수와 쥐라 산맥이 들어옵니다. 풍경이 사람을 압도하면 피로해질 수 있기 때문에 담으로 전망을 조절했고 담장에는 호수를 바라볼 수 있는 개찰구를 만든 다음 그 앞에 벤치를 놓았습니다. 개가 밖을 내다볼 수 있는 도약대와 길고양이들이 앉아 풍경을 즐길 수 있는 테라스도 보입니다. 지붕으로 오르는 좁은 통로와 옥상정원은 동심으로 돌아가게 합니다.

이 작은 집은 세계유산으로 지정되었는데요. 르 코르뷔지에는 어떤 집이 사람을 행복하게 할 수 있는지 젊은 시절에 이미 잘 알았던 것 같습니다. 면적은 문제가 되지 않았습니다. 건축가로서 최고의 성공을 거둔 후 마지막 삶을 보낸 집은 더 작은 네 평짜리 원룸이었습니다. 그가 주택에 대해 처음부터 끝까지 고수한 철학은 첫째, 신체의 요구인 쾌적함을 만족시키기 위해서 빈틈없이 배려한 주거기계여야 한다는 것, 둘째, 명상에 유용한 작용을 해야 한다는 것이었습니다. 그래서 가장 필요한 공간만을 남겼는데 자신에게 필요한 공간은 단 네 평이라고 판단했던 모양입니다.

그는 현대의 주택을 향해서 이런 따끔한 비판을 남겼습니다. "오늘날의 주거는 돈의 힘에 의해 이익과 경쟁, 증오에 의해 이루어진 조잡한 타협에 지나지 않습니다. 이 모든 계기가 인간의 존엄을 해치고 비굴하게 만들며 기본적인 권리마저도 잊게 만들고 있습니다. 모든 사회가 마땅히 추구해야 하는 것들 중의 하나는 바로 사람들에게 집을 지어주는 일일 것입니다."

공간은 그 사람의
무엇을 보여줄까?

타인과 한 집에 산다는 것은 거실 벽에 그림을 거느냐 사진을 거느냐, 패브릭 소파를 놓느냐 가죽 소파를 놓느냐, 창에 커튼을 다냐 블라인드를 다냐, 작은 방을 서재로 만드냐 게임방으로 만드냐를 비롯해 무수한 것을 두고 합의해야 한다는 뜻이기도 합니다. 그런데 청소년 시절에 엄마와 이미 겪어봤듯이 쉽지 않지요. 심지어 신혼집을 꾸밀 도배지를 고르다가 파혼할 뻔했다는 예비 신혼부부의 말을 들은 적이 있는데 이렇게 함께 사용할 공간을 놓고 갈등을 빚는 이유는 사람마다 가지고 있는 과거와 추억이 다르기 때문입니다.

심리학자 샘 고슬링이 쓴 책 『스눕』에 이런 이야기가 나옵니다. 새로운 집 설계를 맡은 건축가 트라비스가 산제이와 제니 부부를 처음 만났을 때 둘은 새로운 집의 설계를 놓고 말다툼을 벌이고 있었습니다. 남편은 혼자 시간을 보낼 수 있는 개인적인 공간을 지하에 만들고 싶어 했지만 아내가 이성을 잃을 정도로 격하게 반대했습니다. 아내는 지하실뿐 아니라 옷장이나 작은 방처럼 닫힌 공간에 대해 부정적인 반응이었습니다. 심지어 옷방에 들어갈 때 숨을 꾹 참고 들어갈 정도였는데 누가 봐도 밀실공포증이 분명했습니다.

　알고 보니 아내는 어린 시절 옷장과 관련해 정신적인 충격을 받은 적이 있었고 이 때문에 어둡고 갇힌 공간을 견딜 수 없어 했습니다. 하지만 반대로 남편은 그런 공간을 아늑하다고 여겼으니 참 골치 아픈 상황입니다. 그래서 건축가 트라비스가 내놓은 해결책! 혼자만의 시간을 갖고 싶어 하는 남편을 위해서는 어린 시절의 따뜻한 기억을 떠올리게 하는 커다란 베란다를 만들었습니다. 그리고 아내를 위해서는 폭이 좁지만 충분한 공간이 있는 옷장을 만들고 창을 여러 곳에 내주었습니다.

　우리가 어떤 공간을 원하는지 또 그 공간을 어떻게 꾸미고 싶어 하는지는 이처럼 어린 시절과 밀접한 관련이 있는 경우가 많습니다. 예를 들어 샘 고슬링 자신은 냉장고에 다양한 종류의 음료수를 완벽하게 줄 맞춰서 채워 넣기를 좋아하는데 이것은 그의 성격을 보여준다기보다 어린 시절의 추억이 반영된 것이라고 할 수 있습니다. 그는 할머니의 정원에서 형과 뛰어놀다가 거실에 있는 음료수 캐비닛으로 달려가 원하는 대로 꺼내 마실 수 있었던 시절을 행복하게 간직하고 있었고 꼭 그때처럼 뿌리 깊은 풍족함을 느끼고 싶었던 것입니다.

　어떤 공간에 사는지 살피면 어떤 사람인지 알 수 있을 거라고 여기지만 그보다는 어떻게 살고 싶어 하는지를 보여준다에 가깝습니다. 공간은 자신의 정체성을 표현하는 사물보다 감정과 생각을 조절할 수 있는 사물로 꾸며지기 때문이지요. 이를 심리학 용어로 '감정 조절 장치'라고 합니다. 부정적인 감정을 다스릴 수 있는 일종의 잠금장치라고 할 수 있는데요. 사랑하는 가족이나 애인의 사진, 즐거웠던 여행 중에 구입한 기념품, 책, 음반, 그림, 화초 등이 여기에 해당합니다.

때로는 자신의 공간에 배치해놓은 감정 조절 장치가 '대상행동'의 일종인 경우도 있습니다. 대상행동이란 자신이 원하는 것을 얻지 못할 때 그것과 유사한 다른 목표물을 얻음으로써 처음에 가졌던 욕구를 충족시키고 마음의 긴장을 해소시키는 동작입니다. 정원이 딸린 근사한 저택에서 살고 싶지만 그럴 수 없을 때 그런 저택의 사진을 컴퓨터 배경화면에 띄워놓는다거나 꼭 갖고 싶지만 지금 당장 살 수 없는 물건의 카탈로그를 수집하는 것 등이 이에 해당하지요. 자기가 앞으로 어떻게 살고 싶어 하는지 보여주는 공간, 지금 당신의 공간에는 어떤 감정 조절 장치가 구비돼 있나요.

어떻게 집에서도
음악을 감상할 수 있게 됐을까?

　공연장에 가지 않고 음악을 들을 수 있다는 것은 백 년 전만 해도 상상할 수 없는 일이었습니다. 그 시절에 음악 감상은 연주자를 집으로 부르거나 연주자가 있는 장소로 가는 등 무조건 라이브였습니다. 오늘날 우리가 집에서 편안하게 세계 최고 오케스트라의 명연주나 가수들의 노래를 들을 수 있게 된 것은 1877년 토머스 에디슨Thomas Edison이 '토킹 머신'을 발명한 덕분입니다.

　음악이 아닌 사람의 목소리를 녹음하려고 발명한 기계라서 토킹 머신이라고 이름 붙었는데 최초의 녹음은 친구들과 함께 부른 「Mary Has A Little Lam」이었습니다. 도, 미, 솔, 세 음계로만 이루어진 간단한 이 노래의 멜로디에 아동문학가 윤석중이 '떴다 떴다 비행기, 날아라 날아라, 높이 높이 날아라, 우리 비행기' 노랫말을 붙여 완성한 동요가 「비행기」입니다. 1889년에는 요하네스 브람스의 연주를 녹음하기도 했는데요. 토킹 머신은 주석호일로 감싼 둥글고 긴 원통 실린더에 소리 홈을 새긴 '포노그래프' 방식이라 대량생산이 힘들고 마모가 심해 대중화에 실패했지만 인류 최초의 축음기(오디오)라는 기록을 남겼습니다.

　원통을 둥글고 납작한 원반 형태로 바꾸고 소리 홈을 새긴 음반과 이를 횡으로 읽는 재생기를 발명한 사람은 독일 출신의 미국인 에밀 베를리너Emil Berliner, 1851~1929입니다. 그는 이 원반 축음기를 '그라모폰Gramophone'이라고 명명하고 미국에서 그라모폰 컴퍼니를 설립한 데 이어 1897년 독일에, 이듬해 런던에 지사를 설립했습니다. 세계에서 가장 오래된 레이블로 현재도 전 세계 클래식 음반 시장을 주도하고 있는 일명 DG, '도이치 그라모폰Deutsche Grammophon'의 시작이었습니다.

레코드 기술과 기기를 개발했으니 이제 음악을 담아야지요. 1902년 4월 11일, 그라모폰을 가지고 엔리코 카루소가 머물고 있던 밀라노의 그랜드 호텔을 찾아갑니다. 카루소는 당대 최고의 실력을 인정받으며 인기를 구가하던 이탈리아 출신의 성악가였지요. 이 녹음은 그가 투숙 중인 객실 안에서 이루어졌고 음반 판매는 백만 장을 돌파했습니다.

이 성공이 세계 정상의 오페라 가수들과 연주자들을 축음기 앞에 세우는 데 큰 역할을 했고 사람들은 공연장에 가지 않고도 정상급 연주자의 음악을 집에서 들을 수 있다는 기대에 부풀어 축음기와 음반을 사들였습니다. 물론 상당한 고가였으니 일부 부자들의 이야기이긴 합니다. 도이치 그라모폰은 1907년에 12인치 레코드를 개발해서 녹음 분량을 획기적으로 늘렸고, 드디어 1913년, 오케스트라의 연주를 담을 수 있게 되었습니다. 이 최초의 오케스트라 음반은 헝가리 출신의 지휘자 아르투르 니키시Arthur Nikisch가 베를린 필하모닉과 녹음한 루트비히 판 베토벤의 교향곡 9번 「운명」이었습니다.

1951년부터는 '롱 플레이 레코드Long-play record'를 도입했는데 우리가 아는 LP입니다. 흥미롭게도 최초의 오케스트라 음반에 담겼던 음악이 CD의 표준 규격을 결정했는데요. 1982년 일본 소니사에서 세계 최초로 발매한 CD의 표준 규격은 직경 12cm에 74분 2초. 60분이나 70분이면 기억하기도 좋고 저장한 위치를 계산하기도 편리할 텐데 굳이 복잡하게 74분 2초로 만든 이유는 베토벤의 교향곡 9번이 한 장에 반드시 다 들어가야 한다는, 당시 소니 부사장이었던 오가 노리오의 의지 때문이었습니다. 지휘자의 해석에 따라 곡의 길이가 몇 초에서 몇 분 정도는 길어지기도 짧아지기도 하는데, 대단한 클래식 애호가였던 오가 노리오가 CD의 표준 규격을 74분 2초로 정한 기준은 '헤르베르트 폰 카라얀이 지휘하는 베를린 필하모닉의 연주'였습니다.

CD가 세상에 처음 등장했을 땐 음악 시장을 완전히 평정하는 줄 알았습니다. 내구성이 약한 데다 먼지도 많이 타고 A면이 끝나면 B면으로 뒤집어서 세심한 손길로 바늘을 얹어야 하는 LP의 단점이 CD에는 없습니다. 간편한 데다 음질도 깨끗하고 선명했지요. 그러나 CD의 전성기는 에디슨이 발명한 포노그래프만큼이나 짧았습니다. 디지털 음원의 등장과 인터넷을 이용한 음원 스트리밍으로 전체 음반 시장이 급격한 속도로 기울었습니다.

혹자는 음악 감상은 CD를 비롯한 디지털 음원보다 LP로 하는 것이 제격이라는 말을 합니다. 틀리지 않지만 그렇다고 딱 맞지도 않습니다. 사람의 목소리를 포함해 여러 악기에는 저마다 고유의 주파수가 있습니다. 이들이 함께 어우러져 자연스럽게 진폭이 생길 때 우리 귀에 더욱 풍부하게 들리는데요. (오차 없는 질서보다 약간의 무질서에 더 편안함을 느끼는 심리와 비슷하다고나 할까요.) CD를 비롯해 디지털 음원은 0과 1이라는 디지털 부호로 음원을 기록하고 컷오프Cutoff*를 중심으로 주파수를 깎기 때문에 재생 시에 어딘가 딱딱하고 부자연스럽게 들리는 면이 있습니다. 반면에 LP는 좌우 음원기록에 편차가 있고 각종 노이즈가 있다는 등의 단점이 있지만 자연스럽고 짙고 풍부하게 들립니다. 맛으로 비유하면 산뜻하고 부드러운 맛-깊고 진한 맛. 시각으로 비유하면 시원한 직선-풍부한 곡선이라고 할 수 있는데요. 어느 쪽이 우월하다는 평가보다 취향 나름이 아닐까 싶습니다. 무엇보다 최근의 음향 기술은 음악을 담은 매체가 무엇인가보다 오디오 기기에 따라 음질을 취향대로 감상할 수 있는 수준에 이르렀습니다.

그렇다면 좋은 오디오의 기준은 무엇일까요? 음원이 담은 정보를 정확하게 많이 읽어내는 기기라고 할 수 있겠지요. 이를 알려면 음원에서 내가 읽어내고 싶은 정보가 무엇이냐부터 알아야겠네요. 이를 다른 말로 '취향'이라고 하지요. 자신의 취향을 정확히 파악할수록 오디오 기기뿐 아니라 무엇에 있어서든 선택과 결정이 한결 수월해집니다. 아! 그렇다고 너무 자기 취향만 고집하지 말고요. 자칫 편협해질 수 있으니까요.

---

* 필터가 주파수를 깎기 시작하는 기준점, 컷오프를 기준으로 소리가 점점 작아지거나 사라진다.

눈물의 맛은
다 같을까?

아이가 떼를 쓰며 울었습니다. 달랠수록 더 크게 운다는 사실을 아는 엄마는 울지 말란 소리도 하지 않고 등을 돌려 볼일을 보고 있었습니다. 그러다 어느 순간 아이 울음소리가 더 이상 들리지 않았습니다. 돌아보니 아이가 제 볼에 흐르는 눈물을 혀로 핥아먹고 있었습니다. 그러면서 언제 울었냐는 듯 태연하게 하는 말, "엄마, 눈물이 짜요." 아이는 방금, 난생처음 인생의 짠맛을 느꼈습니다. 앞으로 수없이 눈물로, 땀으로 맛볼 바로 그 짠맛 말입니다. 그런데 눈물도, 땀도 왜 짤까요?

체내에는 혈액, 림프액, 조직액 등의 액체가 흐르고 있는데 이를 체액이라고 합니다. 체액은 체내를 이동하면서 조직세포에 영양분과 산소를 운반합니다. 노폐물을 운반하고 제거할 뿐 아니라 병원체를 박멸하고 체온을 조절하는 등의 중요한 역할을 합니다. 인체의 3분의 2가 물이라고 하는 말은 바로 이 체액을 가리킵니다. 체액의 순환을 원활하게 하고 노폐물을 제거하기 위해서는 일정한 염도(염화나트륨 농도)를 유지하는 것이 필수인데 0.9%입니다.

신장이 체액의 염도를 일정하게 조절하는 기능을 하지요. 만약 염도가 떨어질 경우에는 신진대사 기능이 떨어지면서 체내에 노페물이 쌓여 근육이 경직되고 소화력도 떨어지며 피로를 쉽게 느끼는 증세로 이어집니다. 환자들의 경우 염도가 0.8% 이하로 떨어지는 경우가 많고 암환자는 0.2%까지도 떨어지는데요. 이때 투여하는 것이 생리식염수입니다. 생리식염수의 염도는 당연히 0.9%입니다. 체액의 염도에 맞췄으니까요. 이보다 높으면 삼투압으로 수분이 몸에서 빠져나가 오히려 갈증을 유발합니다.

눈물과 땀은 체액이 몸 밖으로 빠져나온 것이니 짠맛이 나고 그 맛은 생리식염수의 맛과 비슷할 것입니다. 또 너무 많이 울거나 땀을 흘리면 탈진하기 쉬운데요. 이럴 때는 맹물이 아니라 약간 짠물을 섭취하는 것이 좋겠지요. 그런데 눈물은 슬플 때만 나지 않고 기쁠 때도 나고, 반대로 너무 분할 때도 납니다. 어쨌거나 다 같은 눈물이라고 맛이 다 같을까요?

슬플 때와 기쁠 때 흘리는 눈물의 염도는 같지만 화가 나서 흘리는 눈물은 조금 더 짠맛이 난다고 합니다. 분노가 치밀어 오르면 교감신경이 흥분되기 때문에 염도가 높은 눈물이 나온다고 하는데요. 이 말은 같은 눈물이라도 화가 나서 울면 더 탈진하기 쉽다는 뜻도 되겠네요. 그렇게라도 우리가 눈물을 흘리는 이유, 덴마크의 소설가 카렌 블릭센의 이 말에 들어있지 않을까 싶습니다. '땀, 눈물, 그리고 바다. 소금물은 모든 것의 가장 좋은 치유제이다.'

물거품은
사라질까?

온갖 노력이나 꿈, 계획이 헛되어버린 상태를 비유적으로 이르는 말이 있습니다. 물거품이 됐다, 물거품처럼 사라졌다, 물거품으로 돌아갔다⋯⋯. 안데르센의 『인어공주』가 충격적일 정도로 가슴 아팠던 것도 왕자의 사랑을 얻지 못한 인어공주가 다른 것도 아닌, 세상에! 물거품이 되어버렸기 때문이었습니다. 물거품이 된다는 것은 사라지는 거니까요. 사라지면 흔적조차 남지 않으니까요. 그런데 물거품은 정말 흔적 없이 사라질까요?

바다의 거품은 표면에서 부서지는 순간 안에 들어있던 물과 소금, 해양 유기물질 등을 대기에 퍼트립니다. 낮은 풍속의 부드러운 산들바람에도 해수면 100㎠당 10g의 물이 날마다 대기로 유출된다고 하는데 지구 표면의 3분의 2를 차지하고 있는 것이 바다라는 점을 감안하면 결코 적지 않지요.

'거품이 준 여인', '거품에서 태어난 여인'이라는 별명을 가진 신이 있습니다. 그리스신화에서 아름다움과 사랑의 여신인 아프로디테입니다. 사랑과 아름다움을 관장하는 신이 거품에서 태어났다니 사랑과 아름다움의 속성을 통렬하게 짚고 있는 것 같지요. 그런데 아프로디테의 탄생을 생명이 탄생하기 이전의 지구 역사와 결부해 이해하면 담긴 의미가 깊습니다.

지구의 약 4분의 3을 덮고 있는 것이 물입니다. 우선 바다가 가장 큰 면적을 차지하고 있습니다. 우리 발밑에 지하수로 흐르고 수증기로 떠있으며 모든 물은 비와 눈, 구름 등의 형태로 순환하지요. 무엇보다 물은 생명의 기원입니다. 지구상에 존재하는 모든 생명체는 혜성의 표면이든, 바다든, 웅덩이든 물에서 시작됐고 물 없이 살 수 없는데요. 특히 가장 넓은 면적을 차지하고 있는 바다는 물과 소금뿐 아니라 바닷속 유기물질을 농축해 파도의 형태로 육지로 실어 날랐고 '거품'이 자외선 등의 에너지와 결합해 생명체를 만들어냈습니다.

이런 지구의 생명체의 역사는 거품에서 태어난 여인, 아프로디테의 탄생 신화와 놀랍도록 일치하는데요. 고대인이 왜 아프로디테에게 사랑과 아름다움의 신이라는 지위를 부여했는지, 또 그들에게 사랑과 아름다움의 기준이 무엇이었는지 짐작할 수 있습니다. 바로 '생명의 시작'입니다. 그래서 로마의 시인 베르길리우스도 이렇게 노래했겠지요. "사랑의 신은 모든 것을 지배한다. 그러니 우리도 사랑의 신에게 복종해야 한다."

그러니 물거품은 사라지지 않습니다. 노력이나 꿈, 사랑이 실패할 수 있어도 아무것도 남기지 않고 사라지지는 않습니다. 바다의 물거품을 통해 육지에 생명이 자랄 수 있는 조건이 만들어지는 것처럼 새롭게 시작될 노력, 꿈, 사랑이 더 잘 자라게 해줄 수 있는 해양 유기물질 같은 역할을 할 테니까요.

영혼의 무게를
측정할 수 있을까?

'영혼의 무게는 21g', 1907년 미국 매사추세츠 병원 의사 던컨 맥두걸Duncan McDougall이 발표한 논문에 실린 수치입니다. 그는 결핵환자가 숨을 거두는 순간 특별히 개조한 침대 아래쪽의 저울로 몸무게 차이를 확인했는데, 환자 6명 모두 숨을 거두는 순간 갑자기 몸무게가 21g 줄어들었다고 했습니다. 맥두걸의 실험은 인간의 영혼 역시 하나의 물질이라는 가정과 인간은 육체와 영혼으로 구성돼 있다는 데카르트식 이분법에서 출발한 것입니다. 그로부터 백 년 후인 2007년, 스웨덴의 룬데 박사팀이 정밀 컴퓨터 제어장치로 맥두걸 실험을 검증했습니다. 결과는 놀랍게도 임종 시 일어나는 체중 변동이 정확히 21.26214g이었다고 합니다.

이들의 실험 결과를 믿느냐 마느냐는 인간에게 영혼이 있느냐 없느냐, 영혼이 육체처럼 물질이냐 아니냐, 육체와 영혼은 같은 것이냐 다른 것이냐에 따라 상당히 다른 견해가 나올 수 있을 것 같습니다. 그렇다면 인류 역사상 가장 직관적이었던 고대인이 생각한 영혼의 무게는 얼마였을까요?

고대 이집트인은 사람이 죽으면 관 속에 미라와 함께 「사자의 서」라는 장례문서를 넣었습니다. 죽은 자의 부활과 영생에 도움을 주는 사후세계 안내서로, 파피루스에 내용을 상세하게 그림으로 기록했는데요. 그림에 등장하는 수평저울의 이름은 '라의 천칭'입니다. 오른편 인간의 몸에 따오기 머리를 하고 서있는 자는 토트 신입니다. 토트는 지혜의 신으로 신들의 세계에서 서기 역할을 담당했습니다. 라의 천칭으로 잰 결과를 갈대 펜으로 파피루스에 적어 죽음의 신 오시리스에게 보고했고, 오시리스는 그 결과에 따라 죽은 자를 심판했습니다. 라의 천칭 왼편에 죽은 자의 심장이, 오른편에 마아트의 깃털이 놓여있습니다. 둘의 무게가 수평을 이루면 성스러운 술을 받습니다. 이 술을 마시고 성자가 되어 사후의 세계에서 행복하게 살 수 있을 것입니다. 그러나 수평을 이루지 못하면 토트 신 뒤에 있는 괴물 아미트에게 영혼이 먹히고 말 것입니다.

이집트인들이 많은 신체기관 중에서도 심장을 사후세계를 결정하는 라의 천칭에 올려놓은 것은 심장이 그 사람이 어떻게 살았는지 알려주는 기관이라고 믿었기 때문입니다. 그래서 미라를 만들 때도 심장을 따로 보관했습니다. 그런데 심장의 무게를 재는 단 하나의 기준이 '마아트의 깃털'이라 불리는 타조 깃털 한 개뿐입니다. 마아트는 진실과 정의를 수호하는 신으로, 인간은 물론 신도 그의 심판에서 예외일 수 없습니다. 진실과 정의가 제대로 지켜지지 않으면 우주의 질서가 무너지기 때문입니다.

여기서 고대 이집트인이 영혼의 무게를 잰 기준이 무엇인지 알 수 있습니다. 다름 아닌 진실과 정의입니다. 그리고 이런 인식은 기독교에서도 크게 다르지 않았습니다. 대천사 미카엘이 인간의 영혼의 무게를 달고 있습니다. 그가 손에 들고 있는 저울의 이름은 '정의의 저울'입니다. 그런데 세월이 흐르면서 정의의 저울을 정의롭게 운영하기 쉽지 않았던 모양입니다.

프랑스 파리에 있는 노트르담 대성당의 정문 팀파눔에는 이런 부조가 새겨져있습니다. 미카엘이 죽은 자의 영혼을 천국으로 보낼지 지옥으로 보낼지 분류하기 위해 영혼의 무게를 재고 있는데, 악마들이 죄가 덜 나가는 영혼을 슬그머니 누르는가 하면 노골적으로 바닥으로 잡아당기고 있습니다. 이런 식으로 악마들이 많은 영혼을 지옥으로 끌고 가는데도 미카엘은 못 본 척 외면합니다. 대천사 미카엘이 악마들에게 뒷돈이라도 받은 걸까요.

천사는 사람을 악마로부터 보호해 주는 존재가 아닙니다. 천사의 부름에 응할 것인지, 악마의 유혹에 넘어갈 것인지는 사람 스스로의 선택이지요. 대천사 미카엘이 보는 앞에서 악마들이 태연하게 사람들을 누르고 바닥으로 잡아당겨 죄의 무게를 무겁게 한다는 것은 그가 악마의 유혹에 넘어갔다는 것을 의미합니다. 그리고 이 또한 죄라는 뜻입니다. "이거 봐요~ 악마가 자꾸 나를 누르고 있어요. 그래서 영혼의 무게가 많이 나가는 거예요. 저는 절대 지옥 갈 사람이 아니에요." 아무리 변명해도 소용없습니다. 세상의 많은 죄가 사실은 인간 자체가 악해서라기보다 이런 식으로 순간적인 유혹에 넘어가 저질러지지요. 그럴지라도 용서받을 수 없다는 사실을 이 희비극적인 부조가 알려주고 있습니다.

맥두걸이 당시에 가장 정교하다는 저울로 쟀다는 영혼의 무게, 21g! 그러나 고대인이 상상 속에서 정의의 저울로 쟀던, 사람마다 제각각 다른 영혼의 무게가 더 정확하지 않을까 싶습니다. 내 영혼이 진실과 정의와 균형을 이루고 있는가. 혹시 파리 노트르담 대성당 정문의 팀파눔에 새겨진 것처럼 악마들이 자꾸 나를 누르고 끌어내리는 것은 아닌가. 이런 질문까지 외면하지는 말아야겠습니다.

나이가 들면
왜 잠이 없어질까?

동서양을 막론하고 태초는 어두운 '밤'이었습니다. 그리스 신화에서는 이 밤에서 먼저 빛(파네스)이 태어나고 악의 운명(케르), 타나토스(파멸), 그리고 히프노스(잠)가 태어나는데요. 잠의 신 히프노스와 죽음의 신 타나토스는 쌍둥이입니다. 고대인이 죽음에 대해 어떻게 인식했는지 알 수 있지요. 잠과 다르지 않다고, 좀 더 길게 자는 것뿐이라고……

19세기 영국의 화가 존 윌리엄 워터하우스John William Waterhouse가 이 형제를 〈히프노스와 타나토스〉라는 그림에 담았습니다. 잠의 신과 죽음의 신이라고 하니 어째 음침하거나 으스스할 것 같지만 꽃미남들입니다. 침대에 다리를 쭉 뻗고 앉은 채 어찌나 달게 자는지 그림만 봐도 자고 싶어집니다. 워터하우스는 잠과 죽음의 차이를 빛의 차이로 묘사했는데요. 환한 빛을 받으며 잠든 청년이 잠의 신 히프노스, 그 옆 그늘 속에 잠든 청년이 죽음의 신 타나토스입니다. 그리고 히프노스의 손에 꽃 한 송이가 들려있는데 바로 양귀비꽃입니다.

양귀비꽃은 환자의 통증을 줄여주는 진통제인 모르핀의 재료가 되는데요. 모르핀은 꿈의 신 '모르페우스'의 이름에서 따온 것이지요. 몸과 마음의 통증을 완화하는 데 잠이 중요한 역할을 하는 것으로 여겼다는 사실을 짐작할 수 있습니다. 고대인들뿐만이 아니었습니다. 윌리엄 셰익스피어가 특유의 화려한 언어로 잠을 소개합니다. "매일의 삶의 종말, 고통스런 노동의 위안, 마음의 상처를 고치는 약, 대자연의 풍요로운 식탁, 생명을 위한 향연의 첫째가는 맛." 철학자 볼테르도 말합니다. "신은 여러 가지 근심의 보상으로, 우리에게 희망과 수면을 주셨다." 이렇게나 중요한 잠, 잘 자나요.

매일 아침, 잠과 사투를 벌이면서 일어나야 할 때는 잠이 없는 사람이 참 부럽습니다. 그런데 막상 잠이 없어지면 생각만큼 부러운 일들만 생기지는 않지요. 가브리엘 가르시아 마르케스의 소설 『백년 동안의 고독』을 보면 마을에 '불면'이라는 전염병이 창궐합니다. 병에 걸린 사람들은 차츰 모든 걸 잊기 시작하고, 급기야 모든 사물에 잉크로 이름을 써넣지요. 암소에는 이런 문구를 다는 식입니다. '이것은 암소입니다. 매일 아침 이 암소의 젖을 데워 커피에 섞은 뒤 밀크 커피를 만들었을 겁니다.'

이것이 암소라는 것도 잊어버리고 암소가 왜 있는지도 잊어버리고…… 불면이 끝내는 사람의 기억까지 지워버리고 만다는 마르케스의 설정은 의학적으로 근거가 있습니다. 잠이 부족하면 알츠하이머 유발 물질로 알려진 베타아밀로이드 단백질이 뇌에 쌓여서 기억력이 감퇴하고 치매에 걸릴 위험이 높아집니다. 또 상대의 감정을 정확히 이해하는 능력을 저하시켜서 더 부정적으로 느끼게 만들고 갈등을 악화시킬 수 있다고 하는데요. 한마디로, 잠이 부족하면 인지능력의 모든 영역이 제대로 작동할 수 없게 됩니다. 그러나 안타깝게도 인간의 수면 시간은 10년이 지날 때마다 평균 27분씩 줄어든다고 합니다. 어르신들이 새벽 일찍 기침하시는 것은 부지런해서라기보다 더 이상 잠이 오지 않기 때문이라는 거지요. 그런데 왜 나이가 들수록 잠이 없어질까요?

나이가 들수록 뱃살이 늘어나는 것과 연관이 있다고 합니다. 인체에는 코르티솔이라는 호르몬이 흐르는데 나이가 들수록 체내에서 점점 우위를 차지합니다. 나이가 들수록 코르티솔 호르몬의 분비량이 늘어나는 것이 아니라 다른 호르몬의 분비가 줄어들면서 상대적으로 코르티솔 호르몬이 우위를 차지하는 식입니다. 문제는 코르티솔 호르몬이 스트레스 호르몬이라는 점이지요. 이 때문에 뇌는 인체가 스트레스와 싸우는 것으로 착각하고 필요한 에너지를 확보하기 위해 탄수화물(당)과 지방을 마구 섭취합니다. 그 결과 남는 것이 그 유명한 나잇살이자 뱃살입니다.

게다가 코르티솔 수치가 조금만 올라가도 밤새 말똥말똥 해질 수 있다고 하지요. 이십 대 때는 아무리 스트레스를 받아도 뱃살이나 불면까지 따라붙지 않았는데 중년에는 별다른 스트레스가 없는데도 불면과 뱃살이 느는 이유, 이런 생물학적 근거가 있었습니다. 게다가 불면은 앞서 말했듯 상대의 감정을 정확히 이해하는 능력을 저하시켜서 더 부정적으로 느끼게 만들고 갈등을 악화시킬 수 있다고 하니 문득, '늙으면 노여움이 많아진다'는 말 역시 영 근거 없는 말로 들리지 않습니다.

그렇다면 뱃살과 불면은 노화의 자연스러운 현상이기 때문에 정녕 막을 수 없을까요. 덜 먹고 더 운동하는 것이 도움이 된다고 하는데 누가 그걸 몰라서 못 하나요. 알아도 못 하는 사람이 많거나 그것만으로 해결할 수 없는 경우가 많습니다. 그러니 아무래도 의학의 몫이 되지 않을까 싶은데요. 점점 평균수명이 느는 추세이니 불면증 치료법은 또 다른 히트상품이 되겠지요.

냄새를 맡을 수 없다면
어떻게 될까?

세상에서 제일 좋은 냄새를 떠올립니다. 비에 씻긴 바람 냄새, 축축한 흙과 식물 냄새, 아기의 볼 냄새, 뜸 들기 직전의 밥 냄새, 삶은 행주 냄새, 사랑하는 연인의 살 냄새……. 생각만 해도 뭉클해지는, 세상에서 제일 좋은 냄새입니다. 그리고 그 냄새 너머로 잡힐 듯 보일 듯 떠오르는 것들이 있습니다. 시각이나 청각으로 경험한 추억에 비하면 선명하지 않습니다. 하기는 세상에 아무리 특별하고 좋은 냄새라도 의식에 영향을 끼치거나 인생의 전환점을 선물하지는 않지요. 그렇게 생각하면 냄새는 참 별것 아닌 것 같습니다. 그러나 비어있는 의식이 가장 받아들이기 쉬운 것이 냄새이고 소리나 형태보다 먼저 와닿는 것도 냄새입니다.

시각적인 경험은 사진으로 담고, 청각적인 경험은 녹음으로 저장한다지만 냄새는 도무지 따로 저장해둘 방법이 없어서 오로지 내 몸에만 새겨진 기억이 됩니다. 인과관계도 분명치 않습니다. 어쩌다 이 냄새가 허공을 떠돌다가 내 콧속으로 들어와버렸는지, 어쩌다 나는 이토록 오랫동안 그 냄새를 잊지 못하고 있는지 알지 못합니다. 그러다 세월이 흘러 어느 날 우연히 비슷한 냄새가 맡아졌을 때 그리움이 무딘 송곳처럼 가슴을 후빕니다.

냄새는 공기 중에 떠돌아다니는 단백질로 구성된 기체로 세상에는 약 40만 개에 달하는 다양한 냄새 재료가 있습니다. 그리고 인간은 코를 가진 생물체 중에서 냄새를 가장 잘 못 맡습니다. 인간의 후각은 오감에서 그다지 큰 역할을 한다고 할 수 없어서 전체 오감 중에서 단 2%의 자극만 줄 뿐입니다. 가장 큰 자극은 역시 시각이지요.

그런데 후각이 기억, 특히 정서와 맞물려있다는 사실은 누가 알려주지 않아도 어렴풋이 느낄 수 있습니다. 특정한 냄새를 맡으면 어떤 사람이나 추억의 한 장면이 떠오른다든가, 마음이 편안해진다거나, 반대로 심한 거부감이나 위험을 느끼는 식으로 말입니다. 이럴 때의 느낌은 눈으로 봤던 것을 다시 떠올릴 때보다 훨씬 감정적입니다. 여기에는 그럴만한 근거가 있는데 시각 정보는 눈의 망막을 거쳐 후두엽의 시각피질에서 처리된 다음 뇌의 여러 부위로 분배됩니다. 이와 달리 후각과 청각 정보는 측두엽에서 관장합니다. 측두엽의 중요한 역할이 기억이지요. 또한 감정을 관장하는 변연계와 연결돼 있습니다. 냄새가 즉각적인 감정 반응과 기억으로 연결돼 있는 연유는 무엇일까요.

각각의 독특한 냄새가 기억, 그중에서도 감정적인 반응을 불러일으키지 않는다면 인간은 안전하게 생존하기 힘들 것입니다. 갓 태어난 포유류가 어미를 아는 방법은 오로지 냄새에 의지해서입니다. 불이나 독가스를 감지해서 대피할 수 있도록 하고 상한 음식이니까 먹지 말라고 신호를 보내는 것도 후각이 하는 일이지요. 또 우리가 흔히 미각이라고 하는 것은 사실 대부분 후각에 의해 만들어집니다. 아무 냄새도 나지 않는 음식은 생각만 해도 맛이 없지요. 감정과 기분도 좌우할 수 있습니다. 이런 원리를 이용한 것이 '향 테라피'인데 마케팅에 활용하는 기업이 늘고 있습니다. 무의식중에 맡은 냄새가 브랜드와 제품에 대한 선호도를 좌우할 수 있기 때문입니다. 시각과 청각을 통해 받아들이는 정보는 쉽게 통제할 수 있어도 후각을 통해 들어오는 정보는 통제하기 어렵지요. 눈이나 귀를 가릴 수는 있어도 코를 막기는 힘드니까요.

그렇게 무방비 상태인 콧속으로 흘러들어와 감정적인 뇌를 자극하고 기억의 뇌에 남았습니다. 그리고 그중에는 두 번 다시 맡기 힘든 그리운 냄새가 되어버린 것이 적지 않습니다. 마치 흘러가버린 시간처럼 말이지요. 이렇게나 기술이 발달했는데 그 냄새나 향기를 향수로 만들 수 없을까요. 그래서 언제든 그리울 때마다 맡을 수는 없을까요. 그럴 수 있다면 얼마나 좋을까요.

소음은
어떤 영향을 끼칠까?

우리나라에서 대표적인 소음을 꼽으라면 '음악'을 꼽고 싶습니다. 버스나 택시를 탔을 때 기사가 마음대로 틀어놓은 라디오나 음악 소리도 시끄럽게 들릴 때가 더 많고, 어쩌다 들어간 커피숍이나 레스토랑에서도 역시나 마찬가지입니다. 옷을 사러 들어간 매장에서 음악 소리가 너무 시끄러워 그대로 되돌아 나온 적도 있습니다. 심지어 바람 소리와 새소리만 허하고 싶은 등산이나 산책길에서도 여지없이 음악이 들립니다. 휴대폰으로 재생해놓고 이어폰 꽂기는 싫은 사람들이 음악을 노상방뇨하듯 흘리고 다닙니다.

몇 해 전에는 미술관에서 음악을 틀어놓은 것을 듣고 기겁했습니다. 기획사는 미술과 음악의 획기적인 결합이라고 자화자찬할지 모르나 작품의 취지에 맞지 않았고, 음악을 틀기에 공간이 적합하지 않았으며, 음향도 썩 좋지 않았습니다. 무엇보다 오로지 그림에만 집중하고 싶은 바람을 이룰 수 없었습니다.

그러나 뭐니 뭐니 해도 소음이 가장 괴로울 때는 밥이 코로 들어가는지 입으로 들어가는지 모르면서 식사할 때입니다. 음식점의 주방 앞이나 스피커 아래처럼 지나치게 소란스럽고 분주한 환경에서 식사를 하고 나면 도대체 무슨 맛으로 먹었는지 모르겠습니다. 심지어 맛없다고 느낄 때도 있는데요. 과연 소음과 맛은 연관이 있을까요.

영국 맨체스터대학의 앤디 우드 교수가 2010년 발표한 논문에 따르면 소음이 늘수록 음식 맛을 제대로 느끼지 못한다고 합니다. 비스킷이나 감자 칩 등 맛있는 음식을 주고 헤드폰을 쓰게 한 다음 소리에 따라 맛을 제대로 평가할 수 있는지에 대한 실험을 했는데 소리가 커질수록 단맛이나 짠맛을 느끼지 못했습니다. 주의가 분산됐기 때문입니다.

이 같은 결과는 외식업체의 음식이 왜 단맛이나 짠맛 등이 강한지에 대한 설명이 될 수 있습니다. 시끌벅적한 식당에서는 맛이 강하지 않으면 맛이 없다고 느낄 가능성이 크니까요. 더구나 요즘 음식점의 소음이 점점 더 커지는 추세에 있습니다. 최근에 유행하는 인테리어와 연관이 있는데요. 장식 없는 넓고 텅 빈 공간에 설치한 콘크리트 바닥과 천장은 음악 소리와 사람들의 대화를 그대로 반사해서 전체 공간에 울려 퍼지게 하는 효과를 내기 때문입니다. 그 소음이 얼마나 심각하냐면 음악을 틀지 않은 상태에서 나누는 대화만으로도 평균 88데시벨 이상이 나온다고 합니다. 기찻길에서 100m 정도 떨어진 곳에서 기차가 지나가는 소리가 85데시벨이라고 하니까, 기찻길 옆에서 식사를 하는 거나 마찬가집니다. 여기에 음악까지 나온다면 얼마나 커다란 소음 속에서 식사를 하게 되는지 알 수 있습니다.

소음 수치가 높으면 당연히 인체에도 좋지 않은 영향을 줍니다. 일단은 큰 소리로 말해야 하니 후두염에 걸릴 확률이 높아지고 두통이나 불안, 초조함, 불면 등을 일으킬 수 있으며 심혈관계에 큰 영향을 미칠 수 있습니다. 그렇다고 아예 소음이 없어도 문제입니다. 아무런 소리도 들리지 않는 상태에서는 감각의 혼란이 생겨서 45분 이상 버티기 힘들다고 하니까요. 그렇다면 공동주택의 층간소음이 분명 큰 소리도 아닌데 스트레스를 주는 이유는 무엇일까요.

언제 발생할지 모르는 불규칙한 저주파 소음이기 때문입니다. 차라리 시끄러운 소리가 두어 번 크게 나고 말면 괜찮은데, 정체를 알 수 없는 소리, 여기에 이웃의 정체 역시 알 수 없다면 불안감이 더해져 상당한 스트레스가 됩니다. 이런 층간소음과 정확하게 대비를 이루는 것이 파도 소리입니다. 파도는 평균 3~7초 간격을 주기로 반복됩니다. 이 주기는 사람들이 아주 편안할 때 심호흡을 하는 주기와 같아서 파도 소리에 귀를 기울이면 긴장이 이완되는 효과를 얻을 수 있다고 하는데요. 소리의 원래 모습은 진동으로, 어떤 진동은 우리의 심신을 어긋나게 하고, 또 어떤 진동은 어긋난 심신을 바로 돌려놓아서 우리의 정서와 호르몬에 긍정적인 변화를 줍니다. 후자에 속하는 소리를 백색소음이라고 합니다.

파도 소리, 바람 소리와 같은 자연의 소리가 이 백색소음에 속하는데, 백색소음에는 우리 귀가 포착하기 힘든 초음파가 흐르고 이것이 심리적 안정 효과를 줍니다. 흥미로운 점은 바다에 가서 듣는 파도 소리나 숲속에 가서 듣는 바람 소리가 아니라 녹음한 소리를 들어도 같은 효과를 얻을 수 있다는 것입니다. 그러니 바다나 산에 간다면 파도 소리나 바람 소리, 새소리 등을 녹음해두는 것도 좋겠지요. 피로와 미움, 걱정 등으로 소란스러워진 마음을 달래야 할 필요가 있는 날에 도움을 받을 수 있도록 말이지요.

디지털 치매,
진짜 해로울까?

자주 통화하는 사람의 전화번호도 기억하지 못하고, 초등학교 저학년 수준의 덧셈 뺄셈도 잘 하지 못합니다. 가사 자막이 없으면 부를 줄 아는 노래가 없고, 몇 번이나 직접 운전하고 찾아간 길인데도 기억하지 못합니다. 휴대전화와 컴퓨터, 내비게이션의 혜택을 너무 받은 나머지 우리가 잃어버리고 만 기억력과 암산능력, 바로 '디지털 치매'입니다.

최근 디지털 치매에 대한 우려의 목소리가 높습니다. 이러다 정말 치매가 되지 않을지 걱정하는 사람이 많은데요. 일단 안심해도 좋습니다. 디지털 치매가 노인성 치매로 이어지진 않는다고 하니까요. 노인성 치매가 뇌 신경세포 뉴런이 파괴되면서 발병한다면 디지털 치매는 기억력의 문제라기보다 집중력의 문제이기 때문입니다.

인간의 뇌는 하나의 원칙을 따르는데 '생존에 꼭 필요한 것부터 우선적으로 기억한다'입니다. 이에 따라 디지털 기기에 담을 수 있는 정보는 기억할 필요가 적은 정보로 인식합니다. 버튼만 누르면 기억력과 사고 능력을 대신할 수 있으니 뇌가 굳이 노력해서 기억하거나 계산하거나 사고할 필요를 느끼지 못한다는 거지요. 그 결과 갈수록 기억하지 못하고, 계산하지 못하고, 스스로 사고하지 못하는 사람이 되는 것 같아 큰일이다 싶은데 이에 대해 획기적인 주장을 한 학자가 있습니다. 프랑스 철학자 미셸 세르Michel Serres입니다.

그의 주장에 따르면 디지털 치매가 진화의 과정이기 때문에 전혀 두려워할 필요가 없다고 합니다. 디지털 치매로 기억력이나 계산력 등이 떨어진 대신 정보를 통제하고 관리하며 지식을 창조하는 능력을 얻었기 때문입니다. 그야말로 디지털 치매에 대한 신선한 발상의 전환이다 싶지요. 비슷한 주장을 하는 학자들 역시 소소한 암기는 디지털 기기에 맡기고 인간은 창의적으로 생각하고 연구하고 발명하는 일에 머리를 쓰면 된다고 충고합니다. 그역시 두뇌를 활용하는 일이라 뇌세포가 활성화될 수 있다고 하는데. 이런 이야기를 들으면 적잖이 안심이 됩니다. 그렇다면 너도나도 정신없는 머리는 어떨까요.

한평생 잃어버린 물건을 찾는 데 쓰는 시간이 1년이라고 합니다. 정말 딱 1년일지는 의심스럽지만 공감할 수밖에 없는 것이 하루만 따져도 무엇무엇을 찾는 시간이 적지 않습니다. 나만 이렇게 정신없는 줄 알았는데 둘러보면 매한가지입니다. 왜 이렇게 다들 정신이 없을까요?

가장 큰 원인은 여러 가지 일을 빨리 잘해야 하는, 멀티 플레이어를 요구하는 현대사회에 있습니다. 이에 부응하기 위해 한꺼번에 다양하게 많은 것을 입력하고, 동시에 출력하려다 보니 뇌에 과부하가 걸립니다. 마치 커다란 가방에 이것저것 마구 집어넣고 막상 필요한 물건을 꺼내려면 한참 가방 속을 뒤적여야 할 때와 비슷하지요. 차라리 가방이라면 뒤집어서 몽땅 쏟아놓을 텐데 기억은 그렇게 할 수 없으니 해결방법이 없습니다.

그래도 같은 사태가 반복되지 않게끔 매뉴얼을 세울 수는 있습니다. '만'과 '뿐'의 정신으로 일의 우선순위를 세우고 차례대로 한 가지씩만 하는 것입니다. 아무리 일의 가짓수가 많아도 그 일을 하는 순간에는 오직 그것뿐인 것처럼 집중하는 거지요. 동시에 많은 것을 빠른 속도로 해치우려고 하면 과부하를 일으켜 오히려 뒤죽박죽될 뿐이니 결과적으로는 빨리 하는 것도 아니고, 잘하는 것도 아니게 돼버립니다. 그보다는 하나씩 차례대로 하는 것이 낫습니다.

그런가 하면 한꺼번에 여러 가지를 하는 것도 아니면서 깜박 잊어버리는 수가 있습니다. 미국 인디애나 노트르담대학 심리학 교수 가브리엘 라드반스키 박사에 따르면 기억이 문지방이라는 구획의 경계선을 넘어서는 순간 다른 구획으로 들어가 버리기 때문이라고 합니다. 일명 '문지방 효과'입니다. 대표적으로 냉장고를 열어보고 '내가 뭘 꺼내려고 했더라?' 같은 경우를 꼽을 수 있는데요. 냉장고에서 무엇을 꺼내기로 했는지 생각한 곳은 다른 장소일 때가 많지요. 하지만 그곳의 문지방을 넘는 순간 기억이 다른 보관함으로 들어가 버렸습니다.

지시를 잊어버리는 이유도 비슷합니다. 실험 결과 지시를 받은 공간의 문지방을 넘으면 정확하게 기억하지 못하는 경우가 많다고 합니다. 스스로 계획을 세우거나 마음먹은 일도 비슷해서 문지방을 넘어서면 잘 기억하지 못합니다. 그렇다면 이런 문지방 효과를 역이용해서 처음 그 생각을 했던 장소로 되돌아가면 기억해내는 데 도움이 되지 않을까 싶어서 제가 실행에 옮겨봤습니다. 물건을 잃어버린 경우에는 효과가 있었지만 건망증에는 별다른 효과가 없었습니다.

그래서 터득한 나름대로 효과적인 방법은 생각한 것을 바로 실행으로 옮기기, 그보다 더 좋은 방법은 적어두기. 그런데 메모지를 어디에 두었는지 잊어버리는 일이 발생했기 때문에 (무슨 일이 있어도) 메모지를 일정한 장소에 놓는 습관을 들였고 휴대폰의 메모장에 적어두고 있습니다. 그러나 지금까지 말한 모든 대비책을 아무리 꼼꼼히 세워도 물건을 잃어버리거나 기억을 잊어버릴 수 있는데요. 사실은 잃어버리고 싶어서 잃어버렸고, 잊어버리고 싶어서 잊어버렸을 가능성이 큽니다. 본인 스스로 자각하지 못할 뿐이지요.

늘 기억하던 현관문 비밀번호라든가 집 전화번호, 혹은 누군가의 이름이 잘 떠오르지 않을 때가 있습니다. 성격이 산만한 편도 아니고 웬만해서 물건을 잃어버리지도 않는데 갑자기 어디에 뒀는지 기억이 나지 않거나, 지금 해야 할 일이 무언지 떠오르지 않을 때가 있습니다. 약속을 잊기도 하고 평소에 잘 아는 것인데 마치 처음 본 것처럼 낯설게 느껴집니다. 이런 증세는 80~90%가 심인성 건망증입니다. 대부분 정신적 스트레스와 육체적 피로가 원인이지요. 쉽게 말해 몸과 마음이 "나 좀 쉬고 싶어!" 하고 아우성을 치는 상황이라는 뜻입니다. 그러니 건망증이 유난히 심해졌다면 우선 몸과 마음의 건강상태를 돌아볼 필요가 있겠습니다.

200년 뒤에는 이런 고민을 할 일이 없어질지 모릅니다. 미국과 영국에서 기억을 담당하는 두뇌 칩을 동물의 뇌에 이식하는 기술을 테스트 중이며 2200년대가 되면 인간의 뇌에도 이식할 수 있다고 하는데요. 이런 뉴스를 들으면 입이 떡 벌어질 정도로 놀랍기는 한데 반갑다기보다 두려운 것이 사실입니다. 특히 기억은 단순히 두뇌에 입력하고 출력하는 기능이 아니라 인간의 감정과 무의식, 나아가 정체성과 연관돼 있으니까요.

우리는 정말
뇌의 10%만 사용할까?

인간은 평생 자기 뇌의 10%도 쓰지 못한다는 말이 있습니다. 천재 물리학자 알버트 아인슈타인조차 뇌를 15%밖에 쓰지 못했다는 말과 함께 인간의 뇌가 얼마나 무궁무진한 가능성을 가지고 있는지 실감나게 전달하는데요. 많은 이들이 믿고 있는 '인간은 평생 뇌의 10%도 쓰지 못한다'는 주장은 진실일까요. 간단하게 알아볼 수 있는 방법이 있습니다.

정말 뇌의 10%만 쓰고 나머지 90%를 놀게 놔두고 있다면 뇌의 90%가 다치거나 심지어 없어도 건강하게 생존하는 데 지장이 없어야 합니다. 그런데 알츠하이머의 경우 손상되는 뇌가 90%에 훨씬 못 미치는 10~20%인데도 기억과 의식은 황폐화됩니다. 인간의 뇌는 각 영역이 유기적으로 활동하기 때문에 아주 미세한 부분이 손상돼도 정상적인 생활을 하기 힘들어지는데요. 그러니 인간은 (뇌손상을 입은 경우를 제외하고) 뇌의 모든 영역, 즉 100%를 쓰면서 삽니다. 현대의학의 발달로 뇌를 단층 촬영할 수 있게 되면서 사실로 밝혀진 것이기도 하지요. 그런데도 여전히 많은 이들이 "인간은 평생 자기 뇌의 10%만 쓰고 산다", "10%가 다 뭐냐, 그것도 못 쓴다"고 믿고 있는데요. 하도 오랫동안 정설처럼 내려와서 서양의 과학자들이 '10%의 신화'라고 이름 붙인 진실 같은 거짓은 이렇게 시작되었습니다.

처음에는 '과학자들에 따르면 인간은 뇌가 가진 힘의 대부분을 쓰지 않고 있다고 한다'는 '잠재력'에 대한 내용이었습니다. 그랬다가 1944년 펠먼 연구소가 자기계발 프로그램을 광고하면서 사용한 광고 문구가 10%의 신화를 만들어내는 데 결정적인 역할을 했습니다. 이런 문구였다고 하지요. 〈무엇이 당신을 옥죄고 있습니까? 그건 단 하나의 사실, 단 하나의 과학적 사실입니다. 그것이 전부입니다. 과학자들이 말하듯 자신이 지닌 진정한 브레인 파워의 단 10%만을 쓰고 있다는 것입니다.〉 '과학자들이 말하듯'이라는 문구가 대중의 신뢰를 얻는 데 크게 기여했습니다.

그러나 재차 강조하지만 인간이 정말로 뇌기능의 단 10%만 쓰면 생존 자체가 불가능하며 우리의 뇌는 언제나, 심지어 잠을 자는 순간에도 최선을 다해 활동하고 있습니다. 앞으로는 내 두뇌의 잠재력은 무궁무진한데 내가 게을러서 다 활용하지 못하고 있다는 식의 착각이나 자책은 금물입니다. 대신 잠재력에 대해서라면 10%도 활용하지 못한다는 말이 맞을 수 있겠습니다. 게다가 잠재력은 본인의 재능과 노력, 환경과 조건, 여기에 운까지 더하면 100% 그 이상 발휘될 수 있지요. 그러니 말을 바꿔봅시다. "인간은 평생 자기 잠재력의 10%도 쓰지 못한다." 그리고 반우스갯소리로 이렇게 말해도 괜찮겠지요. "천재 아인슈타인도 15%밖에 쓰지 못했다더라."

인간은 꼭 지상에서만
살아야 할까?

인간이 생존에 필요한 조건은 물, 공기, 음식, 일조량. 현재까지 이 네 가지 조건을 완벽히 갖춘 공간은, 알려진 바로는 지구의 육지가 유일합니다. 그래서 지금까지 인류는 지구의 육지에서만 생존이 가능하다고 믿어왔는데요. 과연 인간은 지구의 육지에서만 살아야 할까요.

이런 질문을 던질 때, 많은 사람이 첫 번째 대안으로 떠올리는 것이 '우주'입니다. 최근에는 우주를 마치 신대륙처럼 여기는 경향이 없지 않지요. 무엇보다 우주를 지구 육지의 대안으로 삼기에는 현실적으로 너무 많은 비용이 듭니다. 현재 우리가 살고 있는 이 지구를 초속 7.7km의 속도로 15~16회 공전하고 있는, 축구장만 한 크기의 국제우주정거장ISS을 예로 들면, 건설하는 데 들어간 비용이 우리 돈으로 약 174조 원이었습니다.

누군가는 이렇게 물을 수 있을 것 같습니다. 지구의 육지 같은 곳을 꼭 찾아야 하느냐고, 계속 여기서 살면 되는 거 아니냐고. 상징적으로 떠오르는 추억이 있습니다. 지금은 마당 있는 단독주택이 부의 대명사가 됐지만 불과 반세기 전만 해도 대부분의 사람이 마당 있는 단독주택에 살았습니다. 그때는 오히려 아파트가 부의 대명사였지요. 단독주택을 허문 자리에 공중으로 수십 층을 쌓아올린 아파트가 들어섰지만 내 집 갖기는 더 힘들어졌습니다. 자연과 멀어지면서 주거환경이 열악해진 것은 두말할 나위 없고 무엇보다 지금처럼 환경파괴가 가속화된다면 과연 지구의 육지가 인류가 살기에 적합할지 의문입니다. 만에 하나 핵전쟁이라도 벌어져 핵겨울이 이어진다면 어떻게 해야 할까요.

과학자와 건축가들이 이미 오래전부터 첫 번째 대안지로 모색한 곳은 '지하도시'였습니다. 공기도 통하지 않고 햇볕도 들지 않는 지하에 살아야 하는 것이 썩 내키지 않지만, 이런 선입견에 대해 화학자이자 SF 작가인 아이작 아시모프는 『과학 에세이』에서 반문합니다. 〈수많은 사람이 창문도 없이 인공적으로 환기를 조절하는 도시의 빌딩 안에서 근무하는 것이나 지하에서 근무하는 것이나 무엇이 다른가? 설사 건물에 창문이 있다고 해도 옆 빌딩의 벽면 말고 무엇이 더 눈에 들어온단 말인가?〉

그러면서 지하도시의 이점을 다양하게 주장합니다. 지하 세계는 섭씨 12도에서 16도를 유지하기 때문에 날씨가 중요하지 않다, 모든 지역의 시각이 동일해진다, 인간과 인간이 만든 구조물이 지하로 내려가면 다른 생물이 살아갈 공간이 늘어 지구가 생태학적으로 균형감각을 찾을 수 있다, 산이나 강, 건물에 차단될 일이 없어서 이동이 훨씬 쉽다, 에어컨디셔너를 설치하고 태양광선만 끌어들일 수 있다면 지상과 같은 조건이 될 수 있으며 지금보다 오히려 자연의 위협으로부터 안전할 것이다 등입니다.

꽤 설득력 있게 들리지요. 물론 실제로 지하도시에 살려면 심리적으로 대대적인 적응이 필요할 것 같은데요. 그러나 놀랍게도 세계 도시의 4분의 1이 이미 지하도시입니다. 겨울이 긴 노르웨이를 비롯한 북유럽에서는 오래전에 도입했고, 프랑스의 라 데팡스도 지하도시지요. 서울에서도 지하도시에 대한 논의가 이어지고 있는데 그렇다면 앞으로는 경쟁적으로 하늘로 치솟던 공중도시들이 지하로 깊이 내려갈지도 모르겠습니다.

그런데 미래도시에는 지하도시만 있을 것 같지 않습니다. 현재 과학자들이 지하도시와 함께 연구 중인 또 하나의 신세계가 있는데, 바로 해저도시입니다. 해저도시나 수중도시는 어렸을 적에 크레파스로 많이 그려봤습니다. 바닷속을 마치 우주선 같이 생긴 잠수정을 타고 다니고, 유리로 지은 집과 터널이 있고, 옆으로 물고기와 고래, 낙지가 헤엄치고 다녔습니다.

지구의 70%가 바다입니다. 오래전부터 인류는 이 광활한 바다를 공간으로 활용하는 상상을 펼쳤습니다. 오랫동안 동화나 공상과학 소설에 나올 법한 이야기로 여겼지만, 최근 미국과 프랑스, 영국, 독일, 러시아, 일본 등 많은 나라에서 해저도시 프로젝트를 활발히 추진 중입니다. 다시 강조하자면 바다 위가 아니라 바닷속에 도시를 짓겠다는 것입니다. 과연 창밖으로 파란 하늘 대신 푸른 바닷속이 보이고, 새 대신 물고기가 날아다니는 저 깊은 바닷속의 집, 이곳에 인어가 아닌 인간이 사는 것이 가능할까요.

남태평양 피지 섬 부근에 있는 '포세이돈 해저 리조트'는 해저도시 건설이 불가능하지 않다는 것을 알려주는 사례로 꼽힙니다. 포세이돈 리조트는 수심 10m에 24개의 호텔 스위트룸이 각각 독립된 모듈 형태로, 강철로 만든 구조물에 균열이 생기면 전체 구조물에서 각각의 방이 자동적으로 분리될 수 있도록 했습니다. 실내는 투숙객들이 수압에 의한 영향을 받지 않도록 항상 1기압을 유지하게 했고 첨단 탄소섬유로 만든 문이 달려있으며 바닷속을 볼 수 있는 창문은 큰 압력을 버틸 정도로 강하고 투명한 아크릴 플라스틱으로 만들었습니다. 만약 이 리조트가 성공적으로 운영될 경우 해저도시에 대한 가능성도 커질 텐데요. 그렇다면 인간의 주거지로 가장 적합한 해저는 어디일까요?

바닷속에서 살 수 있는 최첨단 기술을 아무리 완벽하게 갖춰도 아무 바닷속에서 살 수는 없습니다. 언제라도 용암이 분출하거나 지진이 일어날 수 있고 태풍이 몰아칠 수도 있으니까요. 조수간만의 차가 너무 커도 안 되고 깊이도 중요합니다. 인간의 육체는 너무 깊은 바닷속의 수압을 견딜 수 없고 햇빛이 비쳐야 한다는 점을 감안하면 해저 30m에 건설하는 것이 적합하다고 하는데요. 놀라운 사실은 지금까지 말한 모든 이야기가 상상이나 이론이 아니라 이미 현실화되고 있다는 점입니다. 바로 미국 플로리다 동부의 바닷속입니다. 이미 해저연구소 '아쿠아리스'가 운영 중이고, 연구원들이 거주하면서 여러 가지 해양 프로젝트를 수행하고 있으며 이에 따라 미래의 해저도시 모습이 차츰 윤곽을 드러내고 있습니다.

일단 구조는 투명한 유리로 거대한 돔입니다. 햇빛을 많이 받기 위해 투명한 유리는 필수인데 수심 6,500m의 압력에도 견딜 수 있는 '메타크릴 수지 글라스'가 이 조건에 적합합니다. 다이버를 투입해서 짓기에는 너무 많은 시간과 비용이 들기 때문에 유선 조종 로봇이 필요하며 이 로봇을 우리나라의 여러 연구팀도 활발히 개발 중입니다. 또 바닷물에서 염분을 포함한 용해물질을 제거하는 해수담수화 시스템을 이용해 식수와 생활용수를 확보하고, 파도와 해류의 에너지를 이용해 동력을 충당할 수 있다고 하는데요. 해저연구소 아쿠아리스가 있는 플로리다 동부 해안에는 초당 3천만m³의 물이 흐르고 해저 풍차처럼 도는 네 개의 쌍둥이 터빈 엔진이 주거지에 필요한 모든 전력을 공급할 수 있다고 합니다.

이런 지하도시와 해저도시 이야기가 아직은 실감나지 않는데요. 우주에 도시를 건설하는 것보다 비용이 훨씬 적게 들뿐 아니라 지구에서 우주로 가는 것보다 이동이 간편하다는 장점이 있습니다. 사실 지하도시나 해저도시, 우주도시…… 이런 이야기는 어떻게 말해도 디스토피아가 될 수밖에 없습니다. 언젠가 지구가 기후의 변화나 핵과 같은 위험에 노출돼서 인류가 더 이상 살 수 없을 때를 대비하는 것이기 때문입니다. 그러니 우리가 첫 번째로 해야 할 일은 그런 비극이 일어나지 않도록 최선을 다하는 것이겠지요.

견우와 직녀 사이에 놓인
거리는 얼마나 될까?

음력으로 7월 7일을 특별히 '칠석七夕'이라고 이릅니다. 아주 오래전부터 칠석을 전후해 비가 내리는 경우가 많았던 모양입니다. 고려 때 문인 이규보가 「칠석에 비를 읊다」라는 시를 지었습니다.

칠석에 비 안 오는 일이 적은데
나는 그 까닭을 모르네
신령한 배필이 기쁨 이루려 하니
비의 신이 응당 질투할 것이로다

여기에서 신령한 배필이란 견우와 직녀를 가리킵니다. 각기 하늘에서 소를 치는 일과 베 짜는 일을 했는데 솜씨가 탁월해 옥황상제가 어여쁘게 보고 손수 부부의 연을 맺어주었습니다. 문제가 발생합니다. 사랑만 했다는 거지요. 소들이 굶고 베틀이 텅 비고…… 이에 옥황상제가 둘을 은하수의 동쪽 끝과 서쪽 끝으로 보내버립니다. 이들이 만나는 날이 바로 칠월 칠석, 일 년에 단 하루였습니다. 그리고 이를 전후해서 유독 비가 내렸는데 칠석 전날 내리는 비를 '세차우洗車雨', '세거우洗車雨'라고 부르고 수레 씻는 비라는 뜻입니다.

견우가 직녀를 만나러 가기 전에 먼지 앉은 수레를 씻는데 그 물이 인간 세상에 비가 되어 내렸습니다. 당일인 칠월 칠석 저녁에 견우와 직녀가 만나 흘린 기쁨의 눈물이 비가 되어 내리고, 다음 날 새벽에는 이별이 가슴 아파 슬픔의 눈물을 흘리는데 이 비를 눈물 흘리는 비, '쇄루우灑淚雨'라고 부릅니다. 자, 여기까지가 옛사람들이 하늘을 보고 읽은 낭만이었습니다. 이제 과학적으로 설명해 볼까요.

칠석을 전후해 자주 내리는 비는 장마철을 전후해 동북아 지역의 기압이 불안정해서 내리는 소나기성 비입니다. 천문학에서 견우성은 독수리별자리 알타이어Altair 별이고, 직녀성은 거문고별자리의 베가Wega 별로 여름밤에 가장 밝게 보입니다. 두 별은 봄부터 동쪽 하늘에 보이기 시작해서 칠석 무렵이 되면 가장 높이 올라가 마치 두 별이 만나는 것처럼 보입니다. 그리고 가을이 되면 서서히 서쪽 하늘로 기울지요. 이런 과정이 견우와 직녀의 전설을 낳았습니다.

또 이맘때가 되면 까치들이 털갈이를 많이 하는데 여기서 생겨난 이야기가 견우와 직녀를 만나게 해주느라 머리를 밟혀 하얗게 벗겨졌다는 '오작교'입니다. 견우와 직녀의 전설은 중국 주나라에도 있었고 409년경 고구려 사람들은 소를 몰고 가는 견우의 뒷모습을 직녀가 쓸쓸히 바라보는 애틋한 장면을 덕흥리 고분에 벽화로 그려놓았는데요. 이런 견우와 직녀 전설은 밤하늘을 오랫동안 올려다보며 그 움직임 하나하나 예사롭게 보지 않았기에 탄생할 수 있었을 것입니다. 새삼 옛사람들의 관찰력과 상상력이 풍요롭게 다가오지요. 그런데 그토록 서로를 사랑하는 견우와 직녀 사이에 놓인 거리는 얼마나 될까요.

전설에 따르면 옥황상제로부터 벌을 받아 멀리 떨어지게 된 견우와 직녀 사이에는 강이 놓여있습니다. 바로 '은하'라는 이름의 강입니다. 밤하늘에 은빛으로 물결치는 강처럼 보이는 것의 실체가 별들의 무리라는 사실을 망원경으로 처음 확인한 사람은 갈릴레오 갈릴레이입니다. 현대과학은 은하수를 이루는 별들의 개수가 약 4천억 개라는 사실을 밝혀냈는데요. 그러나 아직 그 사실을 몰랐던 시절에 이 땅에 살던 사람들은 4천억 개의 별이 발하는 빛을 밤하늘에 은빛으로 빛나는 강, 은하수로 보았습니다. 중국에서는 큰 강이라는 뜻으로 '한수漢水'라고 불렀고, 일본에서는 하늘의 물이라는 뜻으로 '천한天漢'이라고 불렀는데, 제각각 부르는 말은 달라도 동양에서는 별무리를 강이나 물과 연관지었다는 사실을 알 수 있습니다.

은하수를 순우리말로는 '미리내'라고 합니다. 우리 고어에서 '미르'는 용을 뜻하니 미리내는 용이 사는 시내라는 뜻이 되지요. 옛날 사람들이 상상할 수 있는 가장 큰 동물이 용이었고, 그 용이 노닐며 사는 시내, 미리내가 하늘 위에 펼쳐져 있다는 발상이 참으로 근사합니다. 밤하늘에 용이 살고, 달 속에 토끼가 살고……요즘 사람들이 머리를 짜내며 만들어내는 판타지를 옛 사람들은 풍속으로 구현했습니다.

인공위성이 찍은 사진을 보면 4천억 개의 별들이 모여서 원반형을 이룬 모습이 서양에서 은하수를 부르는 '밀키웨이Milky way'라는 말처럼 뽀얀 우유를 흘린 모습 같기도 하고, 그 사이 어디쯤 다리가 놓여있어 건널 수 있을 것 같기도 합니다. 그러나 인간이 건널 수 없는 강입니다. 구형 중심부 지름이 1만 6천 광년으로 주위를 회전하는 원판의 지름은 9만 8천 광년, 두께는 3천 광년이라고 하니까요. 용이 얼마나 거대한지 몰라도 뛰놀며 살기에는 충분할 것 같습니다. 하지만 안타깝습니다. 견우와 직녀가 이런 미리내의 끝과 끝에 놓여있다는 말이니까요. 9만 8천 광년을 사이에 두고 놓여있다면 빛의 속도로 각각 4만 9천 년 동안 가야 닿을 수 있으니 인간에게는 영원히 닿을 수 없는 거리입니다.

다행히 현대과학은 전설과 달리 견우와 직녀가 그보다 훨씬 가까운 거리에 있다고 우리에게 전합니다. 견우성은 지구에서 17광년, 직녀성은 26광년 떨어져 있습니다. 그리고 견우성과 직녀성 사이의 거리는 16광년입니다. 둘이 서로를 향해 8년 동안 매일 빛의 속도로 달리면 중간에서 만날 수 있다는 뜻입니다. 옥황상제가 아주 모질게 은하수 끝과 끝, 은하수의 이편 저편으로 멀찌감치 떨어뜨려 놓거나 하지는 않은 모양입니다. 그렇다고 해도 둘 사이의 거리가 최소로 잡아도 16광년입니다. 그런데도 일 년에 한 번씩 만난다고 합니다. 견우와 직녀는 인간이 아니라 신인 것이 확실합니다.

누가 네안데르탈인을
멸종시켰을까?

선사시대를 배경으로 한 한국 소설이 있습니다. 이문열이 1979년에 발표한 첫 번째 소설집 『사람의 아들』에 실린 중편소설 「들소」입니다. 들소는 현존하는 인류 최초의 그림인 알타미라 동굴에도, 라스코 동굴에도 등장합니다. 동굴에서 벽화가 발견됐을 때 색채는 물론 정교함과 입체감이 뛰어나 전문가들조차 지금으로부터 비교적 가까운 시대에 그려졌을 거라고 추측했습니다. 첨단장비를 동원한 정밀검사 결과 약 1만 5천 년 전, 후기 구석기 시대에 그려진 것으로 밝혀져 원시인에 대한 기존의 인식을 단번에 바꿔버렸습니다.

이문열의 「들소」는 바로 그 들소를 그린 원시인의 이야기입니다. 평화롭던 부족 내부에서 권력을 둘러싼 음모와 투쟁이 벌어지고, 이름이 '들소에게 밟힌 자'일 만큼 힘이 없는 주인공은 모든 과정을 지켜볼 수밖에 없었습니다. 그는 동굴에 들소 그림을 그리고 떠납니다. 자기만의 들소를 찾아서 말이지요. 소설 속 등장인물들을 생물학적으로 분류하면 어떻게 될까요?

들소에게 밟힌 자와 그의 친구들은 현생인류의 조상인 호모 사피엔스 사피엔스, 크로마뇽인입니다. 생물학의 삼명법에서 가장 처음에 오는 단어는 유사한 종을 모은 '속'을 가리킵니다. 속 다음에 오는 단어는 '종'으로 구조적으로 조상이 같으며 수대를 내려오면서도 특성이 유지된 최소의 단위를 가리킵니다. '종' 다음에 오는 단어는 '아종'이나 '변종'입니다. 이에 따라 호모 사피엔스 사피엔스는 호모 사피엔스의 아종이라는 것을 알려주지요. 이들보다 앞서 지구상에 존재한 네안데르탈인은 호모 네안데르탈렌시스Homo neanderthalensis*로 명기합니다.

크로마뇽인은 동굴에 벽화를 그릴 만큼 예술적이었으며 또한 철학적이었지만 권력을 둘러싸고 잔인한 투쟁을 벌였던 것으로 보입니다. 심지어 크로마뇽인이 네안데르탈인을 멸종시켰으리라는 주장도 있는데요. 외모를 봤을 때 크로마뇽인은 지금의 인류와 모습이 거의 흡사하지만 네안데르탈인은 소위 유인원에 가깝지요. 제 학창시절 때만 해도 정설인줄 알았던, 네안데르탈인이 크로마뇽인으로 진화했다는 학설은 그로부터 나왔을 것입니다.

그러나 DNA 분석 결과 둘은 완전히 다른 유전자를 가진 다른 종으로 밝혀졌습니다. 심지어 지금의 유럽대륙에서 수만 년 동안 공존했다는 사실도 밝혀졌지요.** 그러다가 약 3만 년 전쯤 네안데르탈인이 지구에서 사라져버립니다. 마치 공룡처럼 멸종해버렸습니다. 그 후 지구는 구석기 시대의 최대 미스터리로 불리는

---

* 과거에는 호모 사피엔스 네안데르탈렌시스라고 명기했으나 최근에는 독자종으로 보는 견해가 우세하다.
** 그 결과 네안데르탈인 유전체가 현대 유럽인의 유전체에 평균 2% 정도 섞여 남아있다는 연구 결과가 나왔는데 네안데르탈인 남성과 호모 사피엔스 현생인류 여성 사이의 혼혈일 것으로 추정하고 있다.

'창조적 폭발'로 이어지는데요. 크로마뇽인들의 손에서 세계적으로 아름답고 세련된 예술품들이 등장하기 시작한 것입니다.

학자들은 네안데르탈인과 크로마뇽인이 같은 먹잇감을 놓고 경쟁하는 적대 관계였으리라 추측합니다. 뛰어난 체격과 힘을 가진 네안데르탈인과 뛰어난 지능을 가진 크로마뇽인의 잔인한 생존경쟁에서 최종 승자는 크로마뇽인이었다는 이야기지요. 그 덕에 현생인류의 조상이 될 수 있었습니다. 어떤 학자는 네안데르탈인을 멸종시킬 만큼 잔인했던 크로마뇽인의 공격성이 집단무의식으로 남아서 타민족과의 전쟁을 벌일 때 더욱 폭력적이고 야만적인 행태로 나타난다는 주장을 펼치기도 하는데요. 아무리 유전자의 힘이 강력하다고 하지만 1만 5천 년 동안 복제됐으면 이제 희미해지거나 소멸할 만도 하지 않을까 싶은데 순전히 개인적인 바람일까요. 공교롭게도 타민족에 대한 지독한 배타성은 이명법의 창시자인 스웨덴의 생물학자 칼 폰 린네Carl von Linné, 1707~1778의 발상에도 고스란히 드러납니다.

호모 사피엔스는 그가 명명한 것으로 호모는 흙이 어원이고, 사피엔스는 슬기롭다는 뜻입니다. 신이 흙을 빚어 인간을 만들었다는 기독교의 창조론이 투영됐지요. 또 인종을 분류할 때 흰 유럽인, 노란 아시아인, 검은 아프리카인, 붉은 아메리카인, 괴물인 등 다섯 가지로 분류하면서 이들의 특징을 이처럼 정의했습니다. 〈검은 아프리카인은 게으르고 교활하다. 노란 아시아인은 탐욕스럽고 산만하다. 붉은 아메리카인은 고집스럽고 화를 잘 낸다. 흰 유럽인은 창의적이고 겸손하며 법에 따라 행동한다.〉이 중 괴물인은 흰 유럽인이 아니면서 유럽에 사는 사람들을 통칭한 것이었습니다.

식물학에 있어서는 높은 업적을 세웠지만 유럽인의 인종편견과 제국주의가 어떻게 정당화될 수 있었는지 추정할 수 있는 씁쓸한 대목입니다. 크로마뇽인이 네안데르탈인을 멸종시킨 것처럼 나치(흰 유럽인)는 괴물인(유대인)을 멸종시키려 했던 모양입니다. 혹자는 크로마뇽인이 네안데르탈인을 멸종시킨 방법으로 식인을 언급하기도 합니다. 잔인하게 다 먹어치움으로써 네안데르탈인을 멸종시켰을 뿐 아니라 식량난에서도 살아남을 수 있었다는 것입니다. 만약 이것이 사실이라면 인류의 역사는 슬기로움과는 거리가 먼, 잔인함에 뿌리를 두고 서막을 연 셈입니다.

호모 사피엔스들의 사회에는 집단과 계급도 있었을 것이라고 합니다. 그들의 무덤에서 구슬 장식이 발견되는 경우가 많은데, 구슬을 만들기 위해서는 수천 시간의 노동이 필요하지요. 이 사실은 누구는 명을 내리고, 누구는 명을 받아 노동을 하는 계급이 있었다는 것을 암시합니다. 이미 3만 년 전에 말이지요. 그러나 뭐니 뭐니 해도 현생인류의 조상과 관련해 가장 큰 미스터리는 이것입니다. 단계적으로 진화를 밟은 네안데르탈인과 달리, 크로마뇽인은 진화의 단계를 훌쩍 뛰어넘어 어느 날 갑자기 나타났습니다. 그들은 대체 어디로부터 왔을까요? 까마득한 원시시대에 이토록 관심이 가는 이유, 인간이란 과연 본디 어떤 존재일까에 대한 호기심 때문입니다.

1755년 리스본 대지진은 무엇을 남겼을까?

이곳은 고대 그리스의 영웅 오디세우스가 세웠다는 전설이 전할 만큼 아름다웠습니다. 일찌감치 세계정복에 나서 15세기 중반부터 많은 식민지와 부를 손에 넣은 포르투갈이라는 제국의 수도이자 유럽의 중심지였습니다. 이 '서유럽에서 가장 화려한 도시'는 1755년 11월 1일 아침 첫 번째 일어난 지진으로 10분도 되지 않아 도시의 3분의 2가 파괴됐습니다. 두 번째 지진으로 많은 시민이 피난해 있던 항구의 부두가 바닷속에 가라앉아 버렸습니다. 세 번째 지진에서 최고 파고 15m에 이르는 해일이 밀려왔고, 여진은 6개월 동안 250번이나 계속됐습니다. 이 끔찍한 대지진으로 사망한 시민은 2만 5천 명 이상, 인구의 10% 이상이 사라져 버렸습니다. 리스본은 이 대지진을 정점으로 다시는 이전의 전성기를 회복하지 못하고 다른 제국의 식민지가 되고 말았습니다.

리스본 대지진은 포르투갈뿐 아니라 서유럽 전체를 충격에 빠트렸습니다. 동시대를 살았던 독일의 대문호 요한 볼프강 폰 괴테가 "그 어떤 악령도 이만큼 신속하고 강력하게 세상을 공포에 빠트리진 못할 것이다"라고 탄식했을 정도였지요. 가뭄, 홍수, 지진, 화산폭발과 같은 자연재해는 도무지 속수무책이라 동서양을 막론하고 원인을 '신의 노여움'으로 돌리는 시대였습니다. 리스본 대지진은 당대의 많은 사람들에게 사치와 향락에 빠진 도시가 받은 신의 심판이었습니다.

그러나 볼테르와 칸트, 루소 같은 지식인들은 달랐습니다. 대자연은 언제든지 인류의 목숨을 앗아갈 수 있는 존재라는 등의 교훈으로 끝맺기에 현실이 너무 참혹했습니다. 그들은 신의 섭리로 세상이 질서정연하게 움직인다는 낙관주의를 버렸습니다. 인간에게 일어나는 문제는 인간 스스로의 힘으로 원인을 찾아내고 대책을 강구하고 대비할 필요성을 절실히 느꼈습니다. 인문주의의 시작입니다.

1755년 11월 1일은 유럽에서 '운명의 날'로 불립니다. 리스본 대지진을 겪은 근대 학자들은 '지진학'이라는 새로운 학문을 연구했고 내진 건축기술을 개발했습니다. 또 1783년 여름 내내 대기가 연무로 뒤덮이면서 유황냄새가 났던 공포의 유럽 기상이변이 '기상학'을 탄생시킵니다. 새삼 강조할 필요 없이 날씨만큼 인류의 생존과 역사에 큰 영향을 끼쳤고, 끼치고 있는 것은 없지요. 기후가 급변하면서 공룡이 멸종했고 초기 인류의 이동이 이루어졌으며 전쟁의 승패가 길렸습니다. 핵전쟁을 두려워하는 것 역시 핵 자체의 파괴력도 끔찍하지만 그 후 오랜 세월 전 세계로 파급될 기나긴 핵겨울 때문입니다. 이보다 작은 범위로 보더라도 한 해의 농사와 기업의 존폐, 노약자의 생사가 달렸지요.

리스본 대지진 이후 인류는 숱한 자연재해와 기상이변을 겪으면서 원인과 대처방안을 강구했고 그 덕에 많은 인명과 재산을 구할 수 있었습니다. 그래서 오늘날의 자연재해는 대처방안을 몰라서가 아니라 알면서도 미리 대비하지 않아 더 큰 피해로 이어지는 것에 초점이 맞춰집니다. 이 때문에 자연재해를 더 이상 자연재해가 아닌 인재로 보기도 합니다. 현재 가장 유력하게 예고되는 자연재해는 두말할 나위 없이 지구온난화지요. 끊임없이 경고를 받고 있다고 해도 지나치지 않은데 얼마나 대비하고 있을까요.

5

역사로
묻다

왜
화장하기 시작했을까?

실제로 받은 질문입니다. 질문자는 남성이었고요. "정말 궁금해서 묻는 건데, 화장하면 얼굴이 덜 춥나?" 화장을 무슨 얼굴에 옷 입히는 것으로 아는지 어이없었지만 화장을 하지 않는 남성 입장에서는 궁금할 수도 있겠다 싶었습니다.

이번에는 그보다 훨씬 어린 남성의 이야기입니다. 화장대 앞에 엄마가 앉아 화장을 하는데 뒤에서 이 모습을 가만히 보던 다섯 살짜리 아들이 이렇게 묻더랍니다. "엄마, 왜 나갈 때마다 화장을 하세요?" 그래서 이렇게 답해주었다고 하지요. "응, 예뻐 보이려고." 엄마의 대답에 아들은 뭐라고 했을까요?

내심 "화장 안 해도 예뻐요"라는 반응을 기대했건만 돌아온 아들의 반응은 가차없었습니다. "으이구, 마음이 예뻐야 얼굴이 예뻐지지요~" 자기가 얼마나 미운 짓을 하고 돌아다니는지는 생각 못 하고 그때마다 혼내는 엄마 마음이 못생겨 보였나 봅니다. 그런데 화장은 어른 남성의 질문처럼 기후와 관련이 있을까요, 아니면 엄마가 기대했던 아름다움과 관련이 있을까요.

화장의 기원은 아름다움보다 기후와 밀접한 관련이 있습니다. 기원전 8000~7000년에 이집트인들이 처음 화장하기 시작했을 때 짙은 아이라인은 눈부신 태양빛 아래서 사물을 제대로 보기 위해서였고, 사막 개미의 알을 모아 녹여 만든 크림을 얼굴과 몸에 바른 것은 뜨거운 사막의 바람으로부터 피부를 보호하기 위해서였습니다. 이 때문에 이집트에서는 여성뿐 아니라 남성도 화장을 했는데요. 우리나라에서도 화장의 기원은 비슷합니다. 『후한서』에 이런 기록이 있다고 합니다. 〈고조선 읍루인은 돼지기름을 몸에 발라 추위와 햇볕에 타는 것을 막았다.〉 돼지기름이 보온은 물론 일종의 자외선 차단 역할을 했던 셈입니다.

이처럼 기후로부터 몸을 보호하기 위해 시작된 화장이 아름다움으로 목적이 바뀐 것은 삼국시대부터였습니다. 고구려 벽화에서 입술과 볼에 연지를 바른 여인을 볼 수 있고 반면 백제와 신라의 여인들은 화장보다 머리를 치장하는 데 더 관심이 많았습니다. 독특하게도 신라에서는 화랑을 중심으로 남성이 화장하는 문화가 발달했고, 통일신라에 이르러 본격적으로 색조화장이 유행했는데요. 화려했던 당나라 화장법에 많은 영향을 받은 것으로 보입니다.

고려시대 여인들은 눈썹 화장에 공을 들였습니다. 작은 붓과 눈썹먹을 이용해서 눈썹을 그렸고, 눈썹먹이 없을 때는 굴참나무와 너도밤나무 목탄 등을 기름에 섞어 사용했는데 이렇게 그린 눈썹이 이마의 반을 차지했다는 기록이 있을 정도로 눈썹 화장이 대유행이었습니다.

반면 조선시대에는 유교의 영향으로 색조화장보다는 깨끗한 피부 연출법이 더 관심을 끌었습니다. 곡식과 돌가루, 분꽃씨 등을 이용한 분을 발라 피부를 뽀얗게 한 다음 석류즙과 잇꽃 등으로 만든 연지를 더해 혈색 있게 보이도록 했는데요. 피부 관리에 대한 관심도 높아서 옛 문헌에 이런 기록들이 남아있습니다. 〈밤 껍데기와 표고버섯 등을 가루로 만들어 꿀과 섞어 바르면 주름살 제거에 효과가 있다.〉『동의보감』에 나오는 기록이고요. 〈겨울에는 얼굴이 거칠고 터지는데 달걀 세 개를 술에 담가 봉해뒀다가 얼굴에 바르면 트지 않고 윤기가 흐르며 옥 같아진다.〉『규합총서』에 적혀있는 겨울철 피부 관리법입니다. 그렇지만 꿀이든 달걀이든 그 시대에는 꽤 값나가는 음식이었으니 서민들로서는 엄두조차 내기 힘들었겠지요.

처음에는 기후로부터 피부를 보호하기 위해, 다음에는 아름답게 보이기 위해 시작된 화장의 역사. 한국에서는 대한민국 화장품 산업, K뷰티K-beauty로 이어져 2025년 화장품 수출이 114억 달러(16조 4천4백억 원)로 역대 최고치를 기록했습니다.

언제부터
옷을 입었을까?

아침에 늦잠을 자는 바람에 식사를 거르고 심지어 세수를 못해도 이것만은 꼭 해야 합니다. 바로 옷 입기지요. 사실 꼭 옷을 입어야 하는가 묻는다면 겨울 빼고는 구태여 필요가 없습니다. 지금도 아프리카와 아마존에 사는 일부 부족들은 옷을 입지 않고 잘 삽니다. 그리고 7백만 년 전에 출현한 원시인류 역시 나체였습니다. 인류는 언제부터 옷을 입기 시작했을까요.

아프리카와 아마존에 사는 일부 부족에게 옷이 필요치 않은 이유는 당연히 기후가 따뜻해서이고 최초의 인류에게 옷이 필요치 않았던 이유는 온몸이 털로 뒤덮여있었기 때문입니다. 이 두 가지 사실만으로도 인류가 대략 언제부터 옷을 입기 시작했는지 짐작할 수 있지요. 몸에 털이 사라지면서, 그리고 빙하기가 시작되면서. 인간이 다른 인간과 피부 접촉하기 위해 피부에 상처 입을 위험을 무릅쓰면서까지 털을 포기한 것은 대략 백만 년 전, 그렇다고 곧바로 옷을 만들어 입지는 않았습니다. 옷도 털도 없는 상태에서 수십만 년을 살았습니다.

인간이 옷을 입기 시작한 계기에 대해서 성서는 〈아담과 하와가 에덴동산에서 선악과를 따먹고 눈이 밝아져 자기들의 몸이

벗은 줄을 알고 무화과나무 잎을 엮어 치마를 하였다.〉고 적고 있습니다. 사실 여부와 관계없이 옷과 관련한 두 가지 단서를 유추할 수 있습니다. 인류 최초의 의상은 식물의 잎으로 만든 치마였고 남녀 공용이었으리라는 것입니다. 실제로 지금까지 발굴된 인류 최고最古의 의상은 기원전 3000년대에 수메르인들이 입은 치마입니다. 그렇다고 인류가 겨우 그때부터 옷을 입었을 것 같지는 않습니다. 훨씬 오래전부터 입었지만 가죽과 식물 섬유로 만든 옷은 다른 유물과 달리 세월이 흐르면 소멸되기 때문에 밝혀지지 않았을 것입니다. 그러다 지난 2011년 플로리다 자연박물관에서 이런 내용을 발표했습니다. '인류는 약 17만 년 전부터 옷을 입기 시작했다.'

우리로서는 도대체 실감할 수도 없는 17만 년 전 인류가 옷을 입고 살았는지 벗고 살았는지 밝혀낸 방법이 흥미롭습니다. 당연히 17만 년 전의 옷을 발견했을 리 없고 '이'를 유전학으로 연구해서 얻은 결과이기 때문인데요. 같은 이라도 머리카락에 붙어 사는 머릿니와 몸이나 옷에 붙어 사는 몸니(옷엣니)는 같은 종의 변종입니다. 그런데 인류가 옷을 입지 않고 살 때는 머릿니만 있다가 옷을 입기 시작하면서 몸니라는 변종이 나타났고 그 시기가 언제냐를 추적했더니 17만 년 전이었다는 주장입니다. 이의 세계에서 머릿니와 몸니의 활동 영역은 상당히 엄격해서 머릿니가 몸으로 내려가거나 몸니가 머리로 올라가는 경우는 거의 없다고 하는데요. 예를 들어 머릿니를 몸에 붙이면 다시 머리로 올라가고 반대의 경우도 마찬가지라고 합니다.

그러나 추정일 뿐입니다. 인류가 정확히 언제부터 옷을 입기 시작했느냐는 앞으로도 정확히 밝혀내기 힘들 것입니다. 그래도 인류 최초의 옷이 어떤 재질이었을지는 쉽게 짐작할 수 있습니다. 순록, 바이슨(들소), 말, 아이벡스(야생염소), 메머드 등의 가죽입니다. 짐승의 껍데기를 그대로 뒤집어쓴다고 그대로 옷이 될 수는 없습니다. 일단 얼마나 냄새가 고약했을까요. 무엇보다 금방 썩어버렸을 겁니다. 햇볕에 말린 다음 뒤집어쓴다고 해도 마찬가지입니다. 비가 오거나 습하면 또 마찬가지로 썩어버렸겠지요.

그래서 나온 방법이 무두질입니다. 잡은 동물의 뇌를 물에 넣고 가죽과 함께 펄펄 끓인 다음 말리면 뇌에 들어있는 지방과 단백질 덕분에 쉽게 썩지 않는 데다 냄새도 덜하고 부드러워서 몸에 걸치기가 한결 무난했을 것입니다. 그렇지만 무두질이 등장한 시기가 신석기이니 그 전까지는 냄새나는 옷을 걸치고 다닐 수밖에 없었겠지요. 그리고 이 '옷'이 아프리카에 살고 있던 최초의 인류가 유럽과 아시아 등으로 이동하는 데 큰 역할을 합니다. 옷 덕분에 아프리카보다 기온이 낮은 곳으로 먹잇감을 찾아 이동하는 데 무리가 없었으니까요. 그 시기가 대략 10만 년 전입니다.

그로부터 약 3만 년 뒤 혹독한 빙하기가 찾아옵니다. 이 시기에 인류는 멸종 위기를 겪으며 극소수만 살아남는데 이 정도라도 건사할 수 있었던 비결이 '옷을 입은 덕분에'라고 해도 과장이 아닐 것입니다. 흥미롭게도 빙하기를 보내고 인류 최초의 바늘이 등장합니다. 짐승의 뼈 중에 가는 것을 골라 조각내서 작고 얇고 날카롭게 간 다음 구멍을 뚫은 형태인데 구석기인들의 손이 얼마나 정교했는지 알 수 있습니다. 그들은 이렇게 만든 뼈바늘의 구멍에 짐승의 인대를 끼워 가죽과 가죽을 이어 붙였습니다. 그저 가죽만 덜렁 걸쳐서는 추위를 이겨낼 수 없다는 사실을 깨달았기 때문이지요. 이렇게 등장한 바늘은 의생활뿐 아니라 식생활에도 획기적인 변화를 가져왔습니다. 바느질하기 직전의 형태에 미끼를 매달아 강이나 바다에 드리웁니다. 물고기가 미끼를 물어 바늘이 목에 걸리면 끌어올립니다. 훌륭한 한끼 식사 거리가 됩니다. 이 시기가 대략 지금으로부터 3만 년 전입니다.

식물 섬유인 리넨으로 옷을 지어 입은 것은 그로부터 한참의 세월이 흐른 후입니다. 메소포타미아나 이집트에서는 바느질이라고 할 것도 없이 리넨 한 장을 둘렀고 몸의 형태에 맞게 바느질을 해서 옷을 입은 것은 페르시아 때부터였습니다. 그러나 이런 형태의 패션(?)으로는 도무지 돋보일 수 없다고 여겼던지 대신 보석 등으로 외모를 한껏 화려하게 치장했는데 귀걸이, 목걸이, 반지뿐 아니라 옷에도 달았습니다. 죽은 자와 함께 묻힌 옷은 얼마 지나지 않아 삭아버렸지만 옷에 달린 보석은 남아 후세에 당시의 옷이 어떤 형태였는지 짐작할 수 있게 하고 있습니다.

이렇게 옷에 대한 이야기를 하다 보니 문득, 생각하게 됩니다. 우리가 빙하기에 대다수가 절멸하고 살아남은 선조의 후예라는 사실과 그 비결이 매일 아침 의례적으로 입는 옷에 있을지 모른다고 생각하면 인류에게 옷이란 취향, 그 이상의 의미인 것 같다고 말이지요.

한국인은 언제부터
쌀을 먹었을까?

한국인이 얼마나 밥을 중요하게 여기는지 밥의 존대 표현이 따로 있을 정도입니다. 바로 '진지'라는 어휘입니다. 안부를 물을 때도 진지는 드셨느냐, 밥은 먹었냐고 묻고 다음에 보자는 약속을 "언제 밥 한번 같이 먹자"는 말로 대신하곤 하지요. 심지어 '밥벌레'라는 욕도 있습니다. 아까운 밥만 축내는 쓸모없는 인간이라는 뜻입니다. 이렇게 중요한 밥의 시작인 쌀을 우리나라 사람들은 언제부터 먹었을까요?

한자로 쌀 미米는 농부의 손을 여든여덟 번 거친다는 뜻을 가지고 있습니다. 그만큼 벼농사는 작업량이 많아 협동이 필요합니다. 그래서 언제부터 밥을 먹었느냐는 질문은 언제부터 공동체 생활을 했느냐는 질문과 통할 수 있습니다. 우리나라에서 벼농사를 시작한 것은 약 3천 년 전인 신석기시대로 추정합니다. 2003년 밀양시 산외면의 금천리 부산-대구 고속도로 공사현장에서 5천여 평 규모의 논터와 보터가 발견된 것에 따른 추정인데요. 벼농사에 필수적인, 물을 가둬놓는 둑으로 사용했을 말뚝과 그물 모양의 나무들, 여기에서 물을 끌어들인 수로가 발견됐습니다. 학자들은 이 논터가 3천 년 전에 조성된 것으로 추정했고, 이로써 벼농사를 짓기 시작한 연대가 기존의 추정치에서 천 년 이상 앞 당겨졌습니다.

이때의 벼농사 기법은 7천 년 전 인도 갠지스 강 유역에서 시 작돼 중국을 거쳐 우리나라에 들어왔을 것입니다. '쌀'이라는 말 도 고대 인도에서 쌀을 뜻한 '사리Sari'에서 왔을 가능성이 있다고 하는데요. 그렇다면 한국인이 이때부터 쌀을 먹기 시작했다는 뜻 일까요? 벼농사를 짓기 시작한 것과 쌀을 먹기 시작한 것은 다른 이야기입니다.

최초의 쌀은 야생 씨앗의 형태였을 것입니다. 남자들이 무리 를 지어 사냥을 나갔을 때 여자들은 들판에 나가 부지런히 풀과 씨앗, 열매 등을 채집했습니다. 그렇게 모은 식량을 다 먹으면 그 곳을 떠나 다른 들판으로 향했습니다. 이런 과정을 수천 년 되풀 이하는 동안 신기한 사실을 발견했습니다. 몇 해 전에 풀과 씨앗, 열매 등을 채집했던 곳으로 돌아가 보니 다시 무성하게 자라 있 습니다. 호기심 많은 누군가가 어떻게 이런 일이 가능할까 궁금 해했겠지요. 그는 우연히 땅에 떨어진 씨앗이 자라 또 다른 씨앗 을 맺는다는 사실을 발견합니다. 물론 이 사실을 발견하기까지 수천 년, 혹은 몇백 년이 걸렸을 수 있습니다.

또 호기심 많은 누군가가 이번에는 일부러 많은 씨앗을 땅에 떨어뜨리고 그곳을 떠납니다. 다음 해 돌아와 보니 놀랍게도 들 판이 풀로 뒤덮여있고 주렁주렁 씨앗과 열매를 매달고 있습니다. 그중에 야생 벼가 있었습니다. 그냥 먹기에는 거칠고 딱딱하지만 껍질을 벗겨내 불에 익히면 먹을만하다는 사실을 알아냈습니다.

물론 이 사실을 발견하기까지 또 몇백 년이 흘렀을 수 있지만 인류의 역사에서 몇백 년은 우리의 몇 초도 되지 않습니다. 이렇게 해서 사람들은 본격적으로 볍씨를 땅에 뿌리기 시작했고 채집해서 먹었습니다.

논농사라기보다 밭농사에 가까워 보이는 이런 형태가 우리나라에서는 1만 5천 년 전에 시작됐을 것이라고 하는데요. 예상치를 훨씬 뛰어넘는 놀라운 연대지요. 이 추정은 1998년 충북 청원군 옥산면 소로리 오창과학산업단지 터에서 1만 1천 년 전의 '탄화 볍씨' 59개가 발굴되면서 나왔습니다. 소로리 볍씨는 2000년 말 필리핀의 국제미작연구소에서 가장 오래된 볍씨로 인정받았지요. 5천 년 전 인도 갠지스 강 유역에서 재배된 벼의 유전 정보와 70% 정도 유사하고, 1만 1천 년 전 인류 최초로 농사를 지은 것으로 알려진 중국 후난성 볍씨보다 무려 4천 년이 앞서는 셈입니다.

인류의 농경역사를 새로 써야 할지 모른다는 소식에 한국 고고학계가 크게 흥분했고 세계 학계가 주목했습니다. 그러나 소로리 볍씨가 인류 최고最古라는 기록은 공식적으로 나오지 않았습니다. 볍씨의 정의가 못자리에 뿌리는 벼의 씨이므로 '재배벼'여야 하는데 '야생벼'일 가능성도 크기 때문입니다. 그러나 재배벼이든 야생벼이든 한국인이 언제부터 쌀을 먹었을까, 라는 질문에 대해서만큼은 3천 년이 아니라 1만 5천 년 동안 쌀을 채집해 밥을 지어먹었을 것이라고 추정치로 답할 수 있겠지요. 한국인의 살을 만든 일등공신이 쌀이라고 해도 지나치지 않을 것 같습니다. 한국인의 살肉과 살다生의 기원에 쌀이 있었습니다.

추사가 즐겨 마신
초의차는 어떤 차일까?

해마다 입춘이면 떠오르는 향기로운 이야기 한 편이 있습니다. 어느 해 입춘, 제주에서 유배 중인 추사 김정희가 집에서 제일 예쁜 대접을 골라 깨끗이 씻어 장독대에 올려 두었습니다. 날마다 아침이면 대접을 살피러 나갔다고 하지요. 그러다 밤새 비가 내린 다음 날이었습니다. 대접에 빗물이 고여 찰랑거렸고, 추사는 그 대접을 조심스럽게 받쳐 들고 방으로 들어와 벼루에 빗물을 붓고 먹을 갈기 시작했습니다. 그리고 그 먹물로 벗에게 편지를 썼습니다.

추사가 그해 처음 내린 봄비로 쓴 편지를 받은 벗은 초의선사草衣禪師였습니다. 단순한 편지가 아니었지요. 제주는 우리나라에서 봄이 제일 먼저 도착하는 곳이니 추사가 친구에게 선물한 것은 우리나라에 제일 먼저 온 '봄'이었습니다. 초의선사 또한 해마다 제일 먼저 나온 찻잎으로 차茶를 만들어 선물했는데, 이는 평생지기를 향한 깊은 우정이 아니면 갖기 힘든 정성입니다.

추사가 초의선사에게 보낸 편지에는 "자주 차를 보내달라"고 조르는 내용이 빈번하게 등장합니다. 물론 공짜는 아니었습니다. 찻값으로 글씨를 써서 보냈지요. 그런데 요즘 사람으로서는 이해하기 힘든 점이 있습니다. 차가 마시고 싶으면 제주에서 차를 구해 마시면 될 일입니다. 지금처럼 소포 부치는 일이 쉽지 않던 시절에 추사처럼 자존심 꼿꼿한 사람이 뭍에 사는, 그것도 가족도 아닌 친구에게 폐를 끼쳐 가며 번번이 아쉬운 부탁을 했다는 점이 이상하지요. 추사는 왜 초의선사에게 차를 보내달라고 했을까요.

초의선사는 한국의 다성茶聖으로 불립니다. 조선의 다경茶經으로 불리는 『동다송東茶頌』을 써서 조선 차의 우수성을 알렸고, 다도의 정신과 선禪이 하나라는 다선일미설茶禪一味說을 강조했습니다. 또 찻잎을 따서 덖고 우리고 마시는 법을 상세히 기록한 『다신전茶神傳)』을 남겨 조선의 다도를 정립했지요.

초의선사가 다도의 길에 들어서고 다선삼매茶禪三昧의 경지에 이른 데는 다산 정약용의 영향이 컸습니다. 차의 언덕을 의미하는 '다산茶山'이라는 호에서 알 수 있듯이 정약용은 차를 무척 좋아했습니다. 차에 깊이 빠진 계기는 1801년부터 시작된 전남 강진에서의 유배생활과 무관하지 않습니다. 동파거사 소식이 돼지고기로 화병을 다스렸다면 다산은 차로 화병과 속병을 다스렸습니다. 처음에는 찻잎을 받아 마시는 수준이었지만 나중에는 손수 제조해서 마시는 수준에 이르렀습니다.

1809년 다산초당으로 스물네 살의 젊은 승려가 학문의 배움을 얻고자 찾아옵니다. 다산은 그에게 유학뿐 아니라 제다법도 가르쳤습니다. 이렇게 시작된 초의선사와 다산의 인연은 다산의 큰아들 유산 정학연에게로, 유산 정학연에서 추사 김정희로 이어

집니다. 특히 추사와의 인연은 당대의 지식인들과 사대부들에게
로 이어지는데요. 매개체가 '차'였습니다. 초의선사는 대흥사로
거처를 옮기면서 본격적으로 차를 만들었는데 누구라도 초의가
만든 차, 이름하여 '초의차'를 마시면 매료됐습니다. 그도 그럴 것
이 그 시절에 차는 대부분 중국에서 수입한 차였습니다. 그래서
중국에서만 차가 생산되고 중국 차가 최고인 줄 아는 사람들이
많았습니다. 초의선사가 『동다송』에서 우리 차의 우수성을 설명
한 것도 그래서였습니다.

추사가 제주 유배 중에 초의에게 차를 보내달라고 그토록 졸
랐던 까닭은 다른 곳에서는 그만한 차를 구할 수 없었기 때문입
니다. 초의선사가 만든 초의차는 어떤 차였을까요. 초의차를 마
신 후에 약효를 본 범해선사가 초의선사가 차를 만드는 과정을
시로 남겼습니다.

곡우에 이제 막 날이 개어도
노란 싹 잎은 아직 펴지 않았네
빈 솥에 세심히 잘 볶아내
밀실에서 아주 잘 말리었구나
잣나무 그릇에 방원方圓으로 찍어 내어
대껍질로 꾸려 싼 다음 저장한다네
잘 간수해 바깥 기운을 단단히 막아
한 사발에 향기 가득 떠도는구나

-「초의차」, 범해선사

곡우 날 이른 새벽 아직 잎이 펴지도 않은 새순을 땁니다. 새순은 새끼손가락 손톱만큼 작아서 세심한 손길이 필요합니다. 무쇠 솥을 뜨겁게 달군 후에 정갈하게 볶아 밀실에서 적당히 말립니다. 적당히 마른 찻잎을 잣나무 그릇(틀)을 이용해 네모와 동근 모양으로 찍어낸 다음 대나무 껍질로 잘 포장해둡니다. 이처럼 바깥 기운을 단단히 막아 잘 간수한 덕에 향과 맛을 제대로 느낄 수 있습니다.

범해선사가 약효를 볼 수 있었던 것도, 추사가 제주에서 절대 고독의 시절을 견딜 수 있었던 것도, 초의선사가 이처럼 정성껏 만들어서 보낸 초의차의 힘이 컸을 것입니다. 하지만 차가 건강에 좋다는 것을 알면서도 가까이 두고 자주 마시는 것은 꺼려하는 사람들이 많습니다. 가장 큰 이유는 아무래도 '다도茶道' 때문일 것 같습니다. 실제로 일일이 다 지키려면 번거롭습니다. 초의선사가 가장 중요하게 생각한 다도는 바로 이것이었습니다.

차를 마실 때는 사람 수가 적은 것이 가장 고귀하다. 차를 마시는 사람의 수가 많으면 소란스럽고 소란스러우면 차를 마시는 아취를 찾을 수 없다. 홀로 앉아 마시면 신비롭고 두 사람이 함께 마시면 고상한 경지가 있고 3~4인이 어울려 마시는 것은 그저 취미로 차를 마시는 것이고 6~7인이 모여 차를 마시면 그냥 그저 평범할 뿐이고 7~8인이 모여 앉아 마시는 것은 서로 찻잔을 주고받는 것일 뿐이다.

- 『다신전』, 초의선사

초의선사가 초의차를 만들고 『다신전』을 쓴 이유는 '조주차'가 어떤 음료인지 알리기 위해서였습니다. 조주차라는 이름은 '끽다거喫茶去, 차나 한 잔 마시게'와 '방하착放下着, 내려놓으라'이라는 화두를 비롯해 선문답으로 유명한 당나라 조주선사의 이름에서 따왔습니다. 차와 선禪*이 하나이길 바랐던 초의선사의 바람을 알 수 있습니다.

선의 경지까지 바라지 않는다고 해도 다산과 추사가 차로부터 받은 기쁨과 치유를 느끼기 위해서는 홀로 마시는 것이 가장 좋다고 합니다. 그런데 홀로 차 마시는 것은 둘째 치고 차를 우리거나 끓일 시간도 없고, 차를 마시는 동안 오로지 차만 마시는 일에 할애할 시간도 없다고 합니다. 현대인에게 가장 부족한 것이 시간이니까요. 이래서는 도저히 차 맛을 알 길이 없는 것입니다. 차가 무미無味한 것이 아닙니다. 스스로의 내면과 타인, 세상을 관조하는 시간이 얼마나 중요한지 깨닫지 못하는 까닭입니다. 물을 끓이고 찻잎이 우러날 때까지 기다리고 한 모금씩 넘기며 한 잔을 마시는, 딱 그만큼의 시간조차도 말이지요.

---

* 마음을 한곳에 모아 고요히 생각하는 일.

돌하르방은
할아버지가 맞을까?

　우리나라의 보물 중에 제주에 가면 어딜 가나 만날 수 있는 하르방이 있습니다. 하르방은 할아버지를 뜻하는 제주의 방언이니 '돌하르방'은 '돌 할아버지'라는 뜻입니다. 제주의 마을마다 크기나 얼굴 모습은 조금씩 달라도 머리에 둥근 감투를 쓰고, 눈은 부리부리하게 크고, 입은 다물고, 한쪽 어깨를 치켜올려서 두 손을 배 부분에 가지런히 위아래로 모아 붙인 모습은 비슷합니다. 그런데 돌하르방은 정말 하르방, 할아버지일까요?

　김유정 제주문화연구소장에 따르면 그렇지 않다고 합니다. 문화재로 지정된 47기의 돌하르방을 분석한 결과 일단 육지지역의 다른 남성 장승들과 달리 돌하르방에는 모두 수염이 없었습니다. 대신 소박하면서도 씩씩한 청장년의 모습, 해학적이거나 천진한 아이의 모습이나 소탈한 아저씨 같은 모습을 하고 있는데요. 성별도 모두 남성이 아닙니다. 가슴이 나오거나 얼굴이 얌전하거나 깃을 세우고 목걸이를 한 돌하르방은 여성이라고 하는데요. 그렇다면 건강한 청장년의 모습을 하고 있는 제주의 장승이 어쩌다 할아버지라는 뜻을 가진 하르방이 됐을까요?

　제주에 돌하르방이 처음 조성된 것은 450여 년 전 조선시대

영조 때였습니다. 제주에 흉년이 자주 들어 굶주림과 전염병으로 죽는 사람이 늘자 김몽규 목사가 중국의 옹중석을 세워 원귀가 드나들지 못하도록 했는데요. 그러니까 돌하르방의 원래 이름은 '옹중석'이었습니다. 옹중석이 무엇인지 김봉옥이 쓴 제주학총서 『제주통사』에서 그 유래를 소개합니다.

> 옹중翁仲이란, 사람의 이름으로 중국 진시황 때 완옹중을 말하는 것이다. 그는 남해 거인 역사로 키는 한 질 석자나 되고 힘은 천 명을 당하였다. 진시황제는 완옹중이를 시켜 흉노족 등 북방 침략자를 토벌하여 격퇴시키도록 하였다. 옹중은 가는 곳마다 적을 밟아 죽였으므로 흉노족은 옹중을 보기만 하여도 혼비백산하여 도주하였다. 그가 죽으니 진시황제는 그의 공로를 생각하여 그의 상을 구리로 만들어 아방궁 문 밖에 세워두었다. 한편 흉노족은 옹중이 죽었다는 소식을 듣고 그 원한을 풀기 위해 쳐들어왔다. 멀리 아방궁 쪽을 바라보니 옹중이 의젓하게 서있지 않은가? 이를 바라본 흉노족은 옹중이 죽었다는 말이 헛소문이라며 그대로 도망갔다. 이때 진나라 사람들이 완옹중은 살아서나 죽어서나 나라를 지킨 수호신이라 하여 그의 상을 구리나 돌로 만들고 궁궐이나 관아 앞에 세우게 되었다.

옹중은 사람의 이름이고 그 모습을 돌로 만들어 세운 것이 옹중석입니다. 하필이면 이름에 들어있는 옹자가 늙은이 옹翁이었습니다. 그래서 제주 사람들이 자신의 말대로 풀어 늙은이 →

할아버지 → 돌로 만든 할아버지, 그래서 돌하르방. 이렇게 된 것이 아닐까 싶은데요. 아무튼 제주 돌하르방이 정확히 하르방은 아니지만 이미 친숙한 이름이 되었으니 듣는 돌하르방은 억울해도 하르방이라고 부르는 수밖에요.

그런데 돌하르방이 육지의 장승과 다른 점, 혹시 알아차렸나요. 육지의 장승은 대부분 양손 없이 얼굴과 몸체만 있습니다. 돌하르방에게는 양손이 있습니다. 미술사적으로 얼굴만 강조했느냐, 손까지 표현했느냐, 손이 몸체에 붙어있느냐, 떨어져 있느냐가 진보한 조각의 기준이라고 하는데요. 하르방이 아니지만 하르방이 된 제주 돌하르방, 제주에 가면 유심히 살펴보기 바랍니다.

누가 온달을
바보로 만들었을까?

'온달'이라고 하면 곧바로 따라붙는 말이 두 개 있습니다. '바보'와 '아내 덕에 출세한 남자'입니다. 온달은 정말 바보이고 아내 덕에 출세한 남자일까요.

충북 단양 남한강가에는 해발 427m 정상에 돌을 쌓아 세운 온달산성이 있습니다. 서기 590년 온달장군이 신라군과 격전을 치르다 전사한 바로 그곳입니다. 온달장군은 고구려의 명장으로 이름이 높았습니다. 을지문덕이 살수대첩에서 수나라를, 양만춘이 안시성 전투에서 당나라를 막아낸 영웅이라면 온달은 북주의 침공으로부터 고구려를 지켜냈습니다. 577년 북주의 군대가 온달이 이끄는 군대에 대패하고 물러났는데 온달과 평강공주가 결혼한 시기가 이 즈음으로 추측됩니다. 평강공주는 이름이 평강이 아니라 '평강의 딸'이라는 뜻입니다. 평강왕(고구려 제25대 왕으로 평원왕으로 부르기도 합니다)이 온달을 발탁한 사연을 보면 그야말로 고구려판 스타 탄생입니다.

577년 4월에 평강왕이 직접 주재하는 전국 사냥 대회가 열렸는데 온달이 가장 많은 사냥감을 잡아서 1등을 차지했습니다. 참여자들은 물론 평강왕도 깜짝 놀랐습니다. 온달은 장안에서 바보로 유명했으니까요. 그런데 그 바보가 발휘한 실력이 평강왕이 감탄할 만큼 출중했습니다. 이런 온달이 어쩌다 바보라고 알려졌는지 『삼국사기』에 짐작할만한 대목이 나옵니다.

온달은 고구려 평강왕 때 사람이다. 얼굴은 웃음이 나도록 못생겼지만 마음씨는 고왔다. 집이 무척 가난하여 항상 밥을 빌어 어머니를 봉양하고, 해진 저고리에 헐어빠진 신발로 시내를 왕래하니 사람들이 보고는 바보 온달이라 불렀다.

어디에도 온달이 지능이 모자랐다는 말은 나오지 않습니다. 그저 가난했을 뿐이고, 못생겼을 뿐이고, 착했을 뿐입니다. 이런 온달을 우리나라 역사상 가장 유명한 바보로 만든 것은 고구려의 복합적인 상황이었습니다. 당시에 고구려는 신진세력과 귀족세력 간의 정쟁 때문에 잇따라 왕들이 의문사했고, 한강지역을 놓고 신라와 국운을 건 쟁탈전을 벌이고 있었습니다. 평강왕도, 고구려 백성들도 나라를 구할 영웅을 간절히 소망했는데 이때 온달이 혜성처럼 등장합니다. 그런데 온달은 다른 귀족들처럼 집안 좋고, 머리 좋고, 학벌 좋은 가문 출신이 아니라 밥을 빌어먹어야 할 정도로 가난한 하급귀족에 얼굴은 웃음이 나도록 못생겼고 마음씨가 고왔습니다. 한마디로 착한 사람이었습니다.

착하다는 말은 '도덕적으로 참되다'는 뜻입니다. '참'은 '(가득) 차다'의 명사형입니다. 가득 채울 수 있는 것이 껍데기가 아니라 안이고 보면 착하다는 말은 마음이 온정으로 차 있다는 뜻입니다. 그래서 착하다는 말은 사람에게만 쓸 수 있습니다. 그런데 언제부터인가 이 착하다는 말을 사람의 마음을 제외한 모든 것에 쓰는 분위기지요. 착한 얼굴, 착한 몸매부터 시작해서 착한 가격, 착한 소비, 착한 밥상, 착한 기업 등등으로 말입니다. 그러면서 정작 착한 마음을 가진 사람을 바보라며 흉보고 착하게 살려고 하는 사람에게 바보처럼 살지 말라고 합니다. 마치 자기 자신한테나, 남한테나 착하게 살기를 포기한 것처럼 보입니다.

그러나 그런다고 모를까요. 착한 것이 좋다는 것을……. 모두가 착하게 사는 세상이 좋은 세상이라는 것을……. 이런 사회적인 분위기 속에서 온달이 등장했습니다. 처음에는 바보라고 놀렸습니다. 그만큼 모두가 아는 착한 사람이었고 착해서 아무것도 못 할 줄 알았습니다. 그런데 알고 보니 무예실력이 출중했고 심지어 북주를 상대로 대승을 거뒀습니다. 사람들은 열광했습니다. 착한 사람이 세상을 구할 수 있구나 하는 반가움 때문이었을 것입니다.

리더가 잔인하고 무자비한 사람이 아니라 온정이 넘치는 착한 사람이기를 바라는 마음은 누구나의 소망입니다. 고구려 사람들은 그 소망을 '바보'라는 말에 담아 신화로 만들었습니다. 그리고 온달의 됨됨이와 실력을 먼저 알아본 이는 평강공주가 아니라 평강왕이었습니다. 다시 말해 온달은 아내 덕에 출세한 것이 아니라 착한 능력자였기 때문에 왕의 사위가 될 수 있었습니다. 아내 덕에 출세한다는 뜻을 가진 온달콤플렉스는 그래서 맞지 않는 말입니다.

보물선이
정말 있을까?

현실에서 바닷속 보물선을 찾아내 부자가 되겠다는 사람을 만나면 십중팔구 "제정신이 아니군. 정신 차려!" 할 것 같은데 2000년대 초 세상을 들썩거리게 한 '이용호 게이트'는 보물선의 존재를 믿는 사람들이 생각보다 많다는 사실을 확인시켜주었습니다.

일명 보물선 게이트로 불리는 이용호 게이트는 전남 진도 앞 바다에서 보물선을 건져올린다는 사업계획을 발표해 주가를 올린 뒤 약 250억여 원의 시세차익을 챙긴 사건이었습니다. 다른 무엇도 아닌, 소설이나 영화에 흔히 나오는 보물선에 속아 주식을 매입하다니……. 코웃음을 칠지 모르지만 풍문으로만 떠돌던 보물선이 1976년 신안 앞바다에서 실제로 발견되자 일확천금을 꿈꾸는 사람들의 가슴을 들뜨게 했고 난데없이 바다가 도굴계의 블루오션으로 떠올랐습니다. 우리나라에서 보물선과 관련해 떠도는 이야기는 약 10여 건입니다.

우선 진도 앞바다에는 어부 그물에 물고기 대신 청자가 걸려 올라오는 일이 있을 정도로 고려와 조선의 유물이 상당량 묻혀있는데요. 국립해양연구소의 발굴 조사에서 서기 1세기 유물까지

나온 것을 보면 전 시대를 망라하는 보물이 묻혀있을 것으로 추정됩니다. 진도 앞바다는 1597년 충무공 이순신 장군이 단 13척의 배를 이끌고 왜선 133척을 무찌른 명량대첩을 치른 곳으로 유명하지요. 그처럼 대담한 전략을 세울 수 있었던 비결은 거센 물살과 험한 지형을 아군으로 삼을 수 있어서였습니다. 특히 파도가 암초에 부딪쳐 나는 소리가 얼마나 큰지 바위가 우는 것 같다는 뜻을 가진 울돌목은 해안 폭이 좁아 우리나라에서 조류가 가장 빠른 곳으로 꼽힙니다. 유속이 대략 초당 4.5m로 매우 빠른 데다 방향도 남동쪽, 북서쪽 교대로 흘러 배의 방향을 바꾸기 어렵습니다. 결국 왜군은 방향을 틀지 못하고 울돌목에 그대로 갇힌 채 화포를 맞고 침몰하는 수밖에 없었지요.

이처럼 전쟁 때는 든든한 아군으로 삼을 수 있지만 문제는 평화 시입니다. 이 지역은 한반도 서남단에서 서해와 남해를 연결하는 군사적 요충지일 뿐 아니라 한반도 남부지역에서 세금으로 거둔 곡물을 운반하던 주요 항로였습니다. 그리고 험한 항로였지요. 이곳에서 시대를 아우르는 보물이 다량으로 발굴되고 있다는 것은 그만큼 많은 배가 침몰했고 많은 목숨을 잃었다는 뜻입니다. 시기적으로는 삼국시대 초기부터 조선시대에 이르기까지 반복적으로 말이지요. 그런데 삼면이 바다로 둘러싸인 대한민국 앞바다 깊은 곳에는 삼국시대부터 고려시대를 거쳐 조선시대에 이르는 우리나라의 보물선만 묻혀있지 않습니다.

백여 년 전 일본과 청, 일본과 러시아가 한반도를 둘러싸고 전쟁을 벌이는 와중에 많은 상선과 군함이 격침을 받아 침몰됐습니다. 대표적으로 '고승호'를 꼽을 수 있습니다. 고승호는 청나라가 영국에서 임대받아 사용한 상선으로 청일전쟁이 발발한 1894년 7월 25일 인천항으로 오다가 일본군의 격침으로 침몰됐습니다. 고승호가 보물선으로 불리는 이유는 청나라가 군자금으로 쓰려고 했던 은 6천여 톤을 실었기 때문인데 시가 1,100억 원어치 가량으로 추정됩니다. 한 업체가 수중 발굴 작업을 벌여 고승호의 선체 일부를 발견했다고 발표하면서 관심이 뜨거워진 적도 있었지만 더 이상의 진척은 없는 상태입니다.

러일전쟁 때 울릉도 부근에서 침몰한 러시아 군함 '돈스코이호'는 더 큰 보물선입니다. 러시아의 블라디미르 푸틴 대통령도 돈스코이 호에 관심을 표한 적이 있습니다. 지난 2004년 한-러 정상회담 자리에서 인양에 성공하길 바라며 만약에 성공하면 인양자에게 10조 원의 금전적 보상을 해주고 자국으로 배를 가져오는 방법을 검토하겠다고 밝혔었지요. 돈스코이 호는 1905년 5월 29일 다른 군함처럼 적군에 격침당한 것이 아니라 자침, 스스로 침몰을 선택했습니다. 그 이유는 이 시대 사람들이 돈스코이 호에 관심을 갖는 이유와 같습니다. 보물선이었기 때문이지요.

1932년 11월 28일자 『뉴욕타임스』에 '영국 소버린 금화 5천 파운드가 든 상자 5,500개, 약 5,300만 달러에 이르는 군자금이 실려있다'는 기사가 실렸다고 하는데요. 현재 시가 120조에 상당한 것이었습니다. 돈스코이 호의 레베데브 함장은 울릉도 앞바다 70km 해상에서 일본군에게 포위되자 군자금과 배를 일본에 넘겨줄 수 없다고 판단했습니다. 울릉도 동쪽 앞바다로 이동한 다음 선원들을 내리게 했고 홀로 남아 배를 스스로 침몰시켰습니다.

일본 군함도 여러 척 보물선 명단에 올라있습니다. 1942년 전세가 기울자 조선, 중국, 러시아, 인도, 필리핀 등에서 약탈한 문화재와 금은보화를 군함에 실어 본국으로 나르는 과정에서 연합군의 공격을 받아 침몰했는가 하면 반대로 패전에 대비해 일본의 보물급 유물들을 반출하기 위해 싣고 가다가 연합군의 공격을 받아 침몰한 배도 있습니다.

1980년대에는 시가 50조 원, 총 4,800여 톤의 금괴가 실린 '야마시타 호'가 거제도 앞바다에 가라앉아 있다는 소문이 돌면서 이 일대가 흥청망청 들썩거릴 정도였습니다. 아마 전국의 도굴꾼들이 죄다 몰려들었을 것입니다. 그러나 아직까지 감감무소식입니다. 만약 발견된다면 설령 기대하는 금은보화가 없다 해도 백여 년 전 일본과 청, 일본과 러시아가 한반도를 둘러싸고 겨룬 전쟁을 대변하는 유물이기에 그 자체로 보물입니다. 이처럼 우리 영해에 가라앉은 보물선들은 주로 러일전쟁과 청일전쟁 당시에 격침을 받아 침몰한 군함이라고 할 수 있는데요. 보물선을 발견하면 보물은 누구의 것일까요?

아무리 다 내 거 하고 싶어도 문화재청에 신고해야 합니다. 안 하면 도굴꾼이 되지요. 문화재로 판명되면 보물은 국가 귀속 절차에 따라 처리되고 신고자에게는 가치 평가액의 10%, 최대 1억 원까지 포상합니다. 도굴꾼에게는 간에 기별도 가지 않을 액수입니다. 실제로 1976년, 신안 앞바다에서 보물선이 발견된 후에 우리나라 삼면의 바다는 도굴계의 블루오션으로 떠올랐습니다. 당시 육상에서 해상으로 전업(?)한 전문 도굴꾼들도 허다했다고 하는데요. 도굴을 철저히 막아야 하는 이유는 돈의 가치를 떠나서 문화재가 외국으로 밀반출되기 때문입니다.

그런데 법대로 하기에도 애매한 보물선이 있습니다. 앞서 말한 고승호, 돈스코이 호, 야마시타 호 등은 남의 나라 배로 단지 우리 영해에 가라앉았을 뿐입니다. 이 배에서 보물을 발굴하면 누구에게 소유권이 있을까요?

지난 2007년 5월, 포르투갈 인근 대서양에서 미국의 해저탐사업체 오디세이 마린 익스플로레이션Odyssey Marine Exploration이 침몰한 난파선에서 모두 17톤의 금은보화를 건져올렸습니다. 추정가 5억여 달러로 사상 최대 규모였습니다. 이 소식이 알려지자 스페인 정부가 소유권을 주장했습니다. 1804년에 영국함대의 공격을 받고 침몰한 갤리언선 '라 메르세데스'가 바로 그 난파선이라는 것이 근거였지요.

16세기에서 19세기 사이에 해양대국이었던 스페인은 아메리카와 필리핀을 식민통치하면서 금은보화를 약탈해 대형 목선인 갤리언선으로 실어 날랐습니다. 그리고 이 중 6백여 척이 본국으로 돌아가던 중 폭풍이나 해적을 만나 침몰했고, 다른 나라 해양탐사업체들이 잇달아 이 스페인 난파선에서 보물들을 건져올렸습니다. 스페인 정부로서는 눈 뜨고 코 베이는 심정이겠지요. 그래서 해양탐사업체를 '21세기 해적'이라고 비난하고 있지만 그 배에 실린 보물들 대부분이 식민지에서 약탈한 금은보화라는 점을 생각하면, 글쎄요. 과연 이 보물의 진정한 주인이라고 그렇게 당당하게 큰소리쳐도 될까 싶습니다.

그래서 페루 정부가 나섰습니다. 라 메르세데스에서 발굴된 은화 17톤이 당시 스페인의 식민지였던 페루에서 생산한 것이니만큼 돌려달라고 한 것입니다. 그러자 오디세이사는 양국의 주장이 모두 사실일지라도 해양법에 따라 인양된 보물들 대부분이 자신의 소유라고 주장하며 맞섰습니다.

네덜란드 상선 '프라우 마리아 호'에 대한 3국의 소유권 주장도 팽팽합니다. 프라우 마리아 호는 1771년 네덜란드를 출항해 러시아로 항해하던 중 핀란드 연안 발트해에서 침몰했는데 우리 돈 1조 8천억여 원가량 규모의 금은보화가 실려있을 뿐 아니라 화가 렘브란트와 얀 반 호이엔의 작품 등 진귀한 미술품 27점이 왁스로 봉인한 납 상자에 실려있다고 합니다. 러시아 측은 예카테리나 여제가 거금을 주고 사들인 작품들이니 자기네 것이라고 하고, 네덜란드는 자국의 선박이니 자기네 것이라고 하고, 핀란드는 자기네 영해에서 가라앉았으니 자기네 것이라고 주장하는 상황입니다.

이처럼 보물선의 주인을 가리는 것은 쉽지 않아 자칫 국제분쟁으로 번질 소지가 큰데요. 국제해양법에 따르면 '전함은 주권 면제'라고 합니다. 난파선이 전함일 경우 어느 나라의 영해에 있든 모국의 소유라는 것입니다. 그 외엔 발굴한 쪽에서 80~90%의 소유권을 인정받습니다. 왜 세계적으로 해저탐사업체가 늘고 있는지 짐작할 수 있는 조항이지요. 그러나 배의 주인이나 보물의 주인 입장에서는 결코 인정하고 싶지 않을 것입니다. 보물선! 흥미진진하고 짜릿하지요. 그러나 정확한 위치를 파악하기 힘들 뿐 아니라 6,200톤급 군함을 바닷속에서 인양하는 데 드는 경비와 시간이 상상을 초월합니다. 무엇보다 전쟁과 약탈, 죽음이라는 비극의 총집합체라고 할 수 있지요. 보물선은…….

음악의 아버지와 어머니의
헤어스타일은 왜 그럴까?

중학생 때 음악 교과서에 실린 음악의 아버지와 어머니의 초상화를 처음 봤을 때 참으로 희한했습니다. 지금도 요한 제바스티안 바흐Johann Sebastian Bach와 게오르크 프리드리히 헨델Georg Frideric Händel의 얼굴을 생각하면 그 독특한 헤어스타일밖에 떠오르지 않는데요. 한때는 둘의 초상화를 볼 때마다 이 덤불 같은 머리카락 속에 얼마나 이가 많았을까, 찜찜해했던 적도 있었습니다. 다행히 가발이었습니다. 그렇다면 바흐와 헨델은 대머리였던 걸까요. 그래서 가발을 썼을까요?

처음에는 유행이었습니다. 유럽에서는 16세기 후반부터 귀족들이 가발을 쓰기 시작했는데요. 상류층의 유행으로 시작된 가발 착용은 18세기 중반 영국에서 성년식 때 머리카락을 자르고 가발을 쓰는 의식을 치를 정도가 되었습니다. 그래서 그 시절 커피하우스에 가면 점잖은 차림을 한 남성들이 주머니에서 빗을 꺼내 가발의 머릿결을 정돈하는 모습을 종종 볼 수 있었다고 합니다. 상상하면 참 우습기도 합니다.

그러다 가발을 도난당하는 일이 적지 않았다고 하는데요. 소재에 따라 가발의 가격 차이가 커서 사람의 머리칼(인모)로 제작한 가발은 고가였고, 말이나 양의 털로 제작한 가발은 중저가였습니다. 이 중 인모 가발이 도둑의 표적이 됐던 거지요. 그나저나 인모 가발은 그렇다 쳐도 말이나 양의 털로 만든 가발은 한여름에 얼마나 더웠을까요. 그 가발 덕분에 지금의 우리로서는 바흐와 헨델이 대머리였는지 어쨌는지 알 길이 없습니다. 이런 관습은 왜 생겼을까요?

지금도 서양에서는 '얼굴이 크다'는 말은 전혀 욕이 아니지만 '머리가 작다'는 욕이 될 수 있다고 합니다. 머리 작다는 말이 머리 나쁘다는 말로 오해를 살 수 있어서인데요. 큰 머리는 두뇌와 남성성을 상징했고 이 때문에 머리를 더 크게 보이게 하려고 가발을 썼습니다. 이왕이면 크게 부풀린 헤어스타일을 가진 가발을 선호했겠지요. 그래야 남들에게 머리 좋은 남성으로 보일 것이라는 자신감을 가질 수 있었을 테니까요.

그런데 바흐와 헨델의 가발을 보면 구불구불 한껏 부풀린 것은 그렇다 쳐도 색이 그다지 멋지진 않습니다. 그저 흰색이거나 은회색일 뿐인데요. 그러고 보니 볼프강 아마데우스 모차르트도 초상화에서 흰색 가발을 쓰고 있지요. 영국 영화 〈어바웃 타임〉에서도 흰색 가발을 볼 수 있었는데요. 남자 주인공 팀의 직업은 변호사로 법정에 들어설 때 꼭 챙기던 소지품이 있었습니다. 바로 흰머리 가발입니다. 법정 장면에서는 변호사뿐 아니라 판사도 가발을 쓰고 있는데 지금 시대에 생경하다 못해 생뚱맞게 보였습니다. 영국법정에서 흰머리 가발은 권위를 상징합니다. 법관을 은유적으로 표현할 때 우리말로는 '법복을 입는다'고 하는데, 영어권에서는 'in wig and gown'이라고 합니다. 우리나라에서는 법복만 입지만 영국에서는 법복과 함께 가발을 쓴다는 사실을 알 수 있는데요. 가발이 법복과 같은 의미의 권위를 상징한다는 뜻이지요.

그리고 이때의 가발이 흰색인 것은 학식과 지혜의 연륜이 깊다는 것을 강조하기 위해서입니다. 노인의 하얗게 센 머리카락에서 착안한 것이지요. 법조계뿐만 아니었습니다. 영국에서는 오랫동안 의사와 학자들도 가발을 착용했는데 자신들의 학식과 지혜를 증명하기 위해서였습니다. 보다 못해 18세기 아일랜드 작가 올리버 골드스미스가 이런 기록을 남겼습니다. '현명해 보이기 위해서는 남의 머리카락을 빌려 덤불을 이듯 자기 머리에 덮어쓰는 것이 최고인 모양이다. 법과 물리학계 종사자들은 그러한 관습을 너무나 철저히 지키고 있어서 자기 머리와 가발을 도저히 별개로 하지 못하는 상황이 되었다.' 골드스미스의 조소에도 불구하고 영국에서는 여전히 흰머리 긴 가발이 법정의 권위를 상징하고 있습니다.*

이처럼 오랜 전통을 가진 가발을 최초로 쓴 사람은 기원전 3000년대의 파라오였습니다. 파라오의 신성한 머리를 가리기 위해 개발했다고 하는데요. 고대 이집트인들은 체온을 낮추기 위해 일부러 머리카락을 밀고 특별한 경우에만 가발을 썼습니다. 그랬던 가발을 유럽으로 가져와 유행시킨 사람은 다름 아닌 율리우스 카이사르였습니다. 아닌 게 아니라 그는 대머리였지요. 언제

_____

* 2008년부터 형사 재판에서만 가발을 착용하도록 하고 있다.

나 스스로에 대한 자부심이 넘쳤던 카이사르가 대머리 콤플렉스가 있을 리 없고 전리품이었습니다. 지금도 그렇지만 로마인들의 머리카락은 대부분 검거나 갈색입니다. 카이사르는 갈리아*를 정복하면서 피정복민들의 금발을 잘라 가발을 만들도록 했습니다. 그렇게 만든 가발을 자국 군인들에게 쓰도록 했지요. 힘에 굴복해 강제로 머리카락이 잘리면 수모와 수치를 느끼는 것은 만국 공통이니 피정복자들에게 굴욕과 패배감을 주려는 의도가 다분해 보입니다.

또 로마 시민들은 자국의 군인들이 갈리아인들의 금발로 만든 가발을 쓰고 대열을 맞춰 돌아오는 광경을 보면서 승리를 한층 실감했을 것입니다. 말 그대로 비단옷을 입고 고향에 돌아온다는 금의환향이 따로 없었을 것입니다. 옷이 아니라 가발이라는 점만 다르지요. 이렇게 로마에서 본격적으로 시작된 가발은 대리석 흉상에 각기 다양한 가발을 제작해서 원할 때마다 바꿔 씌우는 유행으로 이어졌는데요. 실제로 현재 루브르 박물관에 있는 플라우틸루스 흉상은 헤어스타일을 분리해서 착용시킬 수 있다고 합니다.

가발의 전성기인 18세기, 법조인과 물리학자, 음악가…… 너나 할 것 없이 가발을 썼던 이유가 두뇌와 남성성의 우월함을 드러내 보이기 위해서였다고 생각하면 바흐와 헨델, 뉴턴 등의 초상화가 어쩐지 달리 보입니다. 지금은 그냥 줘도 안 가질 길고 구불

---

* 지금의 프랑스, 벨기에, 룩셈부르크 전체 지역과 스위스, 네덜란드, 독일 이탈리아 북부의 일부가 해당된다.

거리는 흰 가발…… 이처럼 유행은 변하기 마련이지만 맥락은 고
대 로마 이후로 주욱 변함이 없습니다. 바로 우월해 보이기 위해
서지요. 누가 가발을 유행시켰느냐 묻는다면 바로 그런 인간의 심
리라고 할 수 있습니다.

튤립은 어쩌다
투기 상품이 됐을까?

　서양에는 수선화와 함께 대표적인 봄의 전령사가 있습니다. 튤립입니다. 그러고 보니 우리나라에서 봄을 알리는 매화, 동백꽃, 목련, 개나리, 진달래 등이 나무에서 피는 꽃인 반면, 서양에서 봄을 알리는 수선화, 튤립, 히아신스, 무스카리, 크로커스 등은 구근식물이라는 차이점이 있네요. 수선화가 영국 사람들이 가장 사랑하는 꽃이라면 튤립은 두말할 나위 없이 네덜란드 사람들이 가장 사랑하는 꽃입니다. 네덜란드의 국화國花이자 경제에도 큰 기여를 하고 있지요.

　매년 3월이면 네덜란드의 쾨켄호프Keukenhof에서 세계 최대 규모의 튤립축제가 열리는데 28만㎡가 넘는 평평하고 너른 땅에 형형색색으로 피어난 튤립이 양탄자처럼 깔려 화려함의 극치를 보여줍니다. 그런데 이처럼 화려하고 예쁜 꽃 튤립이 알고 보니 세계 최초로 버블경제를 일으킨 투기 대상이었다고 합니다. 아무리 예뻐도 한낱 피고 지는 꽃에 지나지 않는 튤립이 어쩌다 투기의 대상이 됐을까요?

　1602년 네덜란드는 세계 최초의 주식회사인 동인도회사를 설립해서 주식을 발행했습니다. 유럽 각국의 막대한 자금이 네덜란드로 유입됐고 덕분에 많은 네덜란드 사람들이 부자가 됐습니다. 그리고 부를 과시하는 데 아낌없이 돈을 썼는데 그중에서도 16세기 중반에 오스만 제국에서 들여와 재배하기 시작한 튤립이 부와 지위를 상징하는 기준이 됐습니다. 하고많은 꽃 중에 왜 튤립이었느냐 하면 희귀했기 때문입니다. 예나 지금이나 부와 지위를 상징하는 물건의 기준은 '희귀해서 아무나 구하기 힘든 것'이기 마련이지요. 얼마나 실용적인지는 중요하지 않습니다. 희귀해서 아무나 구하기 힘든 것을 가졌다는 사실을 과시하기 위해 아낌없이 비용을 치르는 것입니다.

그런데 튤립은 봄에만 꽃을 피우기 때문에 다른 계절에는 현물거래가 불가능합니다. 그런데도 돈 버는 데 혈안이 된 사람들은 꽃이 피기 전에 미리 꽃을 사둔다는 기상천외한 발상을 합니다. 그리고 미래의 어느 시점에 특정 가격으로 거래한다는 계약을 하는데 이것이 바로 세계 최초의 선물거래입니다.

1634년 선물시장이 활성화되면서 부자들뿐 아니라 서민들까지 가진 재산을 몽땅 털어 넣었고 수량이 한정된 튤립의 가격은 천청부지로 솟구쳤습니다. 공식적인 기록에 따르면 1635년에 튤립의 구근 한 개당 가격이 2,500플로린까지 오르는데, 네덜란드 근로자 연평균 소득의 17배가량이었습니다. 근로자 연평균 소득이 2천만 원 수준이었다면 튤립 한 뿌리가 3억 3천만 원에 거래됐다는 소리입니다. 이런 말이 안 되는 상황에서도 사람들은 더 사지 못해 안달이었습니다. 더 오를 것이라는 기대 때문이었지요. 광풍이 따로 없었습니다.

1634년부터 이어지던 '튤리포마니아Tulipomania', 튤립 광풍은 1637년 2월 갑작스럽게 가격이 10분의 1가량으로 폭락해버립니다. 이유가 무엇이었냐고요? 거품이 꺼지는 데 이유가 있을까요. 거품이란 더 이상 부풀 수 없으면 저절로 꺼지기 마련이지요. 거품이 사라지자 유럽경제의 중심이었던 네덜란드의 경제가 큰 혼란을 겪으면서 유럽 전체가 경제공황에 빠져버렸습니다. 인류 최초의 버블경제였습니다. 투기 종목이 특별한 다른 무엇이 아닌 튤립이라는 꽃이었다는 사실이 믿기 힘들고 어처구니없는 해프닝으로 들립니다.

그러나 튤립이 그저 다른 그 무엇으로 대체될 뿐, 나도 부자가 될 수 있다는 최면효과에 빠져 여전히 비슷한 욕망의 거품이 반복됐고, 지금도 반복되고 있습니다. 위대한 물리학자이자 천문학자, 수학자였던 아이작 뉴턴이 말했습니다. "천체의 움직임은 계산할 수 있어도 인간의 광기는 측정할 수 없다." 그가 이런 말을 한 데는 유명한 일화가 있지요.

때는 1720년, 영국에 주식 광풍이 불기 시작했습니다. 발단은 '남해회사'였습니다. 1711년 영국 정부가 공공부채를 갚으려고 세운 회사로 노예무역을 했는데요. 이윤이 남기는커녕 국채까지 탕진했습니다. 그래서 금융회사로 변신하고 주식을 발행했는데요. 1월에 주식 1주당 가격이 100파운드, 5월에는 700파운드로 오르더니 6월에는 무려 1,050파운드까지 치솟았습니다. 반년 만에 열 곱절로 올랐습니다. 그러자 다른 금융회사와 영국 동인도회사의 주식까지 덩달아 올랐고 무허가 주식회사까지 합세하면서 영국 전역이 주식 광풍으로 출렁거렸습니다. 여기에 올라탄 수많은 사람들 중엔 우리가 잘 아는 두 사람이 있었는데요. 아이작 뉴턴과 앞서 가발 편에서 소개한 게오르크 헨델입니다.

버블은 8개월 만에 꺼졌습니다. 뉴턴은 남해회사 주식을 매수해서 7천 파운드까지 벌었지만 계속 보유하다 2만 파운드를 손해 봤습니다. 헨델은 제때 매도해서 일 년 전 본인이 영국에 창설한 왕립음악아카데미를 중심으로 이탈리아 오페라를 공연하는 데 보탤 수 있었습니다. 그러나 대다수 투자자들이 막대한 손해를 입었고 급기야 내각이 무너지기에 이르는데요. 무엇이 문제였을까요.

여러 가지 원인이 있지만 19세기 영국 기자 찰스 메케이가 말한 '집단지성'이 유력해 보입니다. 이렇게 말했죠. "공동체가 갑자기 한 가지에 정신이 팔리면 점점 더 몰입하면서 미쳐간다." 역시나 미국에서 주식 투자했다가 실패한 마크 트웨인의 조언도 곁들여봅니다. "10월은 주식 투자에 특히 위험한 달이다. 다른 위험한 달로는 7월, 1월, 9월, 4월, 11월, 5월, 3월, 6월, 12월, 8월 그리고 2월이 있다." 역시 말장난의 천재답습니다.

그랜드 투어는
어떤 여행이었을까?

　해외여행 상품에서 종종 볼 수 있는 '그랜드 투어Grand Tour'라는 용어가 처음 나온 것은 1670년이었습니다. 영국의 가톨릭 신부이자 여행작가였던 리처드 러셀스Richard Lassels가 『이탈리아 여행The Voyage of Italy』이라는 책 중 〈건축과 고전, 그리고 예술에 대해 알고 싶다면 프랑스와 이탈리아를 방문해야 하며 젊은 귀족 자제들이 세계의 정치와 사회, 경제를 제대로 이해하기 위해서는 반드시 '그랜드 투어'를 해야 한다.〉고 쓴 구절에서였습니다.

　그랜드 투어는 이후 19세기 초까지 영국을 비롯한 유럽 상류층 젊은이들 사이에 크게 유행했습니다. 특히 이탈리아가 필수 경로였는데 당시 영국 귀족들 사이에 고대 로마를 정신적인 고향으로 선망했던 풍조와 무관하지 않았습니다. 그런데 18세기 중반을 기점으로 변화가 생깁니다. 이전에는 피렌체와 베네치아, 로마까지 방문하고 돌아갔다면 18세기 중반부터는 로마에서 남부로 내려가기 시작하는데 '폼페이' 때문이었습니다.

　이탈리아 남부 캄파니아 평원에 있는 베수비오 화산이 급작스럽게 대폭발한 것이 서기 79년 8월 24일. 고대 로마의 계획도시였던 폼페이와 헤르쿨라네움이 사라지고 말았는데요. 그 후 두

도시는 전설처럼 전해질 뿐 정확한 위치도 파악되지 않았습니다. 그러다 1592년 폼페이를 가로지르는 운하를 건설하던 중 유물이 출토됩니다. 당시 이탈리아는 통일 전*이었고 독일과 프랑스, 에스파냐 등 강대국들 싸움터나 다름없어서 폼페이 유적 발굴에 관심을 두기 힘든 상황이었습니다.

다시 세월이 흘러 1748년에 폼페이 발굴을 시작한 것은 이탈리아를 차지한 프랑스였습니다. 부르봉 왕가 독점 사업이었는데 모자이크나 벽화처럼 보기에 아름다운 미술품은 왕궁으로 실어 나르고 나머지는 다시 사장시켜버렸습니다. 사실상 약탈이나 다름없지만 글이나 말로만 전해지던 고대 도시 폼페이와 헤르쿨라네움이 발굴됐다는 소식은 그랜드 투어를 계획하는 유럽의 귀족들을 한껏 들뜨게 했지요. 이들은 로마에서 나폴리로 내려갔고 1,700년 전 폼페이와 헤르쿨라네움을 삼켜버린 베수비오 화산을 오르내리면서 벅찬 가슴을 억누르지 못했습니다. 여전히 불길을 내뿜고 있어 언제 다시 폭발할지 모르는 상태였는데도 말이지요.

그리고 직접 방문해서 돌아보니 그동안 자신들이 어렸을 적부터 국가와 사회, 학교와 가정에서 배운 것과 다른 세상이 고대 로마에 있었다는 사실을 발견합니다. 이쯤에서 당시 시대가 어떤 분위기였는지 짚을 필요가 있는데요. 16세기부터 시작된 종교전쟁은 17세기에 절정에 달했고 크고 작은 내전이 잇따랐습니다. 전쟁을 치르는 국가는 국민에게 무조건적인 희생과 검소한 생활,

---

* 이탈리아가 단일국가로 통일한 시기는 1859~1870년이다.

엄격한 규율을 요구하기 마련이지요. 백여 년 가까이 이어진 전쟁이 끝나고 17세기 말부터 계몽주의가 태동하기 시작한 배경에는 정치와 종교, 구습에 대한 반기가 있었습니다. 이런 사회적인 분위기에서 1748년 폼페이와 헤르쿨라네움이 모습을 드러낸 것이었습니다. 그리고 이 고대 로마 도시의 모습은 국가와 종교, 사회에 대한 무조건적인 희생과 검소한 생활, 엄격한 규율과는 거리가 멀어도 한참 먼, 개인의 즐거움을 추구하는 것이었습니다.

수백 년 동안 이렇게 살아야만 되는 줄로 알았는데 저렇게 살아도 된다는 사실을 알았을 때 더구나 정신적 이상향으로 떠받들었던 고대 로마에서 저랬다는 사실을 알았을 때 그 충격은 대단했을 것입니다. 새로운 깨달음은 계몽주의와 합쳐지면서 '자유로운 개인'이라는 의식에 눈을 뜨게 합니다. 여기에 더해 폼페이 발굴이 시작된 지 7년째인 1755년 다시 한번 유럽 전체를 뒤흔드는 대재앙이 일어납니다. 리스본 대지진이었지요. 그랜드 투어를 했던 이들은 리스본 대지진에서 베수비오 화산이 폭발하자 곧바로 화산재 속으로 사라져버린 폼페이와 헤르쿨라네움을 연상했을 겁니다.

폼페이 발굴과 리스본 대지진, 불과 10년도 안 돼 일어난 이 두 사건은 볼테르와 칸트, 루소 등 지식인들로 하여금 더 이상 인간의 문제를 신에게 맡기지 않고 스스로 해결하겠다는 의지를 다지게 합니다. 이성이 권위보다 상위에 있으며 모든 판단은 이성을 기준으로 한다는 계몽주의는 이처럼 18세기에 활짝 꽃을 피우는데요. 리스본 대지진이 일어나고 불과 8주 뒤인 1756년 1월,

잘츠부르크에 마치 하늘이 인류에 내리는 선물 같은 한 아기가 태어납니다. 볼프강 아마데우스 모차르트였습니다. 그는 자신이 살고 있는 시대를 어떻게 느꼈고, 또 어떻게 예지했을까요.

1786년 5월 1일, 빈의 부르크 극장에서 오페라 「피가로의 결혼」이 초연됐습니다. 로렌초 다 폰테가 대본을 썼고 모차르트가 곡을 붙였습니다. 사실 「피가로의 결혼」은 오페라로 만들어지기 전부터 문제작이었습니다. 원작이 프랑스 극작가 피에르 드 보마르셰가 1781년에 쓴 동명의 희곡이었고 1784년에 파리 코메디 프랑세즈에서 연극으로 공연됐는데요. 극에 주요한 소재로 등장하는 '초야권'은 귀족과 봉건제도를 비판하는 장치였지만 파리의 귀족들은 이 사회풍자극을 유쾌하게 즐겼습니다. 그러나 루이 16세만큼은 불길하게 바라봤고 이런 말로 상연금지 조치를 내립니다. "만일 이 연극이 공연된다면 바스티유가 무너질 것이다." 보마르셰도 쉽게 굽히지 않았지요. "국왕이 「피가로의 결혼」 공연을 원하지 않는다면, 바로 그 이유 때문에 공연되어야만 한다."고 말하고 돌아다녔습니다.

모차르트가 이런 문제작을 오페라로 만들겠다고 했을 때 그의 고용주나 다름없던 신성로마제국의 황제 요제프 2세는 우려를 표했습니다. 그러자 모차르트는 사회적인 풍자가 아니라 연애 이야기로 마음의 귀족이 특권을 가진 귀족을 이긴다는 식의 주장을 펼쳐 겨우 승낙을 받았는데요. 빈에서의 초연은 요제프 2세의 우려대로 귀족들의 반감을 샀습니다. 그도 그럴 것이 이런 대사가 나왔으니까요.

"당신들 대영주는 신분, 재산, 지위를 자랑스러워하지요! 그러나 태어나는 고통을 빼면 그 축복을 받기 위해 당신들이 한 게 무엇인가요?"

평민들에게는 속 시원한 말이지만 귀족들 듣기엔 불편했겠지요. 「피가로의 결혼」은 프라하로 무대를 옮겨 대성공을 거뒀고 로렌초 다 폰테와 모차르트는 다시 손잡고 오페라 「돈 조반니」 작업에 착수해 1787년 프라하에 첫 무대를 올리는데요. 극중 하인인 레포렐로의 입에서 이런 결정적인 대사가 등장합니다.

"더 이상 굴종의 삶을 살지 않겠다."

만민평등의 시대를 예고하는 듯한 이 대사는 불과 2년 뒤 프랑스 혁명을 계기로 현실이 되었습니다. 1,700년 동안 묻혀있던 폼페이와 헤르쿨라네움이 우연히 모습을 드러낸 것과 리스본 대지진, 모차르트의 탄생이 10년 사이에 일어난 일이고 18세기 유럽을 계몽주의와 혁명 등으로 통째로 뒤흔들었습니다. 이 시작에 17세기 중반에 시작된 그랜드 투어가 있었다고 한다면 과연 터무니없는 과장일까요.

마리 앙투아네트가 빵이 없으면
먹으라고 한 과자는 무엇일까?

2011년 2월 이집트 국민이 목숨을 걸고 반정부 투쟁을 벌인 배경에는 밀가루가 있었습니다. 러시아가 이집트에 수출하던 밀가루를 금지하면서 식량 가격이 폭등했는데 이집트 사람에게 밀가루는 빵이고 주식主食이지요. 그리고 주식이란 이집트인들이 즐겨 먹는 빵 '아이쉬Aysh'가 가진 뜻처럼 '생명'입니다. 한국인에게 쌀이 '살다'인 것처럼요. 예나 지금이나 생명의 보장은 정부와 국민이 맺은 가장 중요한 계약조건입니다.

1789년 프랑스에 기근이 들어 밀가루 값이 폭등하자 굶주린 파리 시민들이 베르사유 궁전 앞으로 몰려가 빵을 달라고 외쳤습니다. 그때 왕비였던 마리 앙투아네트가 이렇게 말했다고 하지요. "빵이 없으면 과자를 먹으면 되지." 애들 입에서나 나올만한 이 무지하고 어리석은 말 한 마디는 혁명의 도화선이 되기에 충분했습니다.

그러나 진위 여부부터 밝히자면 앙투아네트는 그런 말을 하지 않았습니다. '빵이 없으면 과자를 먹으면 되지'라는 말은 장 자크 루소의 『고백록』에 처음 등장하는데, 루소가 프랑스 혁명이 일어나기 10년 전에 쓴 저서입니다. 정확히는 어느 공주가 굶주린 사람을 보고 "빵이 없으면 과자를 먹으면 되지"라고 말했다고 썼습니다. 또 라루스의 『19세기 백과 대사전』에는 고급 매춘부가 그 말을 발설했다고 쓰여있는데요. 배고픈 파리 시민들에게 진위 여부는 그다지 중요하지 않았을 것입니다. 아마도 "빵이 없으면 과자를 먹으면 되지"라는 말이 먼저 돌았고 그렇게 냉소적이고 잔혹한 말을 할 사람은 앙투아네트밖에 없다는 추측이 난무했겠지요. 소문은 믿음이 되고 분노가 됐을 것입니다. 그런데 문득 궁금했습니다. 빵이 없으면 과자를 먹으면 된다고 했는데, 대체 그 과자는 어떤 과자였을까?

프랑스어를 살펴보면 그 과자의 정체가 분명히 드러나 있습니다. '브리오슈Brioche'입니다. 프랑스에서 15세기부터 즐겨 먹은 빵으로 머리가 작은 눈사람 모양이며, 빵과 과자의 중간 형태로 버터와 달걀이 많이 들어가 고소하고 폭신합니다. 하지만 정작 앙투아네트가 좋아하는 빵은 따로 있었습니다. 터번처럼 생긴 '쿠겔홉프Kugelhopf'입니다. 쿠겔홉프는 화려함의 절정을 달리던 당시의 프랑스 왕실과 전혀 어울리지 않는 시골스러운 모양과 맛을 가지고 있는데요. 앙투아네트는 오스트리아에서부터 쿠겔홉프를 즐겨 먹었고 프랑스에 함께 왔습니다. 브리오슈건 쿠겔홉프건 지금도 웬만한 제과점에 가면 쉽게 살 수 있는 평범한 빵들이고 당시에도 소박한 빵이었습니다. '빵이 없으면 과자를 먹으면 되지'로 옮긴 우리말이 원어보다 훨씬 오만하고 사치스러운 느낌을 풍기는 것 같습니다.

빵 대신 브리오슈를 먹으라고 한 적도 없고, 그보다 훨씬 소박한 쿠겔홉프를 좋아했습니다. 하지도 않은 말이 꼬리에 꼬리를 물고 들불처럼 번져 냉소적이고 채신머리없는 왕비라는 누명까지 썼습니다. 그렇다고 억울하다고 할 수 있을까요. 그는 국민의 생명(빵)을 보장해야 하는 가장 중요한 의무에 대해 무지했고 무관심했습니다.

가면 축제와 탈놀이에는
어떤 의미가 있을까?

170여 개의 운하와 400여 개의 다리가 115개의 섬을 연결하여 하나의 도시가 된 물의 도시 베네치아, 해마다 2월이 되면 세계에서 가장 화려하고 아름다운 가면과 의상을 입은 사람들로 도시 전체가 하나의 극장이 됩니다. 바로 '카니발Carnival, 사육제'입니다.

카니발은 사순절* 직전인 참회의 화요일까지 보름 남짓 펼쳐지는 축제인데요. 어원이 재밌습니다. 이탈리아어인 '카르네Carne, 고기'와 '레발레Levale, 떠나다'의 합성어인 Carnevale로 육식을 하지 않는다는 뜻이지만 반어법일까요. 실제는 사순절에는 육식을 못 하니까 실컷 먹자에 가깝습니다. 실컷 먹고 마시고 춤추고 즐기고……. 그런데 세계 여러 카니발 중에서도 가장 많은 관광객을 끌어모으는 베네치아 카니발은 독특합니다.

베네치아에서 카니발이 시작된 것은 1268년부터, 카니발의 하이라이트인 갖가지 모양의 가면을 쓰고 화려한 의상을 뽐내는 가면 축제가 더해진 것은 1296년부터였습니다. 예나 지금이나 축

---

* 부활절을 앞두고 약 40일간 몸과 마음을 정결히 하고 경건하게 지내는 기독교의 절기.

제의 의의는 내부의 결속과 통합을 도모하기 위해서인데 가면이 톡톡히 촉매제 역할을 했습니다. 가면을 쓰면 신분과 계층을 알아볼 수 없어 모두가 평등해지니까요. 실제로 베네치아 공화국에서는 가면 축제가 열리는 기간 동안에 온 세상이 바뀌어서 부자와 빈자, 귀족과 평민, 남성과 여성이 모두 평등해졌습니다. 평민이 귀족에게 대놓고 욕을 해도 귀족이 웃음으로 넘길 정도였다고 하는데 비록 일 년에 며칠에 불과해도 계층 간 갈등을 완화시키는 데 도움을 주었을 것입니다. 또 신분을 뛰어넘는 사랑도 많이 나누었겠지요.

그러다 돌연 17세기 말에 카니발에서 가면을 금지하는 가면 금지법을 제정합니다. 도를 넘는 무질서와 풍기문란이 이유였습니다. 익명성이 가진 모순이지요. 그렇지만 수백 년간 내려온 전통은 쉽게 사라지지 않아서 18세기에 부활합니다. 이 기간에 베네치아를 여행한 괴테가 카니발을 경험하고 남긴 글이 있습니다. 〈사회적인 신분상의 차이도 당분간 사라진 듯이 보인다. 모두들 서로 가까워지고, 자신에게 무슨 일이 벌어지든 누구나 가벼운 마음으로 받아들이며, 서로 간의 무례함이나 자유분방함도 전체적인 쾌활한 분위기로 인해 균형을 유지한다.〉 속마음을 감추기 위해서가 아니라 맘껏 드러내기 위해서 가면을 썼습니다. 그러나 이런 세상은 영원할 수 없기에 괴테도 이렇게 마무리를 지었습니다. 〈그리하여 자유분방했던 축제는 한바탕 꿈처럼, 한 편의 동화처럼 끝나버렸다(『이탈리아 여행』 중).〉

베네치아에 가면 축제가 있다면 한국에는 탈놀이가 있습니다. 신석기시대 유적지에서 탈이 발굴됐을 정도로 오랜 민속놀이로 신라대와 고려대를 거쳐 조선대에는 지방마다 고유의 탈놀이가 번성했습니다. 이처럼 오랜 전통이지만 800년 이상 현존하는 탈로 〈안동하회별신굿 탈놀이〉에 등장하는 하회탈 열한 개가 유일합니다. 탈놀이가 끝나면 전부 불에 태우는 것이 관습이었기 때문이지요.

한국의 전통에서 탈은 사람이 아닌 자가 잡귀를 쫓기 위해 쓰는 것입니다. 여기에서 '사람이 아닌 자'라는 말은 미천한 신분인 '광대'를 의미합니다. 이 광대가 오늘날의 '배우'로 한자 배俳는 사람 인人 자와 아닐 비非 자가 합쳐진 모양새입니다. 사람이 아닌 자, 사람이 아닌 재주가 뛰어난 자, 그들이 공동체의 액막이를 하기 위해 썼던 것이 탈입니다. 이런 탈을 태우지 않고 남겨두면 부정 탄다는 것이 옛사람들의 믿음이었습니다.

〈안동하회별신굿 탈놀이〉는 정월 초하루부터 보름날까지 경상북도 안동시 풍천면 하회리 서낭당에서 펼쳐졌습니다. 등장하는 하회탈은 원래 열네 개였지만 일제 강점기 때 세 개가 분실되고 남은 아홉 개가 국보로 지정돼서 현재 국립중앙박물관에 보관 중입니다. 원래 탈놀이가 끝나면 모두 불에 태우는 것이 관습인데 이를 따르지 않아 남은 것인데요.

이 중 한 개의 탈에는 턱이 없습니다. 외국에서야 이탈리아 베네치아의 축제에 등장하는 가면처럼 턱이 없는 것이 많지만 한국 전통의 탈은 얼굴 전체를 가리는 것이 일반적입니다. 혼자만 턱이 없는 그 탈의 이름은 '이매', 〈안동하회별신굿 탈놀이〉에서 이매는 바봅니다. 백치 얼굴에 턱이 없어서 더 우스꽝스럽게 보이는 데다 말투도 느리고, 몸마저 자유롭지 못합니다. 하지만 〈안동하회별신굿 탈놀이〉를 다 보고 나면 가장 사랑스러운 캐릭터로 기억에 남는데요. 초랭이한테 놀림을 당할지언정 절대 남을 비방하지 않는 착한 성품에 손과 발이 온전치 못해서 비틀거리는 춤을 추지만 신명 난 흥이 순수하게 전해지기 때문입니다.

그런데 왜 이매한테는 턱이 없을까요. 여기에는 전설이 있습니다. 옛날 안동 하회마을에는 고려 중엽까지 허씨들이 모여 살았는데 원인을 알 수 없는 재앙이 계속되었습니다. 그때 허도령이 탈을 만들어서 춤을 추면 신의 노여움이 풀리고 마을이 평안을 찾을 수 있다는 신탁을 받습니다. 단, 조건이 있었는데 아무도 모르게 만들어야 한다는 것이었습니다. 그래서 허도령은 남몰래 탈을 만드는 일에 열중하지요. 신의 신탁을 받을 정도라면 얼마나 잘난 청년이었겠습니까. 당연히 마을에 허도령을 사모하는 처녀가 있었습니다. 날이 가고 달이 가도 허도령의 모습이 보이지 않으니까 애가 탄 처녀는 그저 허도령이 보고 싶어서 집에 찾아와 몰래 모습을 봤을 뿐인데 허도령이 그만 그 자리에서 죽고 말았습니다. 이때 허도령이 만들고 있던 것이 이매탈이었고 턱을 미처 만들기 전이라서 이매탈에 턱이 없다고 합니다.

전설을 듣고 나니 이매탈에 턱이 없는 이유도 알게 되었지만, 다른 마을처럼 탈을 불에 태우지 않았던 이유도 짐작할 수 있겠지요. 허도령은 신탁이 깨져서 죽고, 처녀도 죄책감 때문에 자결하고 말았다는 두 청춘남녀의 비극적인 사랑 이야기가 들어있으니까요. 그래서인지는 몰라도 하회마을에서는 허도령이 만든 탈을 신의 계시로 만든 신성한 것으로 여겨서 800년 이상 보관해왔고 덕분에 우리는 800년 전 원형 그대로의 모습을 볼 수 있는데요. 허도령이 죽는 순간 손에 들려있던 미완성의 탈 이매를 다시 한번 눈여겨봐야겠다 싶어지면서, 그 한없이 순수하고 평화로운 미소가 800년 전의 것이라니 시공간을 뛰어넘어 사람의 마음을 움직일 수 있는 공명이란 이런 것이 아닐까 싶습니다.

베네치아 카니발에서 쓰는 가면도, 한국의 굿판에서 쓰는 탈도 공동체와 개인의 억눌린 욕망을 대변했습니다. 감정과 욕망을 감추기 위해서가 아니라 드러내기 위해 가짜 얼굴이 필요했습니다. '가면을 쓴다'는 말을 흔히 '자신을 감춘다'는 뜻으로 사용하지만 진심과 진실을 드러내기 위해 가면이 필요할 때가 있습니다. 평등하지 않은 사회일수록, 억눌린 욕망이 많은 사회일수록 더 많은 가면이, 말이지요.

밸런타인데이 초콜릿 선물에는
어떤 의미가 담겼을까?

해마다 2월 14일, 밸런타인데이가 돌아오면 요즘 젊은 애들은 어디에서 어떻게 온 것인지도 모르는 정체불명의 기념일에 호들갑을 떤다면서 어르신들이 혀를 차시지요. 꼭 그렇게 정체불명의 것만은 아닙니다. 알고 보면 역사와 유래가 있는 연인들의 축일로 기원은 서기 269년으로까지 거슬러 올라갑니다.

로마의 황제 클라우디우스 2세가 고트족을 정벌하기 위해 원정 채비를 할 때였습니다. 결혼을 하면 병역에서 면제될 수 있기 때문에 결혼해버리는 젊은 남자들이 많아졌습니다. 그래서 황제가 내린 명령이 금혼禁婚이었습니다. 이런 단순한 결정을 내린 황제라니 네로나 칼리굴라과의 독재자가 아닐까 싶지만 클라우디우스 2세는 고트족의 침략으로 풍전등화 같던 로마제국을 다시 일으켜 세운 뛰어난 황제였습니다.

이때 황제의 명령을 따르지 않고 몰래 찾아온 연인들에게 결혼식을 올려준 가톨릭 사제가 있었습니다. 그 이름이 발렌티누스Valentinus였습니다. 조국이 있어야 사랑도 있다는 클라우디우스 2세 앞에서 사랑이 있어야 조국도 있다고 맞서다 끝내 발렌티누스가 처형당하기에 이르는데 그날이 270년 2월 14일이었고 이 날을 추모한 것이 밸런타인데이의 기원입니다.

밸런타인데이에 사랑을 고백하는 풍습은 그로부터 훨씬 뒤인 15세기 영국에서 시작됐습니다. 마거리 부르스라는 아가씨가 존 패스턴이라는 청년을 짝사랑했는데 1477년 2월 14일에 사랑을 고백하는 편지를 보냈습니다. 존의 사랑을 얻는 데 성공해서 행복한 결혼식을 올렸는데요. 마거리가 존에게 사랑을 고백했던 그 편지는 현재 런던 국립우편박물관에 보관돼 있습니다. 밸런타인데이가 왜 여성이 남성에게 사랑을 고백하는 날이 됐는지 알 수 있는 일화지요. 하지만 그때는 초콜릿이라는 음식이 없었을 때니 초콜릿을 선물하면서 사랑을 고백하지는 않았을 것입니다.

유럽에 초콜릿 열풍이 불기 시작한 것은 다시 한참의 세월이 흘러 18세기 귀족들 사이에서였습니다. 흔히 초콜릿을 '달콤 쌉싸름한 맛'이라고 표현하지만 이때의 초콜릿은 '달콤'이 빠진, 완전히 쓴맛의 걸쭉한 액체 음료였습니다. 초콜릿의 원재료인 카카오 빈의 고향 아스텍에서 원주민들이 마셨던 그대로 카카오 빈을 갈아서 물에 녹여 마셨기 때문이지요. 귀족들은 썼을 뿐 아니라 식감도 그다지 좋지 않았을 것 같은 초콜릿을 예쁜 주전자에 담아 아침마다 찻잔에 따라 우아하게 마셨습니다. 강장제로 여겼기 때문이지요.

그러다 1828년 네덜란드의 화학자 콘래드 반 후텐이 카카오 빈에서 지방을 분리하는 기술을 개발하는 데 성공합니다. 그는 지방을 분리하고 남은 덩어리를 분쇄했는데 이것이 코코아 분말입니다. 덕분에 귀족들은 전보다 간편하게 초콜릿 음료를 즐길 수 있게 됐습니다. 그로부터 20여 년 후인 1847년 영국 프라이J. S. Fry & Sons사가 후텐의 아이디어를 응용해 드디어 고형 초콜릿을 출시합니다.

하지만 예쁜 그림을 그려 넣은 선물 상자에 초콜릿을 담는다는 발상을 한 것은 경쟁사인 캐드버리Cadbury사였습니다. 영화로도 유명한 로알드 달의 소설 『찰리와 초콜릿 공장』이 모델로 한 바로 그 초콜릿 회사입니다. 밸런타인데이에 초콜릿을 선물하라며 밸런타인데이용 초콜릿을 출시한 것도 캐드버리사가 처음이었습니다. 연인들의 축일에 초콜릿을 선물하라고 소비자들을 부추겼던 것에 나름대로의 근거가 있었습니다. 동맥경화의 원인이 될 수 있는 트랜스지방이 함유된 요즘의 초콜릿과 달리 당시의 초콜릿은 영양이 풍부하고 건강에 좋은 강장제였으니까요. 심지어 최음제라는 소문도 있었는데 실제로 초콜릿에는 페닐에틸아민과 카나비노이드라는 성분이 있어서 사랑에 빠진 것처럼 기분 좋게 만들어주었다고 하지요.

이쯤 되니 밸런타인데이와 초콜릿을 선물하는 의미가 지금과는 많이 달랐던 것 같지요. 밸런타인데이는 목숨을 걸고 젊은이들의 사랑을 이뤄주었던 성인 발렌티누스를 추모하면서 사랑의 의미를 되새기는 날이었고, 초콜릿은 예쁘게 생겨서 달달하기만 한 간식이 아니라 사랑하는 사람의 건강을 고려한 강장제였습니다.

크산티페는 악처이고
신사임당은 양처인 것이 맞을까?

행실이나 성질이 악독한 아내를 '악처惡妻'라고 부릅니다. 영어로는 '젠티피Xanthippe'인데 고대 아테네의 철학자 소크라테스의 아내인 크산티페Xanthippe의 이름에서 유래했습니다. 남편이 하는 말과 행동을 전혀 이해하려 하지 않았고 사사건건 잔소리와 악다구니를 서슴지 않아서 악처의 대명사가 됐습니다.

정작 소크라테스가 크산티페를 악처로 여겼을 것 같지는 않습니다. 그에게는 그럴만한 정신적, 시간적 여유가 없었을 것 같습니다. 해가 뜨면 거리로 나가서 온종일 아테네 시민들 아무나 붙잡아 질문을 던졌고 상대가 답을 하면 왜 그렇게 생각하느냐고 또 물었습니다. 궁극적으로는 "네가 옳다고 생각하는 그것이 정말로 옳다고 확신하느냐?"는 질문인데, 상대가 자신의 확신에 의심을 품을 때까지 물고 늘어졌으니 당하는 사람 입장에서는 그야말로 괴로울 지경이었습니다. 더구나 소크라테스는 외모지상주의가 팽배한 아테네에서 못생기기로 다섯 손가락 안에 꼽혔습니다. 못생겼으면 깔끔하게라도 하고 다닐 일이지 옷 한 벌로 일 년을 버텼으며 신발은 아예 신지도 않았습니다. 얼마나 더럽고 냄새가 났을까요.

그러나 망국을 예지한 현자 소크라테스에게 아테네 시민들이 쏟아붓는 경멸 따위는 아무것도 아니었을 것입니다. 아테네 시민들을 깨우치기 위해 하루하루가 절박한 그에게 아내의 잔소리나 악다구니쯤은 귀에 들어오지도 않았을 것입니다. 설령 크산티페가 양처였다 한들 소크라테스의 삶이 달라졌을 것 같지도 않습니다. 크산티페는 세상 사람들에게 비난받아 마땅한 악행을 저지른 것이 아니었습니다. 여성이 돈을 벌 수 있는 기회가 원천적으로 봉쇄된 시대에 남편의 무능력과 무관심은 본인과 자식의 생존을 위협하는 것이었습니다. '양처良妻, 좋은 아내'도 아니지만 악처도 아닌 그저 평범한 여성이었을 뿐이지요.

이번에는 크산티페와 반대로 한국에서 현모양처의 대명사로 역사에 남은 신사임당에 대해서 질문해 봅니다. 신사임당이 과연 진짜 현모양처였을까요? 5만 원권 화폐 초상인물로 신사임당이 선정될 때 반대여론이 높았습니다. 신사임당이라는 주체성을 가진 한 인물로서 인정을 받기보다 율곡 이이의 어머니, 이원수의 아내로서 인정받고 있기 때문이라는 주장이었는데요. 그 주장은 어느 정도 사실이지만 아들인 율곡 이이가 쓴 「나의 어머니 일대기」에 따르면 현모양처로서의 모습을 거의 찾아볼 수 없습니다.

일단 신사임당은 결혼한 다음에도 서울의 시가가 아닌 강릉의 친정에 계속 머물렀습니다. 어려서부터 경전에 능했던 딸의 재주를 아꼈던 아버지 신명화가 혼인을 앞두고 사위한테 당부했기 때문입니다. "내가 딸이 많은데 다른 딸은 시집가도 서운하지 않았는데 그대의 처만은 내 곁에서 떠나보내고 싶지 않네." 그렇게 말한 신명화도 아내(사임당의 어머니)의 친정살이를 허락하고 서울과 강릉을 오가면서 16년을 지냈습니다.

신사임당이 서울의 시가에 온 것은 친정아버지가 사망한 뒤 3년 상을 치른 다음이었는데 시어머니 얼굴을 본 것이 이때가 처음이었다고 하니 지금 들어도 깜짝 놀랄만한 일이지요. 하지만 그도 잠시 다시 친정으로 돌아갑니다. 그래서 율곡 이이도 강릉에서 외할머니, 어머니와 함께 생활하며 자랐습니다. 신사임당이 시가에 정착한 것은 결혼하고 19년 만이었습니다. 그것도 오고 싶어서 온 것이 아니라 시어머니가 너무 연로해서 더 이상 가사를 돌볼 수 없는 상황이 돼서였지요. 그 시대에 19년이나 친정살이를 허락한 시어머니를 대단하다고 할 수 있지만 그보다 친정살이가 크게 흠인 시절이 아니었다는 사실을 짐작할 수 있습니다.

율곡은 「나의 어머니 일대기」에 신사임당이 얼마나 양처였을지 짐작할 수 있는 대목, 그러니까 아버지 이원수와의 사이가 어땠는지에 대해서는 일절 언급하지 않았습니다. 자녀교육과 관련해서도 열성적이지 않았는데요. 율곡에게 어머니 신사임당은 현모양처라기보다 따뜻하고 온화한 성품에 시를 잘 짓고, 세상에 다시 없을 만큼 뛰어나게 그림을 잘 그린 예술가였습니다. 이런 인물이 어쩌다 현모양처로 왜곡돼 수백 년 넘게 회자되고 있을까요. 아들이 조선 성리학의 근간을 이룬 대학자 율곡이었기 때문입니다. 후대의 성리학자들이 율곡을 백세의 스승으로 떠받들면서 스승의 어머니인 신사임당을 성리학적 규범인 현모양처의 틀에 짜맞추었습니다.

크산티페를 악처로 만든 것도, 신사임당을 양처로 만든 것도 여성을 남성과 동등한 인격체라고는 아예 생각하지 못했던 사회의 잣대였습니다. 무엇보다 부부 당사자가 아닌 제3자에게 악처(혹은 악부)니, 양처(혹은 양부)니 하는 판단을 할 자격이 있을까 싶습니다. 눈에 콩깍지가 씌면 씐 대로 벗겨지면 벗겨진 대로 서로 간에 할 소리겠지요.

모네가 감탄한 것이 안개였을까, 스모그였을까?

영국의 소설가 찰스 디킨스Charles Dickens가 1859년에 발표한 『두 도시 이야기』는 프랑스혁명을 배경으로 런던과 파리에서 펼쳐지는 격동의 이야기를 담고 있습니다. 런던의 풍경을 묘사하는 장면에서 이런 글이 나옵니다.

움푹 꺼진 땅마다 증기 같은 안개가 서려있었다. 안개는 안식할 곳을 찾지 못한 악한 영혼처럼 쓸쓸하게 언덕을 배회했다. 축축하고 몹시 차가운 안개는 바다의 불길한 파도처럼 대기 중에서 잔물결을 지어 서서히 움직이다 다른 증기들과 뒤섞인다. 안개가 워낙 짙어 마차의 불빛이 비추는 거라고는 이런 안개의 움직임과 몇 야드의 앞길뿐이었다.

안개를 마치 살아 움직이는 생물체처럼 묘사하고 있는데요. 디킨스가 본 안개는 과연 안개였을까요?

1870년 서른 살의 프랑스 화가 클로드 모네가 보불전쟁을 피해 런던에 왔습니다. 단번에 런던 풍경에 매료됐고, 런던에 머무는 일 년 동안 〈템스 강 하구에서 바라본 웨스트민스터〉 연작을 그렸는데, 그리려 한 것이 웨스트민스터인지, 안개인지 의심스러울 정도로 온통 뿌옇습니다. 그는 런던의 회색빛 안개에 매료돼서 친구에게 보내는 편지에 이렇게 썼습니다. '런던은 안개가 끼어있을 때가 가장 아름다워.' 모네가 본 안개는 과연 안개였을까요?

찰스 디킨스가 『위대한 유산』을 발표하고 11년 뒤, 그리고 모네가 런던을 떠나 파리로 돌아간 지 1년 뒤인 1872년 겨울 런던에서 시민 243명이 각종 호흡기 질환으로 목숨을 잃었습니다. 원인은 '스모그'였습니다. 19세기 초 영국은 산업사회로 진입해 '세계의 공장'으로 불렸고 그 덕에 세계에서 가장 크고 부유한 도시가 됐습니다. 모든 것을 가능케 한 것은 증기기관이었습니다. 그런데 증기기관은 석탄이 연소되면서 발생하는 증기의 힘으로 가동하지요. 영국에서 석탄이 대량으로 채굴되지 않았다면 인류의 운명을 바꾼 증기기관의 발명은 좀 더 늦춰졌을지 모릅니다. 석탄의 대량 채굴과 증기기관의 발명 때문에 런던의 수많은 공장과 가정집 굴뚝에서 아황산가스가 쉴 새 없이 배출됐고 이 유독성 물질이 항구도시 런던의 습한 안개에 흡착하면서 재앙이 벌어졌습니다.

강과 공기가 하루아침에 오염되는 것이 아니고 보면 1872년 겨울의 그 끔찍한 사건이 벌어지기 훨씬 이전부터 런던의 강과 공기가 오염되기 시작했을 것입니다. 모네가 아름답고 신비롭다고 감탄했던 회색빛 안개이자 디킨스가 소설에 안개로 묘사했던 것의 정체는 스모그였습니다. 1872년 겨울에 시민 243명의 목숨을 앗아간 것은 시작에 불과했습니다. 1952년에는 무려 1만 3천

명이 사망하는 최악의 사태가 벌어졌는데 관련 당국은 책임을 회피한 채 독감이 원인이라며 무마하려 했습니다. 뒤늦게 정신 차린 의회가 '청정대기 법Clean Air Act'을 제정했지만 1962년 다시 스모그가 발생하면서 700여 명이 사망했습니다.

모네는 런던의 회색빛 안개가 그토록 위험한 것인지 짐작이라도 했을까요. 자신을 매혹시킨 안개가 목숨을 빼앗을 수 있는 스모그라는 사실을 알았다면 웨스트민스터 사원 연작을 십수 점이 넘도록 그렸을까요. 안개 낀, 정확히는 스모그가 낀 런던의 풍경에 매료된 또 다른 외국인 화가가 있었습니다. 제임스 애벗 맥닐 휘슬러James Abbott McNeill Whistler입니다.

미국인이었지만 1859년 스물다섯에 런던으로 이주한 후 세상을 떠날 때까지 44년 동안 런던에서만 살았습니다. 휘슬러의 작품에서 대중적으로 유명한 작품은 코미디 영화 〈미스터 빈〉에서 '휘슬러의 어머니'라는 제목으로 소개된 그림입니다. 검은 드레스와 흰 레이스 모자를 쓴 할머니가 옆얼굴을 보이고 앉아있는데 미스터 빈이 그만 얼굴 부분을 망가뜨리면서 포복절도가 이어지지요. 이 그림의 실제 제목은 어머니와 아무 상관없는 〈회색과 검정의 배열〉입니다. 휘슬러는 이처럼 자신의 모든 그림의 제목을 '무슨 색과 무슨 색의 무엇'이라는 식으로 지었고 모네처럼 연작을 그렸습니다. 바로 〈녹턴〉 연작입니다.

휘슬러는 피아노의 시인이라 불리는 쇼팽의 「녹턴」을 좋아해서 런던의 템스 강을 배경으로 그린 연작에 같은 제목을 붙였다고 하는데요. 〈녹턴〉 연작 중 〈푸른색과 금색의 녹턴〉이라는 작품이 있습니다. 이미 해가 저물었는데도 템스 강 주변의 공기가 푸르스름하게 떠도는 것은 스모그 때문입니다. 다리 너머에 금빛으로 부서져 떨어지는 것은 불꽃놀이의 흔적입니다. 해가 지지 않는 나라 대영제국의 런던 시민들이 쏘아올린 화려한 불꽃놀이 너머에는 대량생산 체제가 가속화될수록 가난한 사람은 더 가난해지는 비참한 현실이 놓여있었습니다. 또 휘슬러가 이 그림을 그리기 시작한 1872년 겨울에 런던 시민 243명이 스모그로 인한 각종 호흡기 질환으로 목숨을 잃었습니다.

모네와 휘슬러뿐 아닙니다. 런던 시민 대부분이 하루 종일 런던을 휘감고 있는 안개의 정체가 건강과 목숨을 해치는 납과 수은 등이 함유된 유독성 물질이라는 사실을 제대로 알지 못했습니다. 석탄을 연소시켜 연료로 이용한 경험이 전에는 없었고 그것이 가져다주는 부와 편리함을 이미 맛보았으니 알았다 한들 중단했을 것 같지 않지요. 모네와 휘슬러의 신비로운 스모그 그림은 인류의 생활을 근본까지 다 바꿔버린 산업혁명이라는 대변혁기에 태어났고 이 산업혁명은 현재도 맹렬한 속도로 진행 중입니다.

1등보다 유명한
2등이 있을까?

'2등은 아무도 기억하지 않는다'는 광고문구가 대중에 깊이 각인된 적 있었습니다. 모두가 1등이 되기 위해 최선을 다하자는 메시지였지만 모두가 1등이 될 수 없으며 하물며 2등이 되기도 힘든 것이 진실입니다. 무엇보다 2등을 아무도 기억하지 않는다는 말은 거짓입니다.

남극점을 향해 노르웨이의 로알 아문센 탐험대와 영국의 로버트 스콧 탐험대가 출발했습니다. 스콧 탐험대의 조건이 유리했습니다. 두 번째 도전이었고 재정도 풍부했습니다. 그러나 1911년 12월 14일 인류 최초로 남극점에 도달한 주인공은 노르웨이의 아문센 탐험대가 되었습니다. 영국의 스콧 탐험대는 35일 뒤인 1912년 1월 18일에 도착했습니다. 죽을 고비를 넘기며 왔지만 이미 노르웨이 국기가 나부끼고 있었고 그는 2등이 되고 말았습니다. 스콧은 그때의 절망감을 일기에 '오오…… 하나님……'이라고 적었다고 하지요.

스콧은 패했습니다. 아문센보다 유리한 조건이었지만 준비가 부족했고 판단에 착오가 있었습니다. 아문센은 물자 수송 수단으로 추위에 강한 개를 택했으나 스콧은 추위에 약한 말을 골랐습니다. 또 아문센은 방한과 보온 기능이 뛰어난 동물가죽 털옷을 입었으나 스콧은 습기에 금방 젖는 합성섬유를 착용했습니다. 이런 잘못과 실패에도 불구하고 스콧은 역사에 위대한 영웅으로 기록됐습니다. 왜일까요?

추위와 굶주림 속에 죽어가면서도 끝까지 잃지 않았던 강한 의지와 명예의식 때문입니다. 스콧 탐험대는 1등으로 남극점을 밟는 데 실패하고 나서 빠르게 돌아올 수 있는 길을 놔두고 일부러 길을 돌았습니다. 그 결과 16kg에 달하는 비어드모어 빙하의 지질 견본을 챙길 수 있었습니다. 스콧은 자신의 실패를 학문적으로 만회하고 싶었을 것입니다. 그래서 혹독한 추위와 굶주림이라는 죽음의 여정에서도 그 무거운 지질 견본을 끝까지 포기하지 않았습니다.

당시 상황이 얼마나 참혹했는지 알려주는 일화가 있습니다. 탐험대의 일원인 오오츠 대위가 동상 때문에 대열에서 자꾸만 뒤처졌습니다. 그는 거대한 눈보라가 치던 날 "볼일 보러 나간다. 오래 걸릴 것 같다."면서 천막 밖으로 나가 돌아오지 않았습니다. 또 다섯 명의 탐험대원들은 안락사할 수 있는 모르핀을 "영국인답지 않다"고 거부하며 자연사를 택했습니다. 식량 보급대까지의 거리는 불과 20km, 그러나 눈보라에 갇힌 스콧 일행은 꼼짝할 수 없었고 그 9일 동안 스콧은 쓰고 또 썼습니다. 그중 이 글은 왜 '2등은 아무도 기억하지 않는다'는 말이 거짓인지 알려주며 심금을 울립니다.

그러나 나 스스로는 이 탐험여정을 후회하지 않는다. 이 여정은 영국인들이 역경을 견디며 서로를 돕고, 죽음을 강인하게 맞을 수 있다는 것을 보여줬다. 우리는 위험을 무릅썼고, 우리가 그럴 것이라는 것도 미리부터 알고 있었다. 환경은 우리 편이 아니었지만 우리는 불평할 이유가 없었다. 마지막까지 신의 섭리에 경의를 표하며 결연하게 최선을 다하고 있다.

1등이 되는 것에 실패했고 그래서 영원한 2등으로 남았지만 스콧을 영국의 국민적인 영웅으로, 그를 아문센과 동격으로, 아니 그 이상의 위대한 영웅으로 기억하고 있습니다.

여기 또 한 명의 위대한 2등이 있습니다. 올림픽에서 최고의 승자는 역시 금메달리스트이지만 1위보다 더 진정한 승자로 평가받는 선수가 등장하기도 합니다. 대표적으로 1908년 런던 올림픽 마라톤 경기에서 그러했습니다. 이 경기는 일명 '도란도의 비극'으로 불리는데, 당시 스물두 살이었던 이탈리아의 육상선수 도란도 피에트리Dorando Pietri에게 있었던 일입니다.

그는 마라톤 코스를 완주하고 가장 먼저 경기장에 들어섰습니다. 마지막 한 바퀴만 돌면 우승이었습니다. 관중들은 예비 우승자에게 일제히 환호와 박수를 보냈습니다. 그런데 불과 몇 분 사이에 환호와 박수가 일제히 "No!"라는 탄식으로 바뀝니다. 도란도 피에트리가 머리와 팔다리를 흔들거리면서 트랙 반대쪽으로 걸어가고 있었습니다. 당시 상황을 『뉴욕 타임즈』는 이렇게 전했습니다. 〈그는 경주로를 따라 마치 꿈을 꾸는 사람처럼 발을 놀렸

다. 그의 발걸음은 걷는 것도 아니었고 달리는 것도 아니었다. 허우적댈 뿐이었다.〉

너무 지치고, 탈진한 상태였습니다. 관중석의 "No!"라는 외침에 놀라 방향을 바꾸었지만 얼마 못 가 허물어지듯 그만 주저앉아 버렸습니다. 남은 힘을 쥐어짜듯 겨우 일어나 비틀거리며 몇 걸음을 걸었으나 또 다시 쓰러지고 말았습니다. 관중들은 안타까워 발을 동동 굴렀습니다. 게다가 다음 선수가 달려오는 상황이었습니다. 보다 못한 경기 임원장 잭 앤드류가 도란도 피에트리를 부축해 결승선을 통과할 수 있도록 하라는 지시를 내렸습니다. 경기 임원 둘이 앞에서 끌고 뒤에서 밀며 부축해 결승점에 골인합니다. 피에트리 선수를 부축했던 경기 임원은 훗날 당시 상황을 이렇게 회고했습니다. "도란도를 돕지 않는다는 것은 인간으로서 도저히 용납할 수 없는 상황이었다. 인간이라면 마땅히 그를 일으켜 세워야 했다."

모두 피에트리 선수의 분투에 감동했지만 2위로 들어온 선수의 입장은 당연히 다를 수밖에 없지요. 미국 선수단은 정식으로 이의를 제기했고 피에트리 선수는 '외부의 도움'을 받았다는 이유로 실격 처리됐습니다. 1위는 미국의 존 하예스에게 돌아갔지요. 그러나 이날의 경기를 지켜본 사람들의 가슴에 진정한 1위는 도란도 피에트리였고 영국 왕실은 금으로 만든 트로피를 따로 제작해 피에트리에게 전달했습니다.

피에트리가 탈진한 데는 영국 왕실의 책임도 없지 않았습니다. 원래 마라톤 거리는 40km 안팎이었는데 이날 2.195km가 늘었습니다. 영국의 군주 에드워드 7세의 아내인 알렉산드라 왕비가 윈저 궁에서 마라톤 출발 장면을 보고 싶다고 해서 출발 지점이 바뀌었고 이 바람에 거리가 늘었습니다. 도란도 피에트리뿐 아니라 경기에 참가한 모든 선수가 기진맥진했을 것입니다. 평소 40km에 맞춰 연습했을 테니까요. 그 뒤 마라톤은 16년 동안 논란을 거듭한 끝에 1924년 파리 올림픽 때부터 42.195km로 표준 경주거리가 공식 확정됩니다. 도란도 피에트리와 존 하예스는 1908년 올림픽 후에 두 차례 더 대결을 펼쳤고 모두 피에트리가 승리했습니다. 버젓이 1등을 했지만 피에트리는 2등으로 더 친숙합니다.

2등으로 대중에게 친숙한 인물이 또 있습니다. 우주비행사 버즈 올드린Buzz Aldrin입니다. 1969년 7월 20일 아폴로 11호가 고요의 바다* 상공에 도달하자 닐 암스트롱과 버즈 올드린이 달 착륙선 '이글'로 옮겨 타고 인류 최초로 달 표면 착륙에 성공했습니다. 닐 암스트롱이 첫 번째로 내렸고, 버즈 올드린이 두 번째로 내렸습니다. 아폴로 11호에 함께 탑승했던 마이클 콜린스는 내리지 않고 사령선** 콜롬비아 호를 타고 달 궤도를 유영하면서 두 사람을 기다렸습니다. 왜 닐 암스트롱만 유명한지 이유를 알 수 있지요. 한 명은 두 번째로 발자국을 찍었고, 다른 한 명은 아예 발자국을 찍지도 않았기 때문에…….

---

* 달의 표면의 일정 구역에 명명한 이름으로 실제 바다가 아니라 현무암질 대지다.
** 유인우주선에서 '두뇌'에 해당하는 핵심 모듈로, 지구로 귀환하는 과정에서 우주인의 거주와 안전을 책임지는 공간. 아폴로의 경우 지구로 돌아오는 유일한 부분이다.

이 순서는 NASA에서 기획한 작품이었습니다. 버즈 올드린은 1966년 제미니 12호에 탑승해 5시간에 걸친 우주 유영에 성공한 바 있습니다. 그래서 달에 첫발을 내딛는 주인공이 되리라는 예측이 있었으나 NASA가 택한 순서는 닐 암스트롱 먼저, 였습니다. 버즈 올드린보다 1년 먼저 아폴로 11호 프로젝트에 참여했고 무엇보다 '첫발 과업'을 더 잘 수행할 수 있으리라고 판단한 것인데요. 이제 막 가정에 텔레비전이 보급되던 시기였고 발사부터 착륙까지 모든 과정이 전 세계에 생중계되는 만큼 인류 최초로 달 표면에 첫발을 내딛는 장면은 진중하고도 강렬해야 했습니다. NASA의 기대대로 암스트롱은 달에 첫발을 내딛은 직후 "한 인간에게는 작은 한 걸음이지만 인류에게는 위대한 도약이다That's one small step for a man, one giant leap for mankind"라는 말을 해서 전 세계인들에게 잊지 못할 감동을 안겨주었습니다. 버즈 올드린은 20여 분 뒤 달 표면에 내렸습니다. 이로써 미국은 경쟁자 소련을 제치고 우주 역사에서 최초라는 타이틀을 영원히 거머쥡니다.

닐 암스트롱은 요즘 말로 관종과 거리가 먼 성향을 가진 인물이라 언론의 집중적인 스포트라이트와 대중의 과도한 관심이 부담스러웠습니다. 급기야 달 착륙 영상이 스탠리 큐브릭 감독이 연출한 가짜라는 음모론이 제기되면서 각종 음해가 그에게 쏟아지자 NASA에서 은퇴한 뒤 고향으로 내려가 은둔생활을 하다 2012년에 사망했습니다. 그에 비해 버즈 올드린은 NASA의 홍보 담당 대변인으로 활동하는 등 우주를 민간인에게 알리는 데 큰 역할을 하면서 대중적 인기를 즐겼는데요. 픽사 애니메이션 〈토이 스토리〉시리즈에서 우디와 함께 주인공으로 등장하는 '버즈 라이트이어'가 버즈 올드린의 이름에서 빌렸다는 일화는 유명하지요.

2등은 아무도 기억하지 않는다……, 사실도 진실도 아니지만 큰 반향을 일으켰습니다. 사람 사는 세상은 분명히 약육강식의 논리로 굴러가지 않는데 그렇다고 확신하는 이들이 많은 모양입니다.

최초로 에베레스트 등정에
성공한 사람은 누구일까?

세계 최초, 세계 최고. 사람들이 열광하는 수식어지요. 하늘 아래 가장 높은 곳인 세계 최고봉, 에베레스트의 높이는 8,850m. 현재 우리나라에서 가장 높은 건물이 123층, 554.5m 인데요. 이 건물을 위로 16개 더 세웠다고 생각하면 얼마나 높은지 실감납니다. '에베레스트'라는 명칭은 영국의 초대 측량국장을 지낸 조지 에베레스트George Everest의 이름에서 따왔습니다.

영국인들이 최고봉을 발견하기 전에 유럽에서 간행된 티베트 지도에는 이 산의 이름이 이렇게 표기돼 있었다고 하지요. '초모룽마', 티베트어로 '지구의 어머니 신'이라는 뜻입니다. 1852년 영국인이 이 세계 최고봉을 발견하면서 여러 사람이 정상을 향해 올랐지만 모두 실패했습니다. '산이 거기에 있으니까'라는 선문답으로 유명한 조지 말로리는 1924년 세 번째 원정에서 끝내 돌아오지 못했습니다.

에베레스트가 인간에게 정상을 내어준 것은 그로부터 30여 년이 흐른 1953년 6월 2일, 주인공은 에드먼드 힐러리Edmund Hillary 였습니다. 마침 영국 여왕 엘리자베스 2세의 대관식이 거행된 날이었는데요. 축포와 같은 이 소식에 영국인의 기쁨이 얼마나 컸던지 BBC 라디오가 대관식 중계를 중단하고 뉴스를 전했고 곧 전 세계로 타전됐습니다.

많은 사람이 놀라워하며 축하했지만 그에 못지않게 많은 사람들이 물었습니다. "왜? 왜 굳이 그 높은 산에 목숨 걸고 올라갔어?" 역사에 기록될 만큼 대단한 일을 해낸 사람에게는 대단한 결심이나 결정적인 계기가 있었을 거 같은데 다 그렇지는 않은 모양입니다. 에베레스트에 왜 올랐느냐는 질문에 조지 말로리는 "산이 거기에 있으니까"라고 했지만 에드먼드 힐러리는 이렇게 말했습니다. "나는 에베레스트를 등정하겠다는 꿈을 의도적으로 가져본 적이 한 번도 없었다. 그 꿈은 나도 모르는 사이에 천천히 생겨났다."

에드먼드 힐러리는 전문 산악인이 아니라 뉴질랜드의 양봉업자였습니다. 단지 모험을 즐겼을 뿐이지요. 그 모험이 하필이면 아무도 성공하지 못한 세계에서 가장 높은 산이었던 이유는 "목표를 크게 잡으려고 하는 본능적인 욕구"라고 답했는데요. 이 또한 독특한 발상에서 나온 것이었습니다. '목표를 크게 잡고 실패하는 편이 목표를 적당히 잡고 성공하는 것보다 훨씬 낫다'였지요. 그래서 늘 실패 가능성을 염두에 두고 철저히 계산하면서 목표를 이뤄나갔다고 하는데요. 모험을 즐겼지만 지극히 냉철하고 현명한 사람이었다는 사실을 알려줍니다.

그런데 세계 최고봉에 오른 최초의 사람은 에드먼드 힐러리가 아니었습니다. 다시 영국 여왕 엘리자베스 2세의 대관식이 거행된 1953년 6월 2일로 돌아가면 타전된 뉴스는 에베레스트 정상 등반에 성공한 주인공으로 두 사람을 거론했습니다. 에드먼드 힐러리와 텐징 노르가이Tenzing Norgay. 사람들은 확인하고 싶어 했습니다. "그래서 둘 중 누가 먼저 에베레스트에 올랐다는 거야? 한 발자국이라도 먼저 올라간 사람이 있었을 거 아냐." 더구나 에베레스트 정상에서 찍은 사진에는 텐징 노르가이만 있어서 사람들이 더욱 궁금해했는데요. 두 사람은 쏟아지는 질문에 "함께"라는 답으로 일관했습니다.

훗날 진실이 밝혀졌고 내용은 이러했습니다. 텐징 노르가이가 먼저 정상 바로 아래 도착했지만 에드먼드 힐러리가 올 때까지 30분가량 기다렸습니다. 정상을 양보한 것이지요. 이렇게 해서 에드먼드 힐러리가 세계 최초로 세계 최고봉에 오른 주인공이 됐는데요. 이 진실을 밝힌 사람은 에드먼드 힐러리 본인이었습니다. 에베레스트 정상에 최초로 오르는 사람은 영국인이어야 한다는 영국 정부의 방침 때문에 힐러리는 1차 등반조에 낄 수 없었습니다. 영국의 지배를 받고 있는 뉴질랜드인이었으니까요. 그가 등반할 수 있었던 건 영국인으로만 구성된 1차 등반조가 실패했기 때문이었고 함께 정상에 등정할 파트너로 텐징 노르가이를 선택했습니다. 힐러리에게 텐징은 단순한 셰르파Sherpa* 이상이었지요.

에베레스트 정상에서 찍은 사진에 왜 텐징만 있는지에 대해서도 이런 재미있는 답변을 들려줬습니다. "카메라 작동법을 알려주기에 에베레스트 정상은 적당한 장소가 아니었다." 텐징이

---

* 네팔의 산악지대에 거주하는 민족으로 고소 적응 능력이 뛰어나 히말라야 등의 고봉 등정 시 길 안내, 짐 나르기 등의 일을 하고 보수를 받는다.

카메라를 다룰 줄 몰라서 힐러리가 카메라를 들었고 결과적으로 텐징만 사진에 찍혔다는 거지요. 그래도 역사에 기록된 이름은 에드먼드 힐러리입니다. 텐징 노르가이에게는 아쉬운 일이 아니었을까 싶은데 이렇게 말했다고 합니다. "셰르파에게는 정상을 의미하는 단어가 아예 존재하지 않는다."

어머니의 무릎에 오르는 아이의 마음으로 산에 올랐던 그에게는 정상뿐 아니라 세상의 수많은 판가름과 논쟁도 의미 없었습니다. 이런 말을 남겼습니다.

"많은 것들이 정치와 국적의 이름으로 행해지고 있다. 하지만 산에서는 그렇지 않다. 그곳에서 생명은 너무 현실적이어서 죽음도 너무나 가깝다. 인간은 그저 인간일 뿐이다. 그것이 전부다."

아침 일찍 일어나야
성공한다는 말은 사실일까?

한때 유행처럼 번진 말, '아침형 인간'은 아침에 일찍 일어나기만 하면 다 성공할 수 있을 것 같은 착각을 불러일으켰습니다. '아침에 일찍 일어나는 새가 벌레를 많이 잡아먹는다'는 속담이 있는 것을 보면 아침 일찍 일어나는 습관을 성공의 지름길로 여긴 것이 어제오늘 일이 아닌 것 같은데요. 옛날 사람들은 아침 일찍 일어나는 것을 왜 그렇게 강조했을까요.

일찍 자고 일찍 일어나야 건강하고 부유하고 현명해진다는 인식을 널리 퍼트리는 데 큰 역할을 한 사람은 미국 건국의 아버지들 중 한 명인 정치인 벤자민 프랭클린Benjamin Franklin, 1706~1790 입니다. 1784년 한 잡지에 사람들을 아침 일찍 기상하도록 만들자는 제안을 게재했는데 이유는 건강하고 부유하고 현명하게 만들기 위해서가 아니라 '연료를 절약하기 위해서'였습니다. 파리 시민이 한 시간만 일찍 일어나도 연간 2만 9천여 톤 이상의 양초를 절약할 수 있다면서 사람들을 일찍 깨울 수 있는 방법도 구체적으로 제시했습니다.

먼저 햇빛을 차단하는 창문에 세금 부과하기. 햇빛을 차단하면 일찍 일어나기 힘들다고 생각했던 모양입니다. 다음에는 동이

틀 때 모든 교회에서 종을 치기. 그 많은 교회에서 일시에 종을 쳐 대면 시끄러워서라도 깨지 않을 수 없겠지요. 심지어 거리마다 대포를 발사해서라도 게으름뱅이들을 일찍 깨워 각자 자기가 맡은 일을 열심히 하게 만들어야 한다고 했는데요. 어디까지가 진심이고 어디까지가 농담인지 모르겠네요. 그래서인지 프랭클린의 제안은 받아들여지지 않았습니다.

동양에서 아침 일찍 기상하기를 권장한 이유도 크게 다르지 않았을 것입니다. 농경사회에서는 해가 지면 아무 일도 할 수가 없지요. 논밭에 물을 주고 가축에 여물을 주는 일은 새벽에 해야 하고 씨앗을 뿌리거나 열매를 거두는 등의 일도 해가 떠있는 동안 가능합니다. 해 떨어진 뒤에 잠 안 자고 뭘 한다고 해봐야 귀한 기름이나 값비싼 양초만 낭비합니다. 배보다 배꼽이 더 큰 격이 되지요. 그러니 이래저래 아침 일찍 일어나고 저녁 일찍 자는 것이 알뜰하게 살 수 있는 생활의 방식이었습니다.

벤자민 프랭클린은 '쇼트 슬리퍼Short Sleeper'였습니다. 선천적으로 적게 자는 사람을 쇼트 슬리퍼라고 하는데, 이들의 수면 시간은 하루 평균 2~5시간 정도로 자정이 훌쩍 넘어 자고 새벽에 일찍 일어나지만 낮잠이나 카페인 없이도 하루 종일 쌩쌩합니다. 정말로 그렇다면 하루에 7~8시간 자는 사람들보다 적게는 두 배, 길게는 세 배나 긴 인생을 사는 셈이지요.

게다가 쇼트 슬리퍼는 공통적으로 에너지 넘치고 활동적인 성향을 가지고 있어서 다른 사람보다 오랫동안 일하고 한꺼번에 여러 가지 일을 합니다. 그러면서도 수면 부족에서 오는 부작용이 전혀 없다니 잠 많은 사람들로서는 부러울 따름인데요. 벤자민 프랭클린, 토마스 제퍼슨, 레오나르도 다 빈치가 대표적인 쇼트 슬리퍼였습니다. 보나파르트 나폴레옹과 윈스턴 처칠, 토마스 에디슨도 쇼트 슬리퍼에 가깝긴 하지만, 낮잠을 즐겨 잤기 때문에 명단에서 제외됩니다.

쇼트 슬리퍼인 프랭클린으로서는 해가 중천에 뜨도록 늦잠 자는 사람들을 이해할 수 없었을 것입니다. 그는 누구라도 의지가 있으면 일찍 일어날 수 있고, 설령 그럴 의지가 없는 사람이라도 깨우면 일어날 수 있다고 여긴 것 같지요. 그러나 캘리포니아 샌프란시스코대학의 인간유전학자 푸잉후이 박사 연구팀의 연구 결과에 따르면 쇼트 슬리퍼는 선천적입니다. 새벽 네 시에 일어나서 자정이 넘어 잠자리에 드는 어머니와 딸의 유전자를 분석했더니 모녀 모두에게 유전자 변이체가 발견됐습니다. 이 유전자 변이체를 복제해서 실험 쥐에게 적용했더니 일반적인 쥐들보다 적은 시간 수면을 취했다고 합니다. 생체 리듬과 신진대사도 달랐습니다. 일반적으로 잠이 부족하면 비만해지기 마련인데 쇼트 슬리퍼들은 평균보다 말랐습니다. 결론적으로 스스로 노력해서 쇼트 슬리퍼가 될 수 있는 방법은 없다는 이야기지요.

쇼트 슬리퍼가 아닌 일반인의 경우 수면은 하루 평균 7~8시간이 적당하며, 4시간 이하나 10시간 이상의 수면은 오히려 건강에 좋지 않습니다. 수면을 아침 늦게까지 취하는 것이 좋은지, 밤에 취하는 것이 좋은지는 사람마다 호르몬 상태에 따라 다릅니다. 더구나 국민 대다수가 농부였던 시대와 달리 직업도 다양해져서 아침 일찍 일어나는 새가 벌레를 많이 잡아먹는다는 말은 그야말로 옛말입니다. 언제 일어나든 제 할 일을 제대로 하면 되는 것이니 아침 일찍 일어나는 사람은 부지런하고, 늦게 일어나는 사람은 게으르다는 일괄적인 잣대는 더 이상 맞지 않지요.

국어사전에서는 '부지런하다'를 '어떤 일을 꾸물거리거나 미루지 않고 꾸준하게 열심히 하는 태도가 있다'고 풀이합니다. 부지런하게 살기 위해 반드시 아침 일찍 기상할 필요는 없습니다. 그렇지만 등교나 출근을 위해서라면 호르몬 상태와 상관없이 부득이 아침 일찍 기상할 수밖에 없겠습니다.

헨리 데이비드 소로가 내지 않은
세금은 누가 납부했을까?

헨리 데이비드 소로Henry David Thoreau가 월든이라는 호수 근처에 있는 숲으로 들어간 것은 1845년 스물여덟 살, 한 번도 목공일을 해본 적 없지만 손재주가 좋아 넉 달 만에 오두막을 완성했고 입주해서 『월든』을 집필하는데요. 간혹 소로를 은둔주의자로잘못 아는 이들이 있으나 정확히 2년 2개월 살았습니다. 나머지는 온통 사회에 저항하며 살았지요. 그런데 월든에서 놓친 사실두 가지가 있습니다. 소로가 오두막을 지은 그 땅은 누구 소유였느냐 하는 것과 소로가 그토록 내지 않으려고 했던 세금 관련 문제는 결국 어떻게 처리됐느냐 하는 것입니다.

우선 땅주인부터 밝히자면 랄프 왈도 에머슨Ralph Waldo Emerson이었습니다. 에머슨은 당시에 미국 사회의 대표적인 사상가였고, 소로는 에머슨이 하버드대학에서 한 강연에 깊은 감명을 받아 집으로 찾아갔습니다. 이렇게 시작된 우정은 1862년 소로가 마흔여섯 젊은 나이에 세상을 떠날 때까지 이어졌는데요. 월든으로가기 전에는 3년 동안 에머슨의 집에서 함께 살기도 했습니다.

하지만 소로는 에머슨보다 훨씬 더 저항적이고 모험심이 강했습니다. 그래서 취업을 해도 얼마 지나지 않아 지극히 합리적인 이유로 그만두곤 했는데요. 예를 들어 학생을 체벌할 수 없어 교사직을 사임하는 식이었습니다. 당연히 돈을 모으지 못했을 테고, 에머슨이 무상으로 땅을 대여해 주지 않았다면 숲속 오두막 짓기는 몽상으로 그쳤을 가능성이 큽니다. 그런데 숲속 오두막에서 산 지 일 년이 지난 즈음 인두세가 부과됐습니다. 인두세란 말 그대로 납세자의 능력을 무시하고 성인 모두에게 일괄적으로 부과하는 세금인데요. 소로는 "나는 내가 내는 세금이 노예제도 유지와 멕시코 전쟁에 사용되는 것을 받아들일 수 없다"며 6년 동안 계속 세금을 내지 않았습니다. 결국 체포돼서 투옥되는데요. 이 문제는 어떻게 해결됐을까요.

고모가 대신 내줘서 다음 날 석방됐다고 합니다. 그런데 그 하루 사이에 『월든』에 이은 또 하나의 걸작이 잉태되는데 「시민 불복종」이라는 단편 에세이입니다. 1849년 출간 후 레프 톨스토이, 마하트마 간디, 마틴 루터 킹과 같은 걸출한 사상가들에게 큰 영향을 끼쳤는데요. 가장 유명한 구절이 이것입니다. 〈우리는 먼저 인간이어야 하고, 그다음에 국민이어야 한다고 나는 생각한다. 법에 대한 존경심보다는 먼저 정의에 대한 존경심을 기르는 것이 바람직하다.〉

그러면서 그는 국가가 부당한 내용에도 불구하고 다수결의 원칙을 내세워 굴복시키려고 한다면 저항해야 하며 그것이 의무라고 강조했습니다. 또한 소로는 민주주의의 원칙인 다수결에 대해 상당히 비관적이어서 이런 뼈 있는 농담을 남겼습니다. "유권자 머릿수를 헤아릴 게 아니라 몸무게를 달아야 한다."

고대에 광선총을 발명한
사람은 누구일까?

그리스어의 'ㄱ' 자를 몰라도 모두 알고 있는 그리스어가 있습니다. '유레카Eureka'입니다. '알아냈다', '깨달았다'는 뜻이지요. 아르키메데스(기원전 287~212년경)가 목욕탕에 있다가 부력의 원리를 알아내고 너무 기쁜 나머지 벌거벗은 채 뛰쳐나와 "유레카"를 외쳤다는 일화 덕분인데요. 그가 아이작 뉴턴과 함께 인류 역사에서 가장 훌륭한 수학자로 꼽힌다는 사실은 유명하지만 무기 개발자였다는 것은 알려져 있지 않습니다. 그가 개발한 무기는 무엇이었을까요.

아르키메데스가 살던 시절에 포에니 전쟁이 있었습니다. 북아프리카의 도시국가 카르타고와 로마제국이 백여 년에 걸쳐 세 차례의 대격전을 치렀는데 이 틈바구니에 아르키메데스의 조국, 시라쿠사(지금의 시칠리아)가 끼고 말았습니다. 2차 포에니 전쟁이 일어나자 시라쿠사가 카르타고를 지원하기로 결정했기 때문이었습니다. 아르키메데스는 로마가 시라쿠사를 공격해올 것을 예측하고 전쟁에 대비해 각종 신무기를 개발하는데요. 각종 투석기와 기중기 등 그의 주요 발명품인 지렛대를 응용한 무기가 많았고, 그중 단연 압권은 '죽음의 광선'이었습니다.

그리스의 역사학자 카시우스 디오가 쓴 『로마사』에 따르면 죽음의 광선이 이렇게 로마 함대를 무찔렀다고 합니다. 〈놀랍게도 아르키메데스는 로마 함대 전체를 한 줌의 재로 만들었다. 특수한 형태의 거울을 태양 쪽으로 기울여 배를 향해 광선을 모았다. 두껍고 평탄한 거울은 공기를 쉽게 달궈 거대한 화염을 일으켰다. 아르키메데스는 함대 전체를 완전히 불태웠다.〉

무슨 판타지 소설이나 SF 영화에나 나올 법한 이 장면은 기원전 213년에 실재한 일입니다. 요약하면 태양광을 이용한 광선총으로 로마 함대를 완전히 불태웠다는 것인데요. 워낙 과장이 많은 고대의 이야기이다 보니 실제로 가능한지에 대한 실험이 이어졌습니다. 1973년 그리스에서 이뤄진 실험 결과는 성공이었습니다. 목선에 불이 붙었습니다. 2005년에 MIT 공대에서 했던 실험 결과 역시 성공이었습니다. 선체가 화염에 휩싸였습니다.

그렇지만 같은 팀이 텔레비전 프로그램에 출연해서 실험을 했을 때는 까맣게 그을리고 구멍을 만들기는 했지만 배를 홀라당 불태우지는 못했습니다. 실패였습니다. 이 때문에 아르키메데스가 '죽음의 광선'을 개발했다는 이야기가 신화일 뿐이라고 일축하는 과학자도 있는데요. 태양을 이용히는 무기이니만큼 일정한 환경조건이 필요하다는 점을 감안해야겠지요. 비록 무기라는 점이 유감스럽기는 해도 지금으로부터 2,200년 전에 지금도 상상만 하는 일이 실제로 있었노라, 하는 이야기를 들으면 마치 먼 과거와 먼 미래가 연결된 뫼비우스의 띠를 따라 신비로운 상상의 세계로 여행하는 느낌입니다.

아르키메데스가 로마의 공격으로부터 조국을 지키기 위해 그토록 애썼음에도 불구하고 시라쿠사는 함락되고 맙니다. 그리고 그 역시 죽음을 맞는데요. 아르키메데스의 죽음과 관련해 전하는 일화가 있습니다. 도시가 함락된 후에 모래 위에 도형을 그리며 기하학 연구에 몰두하는 아르키메데스에게 로마 병사가 일어나라고 명령했습니다. 그러나 아르키메데스는 "내 동그라미들을 건드리지 말라"며 명을 따르지 않았고 결국 죽임을 당했다고 합니다. 현실적으로 생각했을 때 이 일화가 사실일 가능성은 적습니다. 그런데도 이런 이야기가 전해지는 것은 벌거벗은 채 "유레카!"를 외쳤던 모습과 연관이 있을 것입니다. 오로지 연구에만 깊이 몰입했던 미친 학자로서의 아르키메데스를 강조하기 위해서 말이지요.

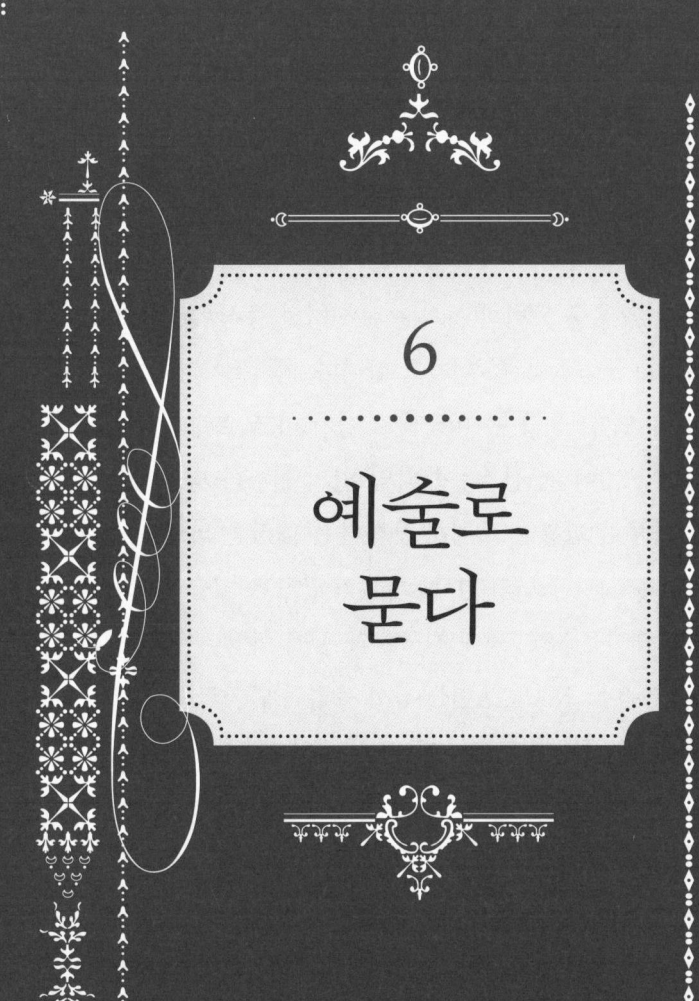

6

예술로
묻다

〈최후의 만찬〉에 나온
메인 요리는 무엇일까?

'아무런 감흥을 느끼지 못하는 무신경한 증상'을 '마크 트웨인 신드롬Mark Twain Syndrome'이라고 합니다. 『톰 소여의 모험』, 『허클베리 핀의 모험』 등을 쓴 미국의 소설가 마크 트웨인의 이름을 따온 용어로, 20여 년 전 『뉴욕 타임스』의 기자가 명명했습니다. 트웨인이 아무런 감흥을 느끼지 못했다는 대상은 바로 레오나르도 다 빈치Leonardo da Vinci의 명작 〈최후의 만찬〉이었습니다.

마크 트웨인은 1867년에 친구들과 함께 이탈리아로 예술 순례를 떠났습니다. 그랜드 투어는 당시 유럽뿐 아니라 미국의 젊은 인텔리들에게도 유행이었습니다. 다 빈치의 〈최후의 만찬〉은 밀라노에 있는 산타 마리아 델레 그라치에 성당의 수도원 식당 벽에 그려져있습니다. 마크 트웨인이 생눈으로 보고 남긴 소감은 이러했습니다.

"우리처럼 지지리도 교양 없는 불한당에게 그것은 도무지 그림이라고 부를 수 없는 물건이다. 가이드의 자아도취적인 찬사들을 들으면서 어느 정도라도 열광을 느껴보려고 노력했지만 그것은 결코 찾아오지 않는다. 단지 예술계 옛 왕들의 거창한 이름들이 귓전에 닿을 때 느껴지는 가벼운 전율뿐, 그 이상은 없다."

지나친 독설이 아닌가 싶지만 당시 〈최후의 만찬〉의 상태가 어땠는지 알면 과장은 있으되 가식 없는 고백이었다는 사실을 알 수 있습니다.

　레오나르도 다 빈치는 〈최후의 만찬〉을 벽화로 그릴 때 일반적으로 사용하는 프레스코 기법이 아니라 템페라 기법으로 그렸습니다. 프레스코 기법은 덜 마른 회반죽 바탕에 물에 갠 안료로 채색하는 것이고, 템페라 기법은 안료를 달걀에 섞어서 물감으로 사용하는 것입니다. 다 빈치는 석고가 마르기 전에 빠르고 정확하게 그려야 하는 프레스코가 자신 없어서 템페라를 택했지요. 그림은 완성되자마자 들뜨더니 곰팡이까지 생겼습니다. 원래대로 돌려놓으려고 시도할수록 상황은 악화됐고 1500년 밀라노가 프랑스에 함락되면서 자의 반 타의 반으로 벽화에서 손을 뗐습니다. 그가 세상을 떠난 후 많은 사람이 여러 차례 〈최후의 만찬〉을 복원하려고 시도했습니다. 그럴수록 상태는 점점 더 나빠졌고 급기야 얼룩더미라는 오명을 뒤집어썼습니다. 정리하면 1867년에 마크 트웨인이 보고 내뱉은 독설은 어느 정도 사실이었습니다.

　그로부터 140여 년 후 미국의 음식문화연구자 존 바리아노가 같은 그림에 다른 호기심을 가졌습니다. 레오나르도 다 빈치가 그린 최후의 만찬 속 메뉴가 무엇이었느냐 하는 것이었지요. 어느 정도 복원에 성공했다고는 하나 여전히 흐릿해서 알아보기 쉽지 않았을 텐데 그가 2008년에 발표한 논문에 따르면 메인 요리는 장어 요리라고 합니다. 구체적으로는 예수 왼쪽 작은 접시에 남아있는 음식이 '오렌지 슬라이스를 얹은 구운 장어'라고 했는데요. 설령 그의 주장이 맞더라도 예수와 열두 제자가 최후의 만찬에서 장어를 먹었을 것 같진 않습니다. 성경에는 '떡과 포도주'라고 메뉴가 분명히 나오니까요. 그렇다면 왜 난데없이 레오나르도 다 빈치는 장어구이를 최후의 만찬에 메인 메뉴로 올렸을까요.

물고기에 오렌지를 곁들인 음식은 그가 〈최후의 만찬〉을 그렸을 당시의 사람들이 즐겨 먹은 요리라고 합니다. 예수와 열두 제자가 최후의 만찬에서 실제로 먹은 음식이 아니라 다 빈치가 평소에 즐겨 먹었던 음식일 가능성이 크다는 것이지요. 문헌에도 다 빈치가 '빵과 장어, 살구'를 구입했다는 기록이 10여 차례나 나온다고 합니다. 만약 이것이 사실이라면 다 빈치가 최후의 만찬을 새롭게 해석한 셈입니다. 그 발상은 '만약에 내가 최후의 만찬을 먹는다면 무엇을 먹을까?'로부터 나왔겠지요.

최후의 만찬이란 말 그대로 세상에서 마지막으로 먹는 한 끼입니다. 생의 마지막 식사이니 그동안 값이 비싸 먹고 싶어도 먹지 못했던 고급 요리를 상다리가 휘어지도록 차려놓고 먹을 것 같지만 죽음이 멀지 않았음을 예감하는 사람들이 실제로 찾는 음식은 대부분 어린 시절에 먹었던 소박한 음식이라고 합니다. 행복했을 때 먹은 음식, 엄마가 떠오르는 음식, 추억이 떠오르는 음식을 최후의 만찬으로 선택하는 것이지요. 다 빈치의 〈최후의 만찬〉에 나오는 음식이 오렌지 슬라이스를 얹은 구운 장어라면 다 빈치에게 그 음식이 바로 그런 음식이었을 것입니다.

그리고 이 작품에는 또 다른 흥미로운 일화가 있습니다. 예수와 유다가 같은 사람이라는 설인데요. 다 빈치는 오랫동안 예수의 모델이 될 인물을 물색했고 드디어 선한 얼굴을 가진 열아홉 살의 젊은이를 찾았습니다. 그를 모델로 예수의 얼굴을 그렸고 그 뒤로 6년 동안 예수의 열한 명의 제자 얼굴을 모두 완성했습니다. 마지막으로 배신자 유다의 얼굴이 될 모델을 찾다가 로마의 지하 감옥까지 갔습니다. 그곳에서 가장 잔인하게 살인을 저질렀다는 사형수의 얼굴에서 유다의 모습을 보았고 그를 모델로 유다의 얼굴을 완성합니다. 그런데 그 사형수가 다 빈치에게 계속 자신을 모르겠냐고 물었다고 하지요. "당신 같은 사람을 만난 적이 없다"고 하자 사형수가 충격적인 말을 합니다. "6년 전 예수의 모델이 바로 나였습니다."

이 일화는 사실일 수도 있지만 아닐 수도 있지요. 실제 최후의 만찬에서 먹지 않은 장어 요리를 다 빈치가 그림에 그려넣은 것처럼요. 그러나 예수처럼 생긴 얼굴이 유다 같은 얼굴이 된다는 반전은 우리에게 많은 것을 생각하게 합니다. 무엇이 사람을 변하게 만드는가……, 무엇이.

메디치 가문은 왜 레오나르도 다 빈치를 후원하지 않았을까?

예술가는 무엇으로 먹고 사느냐는 질문에 얼마든지 낭만적으로 답할 수 있지만 현실적으로 예나 지금이나 정답은 '밥'입니다. 예술가도 사람이니까요. 그래서 이런 논쟁이 나올 때마다 모범 사례로 등장하는 것이 예술가들의 생계를 책임졌던 이탈리아 피렌체의 메디치 가문입니다. 12세기부터 무역과 은행업으로 축적한 막대한 재산을 바탕으로 15세기부터 패트런Patron 역할을 도맡아 수많은 예술가와 사상가들, 과학자들을 후원했다는 것은 널리 알려진 사실이지요. 그중에는 르네상스를 넘어 인류 문화유산을 여럿 남긴 미켈란젤로와 보티첼리, 도나텔로, 바르톨로메오, 라파엘로 등이 있었습니다.

레오나르도 다 빈치는 메디치 가문이 후원하지 않은 피렌체의 유일한 예술가였습니다. 일자리를 얻지 못하자 밀라노로 떠나 스포르차 가문을 위해 일했는데 처음 맡았던 일감은 청동 기마상이었습니다. 작업속도를 보면 메디치 가문이 왜 그를 후원하다가 중단했는지 짐작할 수 있습니다. 1482년에 주문을 받았는데 1489년에야 착수했고 10년 만인 1499년에 완성도 아닌 점토 모형을 제작해 선보였는데 그 크기가 무려 7m가 넘었습니다.

이제 청동을 씌우기만 하면 됐습니다. 그러나 프랑스가 밀라노 공국의 계승권을 주장하면서 침공할 것이라는 소식이 들리면서 그 꿈은 물거품이 됩니다. 모아놓은 청동은 밀라노 군대의 대포나 총이 됐고 끝내 밀라노가 함락됐을 땐 점토 기마상마저 원래의 진흙 덩어리로 돌아가버렸습니다. 프랑스 궁수들의 과녁이 돼서 온몸에 화살을 맞고 비에 녹아내린 것이지요. 이때의 일은 다 빈치에게 큰 상실감을 안겨줬습니다. 미켈란젤로가 이 소식을 듣고 "밀라노에서 청동상 하나 제대로 만들지 못한 위인"이라고 흉을 봤다는 믿거나 말거나 한 일화가 전해집니다.

문제는 완성하지 못한 작품이 하나가 아니었다는 데 있습니다. 수도원에서 제단화로 사용할 〈동방박사의 경배〉와 〈성 히에로니무스〉는 밑그림 단계에서 중단됐습니다. 여기저기에 관심이 많아 탐구하고 시도하는 건 좋아했지만 정작 실제로 작업하는 것은 노예의 일이라면서 좋아하지 않았습니다. 〈최후의 만찬〉은 물감층이 떨어져 나가면서 얼룩더미가 됐고 〈앙기아리 전투〉는 형상이 뭉개졌으며 〈모나리자〉도 미완성으로 남았습니다. 그가 완성한 작품은 스무 점 남짓……

그는 눈에 보이는 모든 것에 왕성한 호기심을 가지고 탐구하느라 정작 해야 할 일을 하지 못했습니다. 가장 르네상스적인 인물이었지만 한 번도 르네상스 미술의 중심에 서지 못했습니다. 같은 시기에 미켈란젤로와 라파엘로는 메디치 가문의 후원을 받으며 승승장구했지요. 레오나르도 다 빈치는 자신의 수많은 미완성작들을 어떻게 돌아봤을까요. 연구 노트에 이런 메모를 남겼습니다. "말해다오, 내가 무언가 이룬 게 있다면. 말해다오, 제발……."

어렸을 적 위인전에서 읽을 수 없었던 다 빈치의 이 이야기가 1977년에 미국의 한 잡지에 게재되면서 세상에 알려졌는데요. 많은 독자 중에 찰스 덴트라는 인물이 있었습니다. 평소에 르네상스를 사랑했던 그는 다 빈치에게 말을 만들어주기로 결심하고 실행에 옮깁니다. 1982년부터 다 빈치의 말을 부활하기 위한 재단을 설립해서 650만 달러를 모았고, 다 빈치의 노트에 남은 스케치를 자료로 17년에 걸쳐 청동 기마상을 만듭니다. 그리고 점토 기마상이 파괴된 지 정확히 500년 만인 1999년 드디어 다 빈치가 꿈꿨던 7m 높이에 무게 15톤의 청동 기마상이 완성됩니다.

찰스 덴트는 기마상을 미국에서 밀라노로 보내 다 빈치에게 바치는데요. 다 빈치가 자신이 아무것도 이룬 것 없다면서 인생을 헛되이 살았다고 가슴을 쳤던 이야기를 알고 들으면 뭉클하지요. 이처럼 비록 내 세상에서는 이루지 못했어도 다음 세상에서 현실화되는 꿈들이 있습니다. 사실은 현재 우리가 누리는 많은 것들이 그러하지요.

가지고 싶은데 가질 수 없다면
어떻게 할까?

오늘날 우피치 미술관으로 유명하지만 우피치Uffizi는 영어로 'Office', 비슷한 발음에서 짐작할 수 있는 것처럼 피렌체의 사실상 통치세력이었던 메디치가의 사무공간이었습니다. 코시모 1세 데 메디치(1519~1574)의 명으로 1560년경 디귿자 모양의 회랑으로 완성됐는데요. 이 회랑에 메디치가에서 소장한 예술품을 진열할 수 있는 공간을 따로 마련했고 이를 '갈레리아Galleria'라고 불렀습니다. 오늘날 화랑을 뜻하는 갤러리Gallery의 유래지요.

이어 메디치가의 수장이 된 프란체스코 1세 데 메디치는 여기에 천국을 상징하는 팔각형 돔 천장이 있는 작은 방을 만들었습니다. 그리고 이탈리아를 비롯한 유럽 최고의 그림과 조각상, 보석 등 걸작들만 골라 빽빽이 채워 넣었는데 이곳이 '트리부나The Tribuna'입니다. 지금도 피렌체 우피치 미술관에 트리부나가 잘 보존돼 있지만 당시에 얼마나 진기한 작품들로 가득했던지 그랜드 투어에서 반드시 방문하는 장소였는데요. 어떤 분위기였을지 어렴풋이나마 실감할 수 있는 그림이 있습니다. 독일 출신으로 영국에서 활동한 화가 요한 조파니Johann Zoffany가 그린 〈우피치의 트리부나〉입니다.

보는 순간 입이 떡 벌어집니다. 가로 155cm, 세로 124cm로 대작은 아니지만 르네상스기에 빛나는 걸작 30여 점이 상세히 들어있어 마치 보물창고를 연상케합니다. 가장 오른쪽에 선 조각상은 〈메디치 비너스〉로 현재도 트리부나에서 가장 유명한 조각상입니다. 그리스 청동 원본 조각상의 대리석 복제품으로 1677년부터 메디치 가문이 소장해 우피치 미술관에서 가장 오래된 조각품입니다. 중앙 맨 앞에 보이는 여성의 누드화는 티치아노가 그린 〈우르비노의 비너스〉, 중앙 벽 아래에 걸린 그림은 페테르 파울 루벤스의 〈전쟁에 대한 알레고리〉, 그 위에 걸린 그림은 라파엘로가 그린 〈그리스도의 변용〉입니다. 왼편에 사람들이 모여 관람하고 있는 작품 역시 라파엘로의 〈의자에 앉은 성모 마리아〉이고 루벤스 작품도 한 점 더 있습니다. 오른쪽 벽 상단에 걸려있는 그림은 〈네 명의 철학자들〉입니다. 여기에서 왼쪽으로 두 번째, 파란색 미사포가 눈에 띄는 그림은 귀도 레니의 〈기도하는 성모〉입니다.

그 밖에 터키산 카펫을 깔아놓은 바닥에 (지금은 인류 문화유산이 된) 많은 조각상들이 마치 장물처럼 여기저기 부려있습니다. 실제로 당시 유럽의 살롱에서는 이런 식으로 벽을 빼곡하게 채우는 방식으로 미술품을 전시했는데 거리를 두고 바라볼 때 정교한 모자이크처럼 보이면 최상의 전시였다고 합니다.

작품들 못지않게 많은 사람들이 이 좁은 공간에 들어와 있습니다. 앞서 「음악의 아버지와 어머니의 헤어스타일은 왜 그럴까?」 편을 읽었다면 이들의 차림새에 웃음이 날 수도 있겠습니다. 모두 남성이고 한결같이 두뇌와 남성성을 상징하는 흰머리 가발을 쓰고 있으니까요. 이들의 정체는 그랜드 투어리스트들입니다. 이 즈음에 그랜드 투어는 전 유럽 상류층뿐 아니라 미국 부유층과 지식인들에게도 유행이었으니 이 좁은 공간에 옹기종기 모여있는 이들의 국적도 다양했을 것 같습니다.

그런데 이 그림이 이탈리아 화가도 아닌 독일 화가 요한 조파니의 작품이라는 점이 의외지요. 그는 순전히 이 그림을 그릴 목적으로 피렌체에 왔고 1772년부터 1777년까지 꼬박 6년에 걸쳐 완성했습니다. 주문자는 영국의 조지 3세와 샬럿 왕비였습니다. 그랜드 투어가 시작된 영국이지만 정작 조지 3세는 피렌체에 방문한 적이 없었습니다. 더구나 당시 영국은 유독 미술 분야가 발전하지 못했습니다. 조지 3세 부부는 소문 자자한 우피치의 트리부나가 부러웠지요. 갈 수도 없고 가질 수도 없고……. 그래서 기발한 발상을 합니다. 우피치를 그대로 그림으로 옮기자. 이 명을 받은 화가가 요한 조파니였습니다.

그는 독일인이지만 영국 궁정화가로 활동하고 있었습니다. 지금으로 말하면 도록이나 카탈로그를 주문한 셈인데 우피치 미술관측에서도 적극적으로 도움을 아끼지 않았습니다. 참고로 메디치가는 마지막 후손인 안나 마리아 루이자 데 메디치가 1743년 후손 없이 사망하면서 대가 끊겼습니다. 그는 단 한 작품도 절대 피렌체를 떠날 수 없다는 조건을 붙여 14세기부터 조상들이 수집해온 2,500여 점의 모든 예술품을 피렌체 시에 기증했고 우피치 미술관이라는 이름으로 시민에게 개방됐습니다. 18세기 중반부터 그랜드 투어리스트들이 마음껏 우피치에 드나들 수 있었던 배경이지요.

다시 조파니 이야기로 돌아가서, 하나하나가 명작인데 30여 점을 한 폭에 담은 그림이라니, 조지 3세 부부가 얼마나 좋아했을까 싶지만 막상 결과는 좋지 않았습니다. 둘 다 마음에 들어 하지 않았다고 하는데요. 잠깐 조지 3세에 빙의해서 말하자면 "내 돈으로 피렌체에서 7년이나 있으면서 어떻게 내가 싫어하는 오스트리아 왕실의 주문을 받을 수 있어!"였습니다. 실제로 조파니는 1775년에 오스트리아 여제 마리아 테레지아의 주문을 받아 어린 손자의 초상화를 그렸는데 이 작품이 〈프란츠 2세〉입니다. 그림 속 소공자는 훗날 신성로마제국의 프란츠 2세이자 오스트리아 제국의 초대 황제 프란츠 1세가 되지요. 이번에는 샬럿 왕비에 빙의해 보겠습니다. "아니! 미술품만 그리라 했더니 보고 싶지 않은 구경꾼들을 왜 이렇게 많이 그려 넣었어!" 마음에 들지는 않았지만 불에 태우지는 않았습니다. 현재 영국 왕실이 소장하고 있습니다.

'조지 3세'라고만 하면 생소할지 모르나 영화 〈조지 왕의 광기〉나 넷플릭스 시리즈 〈브리저튼〉을 시청했다면 반가울 수 있습니다. 사교계에 막강한 권력과 영향력을 행사하는 카리스마 넘치는 샬럿 왕비가 지금까지 이야기한 샬럿 왕비와 동일 인물입니다. 정확한 이름은 조피 샤를로테(1744~1818)입니다. 초상화에서는 순수 백인으로 묘사되지만 흑인 아프리카계 혈통을 부분적으로 지녔는데 그렇다고 드라마에서처럼 피부색이 어두운 것은 아니었습니다.

조지 3세(1738~1820)는 무려 60년이나 재위했지만 재임 중반 무렵인 1788년부터 정신착란 증세를 보이기 시작했습니다. 그러다 1801년 사랑하는 막내딸 아멜리아 공주의 죽음에 큰 충격을 받으면서 이를 기점으로 완전히 회복하지 못했는데요. 장남인 웨일스 공작(훗날 조지 4세)이 섭정했고 말년에는 눈까지 멀어 윈저 성에 유폐됐습니다. 흥미롭게도 아멜리아 공주의 죽음과 관련한 내용이 스페인 카탈루냐의 전래민요로 전합니다. 「아멜리아의 유언El Testament d'Amelia」, 특히 기타로 편곡한 연주곡이 명곡으로 꼽히고 현재도 클래식 기타리스트들이 즐겨 연주하는 레퍼토리입니다.

어린 공주가 갑작스럽게 사망하자 여러 음모론이 있었던 모양입니다. 「아멜리아의 유언」은 조지 3세의 새 왕비, 그러니까 새엄마와 아멜리아가 나누는 대화 형식으로 가사가 이루어집니다. 새 왕비가 병문안을 와서 왜 아프냐고 묻자 아멜리아가 답합니다. "당신이 내게 독을 주었죠. 카네이션 꽃다발에 독을 묻혀서." 새 왕비가 부인하면서 유서를 남겨야 하지 않겠냐고 채근하자 아멜리아는 이미 유서를 썼다면서 이렇게 말합니다. "어머니가 기뻐할 내용은 없어요. 프랑스에 있는 일곱 개의 성, 모두 다 제 것이지요. 그중 세 개는 아버지께, 또 세 개는 오빠에게, 마지막 하나는 가난한 사람들과 순례자들을 위해 기부하겠어요." 그리고서 "아, 내 심장이 꺼져가고 있어요. 한 다발의 카네이션 때문에……" 하면서 숨을 거둡니다. 선율은 억울한 죽음을 앞둔 어린 공주의 감정을 처연하게 따라갑니다.

사실과 다른 노래입니다. 아멜리아 공주가 사망할 당시에 샬럿 왕비가 생존해 있었으니까요. 그런데 한참 세월이 흘러 왜 1900년에 이 노래가 작곡되었는지는 아무래도 카탈루냐의 역사와 결부시켜 생각하지 않을 수 없겠습니다. 안토니오 가우디의 건축물로 유명한, 바르셀로나가 있는 카탈루냐 지역 사람들은 자신들을 소개할 때 결코 에스파냐(스페인) 사람이라고 하지 않지요. 바스크 지역과 함께 독립운동은 지금도 현재진행형입니다.

가지고 싶은데 가질 수 없다면 복제품이라도 가지고 싶습니다. 가지고 싶은데 가질 수 없다면 무력으로라도 빼앗고 싶습니다. 다양한 소비산업과 전쟁의 시작이지요.

프랑코 독재 정권에 맞선
예술가들은 누구일까?

20세기 예술사에는 두 명의 위대한 파블로가 존재합니다. 미술가 파블로 피카소Pablo Picasso와 첼로 연주자 파블로 카잘스Pablo Casals. 제대로 부르려면 파블로가 아닌 파우Pau라고 불러야 합니다. 그것이 그들의 모국어인 카탈루냐어이기 때문입니다. 카탈루냐어로 파우는 '평화'라는 뜻입니다. 파블로 피카소와 파블로 카잘스는 스페인 사람이 아니라, 카탈루냐 사람으로 태어났습니다. 카탈루냐 사람들은 12세기부터 스페인과 다른 독자적인 언어와 문화, 역사를 형성하며 살아왔고, 1936년 프랑코가 군부 반란을 일으키며 시작된 내전에서 인민전선파의 중심지로 끝까지 저항했던 곳도 카탈루냐였습니다.

카잘스는 첼로와 지휘봉을 무기 삼아 싸웠습니다. 연주회로 번 수입의 대부분을 인민전선의 자금에 보탰고 1939년 프랑스로 망명한 뒤에는 스페인 난민 구호에 힘을 기울였지요. 프랑코 정권을 외교적으로 승인하는 국가에서는 연주를 거부한다고 선언했고 실제로 카잘스는 영국에서 한 번도 공연을 한 적이 없습니다. 지휘자 푸르트벵글러가 이끄는 베를린 필하모닉 오케스트라의 객원 연주 초청에도 절대 응하지 않았는데 푸르트벵글러가 나치에 협조했다고 생각했기 때문입니다. 이런 그의 행보를 두고 또 다른 지휘자 예후디 메뉴인은 예술가로서 독립의 한계를 드러내는 실망스러운 일이라고 말했지만, 프랑스의 소설가 로맹 롤랑은 예술과 도덕의 흔들리지 않는 결합과 상징이라며 한없는 존경을 바쳤습니다.

두 명의 파블로는 공통점이 많았습니다. 둘 다 황소 같은 체력으로 카잘스는 아흔일곱, 피카소는 아흔둘에 세상을 떠났는데, 공교롭게도 같은 해인 1973년이었습니다. 피카소가 4월에, 카잘스가 10월 22일에 숨을 거뒀습니다. 카잘스의 시신은 특별히 구리와 아연으로 튼튼하게 만든 관에 안치됐는데 여기에는 그의 평생의 바람이 담겨있었습니다. 카잘스는 늘 말했습니다.

"프랑코 정권이 쓰러지고 스페인에 민주주의와 카탈루냐 자치가 회복되면 고국으로 돌아가겠다."

그런데 프랑코 역시 카잘스나 피카소 못지않게 황소 같은 체력이었고, 이들보다 2년이나 더 살다가 죽었습니다. 결국 카잘스는 살아서 돌아가지 못하고 망명지에서 튼튼하게 만든 관에 안치될 수밖에 없었는데요. 카잘스의 관은 1979년 푸에르토리코의 묘지에서 바르셀로나로 옮겨져 꿈에 그리던 고향에 안장됩니다.

카잘스보다 반년 앞서 숨을 거둔 피카소도 비슷한 유언을 남겼는데 작품 〈게르니카〉를 프랑코 정권이 쓰러지고 스페인에 민주주의가 회복되면 반드시 마드리드의 프라도 미술관으로 옮기라는 유언이었습니다. 〈게르니카〉는 오랫동안 뉴욕의 메트로폴리탄 미술관에 있다가 1981년 마드리드의 프라도 미술관으로 옮겨졌습니다. 누구보다 고국의 무대에 서고 싶었을 파블로 카잘스, 누구보다 〈게르니카〉가 고국에 전시되는 모습을 보고 싶었을 파블로 피카소, 그리고 독재자 프란시스코 프랑코. 백여 년 가까이 살았던 이들의 삶은 어우러져 마치 한 편의 대하소설을 보는 듯합니다.

스페인 내전은 세계적인 작가들이 참전한 전쟁으로도 유명합니다. 미국의 소설가 어니스트 헤밍웨이는 인민전선 정부*에 구호차를 구입하기 위한 자금으로 4만 달러를 제공했고 특파원으로 전선에 뛰어들었습니다. 이때 경험을 바탕으로 쓴 소설이 『누구를 위하여 종을 울리나』입니다. 프랑스 소설가 앙드레 말로는 인민전선 정부를 돕기 위해 국제비행대대를 만들었고 프랑스 소설가 앙투안 생텍쥐페리는 전투기 조종사로 참전했다가 포로로 잡히기까지 했습니다. 그리고 또 한 명의 작가가 있습니다. 영국의 소설가 조지 오웰입니다. 1936년 스페인 내전이 발발하자 폐질환을 앓고 있으면서도 스페인으로 향했습니다. 처음에는 종군기자로서였습니다. 그러나 곧 의용군에 자원입대해서 전선에 복무하는데요. 결정적인 계기가 있었다고 합니다.

바르셀로나의 어느 술집에서였습니다. 웨이터가 손님의 얼굴을 똑바로 바라보며 동등한 입장에서 손님을 맞이하는 모습은 빅

---

* 1936년 총선에서 인민전선이 국민전선에 맞서 승리한 뒤 개혁정치를 실시했으나 같은 해 7월 프란시스코 프랑크가 이끄는 군부세력과 국민전선이 연합해 군사반란을 일으켜 스페인 내전이 발발했다. 1938년 8월 내전에서 승리할 가능성이 높아지자 프랑코는 자신이 모든 법률과 법령을 공포할 수 있는 권한을 스스로에게 부여했고, 독재정권은 그가 1975년 사망하고 나서야 막을 내렸다.

토리아 시대를 기억하는 청년에게 신선한 충격이었다고 하지요. 또 군인들 사이에 계급이 없어서 경례도 없고 장교와 사병이 똑같은 보수를 받고 똑같은 음식을 먹고 똑같은 옷을 입었습니다. 모두가 평등하다는 믿음 때문이었지요. 치열한 전선과 달리 바르셀로나 사람들은 여전히 여유가 넘쳤고 낙관적이었는데 '마냐나 Manana 정신' 덕분이었습니다. 마냐나는 '내일'이라는 뜻으로 내일도 태양이 뜬다, 즉 오늘 못 하면 내일 할 수 있다, 내일이면 괜찮아진다는 뜻으로 통합니다.

조지 오웰은 바르셀로나의 이런 분위기에 깊이 감명받았고 또 지키고 싶었습니다. 그래서 의용군에 입대하는 것이야말로 가치 있는 일이라고 판단하고 전선으로 향하는데요. 4개월 뒤 목을 관통하는 총상을 입고 후방으로 이송됩니다. 가까스로 목숨은 건졌지만 파시스트의 첩자로 몰리는 사건이 벌어지는데요. 인민전선 내부에서 주도권을 둘러싼 숙청에 휘말렸기 때문이었습니다. 가까스로 탈출해 영국으로 돌아올 수 있었지만 이때 이데올로기에 대해 느낀 분노와 환멸이 『동물농장』과 『1984』의 집필로 이어졌습니다. 그럼에도 스페인 내전이 그에게 어떤 의미였는지 『나는 왜 쓰는가』에서 다음과 같이 밝혔습니다. 〈스페인에서의 경험은 모든 것을 뒤바꿔 놓았고, 그 후 나는 내가 어디에 서있는지를 알게 되었다.〉

여담으로 조지 오웰이 귀국 직후에 쓴 『카탈로니아 찬가』에 이런 흥미로운 글이 나옵니다. 〈(민병대원들이) 다른 건물은 잘만 폭파하는데도 흉측하게 커다란 성당은 또 예술작품이라면서 내버려뒀다.〉 그가 조롱한 '흉측하게 커다란 성당'이란 다름 아닌 안토니오 가우디Antoni Gaudi의 사그라다 파밀리아 성당(성 가족 성당)이었습니다.

이 말을 들으면 '아니, 그렇게 보는 눈이 없어서야!' 놀랄 수 있지만 1936년이라면 안토니오 가우디가 세상을 떠난 지 10여 년이 흘렀고 공사는 사실상 중단된 상태였습니다. 사그라다 파밀리아의 첨탑은 현재 열두 사제를 상징하는 열두 개지만 조지 오웰이 봤을 땐 네 개뿐이었습니다. 무엇보다 이미 한 번의 세계대전과 내전을 겪느라 수많은 사람들이 빈곤에 허덕이는 형편에서 길이 90m, 너비 60m, 높이 172m에 이르는 성당을 짓는다는 계획이 무모하다 못해 잔인해 보였을 것입니다.

실제로 당시 많은 사람이 이 성당을 짓기 위해 엄청난 자본을 낭비하는 것에 대해 회의적이었습니다. 조지 오웰뿐 아니라 파블로 피카소마저 '뿌리도 없고 근원도 없이 단순히 독특한 모습으로 사람의 이목을 끌려는 천박한 모습'이라고 신랄하게 비판했는데요. 무엇보다 사그라다 파밀리아에 대해 부정적인 인식을 준 것은 스페인 가톨릭교회가 반란을 일으킨 프랑코를 지지했고 결탁했다는 점이었습니다. 민병대원들은 이에 분노해 카탈루냐 지역의 교회를 많이 파괴했는데요. 피카소나 조지 오웰 눈에 흉측하게 보였던 사그라다 파밀리아만큼은 말 그대로 돌 하나 건드리지 않고 보존했습니다. 그 이유가 무엇이었는지 조지 오웰은 몰랐지만 카탈루냐 사람이라면 모를 리 없는 안토니오 가우디의 간절함이 닿아서가 아니었을까요.

가우디는 1926년 일흔 살에 세상을 떠날 때까지 40년을 오로지 이 사그라다 파밀리아 공사에 바쳤고, 죽음을 맞은 것도 성당 앞에서였습니다. 전차에 치여 쓰러져있는데 아무도 그가 이 도시에서 제일 유명한 가우디인지 몰라봤다고 합니다. 사그라다 파밀리아는 2026년 올해로 140년째 공사 중입니다. 그리고 전 세계 많은 관광객들이 이곳에 머무르기 위해 바르셀로나를 방문한다고 해도 과언이 아니지요.

「커피 칸타타」를 작곡한 바흐, 실제로 커피를 좋아했을까?

　　루트비히 판 베토벤은 그를 '화성和聲의 아버지'라며 경의를 표했고, 볼프강 아마데우스 모차르트는 그에게 단순한 선율과 따뜻한 마음을 배웠다고 고백했습니다. 요한 제바스티안 바흐입니다. 마음에 들지 않는 곡은 악보로 남기지 않았습니다. 그런데도 세상에 남긴 작품 수는 독일의 음악학자 볼프강 슈미더가 '바흐 작품 번호BWV'를 매겨 장르별로 정리한 것만 해도 무려 1,079곡. 단순 수치로 계산해도 20년 동안 매주 세상에 없던 새로운 곡을 한 곡씩 창작한 셈입니다. 「마태 수난곡」이나 「요한 수난곡」과 같은 대작까지 포함해서 말이지요. (바흐는 생전에 마태, 마가, 누가, 요한, 신약성경의 4개 복음서에 맞춰 수난곡을 작곡했지만 현재 「마태 수난곡」과 「요한 수난곡」만 전합니다.)

　　바흐에게는 꼭 그래야만 했던 이유가 있었습니다. 아이제나흐라는 소도시에서 태어났지만 라이프치히에서 평생 일하고 그곳에서 생을 마쳤는데요. 라이프치히의 성 토마스 교회에서 27년 동안 합창단 지휘자로 근무하는 동안 때마다 돌아오는 성인들의 축일 예배와 매주 예배에 필요한 칸타타를 작곡해야 했습니다. 칸타타는 기악곡을 뜻하는 '소나타Sonata'와 대비되는 개념으로 가사가 있는 다악장 성악곡을 가리키는데 이탈리아어의 '칸타레 Cantare, 노래하다'에서 유래했습니다.

바흐는 종교 칸타타뿐 아니라 세속 칸타타도 작곡했습니다. 그중 가장 유명한 칸타타가 「커피 칸타타」지요. 딸이 노래합니다. "아, 커피가 얼마나 맛있는지, 천 번의 키스보다 사랑스럽고 맛 좋은 포도주보다 부드러워요. 커피, 난 커피를 마셔야 해요. 누가 나에게 즐거움을 주려거든 아, 내게 커피 한 잔 따라주세요." 알코올보다야 카페인에 빠지는 게 낫지 않을까 싶은데 아버지가 경고합니다. "커피를 포기하지 않는다면 결혼 파티도, 산책도 없으니 커피를 포기하거라." 딸은 굴하지 않고 맞불을 놓습니다. "결혼 서약으로 내가 원할 때마다 커피를 만들어 마실 수 있도록 허용한다고 맹세하지 않는다면, 그 어떤 신랑감도 내 집에 올 수 없어요."

멜로디도 산뜻하고 가사도 재미있는 「커피 칸타타」. 바흐는 이 노래의 작곡료를 성 토마스 교회가 아닌 '짐머만 커피하우스' 사장한테 받았습니다. 북동유럽의 교역 중심지로 세련된 문화를 자랑하는 라이프치히에 커피하우스가 생긴 것은 1685년 무렵부터였습니다. 초창기에는 '아라비아의 포도주'로 불리며 상류층이 즐기는 사치품이었지만 점차 거리 곳곳에 커피하우스가 우후죽순으로 생기며 인기를 끌었는데요. 바흐는 짐머만 커피하우스에서 11년 동안 일주일에 두 번씩 오르간을 연주했습니다. 부양해야 하는 자식이 열이나 있었고 교회에서 받는 보수로는 늘 살림살이가 빠듯해서였지요.

그런데 궁정작곡가 칭호를 받은 다음에도 여전히 짐머만 커피하우스에서 계속 연주했습니다. 커피를 무척 좋아해서였습니다. 하지만 커피 한 잔 분량인 원두 17g이 당시 방적공의 하루 품삯과 맞먹을 만큼 비싸서 부자들만 마실 수 있는 음료였습니다. 프로이센 왕국의 프리드리히 빌헬름 2세가 커피를 사치품으로 간주하고 원가의 150%를 세금으로 부과해서 국고를 채웠기 때문인데요. 그러자 커피 밀수라는 새로운 사업이 등장했습니다. 노동자와 방적공들이 생업을 포기하고 커피 밀수에 뛰어들자 수공업자와 제조업자가 일손을 구하지 못하는 지경에 이르고 맙니다. 그러자 왕은 커피 밀수와의 전쟁을 선포하고 지정한 장소에서만 커피를 볶도록 법을 강화합니다. 또 퇴역군인을 커피 냄새 탐지원으로 임명해 아무 집이나 들어가서 방과 사람들을 샅샅이 조사할 수 있는 권한을 부여했는데 커피의 생두를 볶는 과정에서 나는 커피 냄새를 숨길 수 없다는 점에 착안한 발상이었지요.

바흐가 「커피 칸타타」를 작곡한 때가 이 즈음인 1732년이었습니다. 아버지가 딸에게 커피 좀 작작 마시라고 혼을 낸 것도 사실은 건강을 염려해서가 아니라 비싸서였을 것입니다. '네가 그렇게 계속 커피를 마시다가는 우리 집 기둥뿌리 뽑힐라' 하는 속내로 말이지요. 그런데도 딸내미는 결혼 서약으로 '내가 원할 때마다 커피를 만들어 마실 수 있도록 허용한다고 맹세해야' 시집을 가겠다고 으름장을 놓으니 아버지 입장에서 딸이 얼마나 마땅찮았을까요. 원래 「커피 칸타타」는 사장 짐머만이 커피하우스를 홍보할 목적으로 바흐에게 의뢰한, 요즘으로 말하면 커피하우스 홍보용 음악이었습니다. 늘 생활비가 빠듯한 바흐였으니 아무리 커피를 좋아해도 원대로 마시기는 힘들었을 것입니다. 그래도 커피하우스에서 연주하는 날에는 커피를 공짜로 마실 수 있었겠지요. 「커피 칸타타」 덕분에 손님몰이도 꽤 했을 테니 말입니다.

아홉 살에 아버지를, 열 살에 어머니까지 여의었고 결혼한 지 13년 째 되던 해 첫 아내가 세상을 떠났습니다. 스물한 명의 자녀 중 열한 명이 어려서 죽었고, 말년에는 시력을 잃었습니다. 많은 식구들을 부양하기 위해서 오르간 연주자이자 성가대 지휘자, 음악학교 교사, 교회 행정업무 담당자로서 하루 24시간이 부족할 정도로 바쁘고 성실하게 살았습니다. 이런 와중에도 천여 곡이 넘는 음악을 작곡한 바흐, 그러나 생전에 단 한 번도 최고의 작곡가라는 인정을 받지 못했습니다. 그 자리는 게오르크 필리프 텔레만과 크리스토프 그라우프너의 것이고 바흐는 최선이 아닌 차선이었으며 심지어 '음악의 맷돌', '바로크 역사에서 가장 멋없는 사람' 등의 비난까지 들었습니다.

요한 제바스티안 바흐의 음악이 격에 맞는 인정을 받은 것은 1829년 펠릭스 멘델스존이 바흐의 「마태 수난곡」을 지휘하면서였습니다. 바흐는 1727년에 이 곡을 작곡했지만 여러 독창자와 2개의 합창단, 2개의 오케스트라가 등장하는 대규모 작품인 데다 연주 시간만 세 시간이 걸려서 생전에 딱 두 번 연주하고 음악사에서 잊혔습니다. 멘델스존은 열두 살 때 베를린 왕립도서관에서 「마태 수난곡」의 악보를 발견하고 필사했습니다. (역시 제2의 모차르트라는 수식어가 붙은 천재답지요.) 그리고 드디어 약관 스무 살 때인 1829년 종신지휘자로 재직하고 있던 라이프치히 게반트하우스 오케스트라에서 「마태 수난곡」을 선보입니다. 요한 제바스티안 바흐의 부활이었습니다.

바흐는 왜 생전에 작곡가로서 실력에 걸맞은 인정을 받지 못했을까요. 음악학자 알프레드 아인슈타인이 견해를 밝힌 적 있습니다. "'작은 파리' 라이프치히에 바흐가 부임한 이후 일요일마다 수백 명이 그의 칸타타와 수난곡을 들었지만, '엄격한 의미'에서 그들은 아무것도 '듣지' 못했다. (…) 바흐 이후에야 비로소 느낌의 음악, 우리 정서에 직접 신호를 주는 그런 음악의 왕국이 문을 열었다."

그리고 커피도 모두의 것이 되었습니다. 왕이 어떻게든 커피에 과세하려고 해도 커피 냄새 탐지원이라는 직업보다 커피 밀수업자라는 직업이 더 크게 인기를 끌었기 때문입니다. 왕은 뒤늦게 패배를 인정하고 독점권을 내려놓았습니다. 요한 제바스티안 바흐에게 유일한 사치였던 커피가 원한다면 모두 즐길 수 있는 음료가 되었습니다.

살리에리는 정말로
모차르트에게 열등감을 느꼈을까?

'살리에리 증후군Salieri Syndrome'이라는 용어가 있습니다. '2인자 콤플렉스'와 같은 뜻인데요. 같은 직종에서 뛰어난 1인자 때문에 2인자가 느끼는 열등감과 무력감, 시기, 질투 등을 가리킵니다. 영화 〈아마데우스〉에서 살리에리가 "왜, 제가 아닌 그여야 했습니까?"라고 신을 원망하는 대사가 2인자 콤플렉스를 상징적으로 드러냈지요. 1984년에 개봉한 밀로스 포만 감독의 영화 〈아마데우스〉는 영국의 극작가 피터 쉐퍼가 1979년에 발표한 희곡 「아마데우스」가 원작입니다. 18세기 궁정음악가 안토니오 살리에리Antonio Salieri, 1750~1825가 천재 볼프강 아마데우스 모차르트를 시기한 끝에 독살한다는 내용으로 충격을 주었는데요. 연극과 영화 모두 세계적으로 성공을 거두면서 실제로 믿는 이들이 많습니다.

사실을 밝히면 안토니오 살리에리는 2인자가 아니라 1인자였습니다. 이탈리아 레가노 출신으로 어려서부터 음악적인 재능이 뛰어나 열여섯 살 때 빈 궁정으로부터 초청을 받았고 지휘자와 음악교사로서도 명성이 높았습니다. 서른네 살에 작곡한 오페라 「레 다나이드」가 세간의 찬사와 함께 큰 성공을 거뒀고 오페라

「오라스」와 「타라르」의 연이은 성공으로 당대 최고의 음악가 반열에 올라섰습니다. 서른여덟에는 빈의 궁정악장으로 임명받아 일흔다섯에 숨을 거두기 직전까지 굳건히 그 지위를 지켰습니다.

인간관계도 좋았던 것 같습니다. 요제프 하이든이 작곡한 오라토리오를 그가 지휘했다는 이야기는 하이든이 워낙 원만한 성격이었으니 그럴 수 있다고 해도 루트비히 판 베토벤이 〈1799년 자신의 「바이올린 소나타 Op.12」를 살리에리에게 헌정했다.〉는 기록이 있습니다. 하이든과 살리에리 모두 베토벤의 스승이었습니다. 베토벤은 하이든을 스승으로서 별로라며 노골적으로 평가했지만 살리에리에게는 자신의 작품을 헌정했지요. 베토벤의 까다로운 성품을 감안했을 때 살리에리가 실력과 인품을 두루 갖춘 인물이었을 것이란 쪽에 무게를 실어줍니다.

또 당시 자료에는 살리에리가 모차르트에게 열등감을 느끼거나 시기하기는커녕 평생 우정을 유지했다고 나옵니다. 그런데도 모차르트에게 패배한 2인자라는 낙인이 찍혀 살리에리 콤플렉스라는 용어의 주인공까지 됐습니다. 살리에리로서는 억울한 일인데요. 일을 이렇게 만든 이는 영화 〈아마데우스〉의 감독 밀로스 포만도, 원작자 피터 쉐퍼도 아니었습니다. 당초 피터 쉐퍼가 이 극을 쓰게 된 계기도 살리에리가 모차르트를 독살했다는 '소문'에 흥미를 느꼈기 때문이라고 밝혔었는데요. 상당히 오래된 소문이었습니다. 러시아의 작가 알렉산드르 푸시킨이 1830년에 쓴 극시 「모차르트와 살리에리」에서 아무리 노력해도 천재를 능가할 수 없는 캐릭터가 살리에리로 등장하기 때문입니다. 푸시킨의 극시를 바탕으로 림스키 코르사코프가 동명의 오페라를 작곡하기도 했지요.

그러니까 같은 이야기가 문학, 오페라, 연극, 영화 등 다양한 장르로 변주된 셈입니다. 창작자와 관객 모두에게 흥미로운 소재였던 모양입니다. 하필이면 그 2인자 콤플렉스 덩어리가 살리에리라서 영화가 세계적으로 흥행에 성공한 뒤에는 '살리에리 콤플렉스'라는 용어가 나왔습니다. 어느 장르에서든 공통적으로 등장하는 장면이 있습니다. 살리에리가 모차르트처럼 뛰어난 음악을 만들고 싶은 간절함에 몸부림치며 모차르트가 작곡한 악보를 분석합니다. 그러나 오히려 모차르트의 천재성만 거듭 확인할 뿐이었고, 절망한 살리에리가 신을 원망하지요.

"신이여, 왜 내게 음악을 사랑하는 마음만 주시고 그것을 만드는 재능은 주지 않으셨습니까?"

이 대목에 이르면 누구라도 예술의 근원에 대해 묻지 않을 수 없습니다. 예술을 성취하는 데 중요한 것은 재능인가, 노력인가? 예술은 신의 은총을 받은 천재의 몫인가, 끝없는 장인정신의 몫인가? 푸시킨이 다루고자 한 주제는 모차르트의 죽음에 대한 진실이 아니라 예술은 어떻게 창조되는가에 대한 깊은 성찰이었습니다. 그런데 왜 하필이면 살리에리와 모차르트였을까요.

살리에리가 모차르트를 독살했다는 소문은 살리에리가 사망한 직후부터 퍼지기 시작했습니다. 살리에리가 죽기 직전에 "내가 모차르트를 죽였다"며 횡설수설했기 때문입니다. 동시대에 함께 활동한 걸출한 음악가들 사이에 그런 숨겨진 이야기가 있었다니 이야기꾼들에게는 더없이 흥미로운 소재였지요. 그러나 전문가들은 그의 정신착란으로 빚어진 해프닝일 뿐이라고 말합니다. 살리에리와 모차르트는 평생 우정을 유지했기 때문입니다. 그러니까 우리가 알고 있는 살리에리는 실재했던 인물이 아니라 푸시킨이 만들어낸 가공의 인물입니다.

　당대에는 최고의 평가를 받았지만 후대에 과소평가를 받는 음악가들이 있습니다. 안토니오 살리에리와 게오르그 필립 텔레만이 대표적입니다. 뒤이어 등장한 후배의 후광에 가려져버렸습니다. 살리에리는 모차르트에, 텔레만은 바흐에 말이지요. 예술에 있어서 재능이 중요하냐, 노력이 중요하냐는 해묵은 주제입니다. 이럴 때 낭만주의자는 천재의 손을, 이성주의자는 장인의 손을 들어준다고 하는데요. 그러나 예술이 어디 재능만 가지고, 혹은 노력만 해서 이뤄지겠습니까. 재능과 노력은 물론 인격까지 갖춰야 한다는 것, 푸시킨이 살리에리를 인격이 실격인 인물로 가공하면서까지 알리고 싶은 진실이었습니다.

차이콥스키는
얼마나 외로웠을까?

"저는 평생 동안 사회적 의무와 강요에 시달려왔습니다. 천성적으로 저는 사람을 꺼려합니다. 낯선 사람들과의 모든 교제와 만남이 저에게는 항상 정신적 고통의 원인이 되었습니다. 이러한 고통이 도대체 어디에 기인하는 것인지는 설명드리기 어렵군요. 아마 이것은 광적인 상태에까지 이르게 된 소심함 때문이거나 사람들과 교제하고 싶은 마음이 부족하기 때문일 것입니다. 이것은 또한 다른 사람들과 똑같이 보이면 어쩌나 하고 걱정하는 잘못된 공포심 때문일 수도 있습니다."

아마도 우리 중 누군가의 심정이기도 할 이런 말을 한 이는 러시아의 작곡가 표트르 차이콥스키Pyotr Tchaikovsky, 1879년 그의 나이 서른아홉의 일이었습니다. 그의 편지를 읽으면 평생 대인기피와 우울증에 시달렸지만 자신을 객관적으로 파악하고 있었다는 사실을 알려주는데요. 그런 강인한 내적 힘은 음악을 향한 열정에서 나왔겠지요.

차이콥스키는 특이한 이력을 가진 음악가입니다. 가족 중 음악과 관련된 이는 아무도 없었고, 법률학교를 나와 스물세 살까지 공무원으로 살았습니다. 그러나 상트페테르부르크 음악원에 입학한 지 4년 만에 스승인 안톤 루빈시테인의 추천을 받아 모스크바음악원 교수가 되고 2년 뒤 「백조의 호수」를 작곡했는데요. 이전까지 러시아 발레 음악에서 들을 수 없었던 음악인 탓에 비록 초연은 실패했지만 음악을 시작한 지 불과 6년 만에 작곡가로서 첫발을 내디딘 감회가 컸을 것입니다.

그에게는 정작 다른 뿌리 깊은 불안이 있었습니다. 그 시대 러시아에서는 동성애자를 범죄자로 간주해 시베리아 유형에 처했는데요. 그가 동성애자라는 사실을 알 리 없는 주변 사람들은 수없이 물었겠지요. 음악원 교수가 됐고 나이도 서른을 훌쩍 넘겼는데 왜 결혼하지 않느냐고요. 이런 그 앞에 한 여성이 나타납니다. 제자인 안토니나 밀류코바였습니다. 차이콥스키는 사회적 의무와 강요, 그리고 안토니나의 열정에 압도당해 해서는 안 될 결혼을 하고 맙니다. 그리고 결혼한 순간부터 자신의 선택이 잘못됐다는 걸 깨닫고 너무 괴로운 나머지 죽을 작정으로 강물에 투신까지 하는데요. 지나가던 사람의 도움으로 다행히 우리가 그를 잃지 않을 수 있었습니다.

차이콥스키는 안토니나를 피해 집을 나왔지만 평생 이혼하지 못한 채 그녀의 생계를 책임졌습니다. 이처럼 차이콥스키 생애 가장 힘들었던 1877년, 그해 또 다른 여성이 나타나 그를 구원해 줍니다. 나데즈다 폰 메크Nadezhda von Meck 부인이었습니다. 표트르 차이콥스키의 연보를 보면 1877년을 기점으로 1893년 세상을 떠날 때까지 명곡들이 쉼 없이 탄생하는 것을 발견할 수 있습니다. 예술가가 그처럼 꾸준히 창작 활동을 하기 위해서 현실적으로 필요한 건 역시 경제적인 안정이죠. 그해에 차이콥스키는 밀류코바를 피해 러시아를 떠나며 음악원 교수직도 그만 둔 상태여서 수입원이 없는 상태였습니다.

어느 날 한 통의 편지가 도착합니다. 매년 6천 루블을 후원하겠다는 내용이었는데 이 금액은 당시 고급 공무원 연봉의 두 배에 해당하는 거액이었습니다. 조건이 있었죠. '절대 서로 만나지 않는다'는 것이었습니다. 편지를 보낸 사람은 나데즈다 폰 메크 부인이었습니다. 철도 사업으로 부호가 됐지만 갑작스럽게 세상을 떠난 남편으로부터 막대한 유산을 물려받았는데요. 이렇게 시작된 서신 왕래는 14년 동안 이어졌고 두 사람이 주고받은 편지가 무려 1,204통. 하지만 한 번도 실제로 만난 적은 없어서 두 사람의 관계는 서양음악사상 가장 기이한 관계로 불립니다. 차이콥스키는 메크 부인의 후원과 격려 덕분에 작곡에 집중할 수 있었고 1878년 1월에 완성한 「교향곡 4번 F단조 op.36」 표지에 이런 문구를 적어 넣었습니다. '나의 가장 좋은 벗에게.'

후원금과 음악활동, 그리고 편지로만 이어지던 관계는 1890년 메크 부인이 갑자기 후원금과 서신왕래를 중단하면서 끊어집니다. 작곡가로서 명망이 높을 때라 후원금이 끊긴 것은 경제적으로 큰 타격이 아니었지만 인간적으로 가장 의지했던 사람에게 일방적으로 당한 절교는 큰 상처였습니다. 이런 깊은 상실감 속에 탄생한 작품이 「교향곡 6번 B단조 '비창' op.74」입니다. 그의 마지막 교향곡으로 1893년 11월, 초연을 지휘하고 9일 뒤 세상을 떠났습니다. 향년 53세였습니다. 두 달 뒤에는 메크 부인도 숨을 거두는데요. 두 사람이 주고받은 것은 단지 돈과 편지가 아니었습니다.

서로 심적으로 깊이 의지했는데 불가피하게 절교를 선언할 수밖에 없었던 사연은 아마도 메크 부인의 자녀들이 차이콥스키의 동성애 성향을 알고 어머니에게 후원을 중단할 것을 요구한 사실과 연관이 있을 것이라고 합니다. 이런 상황에서 완성된 「비창」은 그의 마지막 자화상이라고 할 수 있을 텐데요. 4장으로 구성된 매 악장마다 소개 글을 직접 써넣었고 4악장에 대해서는 이렇게 소개했습니다.

당신이 자기 안에서 환희를 찾지 못한다면 주위를 살펴보는 것이 좋습니다. 사람들 속으로 들어가는 것이 좋습니다. 사람들이 어떻게 삶을 즐거워하고 환희에 몸을 던지는지 보는 것이 좋습니다. 패배하지 않는 운명은 다시 우리 앞에 나타나서 그 존재를 상기시킵니다. 행복은, 단순하고 소박한 행복은 아직 존재합니다. 사람들의 행복을 기뻐하십시오. 그러면 당신은 더욱 살 수 있을 것입니다.

그의 성향이나 해당 음악의 분위기와 많이 다른 글이라서 역설적이게도 차이콥스키가 평생 내면에서 어떤 전쟁을 치르면서 살았는지, 동시에 심금을 움직이게 하는 음악적인 원동력이 어디에서 나왔는지 조금은 짐작할 수 있을 것도 같습니다.

'맨발의 이사도라'는
얼마나 기쁨으로 가득찼을까?

미인이 천재에게 물었습니다. "당신의 머리와 나의 몸을 가진 아이가 태어나면 얼마나 완벽할까요?" 일종의 청혼이었습니다. 천재가 돌려 거절하지요. "그 반대의 경우를 생각해 보셨나요?" 비슷한 이야기를 마릴린 먼로와 알베르트 아인슈타인이 나누었다는 설도 전하지만 오리지널은 이사도라 던컨과 버나드 쇼입니다. 멍청한 미인과 못생긴 천재가 결합하면 우생학적으로 유리한가 불리한가에서 출발한 대화라고 할 수 있는데요. 둘 다 사실이 아닌 유머입니다. 아인슈타인과 버나드 쇼가 천재인 것은 맞지만 마릴린 먼로와 이사도라 던컨은 결코 '멍청한 미인'이 아니었으니까요.

수백 년 전이 아니라 이 시대에 살았어도 틀림없이 파격적인 생을 살았을 인물들이 있습니다. 미국의 현대무용가 이사도라 던컨Angela Isadora Duncan, 1878~1927도 그중 한 사람입니다. 발레밖에 모르는 무용계에서 맨발로 춤을 추는 작품들을 안무했고, 그래서 붙은 닉네임이 '맨발의 이사도라'였습니다. 이로부터 인간의 영혼을 가장 자유롭게 표현하는 고도의 예술인 현대무용, 구체적으로 창작무용이 출발합니다.

그가 토슈즈를 벗어던지고 맨발로 무대에 선 것에는 중의적인 의미가 있습니다. 여성이 사람들 앞에 맨발을 드러내는 것은 사회적인 금기였습니다. 맨발을 드러내는 것은 맨몸을 드러내는 것이나 마찬가지라고 여겼기 때문입니다. 그러나 이사도라 던컨은 무대에서뿐 아니라 무대 밖에서도 거리낌 없이 맨발의 삶을 살았습니다.

"내 인생은 오직 두 개의 동기를 갖고 있다. 사랑과 예술이 그 것인데 이들은 끊임없이 싸운다. 왜냐하면 사랑도, 예술도 나의 전부를 요구하기 때문이다."

이러한 신조대로 자신의 전부를 바쳤고 맨발처럼 솔직했습니다. 이때 이사도라 던컨이 느꼈던 해방감과 기쁨을 보여주는 미술 작품이 있습니다.

20세기 벨기에 미술을 대표하는 화가라고 하면 단연 르네 마그리트가 떠오르지만 20세기를 연 화가는 릭 바우터스Rik Wouters, 1882~1916였습니다. 세상을 일찍 떠나 대가에 이르지 못했지만 풍부한 색채와 명확한 구조를 가진 회화와 에너지가 넘치는 조각을 여럿 남겼는데요. 그중 「미친 아가씨The Mad Maiden」라는 2m 높이의 청동 조각상이 있습니다. 우리가 우스갯소리처럼 말하는 '광녀'로도 옮길 수 있을 텐데요. 보는 순간 웃음이 나옵니다. 정말 미친 아가씨 같아섭니다. 보통 어른은 하기도 힘든 자세를 취하고 있는데 한쪽 무릎을 직각으로 구부려 번쩍 들어 올렸고 양팔도 오른팔 왼팔 제각각 멋대로 올라가 있습니다. 흥에 못 이겨 몸은 35도쯤 뒤로 젖혀져있고 입도 활짝, 전혀 남을 의식하지 않은 순수한 웃음을 짓고 있습니다. 순수한 생의 기쁨에서 나온 미침입니다.

릭 바우터스는 동시대에 살고 있던 이사도라 던컨에게 영감을 받아 「미친 아가씨」를 완성했습니다. 이 작품과 비슷한 자세를 취한 던컨의 사진이 실재합니다. 그리스 아테네의 파르테논 신전 앞에서 던컨은 한쪽 다리로 땅을 밟고 서서 다른 한쪽 다리는 무릎을 구부린 채 들고 있습니다. 큐피드 청동상에서 영감을 얻은 동작이었습니다. 발레 동작이 정형화돼 있고 작위적이라고 비판했던 던컨은 고대 그리스 무용에서 자연스러운 움직임을 찾았습니다.

문학이나 미술, 건축과 달리 노래와 무용에는 역사적인 유물이 존재하기 힘들지요. 이사도라 던컨은 런던 영국 박물관과 파리 루브르 박물관에 전시된 그리스 도자기와 조각을 통해 고대 그리스 무용을 찾아나갔습니다. 런던과 파리에 머물던 시절에 매일 드나들며 그리스 도자기와 조각을 관찰했고 동작을 구상했습니다. 그리고 박물관에서 나오는 순간부터 그 동작으로 춤을 추며 집으로 갔는데요. 춤을 추며 가는 모습도 제정신이 아니라고 여기기 쉬운데 심지어 길 가는 사람들에게 "우리는 달나라에서 왔지요!" 말하곤 했다니 릭 바우터스의 작품 제목 그대로 '미친 아가씨'였습니다.

그리고 이 순수한 삶의 기쁨과 열정의 원천은 프리드리히 니체와 월트 휘트먼이었습니다. "나는 월트 휘트먼의 정신적인 딸, 내 춤의 스승은 니체"라고 즐겨 말했는데요. '사람을 춤추게 하는 것은 영혼과 정신이지 기교가 아니'라면서 새로운 춤의 역사를 쓴 데는 니체의 사상에 깨우침을 받은 바가 컸고, 즐겨 암송한 월트 휘트먼의 시 「나 자신의 노래」는 다음과 같이 시작합니다.

나는 나 자신을 찬양하고, 나 자신을 노래한다
내가 취한 것에 그대도 취하리라
내게 속하는 모든 원자가 그대에게도 속하기 때문

이사도라 던컨은 휘트먼의 영향을 받아 인간을 살다가 죽는 육체라는 물질로서가 아니라 우주와 함께 영원하고 무한한 영혼과 정신을 지닌 존재로 바라보고 찬미했습니다.

"내 영혼이 가장 사랑스러운 존재가 될 때까지 나는 지상을 떠나지 않을 거예요."

떠들썩한 스캔들 속에 독신인 채 생부가 각기 다른 두 아이를 낳았고, 그 아이들이 교통사고로 사망했고, 열일곱 살 연하인 러시아의 천재 시인 세르게이 예세닌과 사랑에 빠져 결혼했지만 파경으로 끝났고, 예세닌이 사망하고 2년 뒤 빨간 스카프를 목에 감고 자동차에 오르면서 마지막으로 남긴 말이 "안녕, 나는 영광을 향해 떠나"였습니다.

지독히 비극적인 생이었지만 우리가 기억해야 하는 것은 개인사도, 현대무용의 창시자도 아닌, 던컨이 춤을 출 때 느낀 전율하리 만치 강렬한 기쁨입니다. 릭 바우터스의 「미친 아가씨」를 사진으로나마 들여다보면서 그 기쁨이 이 세상에 원자로 남아있음을 실감합니다.

로댕의 〈생각하는 사람〉 속에는
무엇이 들어있을까?

　오귀스트 로댕의 청동 조각상 〈생각하는 사람〉을 처음 봤을 때 여러 가지로 의아했습니다. 벌거벗은 채 바위에 앉아 생각에 잠긴 남성의 전신 근육이 매우 발달해서 생각보다 운동을 많이 하는 것 같고 머리와 어깨를 포함한 상체가 하체에 비해 상대적으로 너무 큽니다. 무엇보다 왜 저렇게 불편한 자세로 생각해야 하는지 의문이었습니다. 로댕은 생각하는 사람을 왜 이처럼 불균형한 형태로 빚었을까요.

　〈생각하는 사람〉의 근육이 미켈란젤로의 〈다비드〉 상처럼 매끈하지 않고 울퉁불퉁한 것은 온몸의 근육이 긴장된 상태라는 것을 보여줍니다. 그도 그럴 것이 지금 그가 보고 있는 것이 〈지옥의 문〉이며 지옥으로 향하는 인간들의 고통과 죽음이기 때문입니다. 그러니 어떻게 가슴이 격렬한 감정으로 끓어오르지 않을 수 있을까요. 또한 온몸이 긴장하지 않을 수 있을까요. 그는 지옥으로 끌려 들어가는 인간들을 보면서 자신의 삶과 운명에 대해서 생각합니다. 그런 생각을 하는 마음이 편할 리 없습니다. 자세가 비틀어집니다. 불편한 자세로 생각하고 있는 것이 아니라 생각을 하는 동안 오른쪽 팔꿈치가 왼쪽 대퇴부 위로 교차하듯 엎히는 불편한 자세가 된 것입니다.

　로댕은 이 자세를 피렌체에 있는 메디치 예배당* 내부에 있는 미켈란젤로의 조각상 〈일 펜시에로소II pensieróso〉에서 차용했습니다. '일 펜시에로소'라는 명칭은 미켈란젤로가 붙인 것이 아니라 동시대에 살았던 화가이자 우피치를 설계한 건축가, 『르네상스 미술가 평전』이라는 미술사의 고전을 집필한 조르조 바사리가 명명한 것으로 '생각하는 사람'이라는 뜻입니다. 그리고 미켈란젤로와 로댕이 빚은 '생각하는 사람' 모두 실존 인물입니다.

　미켈란젤로의 '생각하는 사람'은 우르비노 공작 로렌초 데 메디치입니다. 할아버지가 피렌체 공화국의 전성기를 연 일명 '위대한 로렌초'로 불리는 로렌초 데 메디치였습니다. 이름이 같아 우르비노 공작이라는 호칭을 붙여서 구분합니다. 1519년에 사망한 뒤 미켈란젤로가 무덤 조성을 맡았고 〈일 펜시에로소〉는 그 장식품이었습니다.

　로댕의 '생각하는 사람'은 『신곡』을 집필한 단테 알리기에리입니다. 로댕은 단테의 『신곡: 지옥 편』을 바탕으로 〈지옥의 문〉을 청동 조형물로 제작했고 높이 6m, 너비 4m, 깊이 1m, 180개의 인물이 포함되는데 인물상들의 높이가 15cm~1m로 다양합니다. 인물상 중 상당수가 독립작품으로 분리되어 재탄생했고 가장 친숙한 작품이 〈생각하는 사람〉과 〈키스〉지요. 1880년에 주문

————————

* 메디치 일원의 시신을 안치한 곳으로 두 개의 건물이 있으며 미켈란젤로의 조각상이 있는 메디치 예배당의 정식 명칭은 '사그레스티아 누오바'이다. 미켈란젤로가 설계했다.

받아 평생 작업했지만 1917년에 사망하면서 미완성으로 남았고 1925년에 완성됐습니다.

로댕은 처음부터 〈생각하는 사람〉을 지옥의 문 꼭대기 중앙에 배치할 계획이었고 의도적으로 상체를 과장해서 빚었습니다. 그 커다란 상체 덕분에 6m 아래에서 올려다보는 관람객들은 압도당하는 느낌을 받습니다. 당연하게도 세상의 그 무엇이든 균형이 맞지 않으면 기울거나 쓰러지기 마련인데 로댕의 〈생각하는 사람〉은 불편하고 불균형한 자세를 잘 유지하고 있습니다. 비결은 평형추입니다. 로댕은 〈생각하는 사람〉 속에 무거운 납으로 평형추를 만들어서 넣었고, 그래서 겉으로 보기엔 균형이 맞지 않는 것 같아도 실제로는 균형을 잘 맞춘 것인데요. '〈생각하는 사람〉 속에는 무거운 납으로 만든 평형추가 들어있다!' 조각상이나 인간이나 쓰러지거나 무너지지 않을 수 있는 비결인 것 같지요.

그렇다면 〈생각하는 사람〉과 달리 완벽한 황금 신체비율을 가진 미켈란젤로의 〈다비드〉 상은 어떨까요. 미켈란젤로가 한창 왕성하던 시기인 이십 대 때 3년에 걸쳐 4.34m 높이로 완성했는데요. 겉으로 드러난 몸매뿐 아니라 어린 나이에 거인 골리앗까지 쓰러트린 영웅이니 기개와 용맹함까지 갖춘 상남자라 하겠습니다. 1504년 완성했을 때는 토론회를 거쳐 팔라초 베키오 입구에 놓였는데 당시 피렌체 시민들에게 압제자를 몰아낸 공화국 승리의 상징이었습니다.

그런데 1527년에 폭동이 일어나면서 왼쪽 팔 아랫부분을 잃어버립니다. 1810년에는 조각을 보호하기 위해 왁스를 덧입히는데 1843년에 이 왁스를 제거하려다 표면이 손상됩니다. 결국 1873년 〈다비드〉 상을 안전하게 보호하기 위해서 지금의 장소인 아카데미아 건물 내부로 옮기는데요. 시련은 끝나지 않았습니다. 1991년 한 이탈리아 화가가 망치로 조각의 발끝을 내려쳐 발가락이 떨어져버립니다. 그리고 2004년에는 피렌체 시에서 15만 유로를 들여 5백 년간 묵은 때를 벗겨내고 머드팩까지 한 다음 빛나는 모습으로 돌아옵니다.

2004년은 〈다비드〉 상이 500살 되는 해였고, 온 피렌체가 축하의 인파로 시끌벅적했습니다. 그리고 이때 〈다비드〉 상을 두고 감히 신체상 약점을 꼬집은 사람이 등장합니다. 자세 전문가를 자칭한 영국의 허드먼이라는 사람이 〈다비드〉 상이 오른쪽 엉덩이가 약하고 골반이 뒤틀렸다고 지적했습니다. 그러면서 당연히 허리통증이 심하고 체중을 분산하는 데 실패해서 발목 부분이 약할 것이라고 했는데요. 우스갯소리로 들릴 수 있지만 실제로 동상에 생긴 문제와 일치한다고 합니다. 500년 넘게 두 발목으로 6톤이 넘는 무게를 지탱하다 보니 발목에 미세한 균열이 있어 작은 지진이라도 난다면 동상 전체가 무너질 수 있다고 합니다. 전문가들이 붕괴사고 예방법을 제시했지만 이탈리아 정부가 예산 집행을 미루고 있다고 하는데요. 미켈란젤로는 "나에게 조각이란 돌 안에 들어있는 사람을 꺼내는 일"이라고 말한 적이 있습니다. 그렇게 돌에서 꺼내졌건만 이러다가는 계속 서있기 힘들어서 누워야 할 일이 생길지도 모르겠습니다.

아름다운 인체의 기준이
왜 8등신일까?

외모 지상주의가 오늘날 우리의 일만은 아닙니다. 아테네에서 소크라테스에게 독배를 내린 데는 그의 못생긴 외모가 한몫했고 무엇보다 서양에서 오랫동안 미의 기준이 된 그리스 조각이나 르네상스 작품 속 인물들은 한결같이 훤칠합니다. 선善을 아름다움으로 표현한 것이지만, 아이러니하게도 '아름다움이 곧 선'이라는 편견의 뿌리를 내리는 데 지대한 공을 세웠습니다. 특히 신체비례에 대해서 기준이 엄격했는데 바로 '8등신'입니다.

8등신이라는 말이 현대에 등장한 것 같지만 〈밀로의 비너스〉를 보면 이미 3천 년 전에 있었습니다. 서양미술사에서 가장 완벽하게 아름다운 몸매로 찬사받는 이 조각상이 제작된 시기가 기원전 130~120년경으로 추정되니까요. 그러다 기원전 1세기에 로마의 건축가 비트루비우스가 신전을 건축할 때는 인체의 비례에 적용하는 규칙을 그대로 사용하는 것이 옳다면서 〈인체는 비례의 모범형이다. 왜냐하면 팔과 다리를 뻗음으로써 완벽한 기하형태인 정방형과 원에 딱 들어맞기 때문.〉이라는 기록을 남겼는데요. 이 기록이 르네상스 미술에 큰 영향을 끼쳤습니다.

특히 레오나르도 다 빈치는 〈비트루비우스의 인체 비례도〉를 완성하면서 인체의 아름다움은 키가 작거나 크거나, 뚱뚱하거나 마르거나와 관계없고 비례가 맞아야 한다면서 구체적인 수치도 남겼습니다. 그중 '턱 밑부터 정수리까지는 사람 키의 8분의 1'이라는 항목이 있습니다. 이로부터 인체의 황금비율이라는 말이 생겼는데요. 오늘날에도 많은 공학자와 의학자들이 사람은 본능적으로 황금비율에 끌린다고 주장합니다. 실제로 이를 반영해 성형수술을 하고 건축을 설계하며 각종 상품을 디자인하지요.

그런데 사람의 느낌이라는 게 그렇게 수치로 딱 맞아떨어질까요. 비례적으로 어딘가 이상하다 싶은 것이 의외의 매력을 선사하는 경우도 많습니다. 우리나라 건축을 예로 들면 일부러 비대칭으로 건축물을 배치하는 경우가 많은데 비대칭으로부터 오는 자연스러움과 편안함을 아름답다고 여겼기 때문입니다. 그래서 서양에서 미의 기준으로 삼는 완벽한 대칭과 황금비율은 오래 두고 볼 때 지루하고 갑갑한 감이 없지 않습니다.

대부분의 사람이 아름다운 것을 좋아하고 또 추구하기 마련입니다. 단지 아름답다고 여기는 기준이 저마다 다르고 또 다른 것이 바람직하지요. 이처럼 아름다움을 추구하는 성향에 대해서 진화심리학에서는 '이성을 위한 것이 아니라 생존경쟁에서 살아남기 위해 진화한 것'이라고 주장합니다. 이성을 위한 것이라기보다 자신을 위한 진화라는 얘긴데요. 진화심리학에서 말하는 생존경쟁이란 자신의 유전자를 남기기 위한 경쟁입니다.

현대사회를 살면서 많은 사람이 속는 모토 중에 하나가 '외모가 아름다울수록 얻을 수 있는 것이 많다'입니다. 그런데 그 아름다움에 대한 기준이 지루하다 싶을 만큼 일방적입니다. 일반인은 '연예인'을 기준으로, 연예인은 '마네킹'을 기준으로 삼는 식인데요. 언제부터인가 이 '비현실적인 외모'가 현실에 등장하기 시작했고 문제는 일반인에게 상대적 추함을 느끼게 하고 있다는 것입니다 이런 어처구니없는 현상이 끊임없이 이어지는 데는 시각언어가 크게 한몫하고 있다는 사실을 부정하기 어렵습니다. 이런 오늘을 예견이라도 한 듯 프랑스 화가 앙리 마티스Henri Matisse가 했던 말이 있습니다.

본다는 것은 그 자체가 노력을 요하는 창조적 작업이다. 우리가 일상생활에서 보는 모든 것은, 정도의 차이는 있으나 습득된 습관에 의해서 왜곡된다. 현대와 같은 시대에는 더욱 그렇게 되기 쉽다. 영화, 광고, 잡지 등은 우리를 매일 기성의 이미지들의 홍수 속으로 몰아넣는다. 이러한 이미지들은 지성에 있어서의 편견과 같이, 우리의 시각을 왜곡시킨다.

아름답고 멋지다고 여기는 것이 사실은 자신의 시각이 아니라 보는 습관이 잘못돼서 기성의 이미지에 길들여진 편견이거나 왜곡된 시각일 수 있습니다. 진정으로 무엇이 아름다운지 알고 싶다면, 나아가 흔들리지 않는 나만의 아름다움을 지니고 싶다면 왜곡된 시각은 없는지 보는 습관을 점검할 필요가 있겠지요. '본다는 것 자체가 노력을 필요로 하는 창조적 작업'이라는 이 아름다운 금언을 기억하기 바랍니다.

〈미녀의 야수〉의 야수는
누구를 모델로 삼았을까?

　　오르시니Orsini 가문은 중세 로마에서 가장 유명한 명문가였습니다. 두 명의 교황을 배출했고 많은 콘도티에리를 배출했는데, 도시국가로 이루어진 중세 이탈리아에서 전쟁 전문가인 콘도티에리는 실질적인 통치자나 다름없었습니다. 오르시니 가문은 종교계나 정치계에 인물을 대거 배출하면서 로마뿐 아니라 이탈리아를 통틀어 최고의 명문가로 올라섰는데요. 메디치 가문이 피렌체에서 명문가가 될 수 있었던 것도 오르시니 가문의 덕이 컸습니다. 훗날 피렌체 시민들로부터 '일 마니피코(위대한 자)'라는 호칭을 받은 로렌초 데 메디치의 아내가 클라리체 오르시니, 오르시니 가문의 딸이었기 때문입니다.

　　그러나 옛날 옛적의 일일 뿐 사람들은 더 이상 오르시니 가문에 대해서 알지 못했습니다. 그러다 20세기에 다시 화제가 된 것은 로마에서 70km가량 떨어진 보마르초에 조성된 정원 때문입니다. 오르시니 가문은 이곳에 있던 중세의 요새를 별장으로 개조한 데 이어 16세기 후반에는 별장 아래 골짜기와 숲에 정원을 조성했는데요. 일반적으로 정원이라고 하면 아름다운 휴식처를 떠올리기 마련이지만 이곳의 별장은 남다릅니다. 1786년부터

2년 동안 이탈리아를 두루 여행한 요한 볼프강 폰 괴테는 이곳에 왔다가 얼마나 놀랐는지 이런 소감을 남겼습니다. 〈정원에 발을 내딛는 순간부터 모골이 송연해지고 섬뜩한 기운을 어쩔 수 없었다. 누구든 이 정원에서 길을 잃기라도 한다면 심장이 멈추고 말 것이다(『괴테의 이탈리아 기행』 중)."

16세기 로마의 콘도티에리였던 프란체스코 오르시니가 조성한 이 정원의 주인공은 괴물 조각상입니다. 로마 군인을 짓밟는 거대 코끼리와 사람의 몸을 잔인하게 찢는 거인, 눈을 크게 부릅뜨고 입을 크게 벌린 얼굴인데 벌린 입의 크기가 어른의 키만 하고 이빨이 두 개뿐인데 물리고 말 것 같습니다. 이런 괴물 조각상이 수십 개도 아닌 무려 600여 개에, 작은 집 한 채가 있기는 한데 그나마 기울어졌습니다. 지을 때부터 기운 상태였던 이 집은 수백 년이 지난 지금도 무너지지 않은 채 무사합니다. 이런 기기묘묘한 것들이 한낮에도 어두침침한 숲속에 조성됐으니 괴테의 말처럼 길이라도 잃는다면 심장이 어떻게 될지 모를 일이지요.

프란체스코 오르시니가 왜 이런 괴기한 정원을 조성했는지에 대해서는 추측만 전합니다. 그중에는 그의 외모가 흉측해서 자신보다 더 흉측한 괴물을 지어놓고 별장 밖으로 한 발자국도 나오지 않았다는 설도 있는데요. 세월이 흘러 1946년 장 콕토가 잔-마리 르 프랭스 드 보몽의 소설 『미녀와 야수』를 영화로 제작할 준비를 하고 있었습니다. 미녀에 대한 모티브는 충분했지만 야수가 어떤 모습이어야 할지 막연했지요. 그러다 『괴테의 이탈리아 기행』을 읽다가 앞서 말한 그 문장을 보고 이 괴물정원에 찾아옵니다. 이렇게 탄생한 작품이 영화와 애니메이션에서 형상화된 〈미녀와 야수〉의 '야수'입니다. 그리고 이 괴물정원에서 모티브를 얻은 또 한 명의 예술가가 있는데 바로 초현실주의 화가 살바도르 달리였습니다.

16세기 동네 주민들 사이에서도 비밀스럽고 공포스러웠던 괴물정원은 오르시니 후작이 사망하자 오랫동안 방치됐습니다. 2차 세계대전 때는 많이 훼손되기까지 했는데 뜻있는 사람들이 뜻을 모아 복구해서 예전 모습을 되찾았고 지금은 〈미녀와 야수〉 덕분에 관광지로 유명합니다.

왜 유럽의 성당이나 한국의 궁궐 지붕에 괴물이 앉아있을까?

파리의 노트르담 대성당은 루이 7세 때인 1163년에 착공해 1345년에 완공됐으며 프랑스 고딕 건축물의 걸작으로 꼽힙니다. 2019년 봄에 일어난 화재로 첨탑과 목조지붕이 전소되면서 무너져 기본 골조만 남다시피한 상태가 되고 말았는데 당시 마크롱 대통령이 "우리의 일부가 불탔다"고 한 탄식에 세계인이 함께 가슴 아파했습니다. 2025년에 5년간의 복원공사를 성공적으로 마치고 개장했는데요. 앞서 소개한, 500년 동안 별일 다 겪은 미켈란젤로의 〈다비드〉 상처럼 완공 뒤 700여 년 가까운 세월 동안 노트르담 대성당 역시 숱한 우여곡절을 겪었습니다.

18세기 말 프랑스 대혁명기에는 가톨릭이 '앙시앵 레짐Ancien Régime, 구체제'으로 지목되면서 상당 부분 파괴됐습니다. 빅토르 위고가 노트르담 대성당을 배경으로 한 소설 『노트르담 드 파리』를 집필한 것은 아예 철거하자는 여론까지 있을 정도로 처참한 몰골이었던 노트르담 대성당 복원에 대한 염원이 담겨있었습니다. 소설이 1831년 출간되면서 대성공을 거두자 위고의 염원이 이루어집니다. 1845년 건축가 외젠 비올레 르 뒤크의 주도로 복원공사에 착수하는데요. 우리가 아는 노트르담 대성당은 이때 복원

된 모습입니다.

그런데 중세 고딕건축에 익숙하지 않은 사람으로서는 성당에 마땅하지 않은 조형물이 보입니다. 지붕 곳곳에 앉아 파리 시내를 응시하는 괴물 조각상입니다. 알고 보니 파리의 노트르담 대성당뿐 아니라 중세에 건립한 유럽의 성당 지붕에는 으레 이런 괴물상이 놓여있었습니다. 이들의 정체는 기독교 이전에 있던 토착신들입니다. 기독교가 확산되면서 성당의 바깥에서 망을 보는 역할로 지위가 떨어졌습니다. 이렇게까지 괴상하고 무섭게 만들 필요가 있을까 싶은데 그 정도는 생겨줘야 악마가 성당 근처에 얼씬도 못 한다고 믿었다고 합니다. 일종의 액막이라고나 할까요. 이 날개 달린 괴물상을 '가고일Gargoyle'이라고 통칭합니다. 목구멍을 뜻하는 프랑스어 '가르구이Gargouille'에서 유래했는데요 가고일 뒤로 배수로가 연결되어 있어서 흘러온 빗물이 가고일의 입을 통해 흘러내립니다. 그러니까 가고일의 주된 용도는 홈통의 주둥이였지요.

이랬던 가고일을 건축가 비올레 르 뒤크가 1845년 복원공사 때 새롭게 해석합니다. 제각각 다른 형상과 스토리를 가진 괴물 54개를 디자인했는데요. 비올레 르 뒤크의 독서와 상상력에서 탄생했고 완성된 석물을 지붕 가장자리에 배치해 신비로운 느낌을 주었습니다. 지붕 가장 높은 곳에 자리한 가고일은 사자의 등, 염소의 머리, 뱀의 머리를 꼬리로 가진 '시메르Chimere'입니다. 그리스신화에서는 '키마이라'라고 부르는데 거대한 괴물 뱀 티폰의 자식입니다. 가장 유명한 가고일은 정수리에 뿔이 돋았고 날개를 접은 채 턱을 괴고 파리의 어딘가를 응시하는 괴물일 텐데요. '스트리주Stryge'입니다. 음욕을 상징하며 '만족하지 못하는 뱀파이어'라고 하지요. 외양은 기괴한 괴물인데 자세가 고뇌하는 인간이라 볼수록 끌리는 매력이 있습니다. 현재는 파리 노트르담 대성당의 상징이라고 해도 과언이 아닙니다.

한국의 궁궐이나 왕릉에서도 가고일과 비슷한 괴물상을 볼 수 있습니다. 주로 추녀마루나 정자각 지붕에 앉아있는데 개수는 제각각이나 모양은 비슷하며 '잡상'이라 부릅니다. 그리고 원숭이 토우가 빠지지 않는데요. 손오공입니다. 대체로 맨 앞에 자리 잡으며 언뜻 보아 원숭인지 알아보기 힘든 이유는 손오공이 용왕에게 빼앗은 자주색 금관과 황금 갑옷을 입고 있어서이지요. 손오공이 잡상으로 기와지붕 위에 놓이게 된 사연은 다음과 같습니다.

당나라 태종이 밤마다 귀신이 나타나 기와를 던지며 괴롭히는 꿈을 꿨습니다. 이에 문관과 무관의 형상을 만들어 살을 막으려는 부적의 용도로 문 앞을 지키게 했는데요. 특히 손오공은 태어나면서부터 힘이 센 데다 자유자재로 변신술을 쓸 수 있고, 자유자재로 늘었다 줄었다 하는 여의봉까지 가지고 있으니 요괴를 물리치는 데는 더없이 적합했습니다. 그 후 우리나라에서도 벽사의 의미로 기와지붕에 토우를 얹기 시작했고 세월이 흐르면서 한국 정서에 맞게 재편성되어 사자와 해치, 봉 같은 토우들도 올라갔는데요. 고딕성당 지붕의 가고일과 한국 고궁 지붕의 잡상은 시공간이 다를 뿐 의미나 배치가 무척 닮았습니다.

그런데 한국에는 그 의미에서 다소 동떨어진 잡상을 지붕에 배치한 사찰이 있습니다. 강화에 있는 전등사입니다. 고구려 소수림왕 때 창건했고 옛 이름은 진종사였습니다. 전등사라는 명칭은 고려 말 충렬왕 비인 정화궁주가 옥등을 시주하면서 붙여졌는데요. '부처님 지혜의 등불이 대대로 세세생생 전해지는'이라는 뜻입니다. 광해군 때 화재가 발생하면서 대부분이 전소됐고 현재의 건물들은 그때 중건된 것인데요. 어느 사찰에서든 중심 건물은 석가모니불을 본존불로 모시는 대웅전이지요. 전등사의 대웅전은 상당히 독특합니다. 무거운 지붕을 떠받치고 있는 네 귀퉁이 추녀 밑에 끼워 넣은 나무 조각상이 다름 아닌 '나부상裸婦像'입니다. 처음 본 사람들은 신성한 법당에 설마 벌거벗은 여인이겠느냐 싶지만 다시 봐도 연꽃좌대에 쪼그리고 앉은 벌거벗은 여인입니다. 신성한 법당에 어떻게 벌거벗은 여인상이 자리 잡게 됐을까요.

17세기 말에 전등사를 중건할 당시 나라에서 손꼽히는 도편수에게 일이 맡겨졌습니다. 오랫동안 정든 집에서 떠나 있어야 했던 도편수는 근처 주막의 주모와 사랑에 빠졌다고 하지요. 그는 돈이 생길 때마다 주모에게 맡겨두었는데 공사가 끝나면 함께 그림 같은 집을 짓고 백년해로하기 위해서였습니다. 공사가 끝날 무렵 주모가 돈을 챙겨 도망쳐버렸습니다. 배신감과 분노가 얼마나 컸을까요. 그는 주모의 모습을 깎아 사방의 무거운 지붕 아래에 끼워놓았습니다. 그것은 마치 살아서도 죽어서도 영원히 부끄러운 모양새로 무거운 지붕을 떠받치라는 일종의 무시무시한 저주였습니다.

그러나 곰곰이 생각해 보면 비록 자신을 배신했어도 진심으로 사랑했던 여인입니다. 그가 내린 것이 과연 저주이기만 했을까요. 제각각 다른 모양과 표정을 하고 있는 네 개의 나부상을 살피면 꼭 그러기만 했을 것 같지 않습니다. 죄를 뉘우치듯 울상 짓는 것, 내가 왜 이 무거운 지붕을 떠받쳐야 하냐며 화가 난 것, 이까짓 지붕쯤이야 하고 즐거운 것, 아예 양쪽 입꼬리가 올라가며 낄낄대는 것……. 네 개의 나부상은 마치 그가 한 시절에 겪었던 사랑의 희로애락을 나무에 새기고 깎아놓은 것 같습니다. 그렇게 생각하면 사랑의 끝이 저주로 추락하지 않고 해학으로 승화된 것 같아 슬며시 웃음이 납니다.

파가니니에게 왜
악마의 바이올리니스트라고 했을까?

　예술사를 살피면 특정 시대에 문화예술계의 천재들이 한꺼번에 등장하는 것을 발견할 수 있는데 19세기 초 유럽이 그러했습니다. 프란츠 리스트와 프레데리크 쇼팽은 1년 차이로 헝가리와 폴란드에서 태어났는데요. 열 살 때 빈으로 떠나 집중적으로 음악교육을 받으며 무대에 선 리스트와 달리 쇼팽은 스무 살에야 빈으로 향했습니다. 그리고 이 두 천재 피아니스트에게 큰 영향을 끼친 바이올리니스트가 있습니다. 니콜로 파가니니Niccolò Paganini, 1782~1840입니다. 리스트는 파가니니의 연주를 듣고 "피아노의 파가니니가 되든지, 아니면 미치광이가 되겠다"고 결심했고 쇼팽은 큰 충격을 받아 열 번이나 연달아 관람하면서 커다란 발상의 전환을 맞이합니다.

　파가니니의 기량이 실제로 어떠했는지는 후계자를 키우지 않은 탓에 전해지지 않습니다. 그저 그 시대의 기록으로 짐작할 뿐인데요. 빈 공연에서 「바이올린 협주곡 3번 E장조」를 연주한 후에 현지 신문에는 다음과 같은 기사가 실렸습니다. 〈그의 연주를 들어보지 못한 이들에게 아무리 열심히 설명을 한들, 무감한 철자와 죽은 단어의 나열, 그저 해독 불능의 상형문자에 불과할 것이다.〉 파가니니의 연주를 언어로 표현하는 것이 불가능하다는 뜻입니다.

그러나 음악으로 표현하는 것은 가능했던지 리스트는 파가니니의 음악을 피아노 건반으로 옮겼을 뿐 아니라 젊은 날의 다짐대로 피아노계의 파가니니가 되는 데 성공하지요. 쇼팽은 낯설고 부담스러운 연주기법이라도 예술적으로 높은 경지에 도달하면 음악적으로 새로운 시대를 열 수 있다는 깨달음을 얻었습니다. 이렇게 각각 다른 장소에서 파가니니의 연주를 듣고 음악적으로 한 단계 성장한 두 젊은이는 파리에서 처음 만나 계속 우정을 이어갔는데요. 파가니니를 흠모했던 예술가는 리스트와 쇼팽, 슈만 같은 음악가들만이 아니었습니다.

당대 최고의 미술가일 뿐 아니라 프랑스 화단의 교주와도 같은 존재였던 장 오귀스트 도미니크 앵그르, 그리고 앵그르의 고전주의적 화법에 저항했던 탓에 프랑스 화단에서 따돌림을 당했던 외젠 들라크루아도 파가니니에게 흠뻑 빠졌습니다. 두 화가 모두 파가니니의 모습을 그림으로 남겼는데요. 앵그르가 그린 〈니콜로 파가니니〉를 보면 인간 파가니니의 생김새를 알 수 있습니다. 들라크루아가 그린 〈니콜로 파가니니〉는 오싹함이 느껴질 정도로 '악마의 바이올리니스트' 그 자체입니다. 파가니니가 연주회를 열면 집단 히스테리 현상이 일어나고는 했다는데 이 그림을 보면 공감할 수 있습니다. 앵그르가 파가니니의 외모를 충실하게 표현했다면 들라크루아는 파가니니의 신기神氣를 담은 것이지요.

리스트와 쇼팽, 앵그르와 들라크루아…… 외모도, 성격도,

작품세계도 완전히 대조적이었고, 동료이자 라이벌이었던 그들이 공통으로 사랑한 하나의 존재가 있었다는 사실이 신기한데요. 그렇지만 리스트와 쇼팽이 서로에게 힘이 되어주는 동료이자 친구였던 반면, 앵그르와 들라크루아는 그렇지 못했습니다. 심지어 앵그르는 들라크루아의 그림이 산만하고 정신없다면서 경멸할 정도였다고 하지요. 두 화가가 파가니니를 그린 초상화만 봐도 서로 얼마나 다른 취향이었는지 알 수 있습니다. 그럼에도 불구하고 똑같이 파가니니를 좋아했던 것을 보면, 파가니니가 인간의 영혼을 뒤흔드는 마력을 가진 바이올리니스트였다는 사실만큼은 분명한 것 같습니다. 그 신기나 마력이 얼마나 대단했으면 평생 '악마의 바이올리니스트'라는 악성 루머에 시달렸는데요. 이 악성 루머 때문에 파기니니는 죽어서도 교회의 반대로 36년 동안이나 묘지에 묻히지 못했습니다.

파가니니는 열여덟 살 때부터 유럽 전역으로 순회공연을 다니면서 명성을 쌓기 시작했는데 다른 연주자들에게선 볼 수 없는 기이한 공연을 보여줬습니다. 바이올린 한 대로 플루트와 트럼펫, 호른의 소리를 흉내 내는가 하면 갖가지 동물 소리를 내고, 활이 아닌 나뭇가지로 연주하고, 악보를 거꾸로 올려놓고 연주하기도 했습니다. 보수적인 평론가들이나 관객들은 곱지 않은 시선을 보냈지만 그보다 많은 관객들이 그의 공연에 열광했는데 그들 중에 황제 나폴레옹 1세의 여동생 엘리자가 있었습니다.

그는 나폴레옹이 점령한 북이탈리아의 루카-피옴비노 공국을 통치할 때 파가니니를 궁정음악가에 임명했습니다. 어느 날 파가니니가 바이올린의 현을 두 개만 사용해서 연주하자 엘리자가 하나로만 연주할 수도 있냐고 물었습니다. 파가니니는 이 말에 영감을 얻어 정말로 G현 하나로만 연주하는 곡을 만들었는데 이 곡이 바로 로시니의 오페라 「이집트의 모세」에서 주제를 빌려온 「로시니의 모세 주제에 의한 변주곡」입니다.

그러자 엉뚱한 소문이 퍼지기 시작했습니다. 파가니니가 연주하는 바이올린의 G현이 그가 목 졸라 살해한 애인의 창자를 꼬아 만든 줄이라는 둥 파가니니가 연주할 때 바이올린 활을 움직이는 것이 사실은 악마라는 둥 하는 내용이었습니다. 소문은 유럽 전역으로 퍼져나가 사람들은 파가니니가 나타날 때마다 정말로 악마인지, 아니면 악마가 옆에 있는지 눈을 크게 뜨고 쳐다봤다고 하는데요. 이런 소문이 퍼진 데는 상식을 깰 만큼 파격적으로 빼어났던 실력이 결정적이었겠지요.

파가니니의 괴팍한 성격과 행동, 깡마른 체격에 매부리코를 가진 외모도 한몫했을 것입니다. 예나 지금이나 사람들은 이해할 수 없는 일을 보면 이해하지 못하는 자신을 정당화하기 위해 나름대로 말이 된다고 생각하는 근거를 만들어 갖다 붙이기 마련인데요. 바이런에게는 '뱀파이어', 파가니니에겐 '악마'가 그것이었습니다.

정물화에 왜
해골을 그려 넣었을까?

　해적선이라고 하면 대퇴골 두 개를 겹쳐놓거나 해골에 칼 두 개를 겹쳐놓은 문양을 그려 넣은 해적 깃발이 상징적으로 떠오릅니다. '졸리 로저Jolly Roger'라고 부르는데요. 해골이 된 사람의 이름이 졸리 로저였나 싶지만 맨 처음 이 깃발을 사용한 해적 바솔로뮤 로버츠의 별명이 졸리 로저라서 그냥 깃발 이름이 졸리 로저가 됐다고 합니다. 해적이 깃발에 해골을 그려 넣은 이유는 오늘날 독이나 폭발물, 위험을 경고하는 의미로 해골 문양을 쓰는 것과 비슷했을 것입니다. 우리와 달리 서양에서는 중세부터 해골 그림과 친숙했습니다.

　14세기 중반 유럽은 흑사병으로 전체 인구의 4분의 1을 잃었습니다. 해골이 그림이나 조각, 공예에 등장하거나 장식을 위한 모티브로 쓰인 것이 이때부터였습니다. 특히 '바니타스 정물화Vanitas Still Life'에 자주 등장하는데요. 한자로 고요할 정靜을 쓰는 정물화는 스스로 움직이지 못하는 사물을 그린 그림을 칭하는데 여기에는 생명이 없다는 것을 전제로 하고 있습니다. 그런데 정물화를 영어로 부르면 다른 느낌이 듭니다. 'still life', 마치 생명은 있으나 움직임도 소리도 없이 그대로 멈춰버린 모습을 떠올리게 합니다. 생명이 있는 모든 것은 움직이고 소리를 내기 마련이지요. 더 이상 움직임도 소리도 없다는 것은 죽음을 암시합니다.

정물화가 가장 발전했고 큰 사랑을 받은 곳은 17세기 세계에서 가장 부유했던 나라 네덜란드였습니다. 당시에 네덜란드는 너나 할 것 없이 정물화를 주문해서 집 안에 걸었습니다. 그림에는 화려한 은식기에 담긴 과일을 비롯한 음식, 꽃, 촛불과 촛대, 악기 등이 등장하는데 이런 정물화를 특별히 바니타스 정물화로 분류해서 불렀습니다. '바니타스'는 라틴어에서 유래한 말로 '인생무상', '허무'를 뜻합니다. 구약성서에 바니타스를 거듭 언급한 유명한 구절이 있지요. '바니타스 바니타툼 옴니아 바니타스Vanitas vanitatum omnia vanitas', 헛되고 헛되도다, 모든 것이 헛되도다…….

바니타스 정물화는 언뜻 보았을 때 매우 화려합니다. 그러나 잘 살펴보면 어딘가에 해골이 있거나 모래시계, 은식기에 담긴 음식, 비눗방울, 촛불, 꽃이 있습니다. 삶은 유한하고 비눗방울은 언젠가 사라집니다. 아무리 값비싼 은식기에 담는다 한들 음식은 얼마 안 가 부패합니다. 비눗방울과 촛불은 꺼지고 꽃은 시들며 선율은 사라지지요.

세계에서 제일 잘나갔던 17세기 네덜란드 사람들이 정물화를 집 안에 걸어두었던 것은 그처럼 삶은 유한하고 화려함과 쾌락은 허망하다는 진실, 즉 '메멘토 모리Memento Mori, 죽음을 기억하라'를 새기기 위해서입니다. 아무리 돈이 많다 한들, 재능이 뛰어나다 한들, 권력이나 명예가 높다 한들, 너는 유약하기 짝이 없는 육체를 가지고 있으니 반드시 언젠가 죽는다, 삶은 유한하니 충실하게 살라는 메시지를 담고 있습니다.

  그런데 같은 해골 그림이라도 술잔이나 술집에서는 전혀 다른 의미가 됩니다. '어차피 인생은 유한하니 먹고 마시고 즐길 수 있을 때 최대한 즐기자'는 뜻으로요. 이 말도 맞고, 저 말도 맞지요. 유한한 삶, 무엇에 충실할 것이냐는 각자의 선택이며 그에 따른 결과 또한 각자의 몫입니다.

벨 에포크,
아름다운 시절은 언제였을까?

1789년 대혁명에서 1871년 파리코뮌까지, 무려 80여 년에 걸쳐 개혁과 반동이 반복되며 유혈사태로 이어진 프랑스 역사는 우리에게 혁명과 개혁이 얼마나 달성하기 힘든 목표인지 보여줍니다. 프랑스인의 대혁명에 대한 자부심은 1789년 7월 14일 바스티유를 공격해서 점령한 지점에만 있지 않습니다. 그 뒤로 80여 년을 이은 잔혹한 탄압에도 끝까지 자유와 평등을 포기하지 않은 정신에 있다고 할 수 있을 것입니다.

좌익과 우익이 전면적으로 맞서면서 3만여 명이 학살당한 파리코뮌을 끝으로 대통령제가 도입됩니다. 정치적인 혼란이 가라앉자 프랑스에 황금시대가 도래하면서 찬란한 문화의 꽃이 활짝 피는데 훗날의 사람들은 이 시기를 '벨 에포크Belle Époque, 아름다운 시절'라고 불렀습니다. 대략 1880년 전후부터 1차 세계대전이 발발한 1914년까지로 많은 인상파 화가들이 벨 에포크를 캔버스에 담았습니다.

모더니즘을 탄생시키고 댄디즘을 숙성시킨 예술과 철학의 도시, 파리. 처음부터 아름답고 지적인 도시는 아니었습니다. 길은 좁고 더러웠으며 심하게 구불거렸지요. 파리의 도심이 변모한 것은 1856년 이후부터입니다. 인구가 급격하게 늘면서 파리 시내가 전염병과 교통문제, 주거문제로 몸살을 앓자 정부가 도시 재정비 사업을 추진합니다. 상하수도 시설을 확충하고 도로를 직선화했으며 곳곳에 공원을 조성했습니다. 널찍하고 곧게 길을 낸 것은 시민들이 좁은 골목을 이용해서 더 이상 정부에 대항해 바리케이드를 칠 수 없도록 하려는 목적이었고, 공원을 조성한 것은 비민주적인 통치에 대한 불만을 무마시키려는 목적이었지만, 대외적으로는 대중적이고 개방적인 도시라는 이미지를 알리는 데 성공했습니다.

파리 시민들은 해가 저물면 세련된 옷차림으로 집을 나서 카바레 물랭루주와 레스토랑 맥심을 찾았고 휴일이면 공원에서 여가생활을 즐겼습니다. 이런 파리 시민의 일상은 인상파 화가들에게 새로운 소재가 되었습니다. 마네, 드가, 르누아르, 피사로, 카유보트가 그린 그림 속 파리 시민들은 화려하고 우아한 옷차림으로 거리를 활보하고, 강에서 보트를 타고, 경마장과 공원에서 즐거운 한때를 보내고, 저녁이면 카페와 극장과 무도회에서 음악과 춤과 인생을 향유합니다.

그러나 꽃처럼 아름답고 화려한 벨 에포크는 불안하고 일시적이었습니다. 18세기 산업혁명이 이끌고 온 경제성장 덕분에 문화와 예술, 철학이 꽃을 피웠지만 대량생산 체제가 가속화될수록 가난한 사람은 더욱 가난해졌습니다. 실업자와 도시 빈민이 대거 양산됐고 정치적으로는 유럽 각국이 서로 제국주의의 야심을 숨긴 채 간신히 균형을 유지하는 상태였습니다. 이런 불안함은

1914년 프러시아 전쟁이 끝난 지 30년도 되지 않아 끝내 제1차 세계대전으로 폭발합니다.

훗날 사람들은 전쟁과 전쟁 사이, 혼란스러운 세기 말과 세기 초 사이, 아름다운 문화와 예술로 근심걱정을 잊을 수 있었던 그 잠시의 세월에 '벨 에포크'라는 이름을 헌정했습니다. 그러나 그것은 진실로 아름다운 시절이었다기보다 그 뒤에 경제적으로나 정치적으로 어려운 시절을 살 수 밖에 없었던 사람들이 떠올린 과거의 향수에 가까웠을 것입니다. 직역하면 '아름다운 시절'이지만 의역하면 '아, 아름다웠던 시절이여~'가 아니었을까요.

화투의 '비광' 속
우산 쓴 사람은 누구일까?

1907년 국채보상운동이 일어났을 때의 일입니다. 『대한매일신보』에 이완용이 판돈 수만 원 규모의 화투판을 벌였다는 기사가 실렸습니다. 심지어 이지용은 며칠 만에 수만 원을 잃었다고 했는데요. 당시 조선 국채 총액이 1,300만 원 정도였다는 점을 감안하면 이들 을사오적이 화투로 날린 돈이 얼마나 큰돈인지 짐작할 수 있습니다.

화투는 알려진 대로 일본에서 들어온 놀이입니다. 19세기경 쓰시마 섬의 상인들이 장사 차 우리나라를 왕래하면서 전했다는 설도 있고 부산과 시모노세키를 오가는 뱃사람들이 전했다는 설도 있습니다. 그렇다고 일본 고유의 놀이는 아닙니다. 16세기경 포르투갈 상인들이 즐기던 '카르타'라는 카드놀이가 전신입니다. 일본인들은 카르타를 본떠 마흔여덟 점의 '우키요에*'를 그린 다음 두꺼운 종이에 찍어냈는데 이것이 '하나후다花札'의 시작입니다.

하나후다를 한자 그대로 읽으면 '화찰', '꽃패'라는 뜻인데 우리나라에 건너와 '화투花鬪', '꽃싸움'이 됐습니다. 공통으로 꽃

---

* 17~20세기 초 에도 시대의 풍속 목판화로 고흐를 비롯한 유럽 인상파 화가들에게 영향을 주었다.

이 들어가는 이유는 그림의 주된 소재가 나무와 화초, 꽃이라서 입니다. 정월 소나무, 2월 매화, 3월 벚꽃, 4월 흑싸리, 5월 난초, 6월 모란, 7월 홍싸리, 8월 산과 보름달, 9월 국화, 10월 단풍, 11월 오동, 12월 비雨입니다. 하지만 이것은 우리나라의 화투에 대한 소개이고 하나후다는 약간 다릅니다.

하나후다에는 광光이 없습니다. 그리고 11월과 12월이 바뀌었습니다. 11월이 비이고, 12월이 오동이지요. 또 8월의 산과 보름달에는 기러기에 억새가 더해지는데 화투에는 억새가 없습니다. 그 외에 그림은 비슷해도 화투에서 달리 해석하는 것은 4월의 흑싸리와 5월의 난초입니다. 하나후다에서는 각각 등나무 꽃, 창포로 본다고 하지요. 그런가 하면 늘 보면서도 잘 모르는 것이 8월과 11월을 제외한 나머지 열 달의 홍단과 초단에 보이는 붉은 띠입니다. 이것은 깃발이 아니라 일본의 '단책'입니다. 일본 고유의 '단시短詩, 하이쿠'를 적는 긴 종이지요. 하이쿠는 에도시대에 마츠오 바쇼라는 걸출한 시인이 등장하면서부터 크게 유행했고 세상에서 가장 짧은 시로 불립니다.

그런데 유일하게 사람이 등장하는 패가 있습니다. 오광 중 하나인 '비'입니다. 유일하게 사람이 등장하고 또 가장 난해한데요. 일본에서 11월을, 한국에서 12월을 상징한다면서 한여름에나 어울릴 법한 비와 버드나무가 배경인 것부터 맥락에 맞지 않습니다. 그리고 웬 남자 한 명이 우산을 들고 버드나무 아래 서있는데요. 한때 이 남자가 이토 히로부미라는 차마 웃지 못할 풍문이 떠돈 적도 있었습니다. 누구일까요?

수염이 나지 않은 것을 보니 나이는 많아봐야 십 대 후반에서 이십 대 초반쯤, 앳된 얼굴과 어울리지 않게 머리끝부터 발끝까지 차림새가 고관대작 같습니다. 그의 왼편에 납작 널브러져 있는 것은 개구리입니다. 하도 커서 두꺼비로 볼 수 있지만 개구리입니다. 그리고 널브러진 것이 아니라 뛰어오르려고 안간힘을 쓰는 중입니다. 어디로 뛰어오르려고 하느냐면 청년의 머리 위에 드리워진 검은 수풀 위로입니다. 이 거대하고 검은 수풀의 정체는 수양버들입니다. 그냥 버드나무가 아니고 수양버들이라고 짚을 수 있는 단서는 청년의 뒤에 있는 파란색 띠가 하천이기 때문입니다.

이 그림은 단순한 구성에 대담한 구도, 입체감이 거의 없고 검정색을 많이 사용하는 우키요에의 특성을 그대로 보여주고 있는데요. 일본 역사에 생소한 우리로서는 수수께끼처럼 보이지만 일본에서 유명한 이야기를 담고 있습니다. 바로 「오노의 전설」이라는 이야기입니다. 비광에 보이는 남자는 10세기 일본 최고의 서도가 오노노 도후小野道風, 894~967입니다.

붓글씨의 특성상 붓에 먹물을 묻혀 종이에 대는 순간 단번에 획을 그어야 합니다. 그럴 수 없으면 망친 글자가 돼버리지요. 붓글씨를 잘 쓸 수 있는 비결이 일본에서는 도道에 있다고 보았고, 우리나라에서는 예藝에 있다고 보았습니다. 그 결과 붓글씨를 한국에서는 서예書藝라 부르고 일본에서는 서도書道라 부르지요. 도와 예 모두 중요하지만 일본이 좀 더 정신적인 면을 중시했다는 사실을 알 수 있습니다.

동시에 일본인들이 서도가를 어떤 인물로 봤을지도 짐작할 수 있습니다. 비광에 담긴 이야기 역시 바로 그 도와 무관하지 않습니다. 번듯한 차림새는 그가 귀족이기 때문이기도 하지만 성공했다는 것을 알려줍니다. 하지만 그 길이 결코 쉽지 않았습니다. 젊은 시절에 붓글씨를 아무리 열심히 써도 발전이 없자 깊은 회의와 좌절에 빠졌습니다. 회의와 좌절 다음에 이어지는 것은 방황이기 마련이지요.

마침 비까지 내렸습니다. 우산을 쓰고 한참을 걷다가 큰 깨우침을 준 장면을 목격합니다. 개울이 빗물로 불어나 물살이 거셌는데 개구리 한 마리가 급류에 떠내려가지 않으려고 수양버들로 필사적으로 뛰어오르고 있었습니다. 뛰어올랐다가 도로 떨어지고, 다시 뛰어올랐다가 또 떨어지고를 거듭했지만 개구리는 끝까지 포기하지 않았고 기어이 수양버들의 나뭇가지에 오르는 데 성공했습니다. 오노노 도후는 그 길로 돌아가 붓글씨에 매진했습니다. '나는 저 개구리만큼 필사적으로 붓글씨에 매달려봤던가?' 하는 자각이 있었을 것입니다.

회의와 좌절이 방황으로 이어지는 까닭은 아직 포기하지 못했기 때문입니다. 그 방황의 끝이 포기냐, 재도전이냐를 가르는 기점이 때로는 처절한 반성이 되기도 합니다. 오노노 도후는 그 반성의 계기를 개구리로부터 얻었습니다. 화투의 비광에 담긴 메시지가 이처럼 의미 있기는 하지만 여전히 의문은 남습니다. 왜 이 그림을 11월, 혹은 12월의 상징으로 삼았느냐 하는 것인데요. 이에 대해서는 1년을 마무리하는 시기니 만큼 오노노 도후처럼 스스로를 돌아보고 끝까지 최선을 다하자는 의미를 담지 않았겠느냐는 말도 있지만 억지춘향 같습니다. 일본의 서민을 위한 풍속화로 그려진 우키요에는 그렇게까지 철학적인 메시지를 담지 않으니까요.

한편으로는 화투가 일본의 놀이라는 사실을 '비'에서 확실히 드러내는 것도 같습니다. 오노노 도후가 나오는 그림도 그렇지만 문짝 그림도 그렇습니다. 일본 사람이라면 금세 알아차릴 그림을 한국인은 아무리 들여다봐도 무슨 뜻인지 알 수 없지요. 그런데도 정작 일본 사람보다 한국인이 더 많이, 더 신나게 화투를 가지고 놉니다. 참고로 비의 문짝 그림은 '라쇼몬羅生門', 아쿠타가와 류노스케의 동명 단편소설이나 구로사와 아키라 감독의 동명 영화와는 무관하며 '시체를 내보내는 쪽문'입니다.

한민족 최초의
싱어송라이터는 누구일까?

자신이 작사 작곡한 노래를 직접 부르는 아티스트를 '싱어송라이터Singer Song-writer'라고 합니다. 싱어송라이터가 꼭 노래만 부르는 가수보다 음악성이 뛰어나다고 볼 수 없지만 매력적이기는 하지요. 노래에 남의 경험이 아니라 본인의 경험이 담겨있을 가능성이 높기 때문입니다. 그런저런 노래를 듣다가 문득, 궁금했습니다. 한민족 최초의 싱어송라이터는 누구였을까. 아마도 이 노래를 부른 이가 아닐까요.

임이여, 강을 건너지 마오(公無渡河)
임은 끝내 강을 건너다가(公意渡河)

물에 빠져 죽으니(墮河而死)
임이여, 어이하리오(當奈公何)

학창시절 국어 시간에 우리나라에서 가장 오래된 서정시, 혹은 노래라고 배운 「공무도하가公無渡河歌」입니다. 공후라는 악기를 연주하며 불렀다고 해서 '공후인'으로 부르기도 합니다. 지금으로부터 2,200~2,300년 전, 우리나라는 고조선이었고 중국은 춘추전국시대였던 시절에 나온 노래로 꽤 오랫동안 히트했는지 노랫말과 그에 얽힌 유래가 후한 말에 채옹이 엮은 『금조』라는 책에 실립니다. 그리고 진나라 혜제 때 최표가 중국의 명물들을 모아서 쓴 책 『고금주古今注』에도 소개되는데요. 이처럼 중국의 고서에는 있으나 정작 우리 고서에는 없는 우리나라 최초의 노래가 우리에게 알려지기는 조선 정조 때의 사학자 한치윤이 『해동역사』에 옮기면서부터입니다.

「공무도하가」가 우리나라 최초의 노래라는 점에서는 학자들 사이에서 이견이 없습니다. 그러나 작사 작곡하고 부른 사람, 즉 우리나라 최초의 싱어송라이터가 누구냐에 대해서는 의견이 엇갈립니다. 남편이 물에 빠져 죽는 것을 보고 통곡하는 대신에 공후를 타며 노래를 부른 이름 모를 '백수광부의 처'인지, 이 비극적인 모습을 '곽리자고'에게 전해 듣고 공후를 당겨 소리를 내고 노래를 부른 '여옥'인지 애매하기 때문입니다.

진위 여부는 백수광부의 처가 부른 노래를 곽리자고가 여옥에게 그대로 들려줬는지 아닌지를 알아야 가릴 수 있는데 지금으로부터 2천몇백 년 전의 일이니 확인할 길은 없지요. 그러나 몇 가지는 분명합니다. 백수광부의 처든 여옥이든 우리나라 최초의 싱어송라이터가 여성이라는 점과 설령 원작자가 백수광부의 처였어도 여옥이 아니었다면 널리 알려지지 못했으리라는 점입니다. 기록에는 여옥이 공후를 타며 이 노래를 부르면 듣는 사람마다 눈물을 흘리지 않은 사람이 없었다고 하니까요. 이 때문에 여옥이 음악과 관련된 직업에 종사했던 인물이 아닐까 하고 추측하는 학자도 있는데 사실이라면 여옥이 직업적 싱어송라이터였다는 뜻이겠지요.

좀 더 상상의 나래를 펼치면 여옥이 고조선에서 으뜸가는 공후 연주인이자 가수였으리라는 데 이릅니다. 우리나라에만 있는 음악 장르, 발라드에서 최초의 계보에 서있는 아티스트로 말이지요. 가사에 나오는 '어이 하리오'가 발라드 가사에 곧잘 등장하는 '어찌합니까', '어떡하죠' 등의 가사와 비슷한 맥락이고, 눈앞에서 멀어져 가는 사랑하는 사람을 지켜봐야 하는 애끓는 슬픔 역시 발라드의 단골 레퍼토리니까요. 우리나라 사람들은 유난히 발라드를 좋아하는데 「공무도하가」는 아무래도 우리나라 최초의 발라드인 것 같습니다.

그러나 일부에서는 「공무도하가」를 남녀 간의 이별로 보기 어렵다는 견해도 내놓습니다. 바야흐로 부족사회가 막을 내리고 고대국가가 형성되어가던 시기였습니다. 신화와 주술이 몰락하고 있었지요. 그래서 무당을 머리가 하얗게 센 미친 남자인 백수광부에, 음악의 신을 백수광부의 처에 비유했다는 주장도 있습니다. 또 이 둘이 물에 빠져 죽은 것을 정말로 죽은 것이 아니라 새로운 전기를 맞은 것으로 해석할 수도 있지요. 동서고금의 신화에서 '물'은 죽음과 동시에 부활을 의미하니까요. 만약 이 해석이 맞다면 「공무도하가」의 작사 작곡은 여옥이 했다는 뜻이 됩니다.

어떻게 해도 사실을 알아낼 수는 없습니다. 그래서 더욱 호기심을 불러일으킵니다. 답이 없는 덕분에 맘대로 상상할 수 있는 자유는 덤입니다. 비록 멜로디는 알 수 없어도 2천 년 전의 노래를 지금 우리가 알고 있다는 사실이 신비롭습니다. 이 시대에 우리가 즐겨 듣고 부르는 노래 중에 어떤 노래가 2천 년 뒤의 사람들에게 알려질지 궁금합니다.

안견의 〈몽유도원도〉는
어쩌다 살생부가 됐을까?

　　세종 29년이던 1447년 4월 21일, 세종의 총애를 받아 화원으로서는 파격적으로 정 4품의 벼슬에 올라있던 안견이 출근하자마자 안평대군이 급히 찾는다는 전갈을 받고 사저로 달려갔습니다. 안평대군이 간밤의 꿈을 안견에게 들려주었습니다. '박팽년과 함께 산 아래를 거닐고 있는데 우뚝 솟은 봉우리에 둘러싸인 골짜기에 이르렀다. 어디로 가야 할지 몰라 서성이는데 한 사람이 나타나 길을 알려주었고 그 길을 따라가니 계곡물이 흐르고 있었다. 계곡을 지나자 복사꽃이 흐드러지게 핀 복숭아나무 수십 그루가 나타났다. 향기에 취해 여기가 무릉도원인가 생각했는데 그들 곁에 최항과 신숙주가 와있었다. 넷이 함께 도원의 풍경에 취해 즐겼다.' 그리고 아마도 이렇게 덧붙였겠지요. "꿈이라 잊어버릴까 봐 아까워 너를 불렀으니 내 꿈을 그림으로 그려 보거라."

　　조선 최고의 산수화 〈몽유도원도〉의 탄생 비화입니다. 비단 바탕에 수묵담채로 세로 38.7cm, 가로 106.5cm, 두루마리 형식. 파격적인 구도와 함께 높은 완성도로 기념비적인 작품으로 꼽히지만 안견이 이 명작을 완성한 데 걸린 시간은 고작 사흘이었습니다. 완성된 그림을 보고 안평대군이 얼마나 흡족했던지 다음과 같은 시를 지었습니다.

> 세상 어느 곳이 도원이라 꿈꾸었나
>
> 들과 산에 숨은 이들의 옷차림새 아직 눈에 선한데
>
> 그림으로 그려놓고 보니 참으로 좋구나
>
> 천 년을 전할만하지 않겠는가
>
> 그림이 다 된 뒤 사흘째 정월 밤
>
> 치지정에서 다시 펼쳐보고 짓는다

안평대군은 1450년 정월에 문사들을 초대해 〈몽유도원도〉를 선보였습니다. 꿈속에서 함께 도원을 거닌 박팽년과 최항, 신숙주를 비롯해 김종서, 성삼문, 정인지, 서거정, 박연, 이개, 하위지 등 23명으로 가히 세종대의 명사들이었습니다. 이들은 〈몽유도원도〉에 대한 감상을 제각기 다른 해석과 느낌을 담아 찬시로 지었습니다.

안평대군은 자신의 시를 발문으로, 꿈속에서 함께 거닌 박팽년의 시를 서문으로, 신숙주와 최항의 시를 제영題詠*으로 그 밖의 시들을 찬문으로 구성해 안견의 그림 옆에 두루마리 형태로 표구했습니다. 이로써 〈몽유도원도〉는 안견의 걸출한 그림과 함께 당대 최고의 문사들이 마치 오늘날의 엔솔로지Anthology처럼 제각기 시를 짓고 붓글씨로 남긴, 시·서·화詩·書·畵가 결합된 작품

---

* 제목을 붙여 시를 읊음 또는 그 시.

이 되었습니다. 조선시대를 통틀어 기념비적인 작품으로 꼽히는 이유입니다.

그러나 꿈에도 생각하지 못했을 것입니다. 이로부터 3년 뒤인 1453년 10월 일어난 계유정난과 수양대군의 등극, 1456년 단종 복위 모의 등으로 이 자리에 함께 한 문사들의 삶은 수양대군에게 동조하느냐 안 하느냐에 따라 생과 사로 극명하게 엇갈립니다. 김종서와 안평대군을 시작으로 성삼문, 박팽년, 이개, 하위지 등은 처참하게 살해당했고 정인지, 서거정, 신숙주, 최항 등은 공신으로 책봉되어 출세의 정점에 서지요. 그렇다면 안평대군이 아꼈던 화가 안견은 어떻게 됐을까요.

1453년 그해에 안평대군은 '무계정사'에 머물고 있었습니다. 앞서 「고전 소설에서 서울은 어떤 모습일까?」에 나왔던 바로 그 장소입니다. 이곳은 당시에 수양대군과 함께 세력을 양분했던 안평대군을 따르는 많은 선비들이 드나드는 교류의 장이었습니다. 어느 날 안견이 안평대군을 찾아왔습니다. 안평대군은 안견에게 중국에서 들여온 귀한 먹을 보여줬는데 안견이 몰래 그 먹을 소매 속에 감췄고 몸을 일으킬 때 먹이 떨어졌습니다. 그 모습을 본 안평대군이 노여워하며 "다시 오지 말라"고 의절을 선언했고, 안견은 묵묵히 서있다 돌아갔습니다.

이 일이 있고 2년 뒤 계유정난이 일어나 안평대군은 형인 수양대군(세조)에게 사약을 받아 죽임을 당하고, 무계정사도 불태워졌습니다. 안견이 그린 〈몽유도원도〉에 시문을 짓고 이름을 올린 많은 문사들이 줄줄이 목숨을 잃었습니다. 안견은 살아남았습니다. 진즉 안평대군에게 의절당했기 때문이었습니다. 사실은 안평대군이 아끼는 먹을 훔친 것도 의절을 당하기 위해서 일부러 저지른 짓이었습니다. 그는 대세가 이미 수양대군 쪽으로 기운 사태를 알아차렸고 미천한 신분에 목숨이라도 부지하려고 꾀를 내었습니다. 안평대군은 그 속내를 짐작하고 안견이 원하는 대로 자신의 휘하에서 내쳐주었습니다. 안견은 계유정난에서 살아남았고, 세조대까지 목숨을 부지했습니다.

세월이 흘러 그 시절의 꿈도 권력도 모두 사라졌고 꿈에서 본 이상향을 그린 〈몽유도원도〉는 임진왜란 때 왜에 약탈당해 현재 텐리대학교 중앙도서관이 소장하고 있습니다. 변치 않고 그 자리에 그대로 남은 것이 있다면 안평대군이 무계동이라는 글씨를 새긴 바위와 어김없이 봄이 되면 피어나는, 안평대군의 무릉도원이었던 서울 부암동의 복사꽃, 또 복사꽃입니다.

김정희와 김홍도에게
닮은 점이 있을까?

어디에서 태어났는지조차 알려지지 않은 중인 출신의 단원 김홍도와 왕의 종친과 외척으로 둘러싸인 권세 있는 가문에서 태어나 천재로 주목받고 성장한 추사 김정희. 출발부터 달랐던 두 사람은 삶도 많이 달랐습니다. 단원이 정조의 전폭적인 지원을 받으며 당대 최고의 화가가 되고 평생 그림에 전념했던 반면, 추사는 학문과 시·서·화에 뛰어났지만 세 차례나 유배형을 받는 등 파란만장했습니다. 공통점이 있다면 그림을 그리기 좋아했다는 것이지만 다룬 주제가 풍속화와 문인화로 많이 달랐지요.

이런 두 사람이지만 삶의 끝자락에 그린 그림은 깜짝 놀랄 정도로 닮았습니다. 김홍도의 마지막 그림일지 모를 〈추성부도秋聲賦圖〉와 김정희가 제주 유배 시절에 그린 〈세한도歲寒圖〉가 그것입니다. 단원이 추사보다 한 세대 앞서 살았지만 이 그림을 그릴 때 단원은 예순한 살, 추사는 쉰여덟. 비슷한 연배일 적에 그렸습니다.

〈추성부도〉, '추성부'는 가을 소리라는 뜻으로 중국 북송대의 문인 구양수가 쓴 산문시의 제목입니다. 가을밤 소리에 대한 묘사가 수려하고 생생해서 중국뿐 아니라 조선에서도 명문으로 꼽혔는데요. 달창 너머에 한 남자가 앉아있고, 창 밖에서 동자가 팔을 펼쳐가며 뭔가 설명하고 있습니다. 구양수의 시를 참고해 그림이 담은 이야기를 추정하면 대략 이렇습니다.

남자가 책을 읽고 있는데 빗소리와 바람 소리, 폭풍우 소리, 그 물결이 쇠붙이에 부딪쳐 한꺼번에 울리는 소리, 군마가 질주하는 소리가 들립니다. 동자에게 이게 무슨 소린지 알아보라고 하자 나갔다 돌아온 동자의 답이 이러합니다. "별과 달이 밝고요, 하늘에는 은하수가 걸려있고요, 어디서도 사람 소리는 안 들려요. 그러니 이 소리는 나무숲에서 나는 것이지요." 그 말에 남자가 깨닫습니다. 자신을 그토록 섬뜩하리 만치 놀라게 한 것이 가을의 소리라는 사실을요. 그러고 보니 집 주변의 많은 나무에는 그저 가랑잎 몇 개만 달려있을 뿐입니다.

걸작을 남기기도 힘든데 양에 있어서도 현재 남아있는 작품이 300여 점에 이를 정도로 최대인 단원 김홍도. 젊은 시절에 재능이 이미 만개해서 스물한 살에 영조를 위한 잔치에 쓰일 큰 병풍 그림을 홀로 그릴 정도였습니다. 특히 정조의 든든한 후원과 지지 아래 풍속화뿐 아니라 산수, 화조, 인물 등 수많은 걸작들을 쏟아냈습니다.

이렇게나 훌륭한 화원이었지만 1745년에 태어났다는 기록만 있을 뿐 언제 어떻게 죽었는지에 대한 기록이 없습니다. 아무리 조선 최고의 그림 실력을 가졌어도 화원이라는 미천한 신분 탓이었겠지요. 단지 1805년 12월에 쓴 편지 이후의 행적이 전혀 없어서 예순두 살이던 1806년에 사망하지 않았을까 추측하는데요. 그렇다고 할 때 단원이 마지막으로 그린 그림은 숨을 거두기 한

해 전인 1805년에 완성한 〈추성부도〉일 가능성이 큽니다. 우리가 익히 알고 있는 익살과 해학은 어디에도 없고, 산도 나무도 메마른 가을 숲속에 덩그러니 집 한 채, 한 남자가 달창 안에 그저 단정히 앉아있는데 스산한 인생의 가을이 느껴집니다. 단원이 느낀 허무함과 쓸쓸함이 〈추성부도〉에 짙게 배어있습니다.

〈세한도〉, '세한'은 날이 추워진다는 뜻입니다. 단원이 가을을 그렸다면 추사는 겨울을 그렸는데 두 작품을 나란히 놓고 보노라면 같은 집에 가을에 단원이, 겨울에 추사가 번갈아 기거한 것 같은 착시마저 느낍니다. 이렇게 비슷한 분위기이나 세인들은 단원을 풍속화의 대가로만 평가할 뿐 〈추성부도〉를 눈여겨보지 않았습니다. 추사의 〈세한도〉는 조선시대 문인화의 최고봉으로 평가받았지요. 추사가 9년 동안 제주에서 억울한 유배생활을 하면서도 늘 푸른 송백을 닮고자 했던 결기를 그림에 담았다고 해석했기 때문입니다. 그림의 맨 오른쪽 상단에 추사가 직접 쓴 '세한도'라는 제목이 근거였습니다.

세한은 '세한연후지송백지후조야歲寒然後知松柏之後凋也'에서 따온 글자로 '날씨가 추워진 뒤에야 소나무와 측백나무가 뒤늦게 시듦을 안다'*는 뜻입니다. 공자의 『논어』의 「자한」 편에 나오는 구절로 따로 주석이 붙지 않았습니다. 그러다 사마천이 『사기열전』의 「백이열전」 편에서 그대로 인용한 다음 자신의 해석을 덧붙였습니다. 〈세상이 모두 혼탁해졌을 때 비로소 고결한 사람이

---

* 송백을 소나무와 잣나무로 해석하는 경우가 많은데 잣나무가 아니라 측백나무다.

드러난다. 어찌하여 부귀를 중히 여기는 풍조가 저와 같고, 군자를 가볍게 여기는 풍조가 이와 같은가?〉

그리고 추사가 자신이 왜 이 글귀를 화두로 삼아 그림으로 그렸는지, 그림 왼편에 붙인 그 유명한 추사체로 써내려간 편지글을 통해 알 수 있습니다. 수신인은 중인 역관인 제자 이상적으로 중국에 갈 때마다 귀한 책을 구해서 스승에게 보내주었습니다. 편지글은 다음과 같은 구절로 마칩니다. 〈적공이 대문에 방을 써 붙여 풍자한 것 같은 박절의 지극함이라네. 슬프도다!〉

세한도는 늘 푸른 송백을 닮고자 하는 결기만 담긴 것이 아니었습니다. 송백으로 살고자 하는 마음에 변함없으나 한편으로 몰락한 자신을 아무도 찾지 않는 데서 오는 처절한 외로움과 세상 인심에 분한 마음, 그리고 자신을 잊지 않고 보살펴주는 이상적에 대한 고마움이 함께 담겨있습니다.

단원 김홍도가 세상을 떠나기 일 년 전에 그렸을 것으로 추정되는 〈추성부도〉와 추사 김정희가 제주 유배 시절에 그린 〈세한도〉. 다른 조건을 가지고 다른 환경에서 태어나 다른 삶을 살았던 두 사람이지만 말년에 느낀 정서가 서로 다르지 않았습니다. 이런 심정은 그 둘만 느끼는 게 아니라서 오늘날까지 사람들의 심금을 울리는 것이겠지요.

중국의 시를 차용한
클래식 음악이 무엇일까?

'9번 징크스'라는 말이 있습니다. 서양음악사에서 위대한 작곡가들이 교향곡 9번을 끝으로, 혹은 완성을 앞에 두고 사망한 사실에서 유래합니다. 루트비히 판 베토벤과 안토닌 드보르자크, 프란츠 슈베르트의 교향곡이 모두 9번까지이고 안톤 브루크너는 교향곡 9번의 3악장까지 완성하고 4악장을 쓰다가 숨졌습니다.

"그 어떤 위대한 작곡가도 9번 교향곡을 쓴 다음에 살아남지 못했다"고 말한 이는 오스트리아의 작곡가 구스타프 말러Gustav Mahler였습니다. 하필이면 아홉 번째 교향곡을 작곡할 즈음에 큰딸을 병으로 잃었고, 자신은 심장병 진단을 받아 언제 갑자기 죽을지 모른다는 두려움에 시달렸으며, 부인 알마*는 건축가 발터 그로피우스와 외도하고 있었습니다. 말러는 지그문트 프로이트에게 도움을 청해 상담을 받지요. 이처럼 괴로운 상황에서 작곡한 아홉 번째 교향곡, 말러는 9번이라는 번호 대신 제목을 붙였는데 바로 '대지의 노래'입니다.

---

* 작곡가이자 저자, 편집장, 빈의 사교계 명사였다. 구스타프 말러는 알마가 작곡하는 것을 허락하지 않았고 이로 인해 갈등을 빚었다. 이 즈음에 만난 건축가 발터 그로피우스는 알마를 적극적으로 격려했다. 말러 사망 후 둘은 결혼하지만 알마는 극작가 프란츠 베르펠과 외도했고 이혼과 재혼을 거듭한다.

1911년 겨울 뮌헨에서 초연을 가진 「대지의 노래」는 전체 6악장으로 구성됐으며 독특하게도 교향곡과 가곡을 조합해서 '가곡적 교향곡'이라고 불립니다. 시를 노래로 옮긴 것을 가곡이라 하는데요. 말러는 서양음악사 사상 유래 없이 당시*를 여섯 곡의 가사로 차용했습니다. 그는 표지 제목을 '테너와 알토 조합 및 관현악단을 위한 교향곡(한스 베트게의 『중국의 피리』에서 차용함)'이라고 정했습니다.

유럽의 왕족이나 귀족들이 중국의 도자기와 가구, 직물 등에 열광하기 시작한 것은 17세기부터였습니다. 백자에 청색 안료로 무늬를 그려 넣은 청화백자 한 점의 가격이 같은 무게의 금보다 비쌀 정도여서 '하얀 금'으로 불렸다고 하지요. 이런 열풍은 '시누아즈리Chinoiserie, 중국풍 또는 중국양식'라는 새로운 양식을 낳아 회화, 건축, 패션 등에 영향을 끼쳤습니다. 그러다 1839년과 1856년 두 차례의 아편전쟁을 계기로 중국이 문호를 폐쇄하자 시누아즈리 열풍이 사그라들고 대신 자포니즘Japonism이 부상하는데요. 여전히 중국에 관심을 둔 이들이 있었습니다.

20세기 초의 예술가들이었습니다. 그들은 중국의 사상에 관심이 컸고 당시를 즐겨 읽었는데 독일 시인 한스 베트게Hans Bethge가 『중국의 피리Die Chinesische Flöte』라는 제목으로 당시 83수를 번역**한 모음집을 발표한 것이 계기였습니다. 구스타프 말러는 이

---

* 중국 당나라 시대 때 지은 시를 통칭한다.
** 정확히는 한스 베트게가 독일어로 번역한 것이 아니라 프랑스어로 번역된 것을 독일어로 번역-번안했다.

시집에서 이백의 시 「비가행悲歌行」과 「춘일취기언지春日醉起言志」, 맹호연의 「숙업사산방시정대부지宿業師山房時丁大不至」, 왕유의 「송별送別」, 그리고 작자가 확실치 않은 당시 두 수 등 모두 일곱 수의 시를 고른 다음 부분적으로 시구를 추가해 노래(혹은 가곡)*를 완성했습니다.

　말러는 특히 이백의 현세에 대한 절망, 꿈의 좌절, 허무한 기운에 끌렸던 것 같습니다. 우리에게 이백은 "달아 달아 이태백이 놀던 달아"로 시작하는 「달타령」노래 속 이태백으로 친숙한데요. 당나라 시인 이백(701~762)은 왕의 곁에서 평화로운 세상을 만들겠다는 야심을 품고 출사하지만 때가 현종과 양귀비의 시대였습니다. 사직과 유배로 이어지다 유람으로 생을 마치는데 1,200여 수의 시를 남겨 시선詩仙이라고 불리고, 술을 좋아해 주선酒仙이라고도 불립니다. 그리고 달을 좋아했지요. 오죽하면 장강에 배를 띄우고 놀다가 강물에 비치는 달그림자를 잡으려다가 익사했는데 신선이 되었다는 전설이 전할 정도입니다. 말러는 이백의 시 중 「춘일취기언지(봄날에 취해 일어나 뜻을 말한다)」를 〈대지의 노래〉 중 5장의 제목이자 가사로 차용했습니다. 이태백의 원시를 한국어로 번역하면 아래와 같습니다.

　이 한 세상 커다란 꿈과 같으니
　뭐하러 괴로워하며 살겠는가

_____

* 계속 노래 혹은 가곡이라고 하는 이유는 실제로 장르가 노래라고 할 수도 있고, 가곡이라고 할 수도 있는 지점에 있기 때문이다.

그리하여 하루 종일 취해

문지방에 완전히 늘어져 누워있다네

깨어나 뜰 안을 바라보니

새 한 마리 꽃 사이에서 울고 있네

지금 어떤 시절이냐고 물으니

봄바람과 담소를 나누는 앵무새 소리라고 하네

그에 동감하여 탄식하고자

다시 술을 대하여 홀로 잔을 기울이네

호탕하게 노래하면서 밝은 달을 기다리나니

노래가 끝나자 속세의 시름을 다 잊었네

한스 베트게는 제목을 '봄에 술 취한 자Der Trunkene im Frühling'
로 번역했습니다. 말러가 가사로 차용한 시를 한국어로 번역하면
다음과 같습니다.

인생이 한낱 꿈이라면

뭐하러 고생하고 걱정할까?

나는 더 이상 마실 수 없을 때까지 마신다

이 좋은 날에 하루 종일!

내 목구멍과 영혼이 충만해

더 이상 마실 수 없으면

문으로 비틀거리며 걸어가

단잠에 빠진다!

잠에서 깨자 들리는 것은? 들어봐!
한 마리 새가 나무에서 노래한다
꿈만 같아서 새에게 봄이 왔느냐고 물었다
봄이 왔느냐고

새가 지저귄다
"네! 봄이 왔어요. 밤새 왔지요"
대답하는 소리 믿을 수 없네
새가 노래하며 웃는다!

나는 새로 잔을 채우고
바닥이 드러날 때까지 마신다
그리고 노래한다 달이 환하게 뜰 때까지
칠흑 같은 하늘에 대고!

그러다 더 이상 부를 수 없을 때
다시 잠으로 돌아가야지
봄이 나와 무슨 상관이란 말이냐!
나를 취하게 내버려두라!

같은 시지만 첫 번째는 한시를 한국어로 번역한 것이고, 두 번째는 한시를 독일어로 번역한 것을 한국어로 번역한 것입니다. 마시기 위해 마신다는 내용은 비슷해도 뉘앙스가 확연히 다르지요. 원시는 절망을 넘어 달관의 경지에 이르렀고 번역시는 아직 비탄에 머물러있습니다. 과연 어느 쪽에 더 희망이 남아있을까요.

구스타프 말러는 〈대지의 노래〉를 완성하고 '9번 징크스'를 피했다고 믿고 싶었을까요. 사실상 교향곡 10번에 교향곡 9번이라고 명명하지만 완성하지 못한 채 1911년 5월 18일 숨을 거뒀으니 참으로 지독한 '9번 징크스'지요. 그는 〈대지의 노래〉 초연을 지켜보지 못했습니다. 연주회에 말러의 수많은 추종자들이 참석했고 지휘를 맡은 브루노 발터가 마지막 곡을 지휘하다가 눈물을 쏟았습니다.

말러의 죽음에 충격을 받은 이들 중에는 독일의 작가 토마스 만이 있었습니다. 그는 말러의 부고를 접하고 괴로운 나머지 베네치아로 떠나 그곳에서 한 편의 소설을 구상하는데 바로 중편소설 『베네치아에서의 죽음』입니다. 토마스 만은 이 작품으로 1929년 노벨문학상을 수상합니다.

7

신화로
묻다

간달프의 지팡이는
무슨 나무로 만들었을까?

신데렐라의 대모 요정은 마법을 걸 때마다 주문을 외웠습니다. "살라가둘라 메치카불라 비비디 바비디 부~"『신데렐라』에 나오지는 않지만 대모 요정은 '드루이드Druids' 출신입니다. 드루이드는 태양을 숭배한 고대 켈트인의 종교인 드루이드교의 성직자였습니다. 드루이드가 낯설지 모르겠습니다. 하지만 주문을 외울 때 손가락을 돌리는 것보다 나무젓가락이라도 들고 돌려야 할 것 같은 기분이 든다든가 정수리를 쑥 뽑아 늘린 것 같은 검정색 모자를 써야 할 거 같다면 당신은 이미 드루이드에 대해 알고 있습니다.

『신데렐라』의 대모 요정뿐 아니라『피터 팬』에서 팅커벨이 손가락으로 든 지휘봉 같은 지팡이, 영화 〈반지의 제왕〉에서 간달프가 늘 쥐고 있는 커다란 지팡이 등 서양의 판타지 영화나 애니메이션에서 마법사나 요정들이 들고 다니는 지팡이는 모두 참나무 Oak, 그중에서도 겨우살이가 기생하는 참나무로 만들었을 것입니다. 참고로 참나무란 상수리나무, 굴참나무, 떡갈나무, 신갈나무, 갈참나무, 졸참나무 등 참나무 속을 통칭합니다. 모두 도토리를 생산해서 '도토리나무'로도 불립니다.

지금의 프랑스, 벨기에, 스위스 서부, 라인 강 서쪽의 독일 지방에 거주하고 있던 켈트족을 궤멸해 브리튼으로 밀어낸 것은 율리우스 카이사르였습니다. 그는 기원전 58~51년까지 7년에 걸쳐 갈리아에서 전투를 치러 정복했고 켈트족은 갈리아에 사는 민족들 중 하나였습니다. 켈트신화에서 만물의 어머니인 '다누'와 '다누의 가족'은 '원래 그 땅에 살지 않았고 세계의 북쪽 끝에 있는 섬들에서 검은 구름을 타고 오는' 것으로 등장하는데요. 신화학자들은 그들의 정체가 카이사르를 피해 갈리아에서 건너온 드루이드였을 것으로 추정합니다. 그러나 로마가 브리튼까지 정복하고 6세기경이 되면 드루이드교는 사실상 절멸되며 다누의 가족은 요정으로 전락합니다. 왜 전락이라고 표현하느냐 하면 신화에서 요정의 실체는 이렇다 할 존재감이 없는, 힘없는 혹은 몰락한 신을 부르는 다른 말이기 때문입니다.

드루이드는 겨우살이가 기생하는 참나무를 성스러운 나무로 숭배했고 참나무에 기생하는 겨우살이를 '파나케아Panacea'라 불렀는데 '만병통치'라는 뜻입니다. 드루이드는 겨우살이로 만든 약물을 주술과 함께 처방했는데요. 어떻게 이러한 풍습이 시작됐는지 북유럽신화 『에다』에서 찾을 수 있습니다.

아스가르드에서 완전무결한 존재는 오딘이 아니라 그의 아들 발드르였습니다. 가장 똑똑하고 가장 말을 잘하며 가장 자비로운 신이라고 표현하는데요. 이런 발드르가 죽음을 예감하자 아스 신들은 그를 살리기 위해 온갖 위험한 것들에게 발드르를 해치지 않겠다는 서약을 받고 다닙니다. 어머니인 프리그는 불과 물,

철과 모든 종류의 금속, 돌, 땅, 나무, 질병, 짐승, 새, 독, 뱀 등에게 서약을 받았지요. 서약을 널리 공포한 날, 아스 신들은 발드르를 향해 온갖 것을 쏘고 치고 던지는 행사를 열었고 발드르는 조금도 상처입지 않았습니다. 모두 제 일처럼 기뻐했습니다.

이때 로키가 발드르의 형이자 맹인인 회드에게 작은 나뭇가지를 건네며 모두가 하는 것처럼 너도 해보라고 부추깁니다. 나뭇가지는 그대로 발드르의 가슴을 관통하면서 즉사합니다. 나뭇가지의 정체는 겨우살이, 『에다』에서는 프리다가 겨우살이가 너무 어려 서약을 받지 않았다고 했는데 여기서 어리다는 표현은 '나이가 적다'가 아니라 다른 나무에 비해 상대적으로 '작고 약하고 사소하다'일 것입니다.

그러나 단순한 죽음이 아니었습니다. 오딘은 아스 신들에게 재앙이 닥칠 것을 직감합니다. 헬에 가서 몸값을 주고 발드르를 데려오기로 하고 막내아들 헤르모드에게 임무를 맡깁니다. 죽은 자들의 지배자 헬이 제시한 조건은 "세상의 모든 생명체와 죽어 있는 모든 것들이 발드르를 위해 울어준다면"이었는데요. 아스 신들은 세상에 전령들을 파견해 발드르가 돌아올 수 있도록 울어달라고 요청했고 이에 모든 인간과 다른 생명체, 지상의 돌, 나무, 금속 같은 것들이 모두 따랐습니다.

전령들은 임무를 마치고 돌아오는 길에 퇴크라는 여자 거인을 만났습니다. 울어달라고 요청하자 퇴크는 "그 늙은이의 아들이 살아있든 죽어있든 거기서 내가 이득을 볼 건 하나도 없다. 헬은 자신이 소유한 것을 계속 지켜야 할 것이다."라면서 거절했고 발드르는 돌아오지 못했습니다. 이를 방해한 퇴크는 로키였습니다. 변신에 능한 로키가 여자 거인으로 변신해 또 발드르를 죽인 것이지요. 아스 신들이 총출동해 로키를 잡으러 갑니다. 연어로 변신해 폭포로 올라가 도망치려던 로키를 토르가 붙잡아 날카로운 세 개의 바위에 묶는데 로키를 묶은 쇠사슬은 로키의 아들 나르피의 창자입니다. 아스 신들의 분노는 이것으로 풀리지 않아 독사 한 마리를 로키의 위에 고정시켜 독이 얼굴에 뚝뚝 떨어지도록 했습니다. 그리고 라그나로크(신들의 황혼)!

사슬에서 풀려난 로키가 서리 거인족을 이끌고 바다를 건너오고 헬의 모든 일족이 뒤따릅니다. 죽은 자들의 지배자 헬과 아가리를 벌리면 위턱과 아래턱이 하늘과 땅까지 닿는 늑대 펜리르, 인간이 사는 대지를 둘러싸고 독을 내뿜는 뱀 요르문간드 모두 로키가 낳은 자식들이었습니다. 펜리르는 오딘을 잡아먹고 오딘의 아들 비다르에게 죽임을 당합니다. 요르문간드는 토르에게 죽지만 죽어가며 내뿜은 독기가 토르의 숨을 거두어갑니다. 세상이 온통 불타고 신이 모두 죽고 인간 종족 전체가 죽습니다. 어쩌다 일이 이렇게까지 되고 말았을까요. 시작에 겨우 그까짓 것, '가장 작고 약하고 사소한' 겨우살이가 있었습니다. 그러나 아직 끝나지 않았지요. 이제 곧 선한 신 발드르가 서약의 신 티르와 함께 헬에서 돌아올 것이기 때문입니다.

우리말로 '겨우살이'는 겨울 동안 먹고 입고 지낼 옷가지나 양식 따위를 통틀어 이릅니다. 식물에 동일한 이름을 붙인 것은 혹독한 겨울에도 성성하게 푸른 모습 때문일 것입니다. 사시사철 푸른 나무는 많지요. 그중에도 겨우살이는 특별합니다. 땅이 아닌 다른 나무의 가지에 뿌리를 내리는 것도 기이하지만 나무가 모든 잎을 떨어트리고 죽은 것처럼 고요할 때 정작 그 위에 올라앉아있는 겨우살이는 푸르기만 합니다. 거센 바람 한 번 불면 얻어맞고 금방 떨어질 것처럼 연약해 보여도 어림없지요. 비결은 단단하지도, 강하지도 않은 데 있습니다. 부드럽고 휘어지고 늘어지는 덕에 쉽게 부러지지 않고 붙어 살 수 있습니다.

그렇지만 겨우살이한테 물과 영양분을 빨리는 나무는 수명이 짧아지고 목재로서 가치가 떨어질 수밖에 없지요. 이를 보다 못한 한 식물학자가 겨우살이가 기생한 줄기와 잎을 잘라 나무 전체에서 겨우살이한테 가는 양분을 차단해 보았습니다. 결과는…… 성스러운 심장을 떼어낸 것처럼 참나무가 바로 쓰러지고 말았습니다.

"살라가둘라 메치카불라 비비디 바비디 부~" 마법이 필요할 때는 겨우살이의 생존법을 기억하기 바랍니다. 또한 겨우, 겨우살이를 맞고 즉사한 가장 선한 신 발드르의 이야기가 전하는 메시지를 새긴다면 대모 요정과 간달프가 들고 있던 지팡이를 당신도 가지게 될 것입니다.

해인사의
'해인'은 무엇일까?

꼭 가지고 싶은데 가질 수 없어서 괴로울 때 알라딘의 요술램프 같고 도깨비의 요술방망이 같은 마법의 도구가 나한테 있다면 얼마나 좋을까……. 한 번쯤, 아니 여러 번 생각했었습니다. 그런데 그런 마법의 도구가 있습니다. 그 이름은 '해인', 팔만대장경을 보관하고 있는 경남 합천의 해인사가 그 이름에서 유래했습니다. 해인은 무엇일까요.

해인海印을 한자대로 풀면 바다의 도장이란 뜻입니다. 여기에 대해 전해져 내려오는 구전설화는 수십 종류나 대체로 바다 용궁에서 용왕이 쓰던 도장이었다는 점에서는 일치합니다. 어찌하다 육지로 올라왔고, 이 도장을 먹을 식食 자에 찍으면 먹을 것이 나오고, 술 주酒 자에 찍으면 술이 나온다고 했습니다. 그야말로 갖고 싶은 물건 이름을 쓰고 그 위에 찍기만 하면 다 나오는 마법의 도장이었습니다. 상상만 해도 황홀할 지경이지만 현실적으로는 터무니없지요.

그런데도 사람들은 이 해인의 존재를 굳게 믿어서 꽤 오랫동안 민간신앙으로 내려왔습니다. 심지어 팔만대장경 속에 해인이 보관돼 있어서 그 힘으로 나라를 지킬 수 있었는데 구한말에 누군가 이 해인을 훔쳐 멀리 달아나 종적을 감췄다는 이야기도 전합니다. 많은 사람들이 해인의 존재를 무형의 설화가 아니라 유형의 물건으로 여겼다는 뜻인데요. 사람들이 이처럼 해인을 신성시했던 배경은 어디에서 비롯됐을까요.

해인이라는 말을 처음 한 사람은 부처였습니다. 바다에 풍랑이 쉬면 삼라만상 모든 것이 도장 찍히듯 그대로 바닷물에 비쳐 보인다는 뜻으로 '해인'이라고 말했는데 그 숨은 의미는 도를 통해서 마음이 고요해지고 모든 번뇌가 사라지면 과거와 현재, 미래의 모든 업이 똑똑하게 보인다는 것이었습니다. 이것이 바로 '해인삼매海印三昧'로 화엄경의 핵심 사상으로 일컬어지는데요. 중국에서 화엄학을 유학하고 돌아온 의상대사는 방대한 화엄경의 내용을 총 210자로 압축한 「법성계」를 썼습니다. 「법성계」는 도장에 새기기 좋은 형태여서 '해인도'라고도 불리는데요. 그 뒤로 의상대사 문파에서는 진리를 터득한 제자에게 해인도를 도장에 파서 전해주는 관례가 있었고, 해인도를 지닌 사람은 생과 사를 해탈한 도인으로 인정받았습니다.

갖고 싶은 물건 위에 찍기만 하면 실물로 만들 수 있다는 해인, 진리를 터득한 제자에게 주었다는 해인도. 다른 듯 통하는 이야기가 아닐까 싶습니다.

아귀는 이름이
왜 아귀일까?

생물일 때의 모습이 설마 이렇게 충격적일지 조리된 음식을
먹을 때는 상상도 못 했습니다. 정약전의 『자산어보』는 그 생김새
를 이와 같이 설명합니다. 〈큰 것은 2척 정도이고 모양이 올챙이
같다. 머리 위에 두 개의 낚싯대가 있고 그 위에는 낚싯줄이 있으
며 그 끝에는 밥알 같은 미끼가 있는데, 낚싯줄과 미끼를 놀려 물
고기가 이를 먹으러 달려들면 잡아먹는다.〉 한껏 상상의 나래를
펼쳐 머릿속에 그려봐야 할 것 같은 이 어류의 정체는 '아귀'입니
다. 그런데 하필이면 이름이 왜 아귀일까요?

음식을 앞에 두고 허겁지겁 정신없이 먹어대는 모습을 가리
켜 '걸신들렸다'고 하는데 그 걸신이 바로 '아귀'입니다. 인도신화
에 처음 등장하는데요. 야마는 인간이었지만 최초의 죽음을 받
아 죽음의 세계를 다스리는 왕이 됩니다. 이때는 선업을 쌓은 자
가 사는 천상낙토의 지배자였는데 중국으로 건너가면서 불교와
도교 등의 영향을 받아 염라(대)왕으로 이름도 하는 일도 바뀝니
다. 저승의 심판자가 되어 죽은 자가 생전에 지은 업에 따라 아귀
도와 천상낙토로 분간해 보낸 것이지요.

생전에 욕심 많고 인색하고 어리석어 아귀도에 떨어진 귀신

들을 아귀라고 부르는데 영원히 배고프고 목마른 고통을 겪습니다. 먹을 것이 없어서가 아닙니다. 먹으려 들면 눈앞에서 불타버리고, 먹을 수 있다 해도 굶주림과 목마름을 채울 수 없습니다. 몸집은 집채만 한데 입은 작고 목구멍이 모기 주둥이만큼 가늘고 길기 때문입니다. 그런데도 음식만 보이면 서로 차지하려고 한 치의 양보 없이 죽도록 싸웁니다. 여기에서 유래한 말이 '아귀다툼'입니다. 흔히 하는 말이지만 알고 보면 지옥에서 처절하게 벌이는 다툼입니다.

결말은 예고돼 있지요. 앞서 설명한 대로 가늘고 긴 목구멍 때문에 차지한 음식을 맘껏 먹을 수도 없기 때문입니다. 그래서 아귀다툼은 나도 죽고 너도 죽는 어리석은 다툼일 수밖에 없는데요. 물고기에게 배고픈 귀신의 이름을 붙인 것도 신기하지만 단지 외모 때문에 졸지에 아귀가 되어버린 어류 입장에서는 어처구니가 없을 것 같습니다. 다 먹을 수도 없으면서 서로 차지하겠다고 다툼을 벌이는 일은 인간 세상에서나 벌어지는 일이니 말입니다.

그리스신화에도 아귀와 비슷한 형벌을 받는 이가 있습니다. 탄탈로스Tantalos입니다. 물을 마시려고 허리를 구부릴 때마다 물이 뒤로 물러나며 사라지고 머리 위에 탐스러운 열매가 주렁주렁 매달려있지만 열매를 잡으려고 손을 내밀 때마다 바람이 열매가 달린 가지를 구름 위로 쳐올립니다. 여기에서 유래한 영어가 'tantalize', '(보여주거나 헛된 기대를 갖게 하여) 감질나게 (안타깝게) 만들어 괴롭히다'라는 뜻입니다. 독일어에도 'tantalusqualen'이라는 명사가 있는데 '(곧 충족될 것 같이 보이는) 욕망이 충족되지 않는 괴로움'입니다.

없는 게 아니라 바로 눈앞에 있는데도 결코 가질 수 없는 것을 지옥의 형벌로 그려낸 고대인의 상상력이 인간의 욕망을 통렬하게 꿰뚫고 있지요. 그렇다면 진정으로 원하는 것을 가지면 탄탈로스의 형벌에서 안전할 수 있을까요. 아귀도에서 벗어날 수 있을까요. 가지고 싶을 때는 그토록 찬란하게 빛나던 것도 정작 내 것이 되면 빛을 잃고 평범해져 또 다른 것을 좇느라 절대로 완벽하게 충족되는 법이 없는 것이 욕망의 실체입니다. 그렇다면 현대인은 무엇을 그토록 욕망하고 있을까요. 라캉의 유명한 정언에 들어있습니다. "타인의 욕망을 욕망한다."

아수라와
야누스는 무엇일까?

반세기 전 이 땅의 어린이들에게 인기 폭발이었던 〈마징가 Z〉를 알려나요. 쇠돌이와 토니가 주인공이지만 일본의 TV 애니메이션이었고 이에 대항해 김청기 감독의 〈로버트 태권 V〉가 애니메이션 영화로 제작됐지요. 그 시절에 어린이였다면 "달려라 달려 로보트야 날아라 날아 태권브이 정의로 뭉친 주먹 로버트 태권" 하는 주제가를 어제 들은 것처럼 부를 수 있지 않을까 싶습니다.

하려는 이야기는 〈마징가 Z〉에 나오는 악당, 아수라 백작입니다. 몸의 절반은 남자이고 다른 절반은 여자인 기괴한 모습이었지요. 원래 서로 사랑하던 남자와 여자였는데 헬 박사가 자신의 부하로 이용하려고 하나로 합친 것이었는데요. 어렸을 때는 아수라가 무슨 뜻인지 정확하게 알지 못한 채 막연하게 아수라장의 그 아수라인 모양이라고 여겼습니다. 그리고 아수라장이 난장판과 비슷한 뜻인 줄 알았는데요. 사실은 완전히 다른 뜻이지요.

난장판이 뒤섞여 떠들어대거나 뒤엉켜 뒤죽박죽이 된 곳을 말한다면, 아수라장은 눈뜨고 볼 수 없을 정도로 참혹한 전쟁터를 두고 하는 말입니다. 으스스하지요. 아수라의 정체는 인도신화에 나오는 존재로, 하나의 독립된 신이 아니라 초자연적이고 신적인 힘을 가진 종족입니다. 처음부터 사악한 종족은 아니었습니다. 아수라의 수장이 잘란다라였는데 군단을 소집해 하늘과 싸우면서 악한 신이 되었습니다.

아수라 군단은 몇 번을 죽어도 되살아나서 신들이 하늘에서 쫓겨날 정도로 위력을 발휘하는데요. 인도신화에서는 아수라가 힘을 얻는 비결을 이렇게 풀고 있습니다. '인간이 악행을 거듭하면 불의가 만연하여 아수라의 힘이 강해지고, 선행을 하면 하늘의 힘이 강해져서 아수라와의 싸움에서 이기게 된다.' 세상을 아수라장으로 만드느냐, 아니냐는 인간의 선행과 정의에 달려있다는 것입니다.

인도신화에서 아수라를 악마라고 하지 않는 이유는 인간에게 달려있어서일 것입니다. 인간의 선과 악을 투영하느니만큼 생김새도 한쪽은 악의 얼굴로 한쪽은 선의 얼굴로 표현하고 있습니다. 인간이 악행을 거듭하면 아수라의 힘이 강해져 신들을 하늘에서 쫓아낼 수 있다는 이야기가 예사롭지 않습니다. 문득 '하늘도 무심하시지' 할 때의 상황이 바로 그런 연유에서가 아닌가 싶은 생각이 듭니다.

아수라장과 난장판만큼이나 헷갈리는 것이 아수라와 야누스입니다. 야누스Janus는 그리스신화에 없고 로마신화에만 등장하는 신입니다. '야누스의 두 얼굴'이라는 관용구가 있는데요. 겉과 속이 다르거나 이중성을 가진 사람, 혹은 일을 두고 쓴다면 딱 맞는 표현은 아닙니다. 두 얼굴을 가진 건 맞지만 '지킬 박사와 하이드'처럼 상반된 게 아니라 같은 얼굴이기 때문인데요. 그 두 얼굴은 뒤통수가 맞붙어있어 각자 반대 방향을 정면으로 바라보고 있습니다. 야누스는 로마신화에 등장하는 '문의 신'입니다.

일생을 대부분 성벽 안에서 사는 고대인에게 성벽에 난 문을 나설 일은 대부분 '출정'이었습니다. 살아서 돌아올 수 있을지 기약 없는 길이었지요. 그들은 하늘의 문지기인 야누스가 문을 나서는 사람들 모두 무사히 돌아오길 바라는 염원을 담아 한 몸에 똑같은 정면의 얼굴을 새겼는데요. 문을 나서기 전에도, 후에도 야누스가 계속 바라보고 있다고 생각하면 든든했겠지요.

세상의 모든 이야기에서 문의 기능과 상징은 심오합니다. 문은 안과 밖을 나누는 경계이고 출발점이자 도착점입니다. 마중과 배웅의 지점도 바로 '문'이지요. 야누스의 두 얼굴이 모두 정면인 것은 출발과 도착뿐 아니라 과거와 미래, 시작과 마무리, 두루 지켜주기 바라서였습니다. 문을 통과한다는 것은 새로운 공간뿐 아니라 새로운 시간으로 들어가는 것을 의미했고, 그래서 한 해의 시작인 1월을 야누스의 달, 'Januarius'라고 불렀는데요. 영어 'January'의 기원입니다.

살다 보면 야누스처럼 맞물려있는 과거와 미래를 딱 분절해야 할 때가 있습니다. 새롭게 출발하기 위해서입니다. 이때 무엇이 필요한지 프랑스의 대문호 로맹 롤랑이 다음과 같은 말을 했습니다. "행동은 두 얼굴의 야누스 신을 반으로 갈라놓는 도끼다." 새로운 시간, 새로운 공간, 새로운 내가 되고 싶다면 행동이라는 도끼를 들어 지난 시간, 지난 공간, 지나온 나로부터 분리하기. 필요한 순간이 있지요. 그런데 어느 쪽으로 결심해서 행동해야 하는지 여전히 혼란스럽다면 '오컴의 면도날'이 도움을 줄 수 있습니다.

14세기 영국 프란체스코회 수도사이자 철학자였던 윌리엄 오브 오컴William of Ockham은 신학자들이 쓸데없는 사변을 일삼는 것에 반발해 불필요한 사변적 개념들을 철학에서 도려내라고 주장했습니다. 그는 대흉년과 흑사병으로 유럽의 사회가 요동칠 때도 '자연 현상을 설명할 때, 신이나 초자연을 끌어들이는 것은 불필요한 일'이라고 주장해서 파란을 일으켰는데요. 지금이야 당연하지만 신을 중심에 두었던 중세에 파격적인 주장이었습니다.

오컴에 따르면 모든 조건이 동일할 때 가장 단순한 것이 정답입니다. 예를 들어 무언가 설명을 하거나 가정을 세운다면 복잡하지 않고, 단순하고 간결할수록 좋습니다. 어떤 사건에 대한 해석이 두 가지 이상 대립하고 있다면 가장 간단하고 이해하기 빠른 것이 진실에 가깝습니다. 왜냐하면 핵심을 숨기기 위해 복잡하게 만드는 경우가 많기 때문이지요. 물론 오컴의 면도날은 용어일 뿐 법칙이 아닙니다. 그렇지만 불필요한 설명이나 구구절절한 해명, 복잡한 가정과 소모적인 추측, 논란, 숨겨진 배후와 음모…… 이러한 것들로 핵심을 감춘 채 배가 산으로 가려고 한다면 오컴의 면도날을 들어 시원하게 싹 도려내야겠지요.

『데미안』에 나오는
아브락사스는 무엇일까?

올리비아 뉴튼 존이 부른 「Culture Shock」라는 팝송이 있습니다. 가사가 이렇습니다. '나도 알아. 그건 관습에 어긋나는 급진적인 일이지. 하지만 일종의 프락시스야. 왜 우리 셋이서 함께 살면 안 되는 거야?' 이 노래를 이야기로 확장한 소설이 박현욱의 『아내가 결혼했다』입니다. 가사에 나오는 '프락시스'는 그리스어 '프락시스Prāxis'로 파생한 영어가 '프랙티스Practice'인데요. 둘다 실천으로 번역할 수 있지만 의미가 달라서 프락시스는 주로 이론이나 생각을 능동적으로 실천하는 것입니다. 그런데 프락시스…… 낯선 듯 익숙합니다. 헤르만 헤세의 소설 『데미안』에 나오는 '아브락사스Abraxas'의 사촌쯤 되어 보이는 발음 같습니다.

새는 알에서 나오려고 싸운다. 알은 새의 세계이다. 태어나려는 자는 하나의 세계를 깨뜨려야 한다. 새는 신을 향하여 날아간다. 그 신의 이름은 '아브락사스'다.

헤르만 헤세는 마흔두 살에 『데미안』을 집필했는데 이미 유명 작가였던 자신의 본명이 아니라 '싱클레어'라는 필명으로 발표했습니다. 그런데 『데미안』을 읽고 싱클레어가 헤르만 헤세라는 사실을 알아차린 이가 있습니다. 정신의학자 칼 구스타프 융이었습니다. 헤세는 『데미안』을 쓰기 일 년 전, 융의 제자 요제프 베른하르트 랑 박사에게 정신분석 치료를 받았는데 '아브락사스'는 융 심리학의 전반적인 개념을 상징했습니다. 융이 그노시스파 철학자 바실리데스가 썼다고 주장했던 「죽은 자에 대한 일곱 가지 가르침」이라는 논문에 이런 문장이 나옵니다. 〈신이면서 동시에 악마인 신 아브락사스.〉 이 개념을 헤세가 그대로 소설 『데미안』에 차용한 것이지요. 또한 데미안이 아브락사스입니다.

데미안의 발음은 그리스어 '다이몬Daimon'과 비슷한데 영어의 '데몬Daemon'에 해당합니다. 한국어로 악마라 번역하지만 디아볼로Diabolo나 데빌Devil과 구분되는 다른 존재입니다. 데몬은 '악의 특성을 배제하지 않는 신성'이기 때문인데요. 그리스어로 다이몬은 '초자연적인 힘'을 뜻하며 인류의 첫 번째 시대인 황금시대를 살았던 황금종족 출신입니다. 기원전 7세기경에 활동한 고대 그리스의 서사시인 헤시오도스의 『노동과 나날』에 따르면 황금시대를 살았던 황금종족 다이몬은 죽은 다음에 제우스 신에게 권한을 부여받아 인간의 파수꾼 역할을 합니다. 불법 행위도 감독하지만 곳곳을 누비며 풍요로움을 선사합니다.

그리스신화의 다이몬은 로마신화로 와서 게니우스가 됩니다. 고대 로마인들은 사람마다 수호신이 있다고 믿었고 특히 남성의 수호신을 '게니우스*'라고 불렀는데 천재를 뜻하는 영어 'Genius'의 어원입니다. 세상의 선한 천재들이 인간의 파수꾼 역할을 해온 사실을 생각하면 'Genius'와 'Dimon'은 수미상응을 이룬다 볼 수 있지요. 이랬던 다이몬이 디아볼로나 데빌과 같은 수준으로 떨어져 악마로 통칭되기는 하나님을 제외한 다른 신은 모두 악이 라는 기독교적인 이분법이 이데올로기가 되면서부터입니다.

그것은 나의 삶을 이루는 것, 나의 내면, 나의 운명 또 나의 데몬 이었다.

싱클레어가 허용된 편안한 세상이라는 딱딱한 알을 고통스 럽게 깨뜨리고 얻은 것은 데몬, 곧 데미안이었습니다. 반쪽이 아 닌 온전한 자기 자신으로 사는 것이었습니다.

아브락사스는 헤르만 헤세가 만든 말은 아니지만 『데미안』 을 통해서 널리 알려졌는데요. 아브락사스, 혹은 아프락사스라 고 합니다. 그노시스파(영지주의)에서 섬긴 신으로 선과 악, 신 과 악마, 남자와 여자 등 상반된 세계를 동시에 모두 품고 있어 상 대와 시비를 초월한 동양의 신 '혼돈'과 닮았습니다. 혼돈 상태 의 알을 깨고 나온 새가 그에게로 날아갑니다. 죽인다고 죽지 않 고, 지운다고 지워지지 않습니다. 아브락사스여, 아브라카다브라 Abracadabra**!

---

* 여성의 수호신은 유노라고 불렀다.
** 기원전 500년경부터 기원후 600년 무렵까지 고대 오리엔트의 국제어였던 아 람어 abra(אברא), '이루어지라'와 cadabra(כדברא), '내가 말한 대로'에서 나온 것 으로 '내가 말한 대로 될지어다'라는 뜻이다. 오컬트계의 주문으로 유명해졌으 며, 신의 이름 '아브락사스'에서 따왔다.

뉴턴이 말한 '거인들의 어깨'에서 거인은 누구일까?

"내가 더 멀리 보았다면 이는 거인들의 어깨 위에 서있었기 때문이다." 아이작 뉴턴이 1676년에 한 말입니다. 이로부터 10년 뒤, 만유인력의 법칙을 발표하는데요. 인류사의 위대한 발견이 어디에 빚을 지고 있는지 알려주지요. 바로 '거인들의 어깨'입니다.

과학을 비롯해 모든 문명은 단 한 사람의 획기적인 발명이나 발견으로 달성되는 게 아니지요. 오래전부터 꾸준히 이루어진 성과가 축적되면서 다음 대에 기초가 되어 진보합니다. 뉴턴의 말은 이러한 문명의 발달 과정을 압축해 설명합니다. 이 말은 뉴턴의 창작이 아니라 30년 전 사람, 조지 허버트에게 빌려온 것으로 원문 번역은 〈거인의 어깨 위에 올라선 난쟁이는 거인보다 더 멀리 본다.〉입니다. 그런데 그 문장도 빌려온 거였고 출처를 계속 거슬러 올라가면 마침내 12세기에 이르러 이 문장과 만납니다.

우리는 거인들의 어깨 위에 올라선 난쟁이들과 같기 때문에 고대인들보다 더 많이 그리고 더 멀리 볼 수 있다.

이 말을 한 이는 12세기 프랑스 철학자, 베르나르 사르트르였습니다. 그를 중심으로 결성된 사르트르 학파는 프랑스 철학사에 큰 흐름을 형성했는데요. 신화를 잘 아는 이들이라면 '거인의 어깨 위에 서서'라는 표현이 어떤 이야기에서 영감을 얻었는지 짐작할 수 있습니다. 그리스신화에 나오는 '오리온'입니다.

그는 바다의 신 포세이돈의 아들로 아주 힘이 센 거인이었는데요. 키오스 섬의 공주 메로페에게 구혼했지만 왕이 조건을 달았습니다. 전염병을 퍼트리는 야수들을 모두 없애면 허락하겠다는 것이었습니다. 하지만 야수들을 모두 없앤 뒤에도 왕은 약속을 지키지 않았습니다. 오리온은 메로페를 강제로 데려왔고 격노한 왕은 독한 술을 먹여 곯아떨어지게 한 다음 두 눈을 멀게 하고 궁 밖에 버렸습니다. 웬만한 이야기라면 여기에서 끝일 거 같은데 반전이 일어납니다.

절망에 빠진 오리온에게 '세상의 동쪽 끝까지 가서 태양이 떠오르는 순간의 빛을 보면 다시 볼 수 있으리라'는 신탁이 내립니다. 앞을 볼 수 없는 오리온이 동쪽 끝까지 가기란 불가능했지요. 그래도 포기하지 않고 망치 소리를 따라 대장장이 신 헤파이스토스를 찾아가 도움을 청합니다. 헤파이스토스가 오리온을 불쌍히 여겨 자기 조수인 '케달리온'을 내주는데요. 그는 아주 작은 난쟁이였습니다. 오리온의 어깨에 올라서서 세상의 동쪽 끝까지 길을 안내했고, 마침내 태양빛을 본 오리온은 시력을 되찾습니다.

그렇다면 케달리온은 무엇을 얻었을까요. 거인의 어깨에 서있었으니 거인보다 더 많이, 그리고 더 멀리 보았을 것입니다. 거인이 될 수 없어도 거인의 어깨에 설 수는 있습니다. 더구나 현대인은 너무나 쉽게 거인의 어깨에 올라설 수 있지요. 동서양의 고대로부터 축적된 수많은 지혜의 보고를 책이라는 형태로 쉽게 구할 수 있으니까요.

승리의 여신은
누구일까?

'승리의 여신이 손을 들어주었다.' '승리의 여신은 누구 편을?' '승리의 여신이여, 우리에게 미소를…….' 승리의 여신과 관련한 다양한 표현들입니다. 승리의 여신의 정식 이름을 소개하면 그리스신화에서는 '니케Nike', 영어식으로 읽으면 스포츠회사 브랜드 이름으로 유명한 나이키가 됩니다. 반면 로마신화에서는 '빅토리아Victoria'라고 부르는데 이로부터 승리를 뜻하는 영어 단어 '빅토리Victory'가 유래했습니다.

승리의 여신 니케가 어떤 외양인지 알려주는 대표적인 조각상은 프랑스 파리 루브르 박물관에 있습니다. 〈모나리자〉를 비롯한 이탈리아 거장들의 작품들과 〈비너스〉와 같은 고대 그리스 보물이 모여있는 드농관의 큰 계단에서 이곳의 여주인과 같은 아우라를 내뿜으며 서있는 328cm의 조각상, 〈사모트라케의 니케〉입니다.

1863년 에게해 북서부의 작은 섬 사모트라케에서 백여 점의 파편 조각으로 발견됐고 끝내 머리와 양팔은 발견하지 못했습니다. 그런데 전화위복이라고 할까요. 머리와 양팔이 없어서 양날개가 더욱 시선을 잡는 효과를 줍니다. 날개가 일으킨 바람에 드레스가 휘감긴 모습은 승리의 여신이 지금 막 나에게 날아오려는 것처럼 느껴집니다. 〈사모트라케의 니케〉는 기원전 190년, 로도스 섬의 주민들이 에게해에서 일어난 해전에서 승리한 것을 기념하기 위해 세운 대리석 조각상으로 추정됩니다. 사모트라케는 이 조각상이 발견된 곳의 지명입니다.

니케는 그리스 아테네의 아크로폴리스에 있는 파르테논 신전에서도 만날 수 있습니다. 아테네의 옛 이름은 '아테나이', 아테나의 도시라는 뜻이지요. 그리고 파르테논 신전은 아테네를 수호하는 여신 아테나에게 바쳐진 신전입니다. 이곳에서 아테나는 왼손에 창을, 오른손에 작은 니케를 들고 있습니다. 지혜와 전쟁의 여신 아테나와 승리의 여신 니케가 함께 하고 있는 것인데요. 이를 통해 아테나가 지원한 그리스 연합이 어떻게 전쟁의 신 아레스와 미의 여신 아프로디테가 지원했던 트로이에 승리할 수 있었는지 짐작할 수 있습니다. 고대 그리스인은 승리의 결정적인 비결이 힘이나 아름다움보다 지혜에 있다고 믿었습니다. 오스트리아 빈 국회의사당에서도 같은 조각상을 볼 수 있는데 파르테논 신전의 조각상을 그대로 본떴습니다. 지혜의 승리를 뜻하지요.

그런데 아크로폴리스의 남서쪽에 있는 또 다른 신전 '니케 아프테로스'에 있는 니케는 다른 외양입니다. 아프테로스란 날개가 없다는 뜻으로 이곳의 니케에게는 날개가 없습니다. 이름이 니케 아프테로스라서 니케 여신에게 바친 신전으로 오해할 수 있지만 이 신전 역시 아테나에게 바쳐졌습니다. 아테네 사람들은 승리의 여신이 날아가지 않고 아테나 여신과 계속 함께 할 수 있기를, 그래서 자신들도 계속 승리하기를 기원하는 마음에서 니케의 날개를 없앴습니다.

니케의 출생을 따져보면 사실 신의 반열에 오른 것이 신기합니다. 제우스가 신들의 우두머리가 된 것은 티탄족과의 전쟁에서 승리했기 때문인데 니케는 티탄족의 딸입니다. 정확하게는 아버지가 티탄족인 팔라스이고 어머니는 저승의 강을 지키는 스틱스입니다. 그러나 티타노마키아 전쟁 때 종족 편에 서지 않고 올림포스 신들 편에 서면서 승리의 여신이라는 칭호를 얻었습니다.

승리의 여신 니케에게는 남매들이 있습니다. 질투를 뜻하는 젤로스, 힘을 뜻하는 크라토스, 폭력을 뜻하는 비아가 그들입니다. 이것은 승리가 질투와 힘, 폭력과 함께 죽음이라는 한 어머니에게서 태어나는 것을 뜻합니다. 승리하기 위해서는 죽음에서 다시 태어나야만 합니다. 그러나 태어날 때 홀로 태어나는 것이 아니라 질투와 힘, 폭력도 함께 태어나지요. 승리에는 질투와 힘, 폭력이 따르기 마련이라는 뜻이니 승리의 이면을 보여주는 대목입니다.

승리에 대한 그리스인의 관념은 현대에도 그대로 통합니다. 성공한 사람에 대한 세인의 시선에는 선망과 함께 질투가 섞여있고 아무리 성공했다 하더라도 힘(실력)에서 밀리면 언제든 유무언의 폭력에 노출될 수 있습니다. 현대인에게 가장 큰 폭력은 무시와 경멸이 아닐까요. 아테네의 멸망도 같은 수순을 밟았습니다. 에게해를 완전히 장악할 만큼 막강한 힘을 자랑하던 시기에 주변 도시국가들의 질투를 사서 전쟁이 시작됐고 27년 동안 이어졌습니다. 펠로폰네소스 연맹에 강한 육군을 앞세운 스파르타의 힘이 합세하자 니케가 아테나의 곁을 떠난 것일까요. 전염병까지 돌면서 아테네 시민의 3분의 1이 사망했고 결국 기원전 404년 멸망했습니다.

'낯선 이에게 친절하라'는
서양 격언은 왜 생겼을까?

백 년 전, 창립 당시 정규 회원의 명단이 이러했습니다. 제임스 조이스, 실비아 비치, 앙드레 지드, 폴 발레리, 스콧 피츠제럴드, 어니스트 헤밍웨이, 사무엘 베케트……. 훗날 세계명작선에 이름을 올릴 그들이지만 당시에는 무명에 가까웠습니다. 이들이 파리의 작은 서점 '셰익스피어 앤 컴퍼니'를 찾은 이유는 마음껏 책을 읽을 수 있어서였는데요. 서점을 창립한 조지 휘트먼의 소신에 따른 것이었습니다.

낯선 이를 냉대하지 마라. 변장한 천사일지도 모르니.

시구 같기도, 경구 같기도 한 이 말은 서양의 오랜 교훈입니다. 호메로스가 쓴 『오디세이아』에 비슷한 구절이 나오지요. 〈낯선 사람이 나타나 도움을 베푼다면 그는 거의 틀림없이 변장한 신이거나 여신이다.〉

올림포스의 최고 신 제우스도, 아스의 최고 신 오딘도 나그네로 변장해서 지상계에 내려와 예고 없이 방문하곤 했습니다. 하루는 제우스가 헤르메스와 함께 프리기아에 갔습니다. 나그네로 변장하고 집집마다 찾아다니며 문을 두드렸지요. 사람들은 낯선 나그네의 방문에 굳게 빗장을 걸어 잠갔습니다. 딱 한 집, 찢어지게 가난한 바우키스와 필레몬 부부만이 이들을 환대하면서 가진 음식을 다 꺼냈지만 초라했습니다. 그래서 자기네 오두막을 지키던 거위를 잡아 대접하려고 했지요. 이 모습을 보고 제우스와 헤르메스는 신분을 밝히며 거위를 잡지 말라고 말립니다. 그리고 부부와 함께 오두막 앞에 있던 산에 올라가는데요. 정상에 올라 돌아보니 대홍수가 일어나 바우키스와 필레몬의 오두막만 빼고 모든 집이 다 물에 잠겨있었습니다. 낯선 이를 냉대한 결과였지요.

오딘의 이야기는 출발이 다소 엉뚱합니다. 오딘과 아내 프리그가 아스가르드의 흘리드스캴프*에 앉아 인간 세계를 구경하다가 과거에 그들이 가르쳤던 아그나르와 게이로트가 어떻게 사는지 살폈습니다. 그러다 서로 자기 제자가 낫다고 말다툼이 붙었는데 그 기준이 손님을 대하는 태도였습니다. 이에 오딘과 프리그는 내기를 거는데요. 프리그가 반칙을 씁니다. 오딘의 제자인 게이로트에게 시종을 보내 한 마법사가 궁전을 찾아와 마법을 걸려고 할 텐데 그가 마법사인지는 개들이 덤벼들지 못하는 것으로 알 수 있을 것이라면서요.

오딘이 게이로트의 성에 도착했습니다. 자신을 '그림니르'라고 소개하는데 그 뜻이 '가면을 쓴 자'였습니다. 그런데 개들이 짖지 않았습니다. 게이로트는 프리그의 경고를 떠올리고 그림니

---

* 오딘의 옥좌로, 여기에 앉으면 우주의 모든 세계를 둘러볼 수 있다.

르를 불기둥 사이에 묶고 8일 동안 물 한 모금 주지 않고 정체를 밝히라며 고문했습니다. 이때 게이로트의 아들 아그나르(프리그의 제자와 동명이인)가 아버지 몰래 그림니르에게 물을 마시게 해 주면서 아버지가 잘못을 저지르고 있다고 말합니다. 그러자 지금까지 단 한 마디도 하지 않던 그림니르가 자신의 정체를 밝힙니다. 뒤늦게 자신의 큰 잘못을 깨달은 게이로트가 오딘을 꺼내려고 달려가지만 칼 위로 넘어져 즉사합니다. 오딘은 사라지고 아그나르가 왕이 됩니다.

제우스와 오딘의 나그네와 관련한 일화를 읽으면 보통 사람으로서 억울한 면이 없지 않습니다. 느닷없이 대문을 두드리는 낯선 나그네를 경계하지 않고 환대하기란 쉽지 않습니다. 더구나 그가 마법사라는 소문까지 들었다면 단단히 빗장을 걸어 잠그는 게 당연합니다. 그런데도 제우스와 오딘은 그들을 모두 멸합니다. 수천 년 전부터 내려온 이 신화들이 공통적으로 전한 메시지, '낯선 이를 냉대하지 마라. 변장한 천사일지도 모르니.'가 상식인 사회와 그렇지 않은 사회의 차이는 천당과 지옥만큼이겠지요. 먼 길을 가다 보면 피치 못할 사정이 생길 수 있고 이럴 때는 당장 근처에 있는 모르는 사람의 도움이 필요합니다. 이때 도움을 거절하면 최고 신의 노여움을 사고 기꺼이 도움을 베풀면 자신이 나그네가 됐을 때 똑같이 도움 받으리란 믿음은 사회의 안전망 역할을 해 주었을 것입니다.

'사회적 자본'이라는 용어가 있습니다. 사회 구성원들이 힘을 합쳐 공동 목표를 추구할 수 있게 하는 자본, 즉 사람과 사람

사이의 협력, 제도, 규범, 네트워크, 신뢰 등을 일컫는데요. 사회적 자본을 어느 정도 축적했는지 가늠할 수 있는 질문 중에 하나가 '지난달 낯선 이를 도운 적이 있습니까?'입니다. 여기서 방점은 가족이나 친구, 동료처럼 가까운 사람이 아니라 '낯선 이'입니다. 낯선 이를 돕는다는 것은 반대로 내가 어려운 상황에 처할 때 낯선 이에게 도움을 받을 수 있다는 믿음이 형성돼 있음을 의미하지요.

'낯선 사람을 냉대하지 마라. 그들은 변장한 천사일지도 모르니.' 무작정 따르기엔 위험 요소가 없지 않습니다. '낯선 이를 경계하라. 변장한 악마일지도 모르니.'가 현실적인 조언일 것입니다. 그러나 둘 중 하나만 골라야 한다면 대가를 바라지 않고 베푼 '친절'이야말로 지금까지 인류를 지탱해온 비결이 아니었을까요. 사회적 자본이 부자인 나라를 소망해 봅니다.

스타벅스 로고의
머리 푼 여인은 누구일까?

세계 어느 도시를 가도 볼 수 있는 커피 전문점 스타벅스의 로고에는 초록색 원 안에 별 왕관을 쓴, 머리 푼 여인이 들어있습니다. 스타벅스에서 '세이렌Siren'을 로고로 삼은 것은 세이렌처럼 사람들을 매혹시켜 자주 찾게 만들겠다는 의도였는데 초창기에는 갈색 배경에 나체 상반신이었으나 세 차례 변화하면서 현재의 로고가 됐고 17세기 판화를 참고로 제작했다고 합니다.

브랜드명은 허먼 멜빌의 소설 『모비 딕』에 나오는 일등항해사 스타벅Starbuck의 이름에서 따왔는데요. 스타벅은 선장 에이해브와 정반대의 성격을 가졌습니다. 그래서 스타벅은 에이해브가 광인이라고 하고, 에이해브는 스타벅이 신중하다고 평하지요. 소설 속 인물 이름이 커피 전문점 브랜드가 되자 엉뚱하게도 스타벅이 커피를 좋아했기 때문이라는 이야기가 돌았는데요. 소설에는 커피 이야기가 나오지 않습니다. 당연히 스타벅이 커피를 좋아한다는 이야기도 나오지 않지요.

1971년 제리 볼드윈, 고든 보커, 지브 시글이 시애틀에 1호점을 낼 때 자신이 가장 좋아하는 소설 속 인물을 상호명으로 한 것인데요. 비록 원두 판매점으로 시작했지만 명작 『모비 딕』에 나오는 인물을 상호로, 그리스신화에 나오는 세이렌을 로고로 정한 것은 팔고 싶은 것이 단순히 커피만이 아니라 문화라는 사실을 창립 때부터 표방했던 것 같지요. 이를 비주얼 브랜드 언어로 현실화한 것은 1982년 사업가 하워드 슐츠가 합류하면서부터였습니다.

세이렌은 특정 인물의 이름이 아니라 지중해에 사는 님프 한 명(?)을 세는 말로 복수는 세이레네스입니다. 기원전 8세기 고대 그리스의 서사시인 호메로스가 쓴 『오디세이아』에 처음 등장하는데요. 상반신은 인간이고 하반신은 물고기라고 하는 이도 있으나 그것은 인어이고, 그리스 시대 꽃병에 새겨진 문양을 보면 여자 얼굴에 나머지 몸은 새입니다. 그래서 물속이 아닌 하늘을 날면서 노래를 부르지요.

세이렌들(세이레네스)이 부르는 노래에는 마법을 거는 불가사의한 힘이 깃들어있어 노래를 듣는 자는 스스로 바다에 뛰어들어 죽는다는 전설이 내려옵니다. 그래서 오디세우스는 세이레네스의 섬을 지날 때 선원들에게 자신의 몸을 돛대에 단단히 묶게 하고는 다 지나갈 때까지 자기가 무슨 말을 해도 절대로 풀지 말라고 하지요. 그런 다음 선원들의 귀를 모두 밀랍으로 틀어막게 합니다.

예상했던 대로 세이렌들이 부르는 아름답고 매혹적인 노랫소리가 들렸습니다. 선원들은 귀를 막았기 때문에 듣지 못했지만 귀를 막지 않은 오디세우스는 혼자만 노래에 매혹당하지요. 밧줄을 풀어달라고 아무리 애원해도 선원들은 듣지 않았습니다. 아니, 들리지 않았습니다. 당부 받은 대로 오디세우스를 돛대에 더 꽁꽁 묶을 뿐이었습니다.

그런데 이 이야기에 이상한 점이 있습니다. 오디세우스는 왜 혼자만 밀랍으로 귀를 막지 않았을까요. 돛대에 몸을 묶는 것보다 밀랍으로 귀를 틀어막는 것이 몸도 맘도 편했을 텐데 말이지요. 결론적으로 그 덕에 오디세우스 혼자만 세이렌들의 매혹적인 노래를 들을 수 있었습니다. 이 때문에 세이렌의 노래가 '노래'가 아니라 어떤 '진실'이나 '진리'였을 가능성이 있다는 해석도 있습니다. 이 해석에 세이렌의 전설을 대입하면 상당히 철학적인 질문이 됩니다. "지금부터 내가 네게 진실을 들려주마. 이 진실을 너는 감당할 자신이 있느냐?"

한편으로 '세이렌'은 구급차, 소방차, 경찰차가 울리는 소리이기도 합니다. 사이렌 소리가 들리면 신속히 길을 비켜줘야 합니다. 그리고 기도해야 합니다. 빨리 도착하기를, 위험에 처한 사람이나 집을 구할 수 있기를, 모두가 무사하기를. 사이렌은 부디 그렇게 해달라고 울리는 경보장치입니다. 1819년 프랑스 발명가 C. C. 투르가 '사이렌Siren'이라는 이름을 붙인 데는 바다의 님프 '세이렌'이 소리로 사람들을 위험에 빠뜨렸던 신화에 착안한 것으로 소리를 울려 위험을 알린다는 의도에서였습니다.

무엇을 마시면
불로불사할까?

이왕에 마시는 음료수가 신비의 명약이나 묘약 같은 것이라면 얼마나 좋을까요. 동서고금의 신화에는 그런 신비의 음료가 자주 등장합니다. 율곡 이이가 세 살 때 "껍질 안에 석류 껍질이 부서진 붉은 구슬을 감싸고 있네" 했던 석류가 그리스신화에서는 저승과 인연을 끊을 수 없게 하는 음식입니다. 제우스가 명계의 신 하데스에게 페르세포네를 돌려보내라고 명했는데도 페르세포네가 돌아갈 수 없었던 것은 하데스가 먹인 석류 세 알 때문이었지요. 저승과 인연을 끊을 수 없게 하는 석류라니…… 신들의 세상에는 이처럼 신비한 음식이 많습니다. 사랑의 묘약 같은 것이라기보다 영원히 살 수 있고 강력한 힘을 발휘할 수 있게 만드는 무엇이었지요.

올림포스의 신들은 '암브로시아Ambrosia'와 '넥타르Nectar'를 먹고 마시며 불로불사를 누렸습니다. 이 사실을 처음 알았을 때 깜짝 놀랐는데 어렸을 적, 지금은 과일즙이나 주스라 부르는 음료를 일상적으로 넥타라고 부른 기억이 나서였습니다. 영어로 넥타라 발음하는 라틴어 넥타르는 '죽음necro'과 '뛰어넘다tar'의 합성어로 에로스와 결혼한 인간 프시케가 죽음을 뛰어넘어 신처럼 불사의 몸이 될 수 있었던 것도 제우스에게 넥타르를 받아 마신 덕분이었습니다.

넥타르가 음료라면 암브로시아는 음식입니다. 꿀과 물, 과일과 치즈, 올리브유와 보리로 만들었다고 하지요. 제우스는 암브로시아와 넥타르를 오로지 올림포스의 신들에게만 허용했습니다. 올림포스의 많은 신들이 앞서 언급한 에오스처럼 사랑하는 인간 남자를, 인간 여자를 혹은 그 사이에서 태어난 자녀를 젊어지게 해달라고 아무리 제우스에게 간청해도 아이아코스*와 미노스** 등 자신의 아들들도 노령의 비참한 무게 때문에 경멸받고 있다며 꿈쩍하지 않았습니다.

앞서 등장한 탄탈로스가 영원한 굶주림과 갈증으로 고통받은 것은 바로 이 암브로시아를 훔쳐 인간에게 줬다가 받은 벌입니다. 그러나 모정은 달랐습니다. 트로이에서 맞서 싸운 아킬레우스와 아이네이아스는 둘 다 아버지가 인간이고 어머니가 신이었습니다. 아킬레우스의 어머니인 물의 여신 테티스는 아들을 불사의 존재로 만들기 위해 갓난아기의 몸에 암브로시아를 발라서 불에 넣어 필멸을 태우고 불멸을 부여하려 했는데 이때 아들을 거꾸로 들어 잡은 발뒤꿈치가 유일하고 치명적인 약점이 되었습니다.***

아프로디테는 아들 아이네이아스가 마침내 천수를 다하자

---

* 제우스와 강의 신 아소포스의 딸 아이기나 사이에 태어난 아들로 그의 손자가 아킬레우스다. 그리스신화에서 가장 경건한 인물로 불린다.
** 제우스와 에우로페 사이에 태어난 아들로 크레타의 왕이다. 다이달로스에게 미궁을 만들게 한 이야기로도 유명하며 아리아드네와 파이드라는 그의 딸들이다.

제우스에게 간청해 죽은 아들의 몸에 하늘의 향유를 바른 다음 달콤한 넥타르와 섞은 암브로시아로 그의 입술을 건드려 신으로 만드는데, 아무래도 이 대목은 트로이 유민 아이네이아스가 로마의 시조로 불리는 만큼 로마의 시인인 오비디우스와 베르길리우스가 의도적으로 신격화한 의도가 짙다 하겠습니다.

그리스신화에 넥타르와 암브로시아가 있다면 인도신화에는 암리타가 있습니다. 선신과 악신이 벌이는 전쟁이 끝날 기미가 보이지 않자 양쪽 진영은 암리타를 찾기로 합의합니다. 신들이 천 년 동안 거대한 우유 바다를 저어 암리타를 찾았고 이때 생겨난 거품에서 온갖 생명체들이 탄생합니다. 암리타는 신의 술 '소마'로도 불리는데 모든 생명력의 원천이며 이것을 마시면 불멸을 누릴 수 있다고 합니다.

중국의 신들은 복숭아를 먹었습니다. 서왕모西王母의 '반도원蟠桃園'에는 복숭아나무 수천 그루가 있는데 열매가 익는 데 짧게는 3천 년, 중간이 6천 년, 길게는 9천 년까지도 걸렸습니다. 열매가 익으면 서왕모가 신선들을 불러 대접했고 이 천상계 최고의 잔치를 '반도회蟠桃會'라고 부릅니다. 반도회가 열리는 장소는 곤륜산의 '요지瑤池'입니다. 상자 앞면에 확대경을 달고 재미있는 그림들을 넣어 들여다보는 장치인 요지경瑤池鏡이 그것으로부터 유래했습니다. 세월이 흐르면서 '세상은 요지경', '요지경 속 세상'

***저승에 흐르는 스틱스에 담가 불사의 몸으로 만들었다는 이야기는 후에 생긴 것이며 『일리아드』의 저자 호메로스는 아킬레우스의 발뒤꿈치 운운하는 이야기를 믿지 않았다. 그랬다면 테티스가 굳이 헤파이스토스가 만든 최강의 무구로 아들을 무장시키지 않았을 거라는 합리적 의심에서다.

처럼 알쏭달쏭하고 묘한 세상일을 비유적으로 이른다는 뜻이 추가됐는데 신들이 반도원의 복숭아를 먹으며 잔치를 벌이는 장소를 바라보는 관점이 고대에는 신성한 곳이었을지 몰라도 후대에는 이성과 합리가 닿지 않는 괴이한 곳으로 바뀌었음을 짐작할 수 있지요.

　불로불사의 음식을 자기네들끼리 독점하지 않고 백성들과 나눈 신들도 있습니다. 켈트신화에서 만물의 어머니는 '다누Danu'이며 다른 신들을 '투어허 데 다넌Tuatha Dé Danann'이라고 하는데 게일어로 '다누의 가족'이라는 뜻입니다. 이들은 '에린Erin'이라는 곳에 정착했고 에린은 아일랜드의 옛 이름이지요. 다누를 섬기는 백성들은 불사신이었습니다. 대장장이 신 '고브니Goibniu'가 만든 '에일Ale'을 마실 수 있어서였습니다. 오늘날 맥주의 한 종류인 에일은 고브니가 만든 마법의 술에 어원을 두고 있지요.

　한국의 마고신화에는 '지유地乳'가 등장합니다. 마고를 섬기며 마고성에 살던 사람들은 땅에서 솟아나는 젖을 먹고 불로불사했으며 타율 없이도 자재율自在律*을 따라 살아 모두 평화로웠습니다. 그러나 살아있는 생명을 먹으면 안 된다는 금기를 깨고 포도를 따먹은 이들이 오미五味**에 눈을 뜨면서 천성을 잃고 수명이 줄었습니다. 지유는 마르고 마고성은 닫혔습니다.

　넥타, 암브로시아, 암리타, 소마, 에일…… 신화에 나오는 불로

---

* 신라시대 박제상이 지은 「부도지」에 등장하는 용어로 내 안에 있는 율려를 스스로 따른다는 뜻인데 율려律呂는 천지창조의 주인공인 '율려'를 가리키며 우주의 법칙을 의미한다. 율려가 잉태하여 낳은 딸이 우주의 어머니, 마고다.
** 다섯 가지 맛. 단맛, 쓴맛, 신맛, 매운맛, 짠맛.

불사의 음식을 넘어 소설 제목이나 팝그룹, 상품, 상점 이름으로 볼 수 있다는 점이 재밌습니다. 그리고 아마도 그 이름들에는 불로불사를 향한 인류의 영원히 변치 않을 꿈이 담겨있겠지요.

18만 년을 살았다는
삼천갑자 동방삭은 누구일까?

이 사람의 이름 좀 들어볼까요. '김 수한무 거북이와 두루미 삼천갑자 동방삭 치치카포 사리사리센타 워리워리 세브리캉 무두셀라.' 아직 끝나지 않았습니다. 한 줄 더 붙습니다. '구름이 허리케인 담벼락 서생원에 고양이 바둑이는 돌돌이' 도대체 이 긴 이름이 한 사람의 이름이라니, 사연인즉 이렇습니다. 노부부가 열심히 기도해서 드디어 아들을 얻었는데 귀한 아들이 오래 살기 바라는 기원을 담아 오래 산 사람들의 이름을 몽땅 수집해 이름을 지어주었습니다. 성은 김가였던 모양입니다.

이처럼 세상 모든 이름에는 부모의 축복과 기원이 담겨있기 마련이지요. 우리에게 파블로 피카소이기만 한 그의 이름도 '김 수한무'로 시작하는 이름 못지않습니다. 태어난 지 얼마 안 돼 세례명으로 받은 이름이 '파블로, 디에고, 호세 프란시스코 데 파울로, 후한 네포무세노, 마리아 데 로스 레 메디오스, 시프리아노 데 라 산티시마 트리니다드'이며 성은 '블라스코', 이 긴 이름은 가난한 아버지가 장남이 이들 중 한 사람이라도 닮길 바라는 마음에서 지은 것으로 훌륭한 가톨릭 성인들의 성姓을 줄줄이 따왔습니다. 하지만 훗날 그가 최종적으로 선택한 이름과 성은 파블로 피카소였습니다. 파블로는 큰아버지의 이름이었고 피카소는 어머니의 이름 '마리아 피카소 로페스' 중 하나였지요. 그는 아버지의 기도처럼 성인으로 살지는 못 했어도 위대한 화가가 됐습니다.

그렇다면 아들이 세상에서 가장 오래 살기 바라는 마음으로 지었다는 '김 수한무 거북이와 두루미 삼천갑자 동방삭 치치카포 사리사리센타 워리워리 세브리캉 무두셀라 구름이 허리케인 담벼락 서생원에 고양이 바둑이는 돌돌이'에 등장하는 온갖 동물과 무생물, 자연현상, 그 밖에 정체를 알 수 없는 것들 중에서 가장 오래 산 것은 무엇일까요?

단연 수한무壽限無입니다. 목숨에 한계가 없다는 뜻이니까요. 하지만 그냥 이름일 뿐이니 열외로 하고 200살까지도 산다는 거북이? 아니면 969세까지 살았다는 무두셀라? 아프리카 어디서 오래 살았다는 치치카포? 그것도 아니면 전설 속의 장수 인물 사리사리센타나 워리워리? 세브리캉? 모두 오래 살았지만 동방삭에 비하면 어림없습니다.

무려 삼천갑자三千甲子를 살았다고 해서 삼천갑자 동방삭! 갑자는 육십갑자의 첫 번째로 1갑자는 60세, 처음 돌아오는 갑을 환갑, 또는 회갑이라고 부릅니다. 그러니 삼천갑자를 살았다고 하면 무려 18만 년을 살았다는 얘기가 되지요. 동방삭이 이처럼 장수한 비결은 여신 서왕모가 사는 곤륜산에서 복숭아를 예순 번이나 훔쳐 먹었기 때문입니다. 순리를 거스른 동방삭을 많은 저승차사들이 잡으러 갔지만 어찌나 감쪽같이 몸을 숨기는지 찾아낼 수가 없었습니다. 동방삭의 최후를 두고는 중국과 한국에서 완전히 다릅니다.

먼저 한국에서 전해내려 오는 이야기를 요약하면 마침 강림도령이 새로운 저승차사로 임명받았습니다. 강림도령은 자기가 이 세상에서 아무도 하지 않는 일을 하고 있으면 호기심 많은 동방삭이 모습을 나타낼 거라고 생각했지요. 그래서 냇가에 앉아 검은 숯을 열심히 씻기 시작했습니다. 그러기를 며칠…… 한 노인이 다가와 왜 그러고 있냐고 물었습니다. 강림도령이 말합니다. "검은 숯을 백 일 동안 씻으면 하얀 숯이 되어 세상에 드문 약이 된다고 해서 이러고 있지요." 그러자 노인이 껄껄 웃으면서 대꾸합니다. "내가 삼천갑자를 살았어도 그런 말은 들어본 적이 없소." 그 말이 떨어지기 무섭게 동방삭은 저승차사에게 붙잡히고 말았습니다.

백지장도 높다고 했을 만큼 18만 년 동안 매사에 조심스럽게 행동했던 동방삭이었습니다. 그러나 방심해서 뱉은 말 한 마디가 18만 년 동안의 노력을 수포로 돌아가게 만들었습니다. 아무리 행동을 조심해도 말 한 마디가 모든 것을 그르치게 만들 수 있다는 조상의 가르침이 담겨있지요. 이처럼 한국에서 동방삭은 생사의 순리를 거역해 염라대왕의 노여움을 산 자인데 중국에서는 반도원의 복숭아를 훔쳐 먹을 수 있을 정도로 만물에 통달한 자입니다. 흥미롭게도 동방삭은 실재 인물입니다.

본명 장만천張曼倩, 기원전 154년에 태어나 기원전 93년에 죽어 18만 년은커녕 백 년도 살지 못했습니다. 이런 그가 장수의 대명사가 된 것은 천하에 견줄 사람이 없다 할 정도로 지식이 뛰어났기 때문이며 삼천갑자를 살았다는 수식은 18만 년이나 산 것처럼 만물에 통달했다는 비유겠지요. 동방삭이 택한 주군은 한의 무제, 유철이었습니다. 우리에게는 고조선을 멸망시킨 침략자라 쓰라리지만 중국 최초로 유교를 통치 이데올로기로 삼고 중앙집권화했으며 영토를 확장하고 실크로드를 열었습니다. 동방삭은 한무제에게 죽간竹簡 3천 장이 넘는 글을 써서 올려 박학다식함을 드러내며 자기를 천거했고 한무제는 두 달에 걸쳐 모두 읽은 다음 동방삭을 발탁했습니다.

궁에 첫 발을 디딜 때 동방삭의 정치적 포부는 원대했겠지요. 한무제는 동방삭의 박학다식함과 재담을 즐길 뿐 요직에 등용하지 않았습니다. 그렇지만 동방삭의 기이한 행동을 두고 신하들이 온갖 정치적 공세를 퍼부어도 개의치 않고 끝까지 곁에 두었습니다. 다시 한 번 한무제에 대해 소개하자면 이릉 장군을 변호했다는 이유 하나로 사마천을 궁형에 처한 것은 약과요, 한 자리에서 2만 명을 처형할 만치 무자비한 황제였습니다.

이런 황제 옆에서 동방삭은 〈세속에 젖어 세상을 금마문* 안에서 피한다네. 궁전 안에서도 세상을 피해 몸을 온전히 숨길 수 있거늘 하필 깊은 산속 풀로 엮는 집이랴〉 하는 대담한 시를 썼으니 얼마나 처세에 탁월했는지 알 수 있지요. 그러던 동방삭이 어느 날 한무제에게 '빙탄불상용氷炭不相容, 얼음과 숯은 함께 할 수 없다'이라는 말을 인용해 "간신배를 멀리하고 중상모략을 물리치라"

---

* 전한의 궁전인 미양궁에 있는 문의 하나.

고 충고했습니다. 사마천의 『사기』에 따르면 동방삭의 충고를 들은 한무제의 반응이 이러했습니다. "참 이상도 하구나, 동방삭이 착한 말을 하다니……."

그런 일이 있고 얼마 뒤 동방삭이 죽었습니다. 아니, 삼천갑자를 산 신선이 됐습니다. 반도원의 복숭아를 훔쳐 먹을 수 있을 만큼 만물에 통달한 덕입니다. 신화에 따르면 한무제는 서왕모에게 반도원의 복숭아를 네 개나 받아먹고도 불로장생에 실패했고 신선도 되지 못했습니다. 서왕모가 도를 닦고 수련에 정진하라 충고했건만 따르지 않기 때문이라는 후일담이 나온 것은 한무제에게 무자비하게 시달린 백성들의 저주였을 것입니다.

왜 제사상에
복숭아를 올리면 안 될까?

영양 성분이 풍부해서 여름철 보양식품으로도 불리는 복숭아, 알고 보면 아주 먼 옛날부터 인류와 함께 해온 과실입니다. 우리나라에서는 3천 년 전 논터에서 오늘날 재배하고 있는 품종의 핵核과 크기가 비슷한 것이 출토됐을 정도니까요. 그러고 보니 「고향의 봄」에 왜 살구꽃, 아기 진달래와 함께 복숭아꽃이 피었는지 알 것 같습니다. 그만큼 우리에게 흔한 꽃이고 열매였다는 얘기지요. 복숭아나무를 일컬어 무릉도원의 꽃과 불로장생의 과일을 가졌다고 표현합니다.

복숭아꽃(복사꽃)이 무릉도원을 상징하게 된 것은 도교의 영향이 큽니다. 그런데 사실은 도교가 등장하기 훨씬 이전인 전설의 시대부터 복숭아나무에 신비한 능력이 있었습니다. 그 증거를 오늘날에도 쉽게 발견할 수 있는데요. 바로 제사상에서입니다. 제사상을 차릴 때 복숭아는 절대로 올리면 안 되는 금기의 열매입니다.

그리스신화의 헤라클레스에 해당하는 인물이 동양신화에도 있습니다. '예羿'라는 이름을 가진 활의 명수입니다. 요임금 시절의 어느 때 열 개의 태양이 일시에 하늘에 떠올라 온 세상을 까맣게 태울 기세였습니다. 이때 예가 나타나 아홉 개의 태양을 쏘아 떨어뜨려 하늘과 땅을 다시 정상으로 돌려놓았습니다. 또 여기저기서 출몰하는 괴물을 물리쳐서 영웅이 되지요. 그러자 곤륜산의 산신이자 죽음과 형벌을 관장하는 여신 서왕모가 그 용기와 공로를 치하하여 불사의 약으로 복숭아를 선물했습니다. 예는 바로 먹지 않고 아껴두었습니다. 그런데 음식의 경우 희한하게도 아껴둘수록 정작 못 먹게 되는 경우가 많지요. 예의 경우에는 아내인 항아가 혼자 다 먹어치우고 말았습니다. 제 몫이 아닌 걸 훔쳐 먹어서였을까요. 항아의 몸이 가벼워져서 하늘로 둥실 떠올랐고 달로 숨어버렸습니다. 이렇게 해서 탄생한 말이 '월궁항아月宮姮娥'입니다.

그렇다고 항아가 달의 여신이 된 것 같지는 않습니다. 유난히 달을 좋아한 이백이 「고랑월행古郎月行」에서 '두꺼비가 둥근 달을 야금야금 갉아먹는다'고 표현했는데 항아가 남편을 배신한 죄 때문에 달에서 두꺼비로 변했다는 전설에 따른 것이었지요. 이러한 예와 항아의 이야기는 서양에도 널리 알려졌는지 1969년 아폴로 11호 발사 직전에 우주비행사들과 NASA 기지국이 나눈 교신 내용에도 등장합니다. NASA 기지국에서 "남편한테 불사약을 훔쳐 달로 달아난 항아와 계수나무 아래 서있는 토끼를 찾아보라"고 하자 버즈 올드린이 "잘 찾아보겠다"고 응수한 것이지요. 그렇다면 예는 어떻게 되었을까요.

예의 불행은 항아의 배신에서 끝나지 않았습니다. 제자 봉몽이 스승만 없다면 최고의 궁수가 될 수 있으리라는 질투에 휩싸여 그를 살해했습니다. 이때 예를 죽인 무기가 복숭아나무로 만든 몽둥이였습니다. 사람들은 억울하게 죽임을 당한 예를 궁술의 신으로 모시며 제사를 바쳐 기억했습니다. 예는 죽은 뒤에도 여전히 용맹해서 귀신의 우두머리가 되어 나쁜 귀신을 쫓는 역할을 맡았습니다. 그러나 생전의 끔찍한 기억 때문인지 복숭아를 보면 기겁했다고 합니다. 귀신의 우두머리인 예가 제일 두려워하는 것이 복숭아라고 하는데 조상 귀신들은 오죽할까요. 그래서 제사상을 차릴 때 복숭아는 올리지 않는 풍습이 생겼습니다.

오늘날까지 이 풍습을 따르는 민족은 영웅 예와 관련이 있다고 볼 수 있겠지요. 이 말은 우리가 예의 후예일 수 있다는 맥락을 품고 있습니다. 여신 서왕모에게 불로불사의 복숭아를 선물로 받지만 아내에게 도둑질을 당해 먹지 못했고, 복숭아나무로 만든 몽둥이에 맞아 죽임을 당한 두려움 때문에 복숭아를 제일 무서워하는 귀신들의 우두머리, 예. 그 서사가 참으로 인간적입니다.

『임금님 귀는 당나귀 귀』에서 임금님은 누구였을까?

동화 『임금님 귀는 당나귀 귀』가 주는 교훈은 '비밀은 어떻게든 탄로 나기 마련이다'라고 할 수 있습니다. 당나귀 귀가 되어버린 임금님은 기원전 8세기 프리기아의 왕 '미다스Midas'입니다. '고르디우스의 매듭'으로 유명한 고르디우스 왕의 아들로 실재했던 인물입니다. 그는 오비디우스의 『변신 이야기』에 두 차례 등장하는데요. 첫 번째는 만지는 것은 무엇이든 황금으로 만드는 미다스의 손을 가지게 되는 이야기입니다. 포도주의 신이자 풍요의 신인 디오니소스가 소원 하나를 들어주겠다고 하자 손을 대면 무엇이든 황금으로 바꾸는 능력을 가지게 해달라고 합니다. 소원이 이루어지고 처음에는 거부가 될 수 있어 기뻤지만 음식에 손을 대면 황금으로 바뀌는 바람에 마음대로 먹을 수 없었고 사람한테 손을 대면 황금으로 바뀌어 딸까지 황금으로 변해버렸습니다. 그래서 후회하고 디오니소스에게 간청해 원래의 손으로 돌아옵니다.

그 후 부귀를 마다하고 숲으로 들어가 사티로스인 마르시아스와 어울려 지내는데요. 마르시아스는 님프들을 불러 모아 노래 부르고 아울로스* 연주하는 것이 취미였습니다. 그러다 감히 아폴론에게 도전장을 내밉니다. 아폴론의 리라 연주와 마르시아스의 아울로스 연주 대결이 있던 날, 미다스는 중대한 실수를 합니다. 둘의 음악을 들은 청중들 모두 아폴론의 연주가 뛰어나다고 판정하는데도 혼자 마르시아스의 연주가 더 뛰어나다고 주장하며 꺾지 않은 것이지요. 이 대목에서 제가 왜 '중대한 실수'라고 했을까요. 실제로 어떤 연주가 더 아름다운지는 중요하지 않습니다. 누가 연주했는지가 중요하지요. 신화에서 신이 패배하는 법은 결코 없습니다. 아폴론이 말합니다. "너처럼 어리석은 인간의 귀가 다른 인간의 귀와 같은 모양을 하고 있는 거야말로 공정하지 못하다." 그러고는 미다스의 귀를 잡아 늘리더니 그 안에 털이 소복이 자라게 했는데 그 모양이 당나귀 귀와 비슷했습니다.

감히 아폴론에게 도전한 마르시아스가 받은 벌은 더 잔혹했습니다. 산 채로 살갗을 벗긴 것이지요. 아폴론보다 더 잔혹한 이는 프랑스의 루이 14세였습니다. 마르시아스를 나무에 거꾸로 매달고 산 채로 살갗을 벗겨내는 장면을 담은 〈미다스 왕의 심판〉을 그리도록 명령해 베르사유의 트리아농 궁에 걸었습니다. 신하들에게 왕권 모독의 최후를 알려주려는 의도에서였으니 절대 권력의 극치였습니다.

한편 졸지에 당나귀 귀가 되어버린 미다스는 귀를 감추려고 모자를 쓰고 다녔지만 이발사에게만큼은 감출 수 없었습니다. 왕의 비밀을 함부로 발설할 수 없어서 속만 끓이던 이발사는 견디다

---

* 갈대 또는 줄기라는 뜻으로 고대 그리스의 관악기이며 오늘날의 오보에나 파곳으로 이어진다.

못해 들판에 나가 땅에 구덩이를 파고 "임금님 귀는 당나귀 귀"라는 말을 하고 다시 흙으로 덮었습니다. 그때부터 이발사는 속 시원하게 잠들 수 있었는데요. 그런데 얼마 뒤 비밀을 묻은 그 자리에 갈대가 자라기 시작했고 남풍에 흔들릴 때마다 온 세상에 대고 이 소리가 났다고 하죠. "임금님 귀는 당나귀 귀다." 비밀이 소문이 되는 순간이었지요. 소문으로 퍼지기 시작한 말은 출처를 찾기 힘들어집니다. 갈대가 말했다고 하는데 갈대를 붙들고 추궁할 수 없는 노릇이니까요.

그런데 흥미로운 사실이 있습니다. 오비디우스가 2천 년 전에 쓴 『임금님 귀는 당나귀 귀』와 거의 같은 내용이 『삼국유사』에 등장합니다. 861년에 등극한 신라 48대 왕인 경문왕이 주인공입니다. 경문왕은 임금이 된 다음 갑자기 귀가 길어져 나귀처럼 돼서 언제나 귀를 덮는 모자를 주문했는데 모두에게 감출 수 있어도 두건을 만드는 복두장에게는 감출 수 없었습니다. 복두장은 평생 비밀을 지키다 죽을 때가 되자 대나무 숲에 들어가 소리칩니다. "임금님 귀는 나귀 귀처럼 생겼다."

그 후로 바람이 불면 대나무 숲에서 "임금님 귀는 나귀 귀처럼 생겼다"는 소리가 났는데요. 여기까지는 미다스가 주인공인 이야기와 거의 같습니다. 하지만 결말이 약간 다릅니다. 왕이 대나무를 모두 베고 산수유를 심게 했는데요. 그 뒤론 바람 불면 이런 소리가 났습니다. "우리 임금님 귀는 길다." 『삼국유사』는 경문왕과 관련해 이런 다소 엽기적인 이야기도 전합니다. "저녁때가 되면 많은 뱀이 침전으로 모여드는데, 잠잘 때는 그 뱀들이 왕의 가슴에 올라와 혀를 내밀고 엎드려있다. 왕은 뱀이 없으면 잠을 편히 잘 수 없다고 말했다."

사실을 밝히자면 경문왕은 귀가 길어지지도 않았고 당연히 나귀 귀가 아니었습니다. 그런데도 왜 이런 이야기가 나왔을까요. 경문왕은 왕가의 자손이긴 했으나 왕권에서 먼 인물이었습니다. 헌안왕에게 인정받아 맏사위가 된 덕에 왕위에 오를 수 있었는데요. 임금님 귀가 당나귀 귀라는 말은 왕이 숨기고 싶은 약점이나 치부, 즉 정통성에 문제가 있었다는 뜻으로 해석할 수 있습니다. 하지만 경문왕은 국학을 쇄신하고 당나라에 국비 유학생을 파견하는 등 새로운 인재를 발굴하려고 애썼고 당나라와의 외교를 돈독히 하는 등 나라를 안정시키기 위해 노력한 개혁 군주였습니다.

그러나 모든 개혁정책이 기득권층인 진골 귀족을 배제하고 화랑과 육두품 위주로 추진됐고 이 때문에 재위 기간 동안 세 차례나 반란이 일어났는데요. 앞서 이야기에서 왕은 '뱀이 없으면 잠을 편히 잘 수 없다'고 한 말은 비유로서 뱀이 화랑과 육두품을 의미한다고 할 수 있습니다. 대나무를 모두 베어버리고 산수유나무를 심어도 여전히 임금님 귀는 길다는 소리만 났다는 표현은 반란은 진압했지만 평생 왕권의 권위에 도전받았음을 암시하지요.

고대 신라는 박씨와 석씨, 김씨가 번갈아 왕위에 앉았는데요. 총 56명의 왕 중에 김씨가 38명으로 가장 많이 왕위에 올랐습니다. 김씨의 시대는 나귀 귀의 주인공 경문왕의 손자 52대 효공왕 대에서 거의 끝이 납니다. 53대 신덕왕은 박씨였지요. 그들이 이런 우스꽝스러운 이야기를 만들어내 경문왕을 깎아내린 것으로 추측되는데요. 경문왕은 억울할 것입니다. 내 귀는 나귀처럼 생기지 않았고 뱀을 좋아하지도 않았는데 왜 이런 엽기적인 사람이 됐는가 하고 말이지요. 신라는 55대 경애왕 대에서 멸망하고 왕건이 세운 나라 고려에 흡수됩니다.

건달은 원래
뭐 하던 인물일까?

건달이라는 말은 상당히 부정적으로 들립니다. 폭력을 쓰면서 행패를 부리고 못된 짓을 하는 나쁜 사람들을 가리키는 말과 혼용되고 있기 때문인데요. 건달의 사전적 풀이는 알고 보면 이렇습니다. 〈하는 일 없이 빈둥빈둥 놀거나 게으름을 부리는 짓. 또는 그런 사람.〉예상했던 것보다 뜻이 훨씬 온건하지요.

건달은 인도신화의 '건달바'에서 유래했습니다. 건달바는 천상에서 음악을 연주하는 음악의 신입니다. 술이나 고기를 먹지 않고 향만 먹는다고 해서 '향신'이라고도 불리는데요. 우연의 일치일까요. 음악의 신은 의술의 신을 겸직(?)하는 경우가 많습니다. 그리스신화에서 아폴론이 태양신이지만 음악과 의술의 신이기도 한 것처럼요. 비슷하게 건달바도 천상의 음료 소마를 관리하는 의술의 신이었습니다. 그런데 멋진 외모를 자랑하는 아폴론과 달리 건달바는 반은 사람이고, 나머지 반은 새인 형상이었습니다. 한국에서는 고려 때까지 불교가 국교였기 때문에 큰 사찰에서 각종 의례가 열렸는데 이때 동원되는 악사 집단을 건달바라고 불렀습니다. 이렇게 신성했던 건달바가 어쩌다 오늘날의 건달이 됐을까요.

조선시대가 되면서 불교세력이 약화되자 건달바는 졸지에 실업자가 됐습니다. 먹고 살 길이 연주뿐이라 이곳저곳을 떠돌면서 음악을 팔았고, 그러고 사는 것이 남들 보기엔 먹고 노는 것으로 보였겠지요. 그러면서 뚜렷한 일자리 없이 먹고 노는 사람을 통칭하는 어휘로 전락하고 말았습니다.

그런가 하면 중국신화에서 음악의 신은 형천입니다. 그리스 신화에 티탄 신족과 제우스 형제들 간에 벌인 전쟁 '티타노마키아'가 있다면 중국신화에는 황제와 치우가 벌인 '탁록대전'이 있습니다. 세 차례의 치열한 전투 끝에 황제가 승리합니다. 형천이 치우의 복수를 위해 반격에 나서지만 실패하고 맙니다. 그래도 음악의 신 형천의 기개가 조금도 꺾이지 않았지요. 목이 잘리자 그의 가슴과 배에 두 눈과 입이 생겨났고, 도끼와 방패를 들고 그 자리에서 춤을 추기 시작했습니다. 황제가 기가 차하며 하늘로 돌아간 다음에도 춤은 계속되었다고 하는데요. 황제의 권위주의에 끝까지 도전했던 반항정신에 다름 아니었지요.

도연명은 이 이야기에 큰 감명을 받았습니다. 그 역시 가난과 질병에 시달리면서도 끝까지 벼슬길에 나서지 않았던 시대의 반항아였기 때문이 아닐까 싶은데요. 도연명이 형천을 기려 시를 지었습니다.

머리 없는 형천, 방패와 도끼 들고 춤을 추니
그 맹렬한 투지 아직도 남아있네
몸은 죽어 근심일랑 없어졌으니

이렇게 변했어도 후회는 없다네

  음악의 신의 정체가 한편으론 의술의 신이었고, 죽어도 결코
죽지 않는 반항정신이었노라는 신화 속 메시지가 음악의 본질이
어디에 있는지 새삼 일깨워줍니다.

상사병도
병일까?

지귀는 화귀火鬼, 불귀신입니다. 서라벌의 그저 평범한 청년이었던 그가 어쩌다 불귀신이 됐는지에 대해서는 이런 유명한 설화가 전합니다. 지귀가 행차 나온 선덕여왕을 보고 한눈에 반해버렸습니다. 잠도 자지 않고, 밥도 먹지 않고, 그러다 그만 미쳐버리고 말았습니다. 정신 나간 것처럼 선덕여왕을 부르며 거리를 뛰어다녔습니다. 관리들이 붙잡아다 야단을 치고 매실을 해도 소용이 없었습니다.

그러던 어느 날 선덕여왕이 다시 행차를 나왔고, 지귀는 가까이에서 보고 싶어 소란을 피우다 관리들에게 붙잡혔습니다. 소란의 영문을 알게 된 선덕여왕은 지귀가 자신을 따라오도록 했고, 지귀는 너무 기뻐서 덩실덩실 춤을 추며 여왕의 행렬을 뒤따랐습니다. 여왕이 절에서 기도를 드리고 나왔을 때 지귀는 탑 아래 잠들어있었습니다. 물끄러미 쳐다보던 여왕은 가엾은 마음이 들어 지귀의 가슴에 끼고 있던 금팔찌를 빼서 놓아준 다음 돌아갔지요. 잠에서 깬 지귀는 여왕의 금팔찌를 보고 기쁜 마음에 어쩔 줄 몰랐습니다. 기쁨은 가슴에서 불씨가 돼 활활 타올랐고 팔과 다리로, 머리로 옮겨 붙었습니다. 온몸이 불덩이가 되어 탑을 태웠고, 온 거리를 태웠습니다. 사랑과 불을 연관시킨 설화가 참 낭만적이지요. 선덕여왕이 불귀신이 된 지귀를 쫓기 위해 지었다는 제문도 문학적입니다.

지귀는 마음에서 불이 일어
몸을 태우고 화신이 되었네
푸른 바다 밖 멀리 흘러갔으니
보지도 말고 친하지도 말지어다

지귀는 상사병을 앓다 불귀신이 됐습니다. 상사병도 병일까요. 의학사전에는 나오지 않습니다. 그러니까 병명이 아니지요. 그러나 선덕여왕을 사랑하다 미친 지귀나 로테를 사랑하다 끝내 목숨을 끊은 베르테르의 뇌를 촬영했다면 분명 정상이 아니었을 것입니다. 사랑에 미쳤다고 하는 사람들의 뇌는 공통적으로 강박장애 환자의 뇌와 비슷하고, 강박장애와 조증, 우울증이 번갈아 나타난다고 합니다. 그 결과 밥도 못 먹고 잠도 못 자고 일도 할 수 없었던, 지귀처럼 되는 거지요. 병원에서는 상사병을 앓는 사람을 조울병이나 우울증으로 진단하고 처방한다고 합니다.

상사병: 마음에 둔 사람을 몹시 그리워하여 생기는 병

문득 세상에 그리움만큼 뼈저린 감정이 있을까 싶습니다.

한민족 최초의
로봇은 무엇이었을까?

체코에서 '차페크 형제'는 유명합니다. 형인 요제프 차페크 Josef Čapek는 화가로, 동생 카렐 차페크Karel Čapek는 스물다섯에 철학박사 학위를 받은 천재 작가로 명성이 높은데요. 1921년 형이 아이디어를 내고 동생이 희곡을 완성했습니다. 제목은 「로숨의 유니버설 로봇」, 로봇이 세상에 태어난 순간을 담은 이야기입니다. 과학자 로숨은 감정 없이 노동만 하는 인조인간을 발명한 후에 체코어로 노동자를 뜻하는 'Robota'라는 이름을 붙이는데요. 세계 최초의 로봇이 비록 픽션이긴 하지만 인간을 대신해 노동하기 위해 태어났다는 것을 알 수 있습니다.

그러나 인간을 위해 많은 일을 했던 로봇은 지능이 발달하면서 반란을 일으키고 끝내 인간을 멸망시킵니다. 20세기 초에 이런 이야기를 지어냈다는 사실이 파격을 넘어 충격으로 다가오지만 정작 체코인들에게는 이런 줄거리가 친숙했습니다. '골렘 Golem' 설화 때문입니다. 체코의 프라하 거리에 사는 유대인들에게 오랫동안 전해내려 온 설화로 줄거리는 이렇습니다.

배경은 16세기 프라하, 오스트리아-헝가리 제국의 황제 루돌프 2세가 유대인을 추방하거나 처형하려고 하자 랍비 로위가 골렘을 만들기로 결심합니다. 골렘은 최초의 인간인 아담에게 숨결이 들어오기 전 이름으로 '사람의 모습을 닮은 존재'라는 뜻을 가지고 있습니다. 로위는 진흙으로 인형을 만든 다음 유대교에서 내려오는 비법을 이용해 생명력을 부여합니다. 그리고 이마에 히브리어로 진실을 뜻하는 'Emeth'라는 글자를 새기지요. 이렇게 태어난 골렘은 먹지도 마시지도 자지도 않고 유대인을 보호했습니다.

하지만 인격을 가지면서 한 소녀를 사랑하게 되고 소녀가 사랑을 받아주지 않자 광폭하게 변해 온 시내를 파괴하기 시작했습니다. 이에 황제 루돌프 2세가 로위를 불러 유대인에 대한 차별과 멸시를 중단할 테니 골렘을 없애달라고 합니다. 그러자 랍비로위가 골렘의 이마에서 첫 글자인 'E'자를 지워 'meth'로 만드는데 'Emeth'는 진리를, 여기에서 E자를 지운 'meth'는 죽음을 뜻했습니다. 하지만 여전히 황제를 믿을 수 없던 로위는 골렘의 껍데기를 유대교회의 다락방에 숨겨놓습니다.

16세기에 생성된 이 유대설화가 어쩐지 우리에게 익숙합니다. 진흙으로 빚은 인간이 괴력을 발휘했다는 내용이 고려 때 설화 「불가사리」와 비슷합니다. 밥풀을 비벼 알 수 없는 짐승을 만들었는데 작은 벌레처럼 살아 움직이더니 처음에는 작은 바늘을 먹기 시작해서 젓가락, 숟가락, 가위 같이 집 안의 작은 쇠붙이를 먹기 시작하더니 호미, 괭이, 솥처럼 큰 쇠붙이를 닥치는 대로 먹고 점점 자라서 온 나라 안에 있는 모든 쇠붙이를 다 먹어치웁니다. 그리고 쇠붙이를 먹을 때마다 점점 더 커져서 집채만 한 괴물로 변하지요. 어떤 방법을 써도 죽지 않아서 붙인 이름이 '불가살이不可殺伊, 죽일 수 없는 동물'였습니다. 불에 던져 넣으면 죽기는커녕 온몸이 불덩어리가 되어서 인가로 날아들어 집들이 다 불에 타버렸습니다. 사람들은 벽사의 용도로 불가사리를 민화나 부조로 남겼는데 몸은 곰을 닮았고 머리는 코끼리와 비슷합니다.

그렇다고 우리나라 최초의 로봇이 불가사리라는 말은 아닙니다. 로봇으로 불리려면 첫째 기계여야 하고, 둘째 일정한 작업이나 조작을 자동적으로 해야 하지요. 여기까지만 해도 로봇이라고 할 수 있지만 이왕이면 사람 비슷한 모습에 사람 못잖은 지능을 가진다면 더 좋겠지요. 이 세 가지 조건을 모두 충족시킨 우리나라 최초의 로봇은 무엇이었을까요.

1433년 세종대왕이 장영실에게 내린 명령은 이러했습니다. "사람의 힘을 빌리지 않아도 때가 되면 저절로 시각을 알리는 시계를 만들라." 이듬해인 1434년 8월 5일, 장영실과 김조 등이 자격루自擊漏를 완성해 선보였는데요. 자격루는 스스로 두드리는 물시계라는 뜻입니다. 전란으로 소실되는 바람에 물동이 몇 개, 물기둥 두 개만 남았지만 원래 자격루는 물시계 장치와 자동 시보 장치, 이 둘을 연결하는 기둥으로 이루어진 거대한 구조였습니다.

원리를 간단하게 설명하면 물시계 장치에서 맨 아래에 있는 물동에 물이 고이면 그 위에 떠있는 잣대가 점점 올라가 눈금에 닿으면서 그곳에 있는 지렛대 장치를 건드려 끝에 있는 쇠구슬을 구멍 속에 굴려 넣습니다. 그러면 이 쇠구슬이 시보장치 상자로 굴러가 다른 구슬을 건드리면서 상자 위쪽에 있는 세 개의 인형이 팔을 움직여 각기 종과 북, 징을 울리고 곧바로 십이지신* 가운데 그 시에 해당하는 동물 모형이 시 이름이 적힌 팻말을 들고 나왔습니다. 예를 들어 자시에 인형이 종을 치면 쥐 모형이 쥐를 뜻하는 자 자가 적힌 팻말을 들고 나오는 식이었지요.

세 개의 인형 중 한 개는 낮 시간을 열두 시간으로 구분해 두 시간마다 종을 울렸고, 나머지 두 개는 밤에 북과 징을 울렸는데 이것은 하룻밤을 5경으로 나누고 다시 5경을 5점으로 나눴던 고대의 시간 계산법에 따른 것이었습니다. 예를 들어 1경 1점이라고 하면 북 한 번, 징 한 번, 5경 5점이라고 하면 북 다섯 번, 징 다섯 번 울리는 식이었습니다. 이렇게 사람 인형 세 개와 동물 인형 열두 개가 시각을 알렸기 때문에 1915년부터 연희전문에 재직했던 칼 루퍼스 교수는 자격루를 '인형시계Puppet clock'라며 서양에 소개했는데요. 일정한 시각이 되면 세 개의 인형이 종과 북, 징을 울리고 뒤이어 십이지간을 상징하는 동물 모형이 상자에서 팻말을 들고 나오고……. 그러나 장영실 이후에 그만한 과학자가 없던 모양인지 문종 때 고장 난 자격루는 끝내 보수에 실패했습니다.

---

* 십이지신은 시간·방위·계절을 나타내는 12간지를 상징하는 열두 개의 동물로 쥐-소-호랑이-토끼-용-뱀-말-양-원숭이-닭-개-돼지 순이다. 시각으로는 자子 23~01시, 축丑 01~03시, 인寅 03~05시, 묘卯 05~07시, 진辰 07~09시, 사巳 09~11시, 오午 11~13시, 미未 13~15시, 신申 15~17시, 유酉 17~19시, 술戌 19~21시, 해亥 21~23시다.

단군신화에 나오는 호랑이는
그 후 어디로 갔을까?

곰 한 마리와 범 한 마리가 같은 굴 속에 살면서 환웅에게 사람이 되게 해달라고 빌었다. 환웅은 이들에게 신령스러운 쑥 한 줌과 마늘 20쪽을 주면서 이것을 먹고 백 일 동안 햇빛을 보지 않으면 사람이 된다고 일렀다. 곰과 범은 이것을 먹고 근신하기 삼칠일 만에 곰은 여자의 몸이 되고 범은 못 참아 사람이 되지 못하였디.

이후의 이야기는 한국인이라면 누구나 알고 있습니다. 사람이 된 곰 웅녀와 천제의 아들 환웅이 결합하여 단군이 태어나고 한민족 최초의 나라인 고조선을 건국합니다.

순전히 개인적인 호기심으로 오랫동안 궁금했습니다. "그렇다면 동굴을 뛰쳐나간 호랑이는 어디로 갔을까……." 왜냐하면 한국인에게 친숙한 동물은 정작 곰이 아니라 호랑이기 때문입니다. 일단 한반도의 지형과 모양이 호랑이가 앞발을 들고 일어선 모습과 닮았고 전설이나 동화, 민간신앙에 자주 등장하는 것도 곰이 아니라 호랑이입니다. 신화는 수천 년의 인류역사가 단 몇 줄로 압축된 파일과 비슷합니다. 상징적이고 은유적인 기호로 적혀있어서 해석이 필요하지요. 또 그 해석에는 상상력이 필요합니다. 이것이야말로 신화의 가장 큰 묘미입니다.

사실 단군신화에 등장하는 곰과 호랑이는 정말로 동물이 인간이 된 이야기가 아니라, 곰족과 호랑이족이 있었는데 최종의 승자는 곰족이었다는 설이 우세합니다. 나아가 곰족은 이주민이었고 호랑이족은 정착민이었다는 설도 있습니다. '환웅이 땅에 내려왔다', 즉 하늘의 존재가 땅에 내려왔다는 것은 시대의 흐름이 수렵에서 농경으로 전환점에 놓였음을 시사합니다. '곰과 호랑이가 동굴에 들어갔다'는 변화해야 한다는 것을 자각하고 준비했다는 것을 의미합니다. 이 과정에서 곰족은 인내심을 발휘해 환경에 적응했지만 호랑이족은 수렵의 습성을 버리지 못해 적응하지 못했습니다. 곰이 된 여자, 웅녀가 환웅과 혼인하여 단군왕검을 낳았다는 표현은 곰족이 나라를 세우는 데 주도적인 역할을 했음을 나타내지요.

세계 각국의 주요 건국신화에는 '반드시'라고 해도 좋을 만큼 거대한 전쟁이 등장합니다. 선과 악, 천국과 지옥이라는 개념은 나라가 성립된 다음에 생겨난 것으로 원형은 토착민과 이주민이 치른 전쟁이며 거의 예외 없이 이주민의 승리로 끝이 납니다. '굴러온 돌이 박힌 돌을 빼낸다'는 속담이 맥락 없지 않습니다.

그렇다면 한반도의 이주민, 곰족은 어디서 왔을까요. 학자들은 고대에 시베리아와 중국 동북주에 넓게 흩어져 살았던 에벤키족을 주목합니다. 우리에게는 퉁구스 어족으로 더 친숙한데요. 이들은 곰을 조상으로 숭배하는 문화를 가지고 있고 스스로를 곰의 후손으로 여깁니다. 이들 중 일부가 남쪽으로 내려와 한민족의 기원이 되는 예맥족이 되었고 이들이 성립한 나라가 고조선과 부여입니다.

단군신화에서 호랑이에 빗댄 한반도 정착민은 수렵채집에 '빗살무늬토기'를 사용하고 있었습니다. 아래가 평평하지 않고 끝이 뾰족한 모양은 땅을 파서 밑부분만 묻어 세우는 데 제격이었습니다. 곰에 빗댄 이주민들, 예맥족의 선조들이 민무늬토기와 고인돌, 청동기 등을 가지고 들어옵니다. '민무늬토기'는 무늬는 없지만 우리가 아는 항아리 모양에 가까워 본격적인 농경시대를 상징합니다. 청동기는 동서양을 막론하고 군장국가*의 성립을 상징하지요. 또한 고인돌은 군장의 무덤으로 계급사회와 빈부격차가 시작됐음을 일립니다.

그렇다면 동굴에서 나간 호랑이는 어디로 갔을까요. 이주민들에게 패해 멀리 쫓겨나지 않았을까 싶지만 함께 고조선에 살았을 가능성이 큽니다. 그렇지 않고서야 거의 모든 옛날이야기가 서두에 "옛날 옛적 호랑이 담배 피던 시절에~"라고 운을 띄우는 것하며 호랑이가 등장하는 전설과 민화가 이렇게나 많을 수 없지요. 실제로 일연이 『삼국유사』를 쓰기 훨씬 전에 설암이 쓴 기행문 『묘향산지』에는 또 다른 버전의 단군신화가 전합니다.

환인의 아들 환웅이 태백산에 내려와 신단수 아래 살았다. 환웅

---

* 원시 부족사회(족장)와 연맹왕국(왕) 사이의 과도기적 집단 우두머리를 군장이라 하고, 군장이 지배하는 사회를 군장국가라고 한다.

이 하루는 백호와 교통하여 아들 단군을 낳았다. 그가 요임금과 같은 해에 나라를 세워 우리 동방의 군장이 되었다.

이 글대로라면 단군의 어머니는 웅녀가 아니라 고구려 〈사신도〉에 등장하기도 하는 백호가 됩니다. 또 환웅뿐 아니라 단군왕검도 훗날 산신이 되는데 많은 산신도에는 곰이 아닌 호랑이가 등장하지요. 알면 알수록 점점 더 미궁에 빠지는 것 같지만 그래서 더 재미있는 단군신화, 이렇게 상상해 보면 어떨까요. 곰과 호랑이, 혹은 웅족과 호족. 어느 한쪽도 승자도 패자도 아니었으며 그저 모두가 같은 하늘이 열린 이래 고조선의 한 백성이었다고, 우리에게는 곰도 있었지만 호랑이도 있었다고 말이지요.

일연의 『삼국유사』는 호랑이를 패배자로 만들어버렸지만 호랑이는 우리 곁에 늘 있었습니다. 그리고 '곰이었던 여자' 정도로밖에 해석이 안 됐던 '웅녀'의 정확한 뜻은 '곰골에서 온 여자'입니다. 오늘날의 부산댁, 전주댁, 서울댁 하는 표현과 같은 뜻이었습니다. 일제 식민지 시대에 허무맹랑한 단 몇 줄의 이야기로 요약되고 만 단군신화, 그 원형을 되찾기 위해서는 가야 할 길이 멀어 보입니다.

사람의 눈은
왜 두 개일까?

　　사람의 눈이 두 개인 이유는 원근감을 확보하기 위해서입니다. 크기는 눈 한 개로도 가늠할 수 있지만 원근감은 두 개여야 가능합니다. 좌측 눈과 우측 눈으로 들어와 맺히는 상이 조금씩 다르고, 그 상이 뇌에서 입체로 합성돼 눈에 보이는 것이 되는데요. 이를 체감할 수 있는 것이 이어폰으로 음악을 들을 때입니다. 왼쪽 귀와 오른쪽 귀로 들어오는 소리가 각기 나른네 그 다른 소리들이 합쳐져 귀가 아닌 마치 뒤통수에서 들리는 것 같은 놀라운 소리 체험! 우리가 두 눈으로 사물을 보고 원근감을 느끼는 것이 그와 비슷합니다.

　　그러나 꼭 원근감 때문만은 아닙니다. 사람의 눈은 측면이 아닌 정면에 붙어있어서 시야를 확보하는 측면에서 어류나 조류보다 훨씬 기능이 떨어집니다. 눈과 눈 사이도 개나 고양이, 호랑이나 사자 같은 포유류에 비해 상당히 좁지요. 그 결과 물체가 중앙에서 20도 이상 왼쪽이나 오른쪽으로 벗어나면 목표한 사물이 보이지 않습니다. 고개를 돌려서 볼 수밖에 없지요. 두 개를 가지고도 이 지경입니다.

　　호메로스는 『오디세이아』에서 외눈의 위험성에 대해 경고합니다. 오디세우스 일행을 동굴에 가둬놓고 매일 끼니로 두 사람씩 잡아먹었던 괴물이 키클롭스인 폴리페모스였습니다. 키클롭스는 원래 그리스신화에서 외눈박이 거인의 이름이었다가 『오디세이아』에서는 외눈박이 거인족으로 등장합니다. 폴리페모스가 하루는 오디세우스에게 이름이 뭐냐고 물었습니다. 오디세우스는 자신의 이름이 '아무도 아니Nobody'라고 알려주었습니다. 그러고는 어느 날 폴리페모스에게 포도주를 권해 취해 잠들게 하고서 불타는 장작개비로 눈을 찔러버립니다.

폴리페모스가 비명을 지르자 다른 키클롭스들이 달려와서 누가 이랬냐고 묻습니다. 폴리페모스가 알려줍니다. '아무도 아니'라고. 그 말을 들은 키클롭스들은 '아~ 아무도 아니구나' 하고 돌아가 버리고 오디세우스와 일행은 무시무시한 외눈박이 거인 괴물들을 피해 무사히 탈출할 수 있었습니다. 사람의 눈은 두 개입니다. 덕분에 원근감을 확보할 수 있습니다. 그런데 시야가 좁다는 한계를 가지고 있습니다. 이런 채로 힘을 가지면 키클롭스 같은 괴물이 될 수 있지요. 그렇다면 어떻게 해야 시야를 넓힐 수 있을까요.

원근법을 역이용해 봅니다. 미술교과 시간에 원근법에 맞지 않는 그림은 그림도 아닌 것처럼 워낙 강조해서 들은 지라 하다못해 낙서를 할 때도 원근법에 충실했고, 의심을 품지 않았는데요. 과연 우리가 보는 그대로를 옮기는 방식이라고 할 수 있을까요.

원근법은 이차원 평면에 삼차원 현실을 입체적으로 표현하기 위한 기법입니다. 원근법을 표현하는 데 결정적으로 필요한 것이 '소실점'인데요. 소실점을 중심으로 사물의 배치가 가깝게 멀게, 크게 작게 구성됩니다. 이러한 소실점과 원근법은 이탈리아 르네상스기 피렌체의 건축가 필리포 브루넬레스키Filippo Brunelleschi 가 1410년에 처음 발명했고 그 후 화가들에 의해 체계화됐습니다. 원근법과 소실점을 가장 명확하게 보여주는 그림이 레오나르도 다 빈치의 〈최후의 만찬〉입니다. 열두 제자의 연장선이 정확히 가운데 있는 예수에게 모아집니다. 그 후로 원근법과 소실점은 화가와 건축가에게 이론의 여지가 없는 상식이었습니다.

멀다, 가깝다는 기준은 보는 사람의 위치에 따라 달라집니다. 다시 말해 객관적이라기보다 주관적이라는 거죠. 그런데 서양의 고전 회화에서는 보는 사람의 위치가 하나, 소실점도 하나입니다. 그 위치와 소실점은 화가가 정합니다. 관람객은 화가가 정한 대로 봅니다. 이에 비해 동양 회화에서는 보는 사람의 위치도, 소실점도 여러 곳입니다. 또 폴 세잔에서 시작된 현대 회화도 기존의 원근법과 소실점을 무시하거나 왜곡하는 경우가 많은데요. 서양 회화의 지배적 시점에 익숙해진 사람들은 이런 그림을 보면 어딘지 어색해서 이상한 그림으로 보입니다.

정리하면 원근법과 소실점은 객관적인 사실을 반영한 것이 아니라 화가의 주관적인 시점을 반영한 것입니다. 그리고 세상 대부분의 일이 그렇게 이루어져 있습니다. 객관적인 사실이 따로 존재한다기보다 누군가의 주관적인 시점에 따라 구성되고 그 누군가란 바로 권력이지요. 권력의 시점을 객관적이라고 착각하는 경우는 오늘날이라고 크게 다르지 않습니다.

행복한 사회가 되기 위해서는 단 하나의 소실점을 정해놓고 거기에 모든 것을 맞추는 것이 아니라 여러 사람의 주관적인 시점, 즉 서로 다른 인식을 존중하고 비록 오랜 시간이 걸리더라도 합의해서 결과를 이끌어내는 것에 있을 것입니다. 이 때문에 오늘날 인문학에서 '객관성' 대신 '상호주관성'이라는 어휘를 사용합니다. 한계가 명백한 두 개의 눈으로 외눈박이처럼 살지 않을 수 있는 지혜의 첫 단추입니다.

지혜에 대한 동서양의 관점이 어떻게 다를까?

흔히 똑똑한 사람보다 지혜로운 사람이 되라고 말합니다. 살면서 크고 작은 문제들을 피할 수 없습니다. 예측하지 못한 문제들이 출제되는데 수학문제 푸는 것처럼 정해진 공식이 없습니다. 남들과 같은 문제라서 같은 정답을 써낸다고 맞힐 수도 없고, 누가 대신 풀어줄 수 없습니다. 장 그르니에가 『섬』에 쓴 대로, '끝장은 항상 똑같은 것이면서도 거기에 이르는 우여곡절은 러시아 산맥의 비탈들만큼이나 다양'하기 때문입니다. 그러니 지식보다 지혜가 필요하다고 합니다.

세상의 이치와 마음의 본질을 깨달아 평안을 얻을 수 있는 지혜, 이것이 있으면 어둔 길 밝히는 등불을 가진 것과 마찬가지라고 했습니다. 일자무식이라도 지혜로울 수 있습니다. 지식과 지혜가 다른 점은 지식은 가르칠 수 있고 다른 사람들과 후대에 전해줄 수 있으나 지혜는 그럴 수 없는, 일종의 감각에 가깝다 할 수 있습니다. 스스로 깨닫지 않고는 지혜를 얻기 불가능하니 운명과 싸우면서 얻은 경험이나 수행이 없고서는 깨닫기도 힘들지요. 그래서 옛날 옛적에는 오래 산 노인들이 존경을 받았습니다. 여기까지가 동양문화권에서 생각하는 지혜에 대한 관점입니다.

그렇다면 서양문화권에서는 지혜를 어떤 관점으로 바라볼까요. 신화를 통해 들여다봅니다. 그리스-로마신화에서 지혜의 여신은 아테네, 그런데 아테네 여신은 전쟁의 여신이기도 합니다. 북유럽신화에서 지혜의 신은 오딘, 그는 제우스처럼 최고의 신이지만 전쟁의 신입니다. 지혜의 신이 전쟁의 신을 겸한다는 점에서 서양문화권에서 지혜의 효용을 어디에 두었는지 짐작할 수 있지요. 바로 전쟁에서 승리의 전략을 기획하는 능력입니다.

　　전쟁에서 이기기 위해서는 정확한 정보와 판단력, 예측 능력이 필요합니다. 여기에 끝까지 물러서지 않고 싸우는 기개도 필요하지요. 지혜와 지식, 마법에 더해 설득력까지 갖춘 오딘은 흘리드스캴프에 앉아 아홉 개의 세상*에서 일어나는 일을 다 보았습니다. 양쪽 어깨에 앉아있는 '후긴'과 '무닌'이라는 까마귀는 세상의 일들을 살피고 돌아와 오딘에게 보고했습니다. 후긴과 무닌은 각각 '생각'과 '기억'이라는 뜻입니다. 발밑에는 '프레키'와 '게리'라는 늑대 두 마리가 앉아있습니다. 각각 '탐식하는 놈', '욕심 많은 놈'입니다.

　　오딘은 세상에서 일어나는 모든 일에 대해 생각했고 기억했으며 지혜를 한없이 탐식했고 욕심냈습니다. 그것들을 얻기 위해서 한쪽 눈을 뽑았고, 창에 꿰어 위그드라실에 아흐레 동안 매달

---

* 아스 신이 거주하는 '아스가르드', 반신족이 거주하는 '바나헤임', 요정들이 사는 '알프헤임', 인간들이 사는 '미드가르드', 난쟁이들이 사는 '스바르트알파헤임', 거인들의 땅인 '요툰헤임', 죽은 자들의 세상인 '헬헤임', 불의 공간인 '무스펠헤임'이 아홉 개의 세상이다. '9'는 북유럽신화에 자주 등장하는 숫자로 소멸되지 않는 완벽한 수를 상징한다.

렸으며, 자칫 망신당할 위험을 감수하고 크바시르의 피까지 훔쳤습니다. 왜 이렇게까지 애썼을까……. '라그나로크' 때문이었습니다. 북유럽신화는 독특하게도 처음부터 '멸망'을 예고합니다. 모두 멸망할 것이라는 진실을 오직 지혜로운 오딘만이 알고 있었습니다. 만반의 대비를 하기 위해 세상의 모든 지식과 지혜, 정보가 필요했습니다.

이렇듯 지혜에 대한 동서양의 다른 관점은 세상을 다르게 봤다는 뜻이기도 합니다. 동양에서는 세상을 수행과 구도의 장으로 보았고, 서양에서는 끊임없이 적과 자연과 싸워야 하는 전쟁터로 보았습니다. 그런데 공교롭게도 근래에 서양에서는 동양의 지혜에 대해서 관심이 높은데 막상 동양에서는 서양의 지혜를 추종하는 듯 보입니다. 과연 삶은…… 전쟁일까요?

사람이 살고 싶어 하는 이상향은 어떤 곳일까?

동양의 오랜 이상향은 '낙원', 서양의 오랜 이상향은 '파라다이스'입니다. 현실에 존재하지 않는다는 사실을 알면서도 거짓말이라고 하지 않는 것은 사람이 어떤 곳에서 살고 싶어 하고 또 살아야 하는지에 대한 진실을 담고 있어서입니다. 오랜 세월 사람들이 꿈꾸며 입에서 입으로 전한 이상향은 어떤 곳이었고 어디에 있는지 수많은 이상향 중에 네 곳을 추려보았습니다.

1. 제나두

1274년, 베네치아의 한 청년이 아버지, 숙부와 함께 원나라에 도착했습니다. 스무 살 난 이 청년의 이름은 마르코 폴로, 그는 원나라에 17년이나 머무르면서 각지를 여행하는데요. 마르코 폴로는 루스티첼로에게 자신이 20년 넘게 여행하면서 보고 들은 이야기를 들려주었고, 루스티첼로가 받아 적어 완성한 책이 바로 『동방견문록』입니다. 마르코 폴로는 열일곱 살에 이탈리아를 떠나 하도 오랫동안 타국을 떠돈 탓에 완벽한 이탈리아어를 구사하지 못했고, 또 말이 글로 옮겨지는 과정에서 어떤 부분은 과장되거나 엉켰을 가능성도 없지 않습니다. 이것이 『동방견문록』의 내용이 픽션이냐, 논픽션이냐 하는 논란을 불러일으키는 근거가 되는데요. 한 가지는 확실합니다. 서양인에게 동양에 대한 환상을 품게 했다는 것입니다. 특히 그들을 사로잡은 장면은 쿠빌라이 칸의 여름 수도인 '상도'였습니다.

지금의 헝가리에서 베트남에 이르는 광대한 영토를 지배한 대제국의 황제 쿠빌라이는 평소 북경에서 지내다 여름 한철 몽골로 돌아와 지냈습니다. 더위를 피하기 위해서이기도 했지만 자신이 몽골인임을 잊지 않기 위해서였습니다. 『동방견문록』에 따르면 칸이 상도에 머무는 동안 지낸 궁전은 벽에 금칠을 해서 화려하기 이를 데 없고 주변에 인공호수와 개울을 만들었을 뿐 아니라 수백 마리의 다양한 동물을 풀어놓아 왕이 사냥하는 정원으로 삼았다고 합니다. 건물 벽은 대나무로 시어 여름이 끝나 쿠빌라이가 여름궁전을 떠날 때는 궁전을 해체했습니다.

상도는 18세기 영국의 낭만주의 시인 새뮤얼 콜리지가 쓴 미완성의 시 「쿠빌라이 칸」에 이르러 환상으로 변모합니다. '위엄 있는 환락의 궁전'으로 시작해서 '그는 천국의 우유와 꿀을 마셨다'라는 구절로 끝을 맺으면서 초원에 펼쳐진 지상낙원으로 만든 것입니다. 하지만 당시 콜리지가 참고한 자료는 청나라 정원이었을 가능성이 크다고 하지요.

이렇게 서양인의 환상 속에서 부풀어 오른 상도는 마침내 오손 웰스의 영화 〈시민 케인〉에서 우리에게 친숙한 이 이름으로 등장합니다. 바로 '제나두Xanadu'입니다. 그 후에 제나두는 동명의 뮤지컬과 팝송 제목으로 더욱 유명해지는데요. 제나두는 실재하는 곳으로 북경에서 북쪽으로 270km 떨어진 내몽골 자치구 정란기에 있습니다. 그러나 서양인에게 이상향으로 불렸던 그곳에는 현재 허물어진 성벽만 남아있을 뿐입니다. 명나라에 멸망당하면서 불태워졌고, 문화대혁명 때 마오쩌둥이 제나두와 관련된 모든 흔적을 파괴해버렸습니다. 그래서 제나두 일대는 지금까지도 출입금지 상태로, 세계의 문화유산 중에 가장 심하게 따돌림을 받는 신세라고 해도 과언이 아니라고 하지요. 그저 멀리 떨어진 산에 올라 수풀만 무성한 제나두를 카메라에 담을 수 있을 뿐이니까요.

이렇듯 과거에 실재했으나 더 이상 눈으로 볼 수 없게 된 제나두는 사람들의 상상 속에 더욱 완벽한 이상향이 되어갑니다. 뮤지컬 〈제나두〉에 나오는 이 노랫말처럼요. "수백만 년 동안 이어져 왔던 꿈, 그 눈물을 견디며 이어져 왔던 꿈들이 이제 제나두에서 이뤄진 거예요."

2. 바벨탑

이집트의 피라미드보다 훨씬 앞서 지어진 고층의 건축물이 있습니다. '바벨탑'입니다. 바벨탑은 잘 알려진 것처럼 구약성서의 「창세기」에 등장합니다. '바벨'이라는 이름부터 예사롭지 않습니다. 바벨은 히브리어로 '신의 문'이라는 뜻이며 세상 최초의 영웅인 '님로드Nimrod'가 세운 도시였습니다. 훗날의 바빌론입니다. 그리고 「창세기」에 따르면 그때 세상은 '온 땅의 언어가 하나요, 말이 하나'였다고 하는데요. 익히 아는 이야기지만 상상할수록 참으로 멋집니다.

아르헨티나의 설치미술가 마르타 미누진도 바벨탑에 대해 이와 같은 해석을 내놓은 적이 있습니다. "모든 예술가들의 꿈, 모두 같은 언어를 사용하고 내부 갈등이 없는 곳." 그는 부에노스아이레스의 산마르틴 광장에 21세기 바벨탑을 제작해 설치한 적이 있는데 같은 아르헨티나의 작가 호르헤 루이스 보르헤스의 단편소설 『바벨의 도서관』을 형상화한 작품이었습니다. 미누진은 '무한수의 육각 진열실로 만들어져서 세상의 모든 책이 보관돼 있는 바벨의 도서관'을 서로 다른 언어로 쓰인 3만 권의 책을 28m 높이로 쌓아올린 나선형 모양의 탑으로 시각화했습니다. 바벨탑을 모두가 하나의 언어를 사용하고 말이 통해서 갈등이 없는 곳으로 해석한 것입니다. 모두가 소통할 수 있는 곳이야말로 이상향이라는 뜻으로 읽힙니다.

바벨탑을 신화나 상상 속의 건물로 여길 수 있지만 많은 고고학자와 역사학자, 건축학자들은 실재한 고대의 건축물로 믿고 있습니다. 고대 그리스의 역사가 헤로도토스는 바벨탑의 높이가 90m라고 주장했는데 현대 학자들이 추정하는 높이는 약 7층가량, 위치는 이라크의 수도 바그다드에서 남쪽으로 약 90km가량 떨어진 바빌론입니다. 바빌론은 인류 최초의 문명이 태동한 메소포타미아의 고대도시였습니다. 이곳에 바벨탑이 세워진 시기는 늦어도 지금으로부터 약 3,400여 년 전이었을 거라고 하는데요. 「창세기」가 기록된 것이 기원전 1440~1400년 사이라는 근거에 따른 것입니다. 이때 바빌론은 지구에서 가장 번성한 도시였습니다.

그러나 기원전 587년 유대인 선지자 예레미야가 바빌론의 멸망을 예언한 뒤로 지금까지 이 지역은 전쟁터라는 오명에서 벗어나지 못하고 있습니다. 일부 학자들은 바벨탑이 있던 곳이 바빌론이 아니라 그보다 훨씬 남쪽에 위치한 에리두가 더 유력하다고 합니다. 에리두 역시 메소포타미아에 있던 도시 중 하나로 당시에 세계에서 가장 높은 건축물이 신전으로 세워졌는데 계단형 피라미드였고 열여덟 번이나 개축되었습니다.

그러나 사실 에리두뿐 아닙니다. 이라크 남부의 곳곳에 이런 대규모 건축물들이 묻혀있습니다. 1954년부터 본격적으로 발굴이 시작된 '우르크'가 대표적입니다. 이곳에서 세계 최초의 대규모 건축유적이 발견됐지요. 학자들은 이보다 더 큰 유적지들이 많을 것으로 예상합니다. 그도 그럴 것이 지금의 이라크 남부는 수메르, 메소포타미아, 바빌로니아, 아시리아에 이르는 인류의 문명이 차례대로 꽃을 피웠던 지역이니까요. 수천 년이 흐르는 오랜 세월 건축물과 도시는 사막의 모래바람에 묻혀 그저 단순한 언덕으로 보일 뿐이지만, 그 아래 묻혀있는 것은 인류 역사의 비밀입니다. 어쩌면 바벨탑이 어디에 있었느냐까지 포함해서 말이지요.

3. 이니스프리

우리만큼이나 파란만장한 역사를 가진 나라 아일랜드에는 걸출한 작가들이 많습니다. 노벨문학상 수상자만 해도 윌리엄 버틀러 예이츠와 사무엘 베케트, 조지 버나드 쇼, 셰이머스 히니 등 넷이나 있을 정도인데요. 특히 예이츠는 아일랜드 최초의 노벨문학상 수상자일 뿐 아니라, 독립운동에 참가했던 민족주의자였으며, 현실 정치에 뛰어들어 상원의원까지 지낸 정치가였습니다. 예이츠의 시에 등장하는 이상향이 있습니다.

나 이제 일어나 가리라, 이니스프리로 가리라

거기서 진흙과 가지로 작은 오두막집을 지으리라

아홉 이랑 콩밭을 일구고 꿀벌 집을 지으리라

그리고 벌이 웅웅대는 숲에서 홀로 살리라

그리하여 거기서 평화롭게 살리라,

평화는 천천히 방울지듯 오므로

귀뚜라미 노래하는 곳에 아침의 베일로부터 떨어지는 평화

한밤엔 만물이 희미하게 빛나고 징오에는 보랏빛으로 빛나는 곳

그리고 저녁엔 방울새의 날개소리로 가득한 곳

- 「이니스프리의 호수 섬The Lake Isle of Innisfree」 중, 윌리엄 버틀러 예이츠

이 시에서 나온 이상향이 '이니스프리', 아일랜드어로 '자유의 섬'이라는 뜻입니다. 청년 예이츠가 시상을 떠올렸던 곳은 대도시 런던에서였습니다. 런던의 거리를 걷다 어디선가 나지막이 물소리가 들렸는데 그 물소리가 그동안 잊고 있던 추억을 소환했습니다. 그 추억이란 유년시절에 보았던 호수였고 그래서 시는 이렇게 끝이 납니다.

나 이제 일어나 가리라, 밤이나 낮이나

호수의 물이 호숫가에 나지막이 찰랑대는 소리를 듣나니
길에서나, 회색 도로 위에서
내 가슴 속 가장 깊은 곳에서 그 소리를 듣나니

당시에 예이츠는 헨리 데이비드 소로의 『월든』을 읽고 소로처럼 자본주의가 만연한 세상을 떠나 자연 속에서 자신의 의식주를 손수 해결하며 소박하게 살고 싶다는 꿈을 꾸고 있었습니다. 그러나 예이츠가 살고 싶은 곳은 월든이 아니라 이니스프리였습니다. 그는 이니스프리를 찾았을까요.

예이츠는 1865년 아일랜드의 슬라이고Sligo에서 태어났고 그의 묘지도 이곳에 있는데, 대서양과 '럭 길Lough Gill'이라는 이름의 호수 사이에 위치한 항구 마을입니다. '럭'이 아일랜드 말로 '호수'라는 뜻이니 정확한 호수 이름은 '길'입니다. 길이 8km, 폭 2km로 20여 개의 무인도가 있고 그중 하나가 이니스프리입니다. 섬 전체의 둘레가 100m가 되지 않고 선박이 정박할 수 있는 시설도 설치되지 않아 우리로 치면 한강의 밤섬처럼 초목만 무성하고 사람이 살지 않는 곳입니다.

예이츠는 하필이면 왜 이런 작은 무인도에 가서 작은 오두막 집을 짓고, 콩밭을 일구고, 꿀벌 집도 짓고, 밤이나 낮이나 호수의 물이 나지막이 찰랑대는 소리를 들으며 살고 싶다고 했는지 추정해 보면 세계 자본주의의 견인차 역할을 하고 있던 런던에 살고 있었기 때문이 아닐까 싶습니다. 우리가 너무 많은 건물, 너무 많은 차, 너무 많은 사람에 치이고, 소유할 수 없는 돈, 누릴 수 없는 시간, 배신하는 노동 등에 지칠 때 종종 그런 이상향을 꿈꾸는 것처럼 말이지요.

4. 무릉도원

중국뿐 아니라 한국의 예술과 사상에도 큰 영향을 끼친 '복숭아꽃 피는 마을'은 중국신화에 처음 등장했습니다. 구체적인 지명도 언급됩니다. '곤륜산'입니다. 중국 지도에서 곤륜산을 찾을 수 있습니다. 중국 북서쪽 끝, 타클라마칸 사막과 티베트 고원 사이에 있는 '쿤룬 산맥'인데요. 그러나 중국의 신화에서 가리키는 곤륜산은 이곳이 아닙니다. 동양에서 서쪽은 해가 지는 곳, 곧 저승을 가리킵니다. 곤륜崑崙이라는 한자도 '카오스', 혼돈을 뜻합니다. 따라서 곤륜산은 인간이 아닌 신선이 사는 곳이며 이곳의 주인은 서왕모입니다.

서왕모는 처음에는 인간의 죽음이나 세상의 재앙 같은 일을 주관하는 무시무시한 여신으로 회자되다, 어느 순간 서양의 아프로디테처럼 아름다운 여신으로 등장하는데요. 그녀가 영원히 죽지 않고 늙지 않는 비결은 곤륜산에 있는 복숭아나무 덕분이었습니다. 이 신화를 낙원사상으로 승화한 주인공은 지금으로부터 1,600년 전 동진시대의 사람 도연명이었습니다.

그의 시는 이백처럼 화려하거나 호방하지도, 두보처럼 현실 비판적이거나 비장하지도 않습니다. 청아하고 담백하며 순박하지요. 대부분의 생을 의도적으로 권력이나 정치와 멀찌감치 떨어져, 농사꾼으로 살았다는 점을 생각하면 당연한 시풍입니다. 이런 그가 꿈꾼 이상향이 어떤 곳이었는지 말년에 쓴 『도화원기』에 펼쳐집니다. '무릉'이라는 곳에 살던 어부가 배를 타고 가다가 복숭아꽃 피는 마을에서 길을 잃었습니다. 배에서 내려 동굴을 따라가다 어느 마을에 들어섰는데, 풍경이 무척 아름답고 무엇보다 사람들이 즐겁게 살고 있었습니다. 그 평화로움이 어디로부터 비롯된 것인지 도연명은 이렇게 썼습니다.

> 서로 격려하며 농사일에 힘쓰고
> 해 지면 서로 더불어 돌아와 쉬었다네
> 뽕나무와 대나무는 짙은 그늘 드리우고
> 콩과 기장은 철 따라 심네
> 봄에는 누에에서 긴 실을 뽑고 가을에는 수확해도 세금이 없네
> 아이들은 마음껏 다니면서 노래 부르고
> 노인들은 즐겁게 놀러 다니네
> 초목이 무성하면 봄이 온 걸 알고
> 나무가 시들면 바람이 매서움을 아노라
> 비록 세월 적은 달력 없지만 사계절은 저절로 한 해를 이루나니
> 기쁘고도 즐거움이 많은데 어찌 수고로이 꾀쓸 필요 있으랴

그 유명한 무릉도원의 실상이 여느 시골마을의 풍경 같아서 좀 실망스러울지 모릅니다. 그러나 도연명이 꿈꾼 이상향은 노동을 하지 않아도 배부르게 먹고 살 수 있는 에덴 같은 곳이 아니라, 본분을 다하고 열심히 일하면 저절로 기쁘고 즐거움이 따르는 세

상이었습니다. 실제로 인생을 살면서 노력한 만큼이라도 대가를 받을 수 있다면 그것이 복이라는 생각을 자주 합니다. 열심히 해도 뜻대로 되지 않을 때가 더 많고, 그런 삶에서 벗어나지 못하는 사람이 사실은 대다수이기 때문입니다.

그저 '모든 사람'이 서로 격려하며 자신의 일을 열심히 하고, 해가 저물면 돌아가 함께 쉴 수 있는 곳. 아이들은 마음껏 다니면서 노래 부르고, 노인들은 즐겁게 놀러 다니고, 기쁨도 즐거움도 많아서 남을 끌어내리는 데 꾀쓸 일 없는 곳. 이런 곳이야말로 이상향이라는 표현이 깊이 와닿습니다. 평범한 듯 보여도 이루기 힘든 소망입니다. 그래서 사회와 개인이 함께 이루기 위해 노력하기를 멈추지 말아야 하는 소망입니다.

파라다이스, 그것은 지금 여기에 있다.

- 프랑수아 마리 볼테르